Alexander Bogner · Beate Littig · Wolfgang Menz (Hrsg.)

# Experteninterviews

Alexander Bogner · Beate Littig
Wolfgang Menz (Hrsg.)

# Experten-interviews

## Theorien, Methoden, Anwendungsfelder

3., grundlegend überarbeitete Auflage

VS VERLAG FÜR SOZIALWISSENSCHAFTEN

Bibliografische Information der Deutschen Nationalbibliothek
Die Deutsche Nationalbibliothek verzeichnet diese Publikation in der
Deutschen Nationalbibliografie; detaillierte bibliografische Daten sind im Internet über
<http://dnb.d-nb.de> abrufbar.

1. Auflage 2002
2. Auflage 2005
3., grundlegend überarbeitete Auflage 2009



Lektorat: Frank Engelhardt

VS Verlag für Sozialwissenschaften ist Teil der Fachverlagsgruppe
Springer Science+Business Media.
www.vs-verlag.de



Umschlaggestaltung: KünkelLopka Medienentwicklung, Heidelberg
Druck und buchbinderische Verarbeitung: Krips b.v., Meppel
Gedruckt auf säurefreiem und chlorfrei gebleichtem Papier
Printed in the Netherlands

ISBN 978-3-531-16259-1

# Inhalt

# Experteninterviews in der qualitativen Sozialforschung

## Zur Einführung in eine sich intensivierende Methodendebatte

*Alexander Bogner und Wolfgang Menz*

Die Methodendebatte um das Experteninterview in der qualitativen Forschung hat sich in den letzten Jahren merklich intensiviert. Daran mag auch das Erscheinen der ersten Auflage dieses Bandes im Jahre 2002 unter dem Titel „Das Experteninterview" einen gewissen Anteil haben. In jedem Fall ist eine Neubestimmung des Stellenwerts qualitativer Formen des Experteninterviews notwendig geworden, nicht nur im Hinblick auf ihre Bedeutung innerhalb der Methodendebatte, sondern auch im Hinblick auf neuere Entwicklungen in der Anwendungspraxis. In der ohnehin stark anwendungsorientierten Diskussion des Experteninterviews lässt sich eine Tendenz zur Ausdifferenzierung der Funktionen, Techniken und Verfahrensformen erkennen. Um auf diese rezenten Entwicklungen angemessen zu reagieren, haben wir uns entschlossen, nicht nur eine überarbeitete und aktualisierte Version der mittlerweile zweiten Auflage von 2005 zu erstellen, sondern eine Neuauflage vorzulegen. Die angesprochene Tendenz zur Ausdifferenzierung des Experteninterviews macht es immer schwieriger und letztlich missverständlich, vom Experteninterview in der Einzahl zu sprechen. Aus diesem Grund haben wir den Titel nunmehr in den Plural gesetzt.

Auf den folgenden Seiten versuchen wir in vier Schritten eine Einleitung in ein gleichermaßen expandierendes wie unübersichtliches Problemfeld zu geben. Zunächst stellen wir dar, welche forschungspraktischen Vorzüge dem Experteninterview gemeinhin zugeschrieben werden und welche Gefahren damit verbunden sind (1). Anschließend skizzieren wir die aktuelle soziologische Debatte um Experten und Expertise; schließlich stellt das Experteninterview eine Methode dar, die sich (zumindest vordergründig) über ihren Gegenstand, den Experten, definiert (2). Im dritten Schritt gehen wir auf die Bedeutung des Experteninterviews in der aktuellen Methodendebatte ein – nicht zuletzt, um unsere Eingangsbehauptung einer Intensivierung der Debatte zu belegen (3). Um einen raschen Überblick über Aufbau und Struktur dieser Neuauflage zu geben, steht am Ende des Beitrags eine Kurzzusammenfassung der zwölf Beiträge (4).

## 1. Die Verlockungen des Experteninterviews: Forschungspraktische Vorzüge einer Erhebungsform

In der Praxis der Sozialforschung erfreuen sich Experteninterviews großer Beliebtheit. So gibt es wohl nur wenige empirische Untersuchungen, die nicht an irgendeinem Punkt des Forschungsprozesses auf das mittels Interviews erhobene Wissen spezifischer, für das Fach- und Themengebiet als relevant erachteter Akteure zurückgreifen. Auch wenn im Einzelfall stark variiert, welche Stellung die Experteninterviews im Forschungsdesign haben, wie die Interviews konkret gestaltet werden und nach welchen Methoden die Auswertung erfolgt – es lassen sich verschiedene gemeinsame forschungspraktische Gründe für die Beliebtheit des Experteninterviews angeben.

Zunächst einmal kann das Gespräch mit Experten in der Explorationsphase eines Projekts dem Forscher lange Wege ersparen. Zu einem frühen Zeitpunkt einer (theoretisch) noch wenig vorstrukturierten und informationell wenig vernetzten Untersuchung ermöglicht das Experteninterview eine konkurrenzlos dichte Datengewinnung gegenüber Erhebungsformen wie etwa teilnehmender Beobachtung oder einer systematischen quantitativen Untersuchung, die in der Organisation von Feldzugang und Durchführung zeitlich und ökonomisch weit aufwändiger sind. Die Durchführung von Experteninterviews kann zur Abkürzung aufwändiger Erhebungsprozesse dienen, wenn die Experten als „Kristallisationspunkte" praktischen Insiderwissens betrachtet und stellvertretend für eine Vielzahl zu befragender Akteure interviewt werden. Das Experteninterview bietet sich auch in Fällen an, wo der Zugang zum sozialen Feld schwierig oder unmöglich ist, wie dies z.B. bei tabuisierten Themenfeldern der Fall ist.

Dieser forschungsökonomische Aspekt erstreckt sich auch auf das weite Feld der praktischen Anbahnung und Durchführung der Gespräche. Die organisatorischen Strukturen institutionalisierten Expertentums (z.B. Sekretariate, Pressestellen) versprechen einen vergleichsweise unproblematischen Einstieg in das Untersuchungsfeld. Handelt es sich bei dem gesuchten und gesprächsbereiten Experten um eine Person in einer Schlüsselposition, kann das Gespräch u.U. auch eine Erleichterung des weiteren Feldzugangs bedeuten. In der Praxis kommt es nicht selten zu solchen Verweisungszusammenhängen. Manchmal macht auch erst der befragte Experte auf weitere potenzielle Gesprächspartner aus seinem Tätigkeitsfeld aufmerksam, die ähnliche oder aber auch konkurrierende Positionen vertreten. In jedem Fall wird dem Forscher, der mit dem Vertrauensbonus des Experten in der Schlüsselposition ausgestattet ist, der Zugang zu einem erweiterten Expertenkreis erleichtert. Manchmal mag es sich sogar empfehlen, den Zeitverlust eines nicht sehr informativen Interviews auf sich zu nehmen, wenn es sich bei dem Befragten erkennbar um eine einflussreiche und vielseitig vernetzte Figur im Untersuchungsbereich handelt. Die Bedeutung dieser Art Experten in ihrer Rolle als

„Katalysatoren" für den erfolgreichen Fortgang der Forschung kann kaum überschätzt werden.

Über einen derartigen unmittelbaren Forschungsnutzen hinaus mögen Experteninterviews auch von einer uneingestandenen Faszination durch das geheime Erfolgsversprechen profitieren, das von ihnen abstrahlt: Dass die Durchführung von Experteninterviews bedeutet, schnell, leicht und sicher gute Interviews zu machen, wird durch verschiedene Aspekte nahe gelegt. Oftmals verspricht die gemeinsame Beheimatung von Frager und Befragtem im „Relevanzsystem Wissenschaft" eine vergleichsweise leichte Mobilisierung zur Teilnahme am Interview.[1] Das Dauerproblem der Interviewforschung, Motivation zu schaffen, wo „sie primär fehlt" (Meulemann 1993: 113), ist im Fall von Experten wohl leichter zu bewältigen als im Falle einer ungefilterten Öffentlichkeit.[2] Schließlich darf man ein gemeinsam geteiltes, gleichsam begründungsfreies Einverständnis über die soziale Bedeutung von Forschung häufig voraussetzen. Gerade die Professionalität des Experten, der es oftmals gewohnt ist, öffentlichkeitswirksam und -nah zu agieren; das stille Bewusstsein seiner wissenschaftlichen und/oder politischen Bedeutung aufgrund seines hervorgehobenen Tätigkeitsbereichs oder persönlicher Leistungen; sein Wunsch, vermittels des Interviews – wenn auch in sehr beschränktem Ausmaß – zu „wirken"; seine professionelle Neugier für Thema und Fragestellung oder auch sein Interesse am Gedankenaustausch mit einem fachfremden Experten – das alles sind Faktoren der Sekundärmotivation, die die Interviewanbahnung und Gesprächsmotivation im Fall des Experteninterviews vergleichsweise einfach machen.[3] So nimmt es kaum Wunder, dass in den Erfahrungsberichten zur Kontaktaufnahme im Rahmen von Expertenbefragungen hohe Zustimmungsquoten, problemlose Zugänge und eine große Kooperativität seitens der Befragten das Bild prägen.[4]

Noch ein weiterer Aspekt mag zu dem Bild vom Experteninterview als einer auch in methodischer Hinsicht besonders unproblematischen Form der

1 Dass Experten Wissenschaftler in dem engen Sinne sind, dass sie mit wissenschaftlichen Methoden und Konventionen vertraut sind, kann natürlich nicht in jedem Fall vorausgesetzt werden. In der Regel haben wir es in Experteninterviews allerdings mit Personen zu tun, die den Kontakt mit Vertretern aus dem Wissenschaftsbereich (etwa in Form von Beratungs- und Kooperationszusammenhängen oder auch durch vorangegangene Interviews) gewohnt sind und wissenschaftlichen Untersuchungen aufgeschlossen gegenüberstehen.

2 Vgl. allgemein zum Problem divergierender Interessenhaltungen von Interviewer und Befragten Lueger 1989.

3 Als weitere Faktoren der Sekundärmotivation nennen Krafft/Ulrich (1995: 29f.) den Abbau von Frust, den Versuch der Einflussnahme auf die wissenschaftliche Produktion sowie das Interesse an der Aufdeckung von „blinden Flecken" der Organisation durch den Forscher. Nicht selten gibt es allerdings auch durchaus persönlich-altruistische Gründe des Experten, vor allem hinsichtlich jüngerer Forscher: Sympathie für den „hilflosen" Forscher als konkrete Person, den Wunsch des Experten, zum Gelingen der wissenschaftlichen Qualifikationsarbeit, zum erfolgreichen nächsten Schritt auf der Karriereleiter usw. beizutragen.

4 Vgl. Abels/Behrens 1998: 83f., Krafft/Ulrich 1995: 29.

Befragung beitragen. Schließlich verspricht die – zumindest im Vergleich zum „Normalbürger“ – größere sprachliche (und soziale) Kompetenz des Experten der Forschung ein „elaborierteres Objekt“ der Befragung. So treffen – einer idealisierten Vorstellung gemäß – im Experteninterview zwei akademisch sozialisierte Gesprächspartner aufeinander, die sich im Rahmen einer (annähernd) symmetrischen Kommunikationsbeziehung austauschen.[5] Komplexe Überlegungen, wie die Distanz zwischen Interviewer und Befragtem zu überwinden ist, wie die Befragungssituation zu strukturieren ist und wie die unterschiedlichen Relevanzsysteme der beiden Interaktionspartner in Einklang gebracht werden können, scheinen sich weitgehend zu erübrigen; zumindest aber liegt der Schluss nahe, dass die diesbezüglichen Probleme geringer sind als bei anderen Formen von quantitativen und qualitativen Interviews.

Was immer hier Mythos und Realität ist – Experteninterviews haben aufgrund ihres heimlichen Versprechens auf schnelle, objektive und unproblematisch zu erhebende Daten eine erhebliche Anziehungskraft auf empirische Sozialforscher. Nur: Sind Experteninterviews in mancher Hinsicht nicht *zu* verlockend? Besteht hier nicht die Gefahr, im naiven Glauben an die Absolutheit des Expertenwissens einem vor-reflexiven Expertenbegriff das Wort zu reden? Oder die Gefahr, die unbestreitbare Bedeutsamkeit des Expertenwissens auf methodische Weise mit einer Geltung auszustatten, die letztlich eine unkritische Bestätigung und damit die Legitimation von sozialen Hierarchien bedeutet? Korrigierend kann hier ein kritischer Blick auf aktuelle sozialwissenschaftliche Debatten um Experten und Expertise wirken. Diese Debatten wollen wir im nächsten Abschnitt näher beleuchten.

## 2. Trends sozialwissenschaftlicher Expertiseforschung

Sozialwissenschaftliche Forschung zu Expertentum und Expertise ist durch eine anhaltend stabile Konjunkturlage geprägt. Sowohl aus gesellschaftstheoretischer als auch aus wissenssoziologischer Perspektive bzw. jener der Wissenschafts- und Technikforschung ist der Experte ins Zentrum des theoretischen Interesses gerückt worden (vgl. Bogner/Torgersen 2005, Weingart et al. 2007)

Aktuell wird derzeit z.B. in der Wissenschafts- und Technikforschung die Frage neu aufgerollt, was denn eigentlich einen Experten ausmache und wo das „sachrelevante“ Wissen für politische Entscheidungen zu suchen sei. In diesem Zusammenhang haben Collins und Evans (2002) die These vertreten, dass die

5 Beispielsweise konstatiert Köhler (1992) ausgehend von Erfahrungen mit einer mehrstufigen Expertenbefragung zu Leitbildern in der Stadtplanung eine im Vergleich zu anderen Formen der Befragung geringere Asymmetrie im Verhältnis von Forscher und Experte.

Soziologie der Expertise auf dem Weg in eine dritte Phase sei. Die erste Phase ist dieser Zeitrechnung zufolge durch das goldene Zeitalter der Experten geprägt, in dem eine klare, horizontale Trennung zwischen Experten und Laien anerkannt gewesen sei. Der Experte als Vertreter von Wahrheit und Autorität begegnet einer Politik, die ihre Macht nutzt, um die Expertenvernunft durchzusetzen („truth speaks to power"). Phase zwei sehen die Autoren durch die Blüte des Sozialkonstruktivismus charakterisiert. Im Zentrum steht die Entmystifizierung der Wissenschaft: Erkenntnis wird als soziale Aktivität, die Geltung des Expertenwissens als Konstruktionsprozess dechriffriert. Gleichzeitig hat die Infragestellung der Grenze zwischen Experten und Laien Debatten um eine Demokratisierung von Expertise forciert (vgl. Maasen/Weingart 2005). Gegen die konstruktivistische Entzauberung des Experten – die, wie der Vorwurf letztlich lautet, epistemische Anarchie zur Folge habe – machen Collins und Evans (2007) als Phase drei einen „realist approach" stark. „The realist approach (...) starts from the view that expertise is the real and substantive possession of groups of experts and that individuals acquire real and substantive expertise through their membership of those groups" (ebd.: 3). Wenn noch so etwas wie ein institutionalisierter und autonomer Bereich der Wissenschaft existieren soll, so ihre Überlegung, muss es wirkliche, auf Sachverstand gegründete Expertise und damit Grenzen der Beteiligung geben. Dass Collins und Evans nur „technical expertise" berücksichtigen, trägt zur Suggestivität ihrer Überlegungen bei. Gleichzeitig wird die kognitivistische Verengung ihrer Expertise-Analyse deutlich. Denn erst aufgrund eines bestimmen Problem-Framings werden Fragen so zugeschnitten, dass für ihre Behandlung „technical expertise", das Faktenwissen der Experten (und nicht irgendein Erfahrungswissen der Laien) relevant wird. Die Relevanz jeder Expertise ergibt sich nicht (allein) aufgrund intrinsischer Qualität, sondern (auch) aufgrund externer Voraussetzungen.

Wahrscheinlich lassen sich die Grenzen zwischen Experten und Laien nur unter Erwartung einer hohen Konsenswahrscheinlichkeit zwischen den Experten stabil halten. Bei komplexen Sachlagen, d.h. Problemen, die geprägt sind durch eine „multiplicity of legitimate points of view" (Ravetz 2009), ist die Konsenserwartung jedoch gering. Daraus ergibt sich eine negative Begründung für Partizipation: Wenn zwecks „Wahrheitsfindung" Dialog und Deliberation an die Stelle des naturwissenschaftlichen Experiments treten, kann niemand aus dem Prozess der Wissensbildung ausgeschlossen werden. Das ist der normative Kern von „Post-normal Science" und „Mode 2": Komplexität (im Sinne eines stabilen Dissenses) erzwingt Partizipation, wobei mitunter die Hoffnung mitschwingt, dass die Berücksichtigung weiterer Wissensformen zu einer „richtigeren" Repräsentation der Welt führe.

Aus politologischer bzw. demokratietheoretischer Perspektive wird das Expertentum vorrangig als Herausforderung für die Demokratie problematisiert. Präformieren nicht die Relevanzen und Weltbilder der Experten die parlamentarischen Verhandlungen, so die typische Befürchtung, weil sie kraft ihrer Autorität als *Faktenbasis* der politischen Debatte verstanden werden? Das Spannungsverhältnis zwischen Expertise als notwendiger Grundlage und als ideologischer Präformierung politischer Entscheidung war schon Verhandlungsthema in der Technokratiedebatte der 1960er Jahre. Zuletzt hat Stephen Turner (2001) die Frage wieder aufgenommen, ob Expertise nicht eine fundamentale Bedrohung für liberale Demokratien darstelle. Sein eigenes Vertrauen in die Demokratieverträglichkeit von Expertise begründet er mit deren prinzipieller Bezweifelbarkeit, die sich nicht zuletzt in öffentlichen Protesten und wissenschaftlicher Selbstkritik realisiere – Wissenschaftskritik wird gewissermaßen zum empirischen Indiz für das Funktionieren der Demokratie.

Ähnliche Positionen, die auf die demokratisierenden Nebenfolgen des Expertise-Booms hinweisen, finden sich in der gesellschaftstheoretischen Diskussion. So wird etwa in der Debatte um eine „reflexive Modernisierung" – mit einem explizit gesellschaftskritischen Akzent – das Expertenwissen als Motor und Kristallisationspunkt gesellschaftlicher Konflikte, als Stimulus und Medium eines emanzipativen Kampfes um die Definitionsverhältnisse betrachtet. Die (nebenfolgenreiche) Durchsetzung des aufklärerischen Ideals einer perfekten Steuerung und Kontrolle der Gesellschaft durch Expertenwissen wird in dieser Perspektive zu einem Moment gesellschaftlicher Selbstaufklärung (vgl. Beck 1986). In diesem Zusammenhang zeichnet sich eine Diversifizierung des Experten ab. In der Figur des Gegen- oder Antiexperten, der in Risikokontroversen die kritischen NGOs berät, betritt ein neuer Akteur die Bühne im Rationalitätenwettstreit. Allerdings werden die Experten als Agenten unterschiedlicher Rationalitätsmodelle erst insoweit wirksam, als sie erfolgreich in den medial vermittelten Prozess öffentlicher Sensibilisierung intervenieren. Für diesen „posttraditionalen" Expertentypus ist demnach konstitutiv, dass er vermittels seines spezifischen Wissens politisch wirkmächtig wird. Es kommt dieser Perspektive zufolge demnach darauf an, die Welt öffentlichkeitswirksam und einflussreich (aber nicht unbedingt neu) zu interpretieren, um auf diese Weise als (Gegen-)Experte zu einer gewichtigen Stimme im Kampf um die Definitionsverhältnisse zu werden.

Auch in Giddens' Modernisierungstheorie kommt dem Expertenwissen eine zentrale Rolle zu. Er thematisiert die Wandlungen der Moderne unter dem Gesichtspunkt der Dynamik des Wissens (und nicht der Nebenfolgen). Expertenwissen ist Teil jener „institutional reflexivity" (Giddens 1991: 20), die eine routinisierte Hinterfragung der Prämissen individuellen und organisationalen Handelns auf Basis der Interpretation neuer Informationen meint. Darüber hinaus wird der Experte als Person in jenen Bereichen wichtig, wo Akteure mit abstrakten Systemen zu tun haben, deren interne Zusammenhänge sie nicht durchschauen. Die Funktion des Experten besteht darin, Vertrauen in abstrakte, vor allem technische Systeme herzustellen, z.B. vermittels geeigneter Selbstinszenierungsstrategien (Giddens 1995). Dies ist eine keineswegs triviale Aufgabe, weil in der Spätmoderne der Bedeutungszuwachs des Expertenwissens paradoxerweise mit einer Anerkennungskrise des Experten einhergeht. Obgleich wir aufgrund fortschreitender Enttraditionalisierung in vielen Bereichen unsere Entscheidungen auf Expertenwissen gründen, sind wir doch Experten darin, immer gleich eine „zweite Meinung" einzuholen. In manchen Bereichen, wie z.B. der genetischen Beratung, ist der Experte aufgrund des offensichtlichen Wertebezugs seiner Expertise mittlerweile auf die aktive Einbindung von Laien angewiesen (Bogner 2005). Gerade dort also, wo Probleme nicht als Wissens-, sondern als Wertefragen gerahmt sind und verhandelt werden, macht die vormals starre Hierarchie zwischen Experten und Laien tendenziell flexiblen und situativen Interaktionsstrukturen Platz.

Giddens bezieht diese Tendenz allerdings nicht auf den Aspekt des Problem-Framing. Er stellt sie vielmehr in den Kontext einer als ambivalent verstandenen Spezialisierung: Zwar garantiere Spezialisierung einerseits die Reproduktion von Expertentum und die Ausbildung neuer Formen von Expertise; andererseits jedoch forciere sie die Reduktion des Experten zum bloßen Repräsentanten eines Fachwissens, das er selbst immer weniger überblicken kann. Der Experte wird in vielen Fachaspekten immer mehr zum Laien. Diese „Laisierung" des Experten resultiert in einem veränderten Vertrauensverhältnis zwischen Laien und Experten: Expertise ist zunehmend darauf angewiesen, wirkungsvoll inszeniert zu werden, um Anerkennung zu finden. Diesen Aspekt der Anerkennung bzw. der Geltung von Wissensansprüchen macht Beck stärker als Giddens, weil er aufgrund seiner Orientierung an Risikokontroversen, die durch Expertendissens und Konkurrenz gleichartiger Wissensformen geprägt sind, weniger von der Experten-Laien-Differenz her denkt als von der Unterscheidung Experte/Gegenexperte. Dies sensibilisiert dafür, dass zur Anerkennung des Expertenwissens etwas ins Spiel kommen muss, was wir an späterer Stelle in diesem Band unter dem Begriff der politischen Wirkmächtigkeit bzw. Praxiswirksamkeit diskutieren werden.

## 3. Die Debatte um eine Methodik des Experteninterviews

Welcher Gewinn lässt sich aus diesem kursorischen Streifzug durch die sozialwissenschaftliche Expertiseforschung für unsere Methodendebatte ziehen? Zunächst einmal die Erkenntnis, dass die naive Annahme des Experten als eines Lieferanten objektiver Informationen – auf der auch so manche vereinfachte Vorstellung vom erfolgreichen Experteninterview basiert – längst problematisch geworden ist. In unserem Zusammenhang bedeutet das, dass Experteninterviews auch in methodischer Hinsicht einen erhöhten Reflexionsbedarf aufweisen. Experteninterviews stellen keinesfalls immer nur „Informationsgespräche" dar, in denen vor allem Fakten und Wissen erhoben werden sollen. Um Missverständnisse zu vermeiden: Natürlich ist die Durchführung von Experteninterviews zu Informationszwecken – gewissermaßen die pragmatische Anwendungsvariante – nicht nur weit verbreitet, sondern für bestimmte Forschungszwecke auch ganz und gar methodisch legitim. Der Beitrag von Gläser und Laudel (in diesem Band) macht deutlich, dass auch für die Durchführung und Auswertung dieser informatorischen Experteninterviews bestimmte methodische Grundregeln zu beachten sind. Der methodische Reflexionsaufwand steigt jedoch in dem Maße, wie eben nicht das Herstellen einer soliden Faktenbasis, sondern jenes Ziel im Zentrum des Interesses steht, das den Kern qualitativer Methodik ausmacht: die Rekonstruktion latenter Bedeutungsgehalte. Sofern Experteninterviews auf diesen Zweck gerichtet sind, bedürfen sie – genauso wie die anderen kanonisierten Erhebungstechniken auch – der sorgfältigen Begründung und theoretischen Fundierung.

Aus gutem Grund stellen sich die Autorinnen und Autoren dieses Bandes denn auch im Kontext ihrer spezifischen Erkenntnisinteressen jene Basisfragen, von deren plausibler Beantwortung die methodologische Begründbarkeit des Experteninterviews als einer eigenständigen Methode abhängt: Wer ist Experte? Auf welche Weise lässt sich das Expertenwissen von anderen Wissensformen abgrenzen? Welche unterschiedlichen Formen des Expertenwissens lassen sich unterscheiden? Welche Gesprächsführung ist – je nach Forschungsziel und Funktion des Experteninterviews – die beste? Muss man, um einen Experten interviewen zu können, selbst Experte auf diesem Gebiet sein? Oder sollte man sich besser dumm stellen (Hitzler 1991)? Welche Auswertungsstrategien gibt es (wiederum: spezifisch je nach Form und Funktion des Experteninterviews im eigenen Forschungsdesign)? All diesen Fragen begegnet man, seit es die Methodendebatte zum Experteninterview gibt.

Diese Methodendebatte, die sich explizit und ausführlich mit dem Experteninterview befasst, ist mittlerweile gut fünfzehn Jahre alt. Blättert man hingegen weiter zurück, wird man das Experteninterview nur als Instrument zur Exploration finden. Wer die klassischen deutschen Texte zur Grundlegung der Befragung als Standardform unter diesem Aspekt neu liest, wird allerdings feststellen, dass das Experteninterview pauschal auch nicht weniger wahrgenommen wurde als andere qualitative Interviewformen. Während das standardisierte Interview mittels methodischer Abgrenzung vom Alltagsgespräch und unter dem Leitstern der Repräsentativität zum „Königsweg der praktischen Sozialforschung" (König 1952: 27) deklariert wurde, wurde das qualitative (nicht- oder teilstandardisierte) Interview von der damaligen Methodenlehre zwar nicht totgeschwiegen, ihm wurde aber eine Rolle zugewiesen, die den heutigen Vertretern der inzwischen längst solide konsolidierten qualitativen Richtung wie Totschweigen vorkommen mag.

In Scheuchs mittlerweile klassischem Text werden Experteninterviews den „Sonderformen der Befragung“ zugerechnet (1967: 165f.). Das sind all jene Interviews, die nicht standardisiert und quantitativ auswertbar sind („Tiefeninterviews“). Charakteristischerweise sind diese Interviews an einen Leitfaden gebunden. Für unseren Zusammenhang ist interessant, dass Scheuch die Auswirkungen der im Vergleich zum standardisierten Interview flexibleren Interviewführung auf die Interaktionsbeziehung zum Gegenstand systematischer Reflexion macht. Schließlich kommuniziert der Interviewer in diesem Setting nicht mehr nur im Dienst der Vermittlung von Informationen, sondern übernimmt als Forscher Aufgaben wie z.B. Informationen zu sammeln für die Konstruktion des Leitfadens, die Gesprächssituation aktiv zu gestalten, die Interaktionssituation zu reflektieren usw. Als ein möglicher Faktor der Sekundärmotivation, aber auch als ein möglicher Verzerrungsfaktor ist für Scheuch der „Publikumseffekt“ von zentraler Bedeutung, jene Situation, in der der Befragte den Interviewer als Mittelsmann seiner Botschaften betrachtet und ein – imaginäres – Publikum als Bezugsrahmen des Gesprächs voraussetzt. Die methodischen Folgen dieser Sozialität der Interaktion werden von Scheuch allerdings nicht weiter verfolgt. Wenn man derartige irreduzible „Effekte“ als Störvariablen begreift, bieten sie sich auch weniger als ein Ansatzpunkt zur methodischen Evaluation an; sie müssen dann vielmehr als ein Indiz für die „Unschärfe“ qualitativer Methoden gelten. Weil die Auswertung fernab der Gleise quantifizierender Sozialforschung verläuft, sind Leitfaden-Gespräche kein Beweisinstrument. Sie haben aufgrund ihrer sehr begrenzten Reliabilität lediglich eine „ergänzende Funktion“ (ebd.: 166), dienen also der Felderschließung, der Vertiefung vorwissenschaftlichen Wissens, der Hypothesengenerierung.

Ähnliche Überlegungen finden sich bei Koolwijk (1974). Er begreift das methodisch kontrollierte Verfremden der „natürlichen“ Alltagskommunikation als eine erste Voraussetzung für die Erhebung des Interviews in den Stand einer wissenschaftlichen Befragungsmethode – ein Prinzip der „Künstlichkeit“, das dem Charakter des Experteninterviews zuwiderlaufe. Das Experteninterview rechnet Koolwijk ebenso wie das standardisierte Interview der Befragungsform des „ermittelnden Interviews“ zu (im Gegensatz zum „vermittelnden“ Interview wie z.B. dem Therapiegespräch). Anders als das standardisierte Interview operiert das Experteninterview, Hauptexponent des „informatorischen Interviews“, nah am Alltagsgespräch (journalistisches Interview, Zeugeninterview usw.). Es ist nicht spezifisch methodisch oder theoretisch informiert, es ist deskriptiv, nicht analytisch ausgerichtet, die Interviewerhaltung ist rezeptiv. Da weder der Wortlaut der Fragen noch deren Reihenfolge festgelegt ist und da zulässige oder mögliche Antworten nicht vorgegeben sind, ist das Experteninterview nicht standardisiert und bleibt damit für die Theoriebildung von geringem Wert.

In dieser Lesart einer am naturwissenschaftlichen Erkenntnisideal orientierten Sozialforschung gilt also das Experteninterview – wie alle anderen qualitativen Verfahren – als unreife Vorstufe zum „eigentlichen" Forschungsprozess. Diese Begrenzung speist sich aus dem Verdacht, dass insbesondere das Experteninterview als „informatorisches Interview" in der spezifischen Gesprächssituation nahe an der Alltagskommunikation verbleibt und die Ergebnisse stark von dem Einsatz und Geschick des einzelnen Forschers abhängen. Reliable Ergebnisse können dagegen aufgrund der fehlenden interpersonellen Konstanz nicht erwartet werden. Experteninterviews gelten in dieser Perspektive bestenfalls als Steinbrüche von anekdotischem oder illustrativem Material. Sie werden nicht als ein ausgefeiltes (oder zumindest entwicklungsfähiges) Erhebungsinstrument verstanden, sondern lediglich als eine Variante des Alltagsgesprächs. In dieser Lesart bietet das Experteninterview eine intuitiv entworfene und kaum intersubjektiv überprüfbare Typizität anstelle von Repräsentativität, eine Illustration der Vorab-Theorie anstelle von Geltungsbegründung, Authentizität anstelle kontrollierter Abstraktion – und steht somit für eine Theoriebildung, in welcher Genialität dominiert anstelle von Transparenz. Das Experteninterview, alles in allem: eher ein Stück schlechter Literatur als solide Wissenschaft?[6]

Zu Zeiten der Konsolidierungsphase der Methoden in der deutschen Soziologie teilte das Experteninterview dieses Schicksal mit den qualitativen Befragungsmethoden im Allgemeinen. Das Experteninterview als Instrument der Theoriegenerierung war ebenso wenig anerkannt wie die spezifischen Qualitäten eines Forschungsparadigmas, das auf Kontextspezifität, Situationsadäquanz und Subjektrelevanz setzt. Die nachholende Reflexion auf die spezifischen Vorteile einer qualitativen Sozialforschung wurde in Deutschland intensiv ab den frühen 1970er Jahren auf der erkenntnistheoretischen Schiene als Nachhall des Positivismusstreits geleistet, der gegen die Eskamotierung des Subjekthaften unter der Dominanz des naturwissenschaftlichen Erkenntnisideals opponierte und die „Entzauberung der objektivistischen Ideale" (Bonß/Hartmann 1985: 21) beschleunigte. Da, wo die Entwicklung eigener Methodik in den Vordergrund rückte, besann man sich auf die „andere" amerikanische Forschungstradition, die mit den Namen Cicourel, Glaser/Strauss, Garfinkel oder Goffman verbunden ist.[7] Nachdem die qualitative Forschung im Verlauf der 80er Jahre sich konsolidiert hatte und heute nicht länger ihr spezifischer Wert für die Forschung, sondern eine unproduktive, implizit politisch besetzte Abgrenzung zwischen den Paradigmen der Kritik

6 In dieser Stoßrichtung vor einiger Zeit z.B. noch Meulemann 1993.

7 Frühe Zeugnisse bzw. Schrittmacher dieser alternativen Forschungstradition waren in erkenntniskritischer Perspektive Bühl 1972, Steinert 1973, Schütze u.a. 1980. Vgl. auf die Entwicklung einer eigenen Methodik bezogen Hopf 1978, Hopf/Weingarten 1979, Hoffmann-Riem 1980.

unterliegt[8], stellt sich das Problem anders. Heute braucht die Frage nach Nutzen und Grenzen des Experteninterviews nicht mehr der Frage subsumiert zu werden, was denn nun offene oder teilstandardisierte Interviews methodisch überhaupt zu leisten vermögen.

Allerdings war auch innerhalb des qualitativen Paradigmas das Experteninterview als abgrenzbare und eigenständige Erhebungsmethode keineswegs allgemein anerkannt – und teilweise gilt dies noch heute. Grund dafür ist nicht zuletzt die Tatsache, dass Experteninterviews den üblichen „qualitativen" Anforderungen nach Offenheit und Nicht-Beeinflussung des Interviewpartners häufig nicht entsprechen.[9]

Zudem besteht eine auffällige Heterogenität dessen, was üblicherweise alles unter den Begriff des Experteninterviews gefasst wird: Das Spektrum reicht von quantitativ orientierten Verfahren über Konzeptualisierungen des Experten als eine Art von Informationslieferant (beispielsweise bei Vogel 1995, häufig auch in Lehrbüchern, z.B. Lamnek 2005) bis hin zu dem theoretisch anspruchsvollen, dezidiert qualitativ orientierten Ansatz von Michael Meuser und Ulrike Nagel (1991, 1994, 1997). *Das* Experteninterview gibt es nicht. Und es ist auch kaum zu erwarten (und ebenso wenig wünschenswert), dass die empirischen Sozialforscher sich demnächst auf ein einheitliches Konzept einigen werden.

Mittlerweile liegen verschiedene Versuche vor, dem Experteninterview (bzw. einer spezifischen Ausprägung davon) eine solide theoretisch-methodologische Fundierung zu verpassen. Abgesehen von dem „klassischen" Aufsatz von Meuser und Nagel aus dem Jahr 1991, der auch heute noch Ausgangs- und Bezugspunkt der Diskussionen um das Experteninterview ist, gilt dies etwa für die Arbeiten von Pfadenhauer (2002), Gläser und Laudel (2004) oder Bogner und Menz (2001, siehe jeweils auch die Beiträge der genannten Autorinnen und Autoren in diesem Band). Allerdings wurde auch grundsätzliche Kritik an der methodologischen Fundierung von Experteninterviews geäußert. So vermuten Kassner und Wassermann einen Etikettenschwindel: Unter dem Begriff des Experteninterviews werde etwas vertrieben, was dem eigenen Anspruch auf theoretisch fundierte Methodik nicht gerecht werde. Insbesondere ergäben sich systematische Schwierigkeiten, Experteninterviews trennscharf von anderen Formen qualitativer Interviews abzugrenzen. Sie seien kontextspezifische Instrumente im Rahmen konkreter Forschungsanliegen; der Status eigenständiger Methodik mit übertragbarem und allgemein anwendbarem Rezeptwissen könne nicht für sie reklamiert werden (Kassner/Wassermann 2002).

---

8 So z.B. bei dem vorrangig an einer standardisierten Sozialforschung interessierten Diekmann (1995: 445).

9 Und darüber hinaus gibt es auch Erhebungsformen, die sich dem Begriff Experteninterview subsumieren lassen, die klar standardisierte Züge aufweisen, wie beispielsweise die Delphi-Methode (siehe hierzu den Beitrag von Aichholzer in diesem Band).

Neben den verschiedenen Versuchen zu einer theoretischen Ortsbestimmung des Experteninterviews werden in der einschlägigen Literatur häufig praxis- und anwendungsfeldbezogene Probleme und Themen diskutiert. Als Beispiele seien hier nur der Sammelband von Brinkmann, Deeke und Völkel (1995) zu Experteninterviews in der Arbeitsmarktforschung oder die beiden jüngsten Buchpublikationen zu Experteninterviews genannt: die eine ebenfalls zu einem bestimmten Anwendungsfeld (Mieg/Näf 2006), die andere zu einer spezifischen Durchführungsform, nämlich Gesprächen per Telefon (Mertens/ Ritter 2008).[10] Dies spiegelt sich auch in der Zusammensetzung der Autorenschaft: Häufig sind es nicht ausgewiesene „Experten" für qualitative Methoden, die zum Experteninterview publizieren, sondern vielmehr Forscher aus bestimmten Anwendungsfeldern und gegenstandsbezogenen Disziplinen. Die Reflexion zu Experteninterviews verdankt sich daher nicht der abstrakten Konstruktion einer ausgefeilten, theoretisch „reinen", aber im Forschungsalltag nur schwer umsetzbaren Methodik, sondern viel eher den praktischen Problemen aus dem Feld selbst. Darin wird zugleich der Bedarf nach methodischer Orientierung der verschiedenen empirisch orientierten Disziplinen deutlich, denen die Beiträge der qualitativen Methodiker offenbar bislang nicht ausreichend gerecht wurden.

Es besteht weiterhin ein Missverhältnis zwischen der hohen forschungspraktischen Bedeutung und der im Vergleich zu anderen Methoden – beispielsweise zum narrativen Interview (Schütze 1977, 1983) – geringer ausgeprägten methodologischen und methodischen Reflexion des Experteninterviews. Die Schuld dafür liegt allerdings nicht einfach in einer für die Fachdisziplinen wenig praktikablen Methodendiskussion im „Elfenbeinturm der Methodenforschung", sondern eben auch in der mangelnden methodischen Reflexion in den Fachdisziplinen und unter den Anwendern der Methoden selbst. Die einschlägigen Studien und Forschungsberichte, die mit Experteninterviews arbeiten, beschränken sich in der Regel auf die Ergebnispräsentation; Reflexionen zur Erhebungsmethode finden sich immer noch zu selten oder werden in Fußnoten oder den Anhang verbannt.

Dass aber insgesamt dem Experteninterview als einer eigenständigen Erhebungsmethode mittlerweile mehr Anerkennung zukommt, zeigt auch ein Blick in die allgemeinen Lehr- und Handbücher der Sozialforschung. Hatten wir in der Einleitung zur ersten Auflage des vorliegenden Bandes noch feststellen müssen, dass dieses Literaturgenre Experteninterviews entweder gar nicht oder nur am Rande erwähne (Bogner/Menz 2002: 19), so zeigt sich die Situation heute deutlich positiver.

Die Mehrheit der in den letzten Jahren neu erschienenen Einführungs- und Nachschlagewerke widmen dem Experteninterview mehr oder weniger

10 Auch für viele der in den letzten Jahren erschienenen Artikel zu Experteninterviews trifft das Merkmal des besonderen Anwendungsfeldbezugs zu, z.B. Liebold/Trinczek 2002, Kanwischer 2002, Franz/Kopp 2004, Stackelbeck 2003.

angemessenen Platz (Bohnsack et al. 2003, Katenkamp et al. 2003, König/Zedler 2002, Kühl/Strodtholz 2002, Przyborski/Wohlrab-Sahr 2008, Schaeffer/Müller-Mundt 2002, Weischer 2007, frühzeitig bereits: Friebertshäuser/Prengel 1997). Der Schwerpunkt der Darstellungen liegt dabei auf Fragen der Expertendefinition, auf der Unterscheidung verschiedener Formen von Experteninterviews und ihrer Stellung im Forschungsdesign sowie auf den Besonderheiten in Interviewführung und Interaktionskonstellation im Vergleich zu anderen Formen qualitativer Interviews.

Auch bei Aktualisierungen im Zuge von Neuauflagen bereits seit längerem existierender Lehrbücher wird das Experteninterview in der Regel stärker berücksichtigt, wenn auch häufig noch nicht in der gebotenen Ausführlichkeit. Um zwei Beispiele aus dem Standardrepertoire der Einführungstexte für Studierende zu nennen: Bei Lamnek findet diese Erhebungsmethode mittlerweile immerhin am Rande Erwähnung, wird aber auf die Nutzungsform als „informatorisches Interview“ (Lamnek 2005: 333, im Gegensatz dazu ohne Bezug Lamnek 1995) beschränkt. Uwe Flick hat seine Darstellung von Experteninterviews von etwas mehr als einer auf immerhin fast sechs Seiten ausgedehnt (Flick 1998, 2007), sieht es aber weiterhin in erster Linie als pragmatisches, vor allem aus forschungsökonomischen Gründen gewähltes Instrument. In der aktuellen Auflage des von Flick, v. Kardorff und Steinke herausgegebenen Handbuchs Qualitative Sozialforschung firmiert es weiterhin bezeichnenderweise unter „Abkürzungsstrategien“ (Flick et al. 2005, S. 263). Einführungstexte der Methodenlehre, die Experteninterviews ganz und gar außer Acht lassen, sind heute in der Regel nur noch solche, die sich mit jeweils spezifischen theoretisch-methodischen Ansätzen befassen (z.B. Bohnsack 2007, Helfferich 2004, Strübing 2004).

Mittlerweile gibt es auch ein erstes umfangreiches Lehrbuch, das sich ausschließlich dem Experteninterview (bzw. einer bestimmten Form davon) widmet und den gesamten Forschungsprozess von den methodologischen Grundlagen über die Leitfadenentwicklung bis hin zur Auswertungsstrategie und Ergebnispräsentation umfasst (Gläser/Laudel 2004, siehe auch ihren Beitrag in diesem Band).

Kennzeichnend ist: Dort, wo wahrgenommen wird, dass Experteninterviews mehr sind als hemdsärmlig angewandte Instrumente zur schlichten Informationsgewinnung vom Typ „quick and dirty“, dass es nämlich mittlerweile mehrere ernst zu nehmende Versuche gibt, diese Methode theoretisch-methodologisch zu fundieren, erfolgt auch eine ausführlichere Auseinandersetzung mit ihnen. Die methodologische und methodische Diskussion um Experteninterviews gewinnt an Intensität – gleichwohl: Offene Fragen und unbeantwortete Probleme gibt es zur Genüge.

## 4. Zu den Beiträgen des vorliegenden Bandes

Die Neuauflage des vormals unter dem Titel „Das Experteninterview" in zwei Auflagen erschienenen Bandes möchte zur Fortführung dieser Diskussion beitragen. Sie soll einerseits in verständlicher Weise in die Thematik einführen und damit Studierende, Praktiker und Forscher, die im Rahmen von Studium, Lehre und empirischer Arbeit mit Experteninterviews zu tun haben, eine Orientierung und einen Überblick über die Debatte zum Experteninterview bieten. Andererseits soll dieser Band einen Beitrag zur Weiterentwicklung von Theorie und Praxis des Experteninterviews leisten. Dabei werden verschiedene Aspekte dargestellt und analysiert: theoretisch-methodologische Fragen, konkrete Erhebungsmethoden und Fragestrategien und praktische Forschungsbeispiele aus verschiedenen sozialwissenschaftlichen Teildisziplinen.

Sieben Jahre nach dem erstmaligen Erscheinen des Bandes erschien eine grundsätzliche Überarbeitung des Bandes angezeigt. Vier gänzlich neue Artikel wurden aufgenommen, mit denen das Spektrum der behandelten Fragen um wichtige Facetten erweitert werden konnte. Alle vier Artikel betreten insofern Neuland, als sie Themen bearbeiten, die in der Diskussion um das Experteninterview bislang kaum angesprochen wurden:

Michael Meuser und Ulrike Nagel haben ihren bereits mehrfach erwähnten, zweifellos als „Klassiker" zu bezeichnenden Artikel (Meuser/Nagel 1991, 2002a)[11] für diese Ausgabe so gründlich überarbeitet, dass praktisch ein neuer Text entstanden ist. Sie stellen ihre methodischen Überlegungen in den weiteren Kontext der wissenschaftssoziologischen Debatte um einen Wandel der Wissensproduktion und tragen damit zu einer theoretisch fundierten Re-Interpretation der Begriffe des Experten bzw. des Expertenwissens bei. Jochen Gläser und Grit Laudel leisten mit ihrem Aufsatz zu Qualitätsunterschieden zwischen Experten einen Beitrag zur längst überfälligen Diskussion um die Validität von Experteninterviews. Beate Littig stellt die (fast ausschließlich deutschsprachige) Debatte um Experteninterviews in den internationalen Kontext und arbeitet insbesondere Gemeinsamkeiten und Unterschiede zum anglo-amerikanischen Konzept des Eliten-Interviews heraus. Gabriela B. Christmann befasst sich mit einer besonderen, allerdings keinesfalls seltenen Durchführungsweise von Experteninterviews, nämlich der telefonischen. Im Gegenzug mussten wir auf vier der bislang enthaltenen Beiträge verzichten; hier sei auf die vorangegangenen Auflagen verwiesen (Kassner/Wassermann 2002, Bogner/Leuthold 2002, Meuser/Nagel 2002a, b). Alle anderen Beiträge sind überarbeitet und auf den aktuellen Stand gebracht worden.

---

11 Erstmals in: Garz, Detlev/Kraimer, Klaus (Hg. 1991): Qualitativ-empirische Sozialforschung. Konzepte, Methoden, Analysen. Opladen: Westdeutscher Verlag.

Der Sammelband gliedert sich in drei Teile. Im ersten Kapitel stehen theoretisch bzw. konzeptionell orientierte Arbeiten im Vordergrund, die nach Perspektiven einer methodischen und methodologischen Grundlegung von Experteninterviews fragen. Diese Beiträge zielen darauf, Gegenstand und Gestalt von Experteninterviews genauer zu umreißen. Was ist überhaupt das definitorische Kriterium, aufgrund dessen von Experteninterviews gesprochen werden kann? Dabei ist zuallererst die Frage zu klären, welche besonderen Charakteristika „den Experten" bzw. „die Expertin" auszeichnen. Wie ist „Expertenwissen" beschaffen, welche Art von Informationen und Kenntnissen sollen erhoben werden? Lässt sich das Experteninterview als eigenständige Interviewform begründen und von anderen Formen des qualitativen und quantitativen Interviews sinnvoll abgrenzen? Was unterscheidet es vom Eliteninterview des englischen Sprachraums? Und schließlich: Welche Folgen haben solche Überlegungen für Erhebungsmethode, Interaktionsstrategie und Auswertung?

*Michael Meuser* und *Ulrike Nagel* gehen in ihrer Bestimmung eines methodischen Konzepts des Experteninterviews deutlich über ihre früheren, die Diskussion um das Experteninterview maßgeblich bestimmenden Beiträge zum Experteninterview hinaus (vgl. Meuser/Nagel 1991, 2002a). Dies liegt nicht zuletzt an ihrer Reformulierung des Expertenbegriffs, die sich auf die Rezeption sowohl wissenssoziologischer als auch modernisierungstheoretischer Ansätze stützt. Meuser und Nagel berücksichtigen in diesem Zusammenhang insbesondere aktuelle Thesen zum Wandel der Wissensproduktion, der z.T. als Hinweis auf ein neuartiges Verhältnis von Wissenschaft, Politik und Öffentlichkeit gelesen wird. Im Wesentlichen wird hier das Entstehen eines neuen Forschungstypus behauptet, der durch Anwendungsbezug, Projektförmigkeit und Transdisziplinarität, d.h. den Einbezug des verteilten Wissens ganz unterschiedlicher Akteure der Gesellschaft, gekennzeichnet ist („Mode 2"). Derartige Überlegungen veranlassen Meuser und Nagel zu einer Erweiterung des Expertenbegriffs. War dieser in früheren Arbeiten an berufliche Funktionseliten gebunden, so werden unter den Bedingungen neuer (globaler) netzwerkartiger Aushandlungsprozesse der Wissensproduktion auch solche Personen zum Kreis der ExpertInnen gerechnet, die aktiv an der Gestaltung öffentlicher Anliegen beteiligt sind. Dazu gehören etwa Repräsentanten von NGOs, die ihre Expertise (oft) unabhängig von ihrer Berufsrolle entwickelt haben. Diese Personen haben in ihren ehrenamtlichen oder auch beruflichen Aktivitäten ein problemlösungsorientiertes und analytisches Wissen erworben, das als Sonderwissen für Experteninterviews von Relevanz ist. Für die Auswertung plädieren Meuser und Nagel für ein Verfahren in sechs Schritten, das (im Gegensatz zu früher vertretenen Konzepten) auch mögliche Deutungs- und Handlungseinflüsse privater Lebenserfahrungen des Experten in den Blick nehmen soll.

*Alexander Bogner* und *Wolfgang Menz* versuchen in ihrem Aufsatz auf Basis einer Differenzierung unterschiedlicher Formen von Experteninterviews zu einer Systematisierung der Diskussion beizutragen. In ihrer Typologie unterscheiden sie drei Varianten des Experteninterviews in Abhängigkeit vom jeweiligen Erkenntnisinteresse: das explorative Experteninterview, das im Wesentlichen zu Orientierungszwecken dient; das systematisierende Experteninterview, das auf systematische Informationsgewinnung gerichtet ist; sowie das theoriegenerierende Experteninterview, das – ganz im Sinne der qualitativen Sozialforschung – auf die Rekonstruktion von Deutungsmustern und subjektiven Handlungsorientierungen abzielt. Im Anschluss daran wird eine Präzisierung des Expertenbegriffs vorgestellt. Auf Basis einer Typisierung verschiedener Dimensionen von Expertenwissen (technisches Wissen, Prozesswissen, Deutungswissen) wird eine Reformulierung des wissenssoziologisch orientierten Expertenbegriffs vorgeschlagen. Dabei wird das Expertenwissen als eine „analytische Konstruktion" aufgefasst und zugleich der Aspekt der „Gestaltungsmacht" von Experten einbezogen: Das Experteninterview sei weder durch das Interesse an einem abgrenzbaren Spezial- oder Sonderwissen charakterisiert, wie es die wissenssoziologische Diskussion nahe lege, noch könne es durch die Trennung von Privatsphäre und (zumeist beruflichem) Funktionskontext hinreichend definiert werden. Der Experte sei in der Regel vor allem deshalb forschungsrelevant, weil er über die Chance verfüge, seine besonderen Deutungen in der Praxis durchzusetzen. Daran anknüpfend wird ein „Interaktionsmodell" des Experteninterviews eingefordert, das die zumeist als Störvariablen begriffenen so genannten „Interaktionseffekte" als konstitutiv und produktiv für den Prozess der Datenproduktion und -interpretation versteht.

*Michaela Pfadenhauer* stellt ihre theoretische Begründung des Experteninterviews als einer eigenständigen Methode im Kanon qualitativer Interviews in den Kontext eines ethnografischen Forschungsdesigns. Es biete sich vornehmlich im Hinblick auf Forschungsinteressen an, die auf die Rekonstruktion von explizitem Expertenwissen abzielten. Außerdem sei die Produktivität dieser Methode erst durch ein außergewöhnliches Maß an Vorwissen über den Untersuchungsbereich gewährleistet, das sich ganz zentral über eine ethnografische „Inventarisierung" des Forschungsfelds konstituiere. Weil der im Interview kommunizierte Wissenstyp von der Einschätzung abhänge, die sich der Experte von seinem Gegenüber mache, sei relevantes Expertenwissen nur über den professionellen Bezug auf das Relevanzsystem des Experten zu erheben. Diese Spezifität der Interaktionsverhältnisse, die an den Interviewer die Anforderung formulieren, für eine erfolgreiche Durchführung von Experteninterviews selbst zum „Quasi-Experten" zu werden, markiert für die Autorin das zentrale konstitutive Merkmal von Experteninterviews. Mit dieser Perspektive verbindet sich die Warnung, das Experteninterview als eine vergleichsweise unproblematische und „ökonomische" Art und Weise der Datenproduktion oder als eine „Abkürzungsstrategie" zu verkennen.

Vergleicht man die überwiegend deutschsprachige Literatur zu Experteninterviews mit den internationalen Beiträgen zu Eliteninterviews, wie *Beate Littig* es in ihrem ersten Beitrag tut, fallen mehr Gemeinsamkeiten als Unterschiede auf. Thematisiert werden hier wie dort die großen Zugangsprobleme sowie die Spezifika der Interaktionssituation und der Gesprächsführung. Auch bei der jeweiligen Definition der Zielgruppen der Interviews (Experten und Eliten) gibt es Überschneidungen, wenn auch nicht Deckungsgleichheit. Der Beitrag diskutiert die Gemeinsamkeiten und Unterschiede zwischen beiden methodischen Ansätzen und will so zu einer Präzisierung der Methodologie des Experteninterviews beitragen. Er endet mit einem wissenssoziologisch begründeten Plädoyer dafür, (professionelle) Funktionseliten aufgrund ihrer Machtpositionen als eine spezifische Gruppe von ExpertInnen zu betrachten. Methodologisch betrachtet sind Experten (und somit auch Eliten) aufgrund ihres spezifischen Deutungs- und Handlungswissens für die sozial- und politikwissenschaftlich orientierte Forschung interessant. Konsequenterweise sind dann Interviews mit Eliten, die auf die Generierung expliziten wie impliziten professionellen oder berufsbezogenen Wissens abzielen, als Experteninterviews anzusehen.

Im zweiten Teil des vorliegenden Bandes stehen Fragen der methodischen Praxis und ihrer Reflexion im Mittelpunkt. Welche Erhebungsformen sind im Rahmen von Expertenbefragungen dies- und jenseits des üblichen qualitativ orientierten, leitfadenstrukturierten Einzelinterviews möglich? Wie kann die Qualität der erhobenen Daten abgesichert werden? Durch welche Determinanten und Besonderheiten ist die Kommunikation in Experteninterviews geprägt? Welche personalen Fähigkeiten, Kompetenzen und Zuschreibungen sind in der Interaktion wirksam, welche Rolle spielt hier „Geschlecht“? Wie können die besonderen Strukturen der Interaktion sinnvoll für den Erhebungsprozess genutzt werden?

*Jochen Gläser* und *Grit Laudel* befassen sich mit einem Thema, das in der bisherigen Diskussion um das Experteninterview bislang weitgehend ausgeblendet worden ist, nämlich der „Qualität“ der Interviewpartner und der von ihnen im Gespräch präsentierten Informationen und des Wissens. Nicht nur in der Methodendiskussion, sondern ebenso in wissenschaftssoziologischen Studien, so die AutorInnen, bleibe unberücksichtigt, dass von unterschiedlichen Experten, denen ein verschiedenes Qualitätsniveau ihrer Arbeit und Kenntnisse beigemessen werden kann, entsprechend auch unterschiedliche Auskünfte zu erwarten seien. Dies ist besonders für solche Formen des Experteninterviews relevant, in denen es um die Erhebung von Informationen und Einsicht in Prozesse, d.h. um die Rekonstruktion sozialer Sachverhalte geht. Am Beispiel von eigenen Studien, die sich mit dem Einfluss von institutionellen Forschungsbedingungen auf die Produktion wissenschaftlichen Wissens befassen, wird deutlich: Einerseits können die gleichen sozialen Phänomene im Interview – in Abhängigkeit von der „Qualität“ der Experten – unterschiedlich beschrieben werden. Andererseits ist es ebenso möglich, dass sich hinter divergierenden Beschreibungen gleiche oder ähnliche Phänomene verbergen. Um dies zu rekonstruieren und für den Erhebungs- und Auswertungsprozess fruchtbar zu machen, müssten weitere Informationen über die Untersuchungspersonen einbezogen werden, die über die inhaltlichen Sachbeschreibungen in den Interviews hinausgehen. Gläser und Laudel plädieren dafür, die Frage nach der Qualität der Experten systematisch in die verschiedenen Schritte der Untersuchung – von der Auswahl der Experten über die Interviewführung bis hin zur Auswertung – einzubeziehen. Insofern kann der Beitrag von Gläser und Laudel als Anstoß für eine (überfällige) Debatte um die Validitätskriterien von Experteninterviews insgesamt gesehen werden.

*Gabriele Abels* und *Maria Behrens* zeigen in ihrem Beitrag, dass es für die Erhebung von Praxis- und Informationswissen hilfreich ist, geschlechtsspezifische Interaktionseffekte im Experteninterview zu analysieren und in den Gesprächen produktiv zu nutzen. Dabei gehen sie von der Einsicht aus, dass der Experte genauso wie die Forscherin in den Interviews immer auch als Person präsent ist. Dementsprechend wird die Interaktion von verschiedenen, nicht hintergehbaren subjektbezogenen Einflussfaktoren geprägt. Unter diesen greifen Abels und Behrens die Kategorie Geschlecht heraus und analysieren deren Bedeutung für die Durchführung und das Gelingen von Experteninterviews. Sie zeigen anhand eigener empirischer Forschungsarbeiten, dass verschiedene „Interaktionseffekte“ im Interview sich auf geschlechterbezogene Zuschreibungen und Vorurteile zurückführen lassen. Dabei wird deutlich – und dies ist die zentrale These –, dass sowohl positive als auch diskriminierende Effekte durchaus im Sinne produktiver Datengewinnung genutzt werden können. Gleichzeitig weisen die Autorinnen einschränkend darauf hin, dass nicht alle Interaktionseffekte in gleicher Weise für die Produktion relevanter Daten nützlich sind und dass bestimmte Interaktionseffekte die Validität der Daten auch erheblich beeinträchtigen können. In einem zweiten Schritt überprüfen sie ihre geschlechtertheoretischen Schlussfolgerungen mittels einer Sekundäranalyse ihrer Interviewnotizen aus den betreffenden Forschungsprojekten. Dabei wird deutlich, dass die subjektiv geprägten Postskripta zur Interviewsituation ein aufschlussreiches Material für eine nachträgliche Reflexion der eigenen Selbstreflexivität in der Datenproduktionsphase darstellen.

Auf die Bedeutung der Kategorie Geschlecht in Interviews mit Experten und Expertinnen fokussiert auch der zweite Beitrag von *Beate Littig*. Dabei geht es zunächst um Fragen, die die Auswahl der Experten betreffen, konkret den geringen Anteil von Frauen auf den mittleren und höheren Hierarchieebenen als wichtigen Rekrutierungsebenen von Interviewpartnern. Im Zentrum des Artikels steht die Interviewsituation selbst, die Frage nach dem Doing Gender: der Konstruktion und Reproduktion von Geschlecht im Expertengespräch und die notwendige Berücksichtigung dieser Prozesse bei der Interpretation der Daten. Methodisch lassen sich nach Ansicht der Autorin aus der Omnipräsenz des Doing Gender keine allgemein gültigen Regeln für das Experteninterview ableiten. Inwieweit die Geschlechterinteraktion thematisiert wird, hänge vom jeweiligen Forschungsinteresse ab. Sie empfiehlt allerdings ein Forschungsdesign, das sich der Relevanz der Geschlechterkategorie bei der Durchführung von Experteninterviews bewusst ist.

*Gabriela B. Christmann* befasst sich in ihrem Beitrag mit einer Variante des Experteninterviews, deren Möglichkeiten und Grenzen ganz zentral durch ihre Technik bestimmt sind: dem telefonisch durchgeführten Experteninterview. Obgleich Telefoninterviews mit Experten nicht zuletzt aus forschungsökonomischen Gründen längst etablierte Praxis sind, werden sie kaum methodisch reflektiert. Christmann bezieht sich in ihren methodischen Überlegungen auf Erfahrungen aus einem breit angelegten deutschen Hochschulforschungsprojekt. Mithilfe telefonischer Gespräche mit Experten in leitenden Hochschulpositionen sollte in der Schlussphase des Projekts vertiefend untersucht werden, welche Maßnahmen und Strategien ergriffen wurden und werden, um die Wettbewerbsfähigkeit der deutschen Hochschulen zu erhalten. 14 der befragten Experten wurden face to face interviewt, acht aufgrund forschungsökonomischer Überlegungen am Telefon. Im Vergleich beider Zugänge und in Auseinandersetzung mit der relevanten methodischen Literatur fällt Christmanns Bewertung telefonischer Experteninterviews insgesamt skeptisch aus. Auch wenn in dem genannten Forschungsprojekt aufgrund der Telefoninterviews wichtige Informationen eruiert werden konnten, so überwiegen doch methodologische und methodische Bedenken. Weder sind telefonische Interviews terminlich leichter zu arrangieren (selbst wenn sie mit explizitem Hinweis auf eine – im Vergleich zum face-to-face-Gespräch – kürzere Dauer angekündigt werden), noch ist die exklusive Verbindlichkeit des Interviews gegeben: Ablenkungen, Unkonzentriertheiten oder das Eintreten Dritter sind aufgrund des fehlenden Blickkontakts für den Interviewer nicht einschätzbar oder kontrollierbar. Die Reduktion der Interaktion auf Sprache erfordert einen erhöhten Intepretationsaufwand, und schließlich ist der Entfaltungsraum für die Befragten am Telefon deutlich kleiner, was bei Experteninterviews, die auf Informationsgewinnung abzielen, weniger ins Gewicht fallen dürfte als bei jenen, die im Sinne der rekonstruktiven Sozialforschung der Theoriebildung dienen sollen. In Summe erweisen sich Experteninterviews am Telefon als ein schwieriges und – sowohl für den Interviewten als auch für den Befrager – mühevolles Unterfangen.

Der dritte Teil des Bandes schließlich beinhaltet Beiträge, die sich mit der Bedeutung von Experteninterviews, ihrer Durchführung und ihren interaktionsspezifischen Besonderheiten im Rahmen konkreter Anwendungsfelder und sozialwissenschaftlicher Teildisziplinen (Industriesoziologie, interpretative Organisationsforschung, Arbeitsmarktforschung sowie Technology Foresight) befassen. In dieser Diskussion tritt insbesondere die Frage in den Vordergrund, welche methodischen und methodologischen Konsequenzen aus der besonderen Strukturierung des jeweiligen Forschungsfeldes resultieren und was dies für die erfolgreiche Gesprächsführung im Experteninterview bedeutet.

*Rainer Trinczek* macht an einem Beispielfall aus der Industriesoziologie deutlich, dass die Interviewführung keineswegs generell – wie es ein weit verbreitetes Vorurteil innerhalb der qualitativen Forschung will – dem Prinzip der Neutralität und Zurückhaltung zu folgen habe. Zwar ergäben sich Strategien angemessener Interviewführung aus dem methodologischen Postulat, die Erhebungssituation müsse entsprechend den Regeln der alltagsweltlichen Kommunikation strukturiert sein. Die alltäglichen Kommunikationsregeln seien jedoch situations- und funktionsspezifisch zu interpretieren. In dem von Trinczek analysierten Fall von Interviews mit Managern sind die Kommunikationsregeln und damit die Erwartungen der Gesprächspartner am beruflichen Alltag orientiert; die Befragten erwarten darum in der Regel ein Gespräch im Stil einer in der betrieblichen Alltagssituation vorherrschenden Frage-Antwort-Struktur. Ob das Experteninterview sich allerdings durchgängig an diesen Erwartungen zu orientieren habe, hänge vom Interviewgegenstand ab. Dies macht Trincezk am Beispiel zweier thematisch heterogener Forschungsprojekte deutlich. Ist das Gesprächsthema im betrieblichen Kontext situiert, biete sich eine argumentativ-diskursive Gesprächsführung an. Anders bei Forschungsprojekten, die in der „privaten Lebenswelt" angesiedelt sind: Hier seien – entsprechend der differierenden alltäglichen Kommunikationsstruktur – auf Narrationen zielende Interviewerstrategien angebracht.

*Ulrike Froschauer* und *Manfred Lueger* zeigen in ihrem Beitrag, welche Bedeutung Expertengesprächen im Rahmen einer der interpretativen Sozialforschung verpflichteten Organisationsanalyse zukommt. In einer Unterscheidung der Beobachtungsebenen (erster und zweiter Ordnung) schlagen sie die Rekonstruktion analytisch differenzierbarer Wissenstypen vor. Diese gründen auf einer Heuristik verschiedener Arenen und Reflexionsstufen der Expertise. Die Befragten verfügen (als ExpertInnen der organisationalen Lebenswelt) über organisationsinterne Erfahrungs- und Handlungswissensbestände. Aus einer erweiterten Beobachtungsperspektive können sie als ExpertInnen „Auskunft geben" über interne Wissensstrukturen und Wissenskonstruktionen. Schließlich sind im Sinne einer komplexen Kontrastierung von Wissensformen auch jene ExpertInnen in die Forschungsarbeit zu integrieren, die aufgrund ihrer professionalisierten Reflexion als In- oder Externe von forschungspraktischer Bedeutung sind. Ihrer analytischen Perspektive entsprechend stellen Froschauer und Lueger die jeweils spezifischen Anforderungen an Erhebungs- und Interpretationsverfahren dar, die aus den verschiedenen Typen von kontrastiven Expertisen organisationalen Handelns folgen.

*Andrea Leitner* und *Angela Wroblewski* befassen sich in ihrem Beitrag mit dem Stellenwert und den Besonderheiten von Experteninterviews im Kontext der Evaluationsforschung. Nach einer Übersicht über die Entwicklung dieses Forschungszweigs loten die Autorinnen die Möglichkeiten und Notwendigkeiten des Einsatzes von Experteninterviews im Rahmen des Ansatzes der „responsiven Evaluation" aus. Als ein zentrales Charakteristikum von Experteninterivews im Kontext der Evaluation von sozialpolitischen Maßnahmen sehen sie die Rolle der Experten als „stakeholder", die ein jeweils spezifisches Interesse an den Ergebnissen der Evaluation haben. Diese „Stakeholder"-Problematik, so Leitner und Wroblewski, gelte es methodisch zu reflektieren. In dem von ihnen vorgestellten Ansatz wird auf dieses Validitätsproblem reagiert, indem in den Gesprächen auf Informationen aus anderen Datenquellen Bezug genommen wird. Anhand von Beispielen aus der arbeitsmarktpolitischen Evaluationsforschung werden Determinanten des Interaktionsprozesses im Experteninterview dargestellt und Möglichkeiten des Umgangs mit diesen Verzerrungen diskutiert.

*Georg Aichholzer* präsentiert mit dem Experten-Delphi eine Methode, die im Rahmen des in den letzten Jahren stark wachsenden Anwendungsfeldes „Technology Foresight" eine wichtige Rolle spielt. Grundsätzlich zielt dieser relativ stark strukturierte Gruppenkommunikationsprozess – vor dem Hintergrund gravierender Unsicherheitserfahrungen in modernen Gesellschaften – auf die „Rationalisierung der Zukunft" vermittels einer methodisch kontrollierten Generierung von Expertenwissen. Vielfach streben Foresight-Prozesse damit auch Funktionen der sozialen Vernetzung, Abstimmung und Konsensförderung zur Verbesserung der Leistungsfähigkeit von Innovationssystemen an. Der Beitrag von Aichholzer greift die mit wachsendem Einsatz des Experten-Delphi und zunehmender Ausdifferenzierung des Feldes Technology Foresight einhergehenden Methodenmodifikationen und -kombinationen auf und beleuchtet diese anhand internationaler Beispiele. Nach einer Einführung in die methodischen Grundlagen des Delphi illustriert der Autor dessen Anwendung zunächst anhand der innovativen Konzeption des österreichischen Technologie-Delphi, das einige Modifikation am klassischen Delphi vornimmt. In einem anderen Beispiel, einem internationalen Foresightprozess zur Zukunft europäischer Verkehrssysteme, erlaubt die mit unterschiedlichen Strategien vorgenommene Erschließung von Expertenwissen einen interessanten Methodenvergleich zwischen Experten-Delphi und Cross-Impact-Analyse. Schließlich demonstrieren weitere Anwendungsbeispiele, die der Autor diskutiert, zielspezifisch angelegte Methodenanpassungen und -kombinationen: etwa ein finnischer Ansatz, der auf die Ausbalancierung von Konsens- und Diversitätszielen abstellt, sowie der Einsatz von Experten-Delphis mit Internetunterstützung.

Selbstverständlich ist auch die Neuauflage des vorliegenden Sammelbandes ebenso wie ihre Vorgänger nicht als abschließendes Kompendium zu einer kanonisierten Forschungsmethode zu begreifen, sondern als Aufforderung zur weiteren Reflexion und Auseinandersetzung mit den unterschiedlichen Ausprägungen von Experteninterviews. Die methodische Durchdringung und Reflexion dieser Erhebungsformen ist keinesfalls abgeschlossen, und es ist zu erwarten, dass ihre forschungspraktische Nützlichkeit mit einer intensivierten, kritischen Diskussion weiter zu steigern ist.

## Literatur


Abels, Gabriele/Behrens, Maria (1998): ExpertInnen-Interviews in der Politikwissenschaft. Das Beispiel der Biotechnologie. In: Österreichische Zeitschrift für Politikwissenschaft, Jg. 27, H. 1, S. 79-92 (überarbeitete Fassung in diesem Band)

Beck, Ulrich (1986): Risikogesellschaft. Auf dem Weg in eine andere Moderne. Frankfurt/M.: Suhrkamp

Bogner, Alexander (2005): Grenzpolitik der Experten. Vom Umgang mit Ungewissheit und Nichtwissen in pränataler Diagnostik und Beratung. Weilerswist: Velbrück Wissenschaft

Bogner, Alexander/Leuthold, Margit (2002): „Was ich dazu noch sagen wollte ..." Die Moderation von Experten-Fokusgruppen. In: Bogner, Alexander/Littig, Beate/Menz, Wolfgang (Hg.): Das Experteninterview. Theorie, Methode, Anwendung. Opladen: Leske + Budrich, S. 155-172

Bogner, Alexander/Menz, Wolfgang (2001): „Deutungswissen" und Interaktion. Zu Methodologie und Methodik des theoriegenerierenden Experteninterviews. In: Soziale Welt, Jg. 52, H. 4, S. 477-500

Bogner, Alexander/Menz, Wolfgang (2002): Expertenwissen und Forschungspraxis. Die methodische und die modernisierungstheoretische Debatte um die Experten. In: Bogner, Alexander/Littig, Beate/Menz, Wolfgang (Hg.): Das Experteninterview – Theorie, Methode, Anwendung. Opladen: Leske + Budrich, S. 9-31

Bogner, Alexander/Torgersen, Helge (Hg. 2005): Wozu Experten? Ambivalenzen der Beziehung von Wissenschaft und Politik. Wiesbaden: VS

Bohnsack, Ralf (2000): Rekonstruktive Sozialforschung. Einführung in Methodologie und Praxis qualitativer Forschung. Opladen: Leske + Budrich, 4. Auflage

Bohnsack, Ralf (2007): Rekonstruktive Sozialforschung: Einführung in qualitative Methoden. Opladen: Barbara Budrich, 7. Auflage

Bohnsack, Ralf/Marotzki, Winfried/Meuser, Michael (Hg. 2003): Hauptbegriffe Qualitativer Sozialforschung. Ein Wörterbuch. Opladen: Leske + Budrich

Bonß, Wolfgang/Hartmann, Heinz (1982): Konstruierte Gesellschaft, rationale Deutung – Zum Wirklichkeitscharakter soziologischer Diskurse. In: dies. (Hg.): Entzauberte Wissenschaft. Soziale Welt, Sonderband 3. Göttingen, S. 9-46

Brinkmann, Christian/Deeke, Axel/Völkel, Brigitte (Hg. 1995): Experteninterviews in der Arbeitsmarktforschung. Diskussionsbeiträge zu methodischen Fragen und praktischen Erfahrungen. Nürnberg (Beiträge zur Arbeitsmarkt- und Berufsforschung 191)

Bühl, Walter (Hg. 1972): Verstehende Soziologie. Grundzüge und Entwicklungstendenzen. München: Nymphenburger Verlagsanstalt

Collins, Harry M./Evans, Robert (2002): The Third Wave of Science Studies: Studies of Expertise and Experience. In: Social Studies of Science, Jg. 32, S. 235-296

Collins, Harry/Evans, Robert (2007): Rethinking Expertise. Chicago and London: University of Chicago Press

Diekmann, Andreas (1995): Empirische Sozialforschung. Grundlagen, Methoden, Anwendungen. Reinbek: Rowohlt

Flick, Uwe (1998): Qualitative Forschung – Theorie, Methoden, Anwendung in Psychologie und Sozialwissenschaften. Reinbek: Rowohlt, 3. Auflage

Flick, Uwe (2007): Qualitative Sozialforschung. Eine Einführung. Reinbek: Rowohlt, vollständig überarbeitete Neuauflage

Flick, Uwe/Kardorff, Ernst von/Keupp, Heiner/Rosenstiel, Lutz von/Wolff, Stephan (Hg. 1995): Handbuch Qualitative Sozialforschung. Grundlagen, Konzepte, Methoden und Anwendungen. Weinheim: Beltz, 2. Auflage

Flick, Uwe/Kardorff, Ernst v./Steinke, Ines (Hg. 2005): Qualitative Forschung. Ein Handbuch. Reinbek: Rowohlt

Franz, Hans-Werner/Kopp, Ralf (2004): Betriebliche Experteninterviews. In: Sozialwissenschaften und Berufspraxis, Jg. 27, H. 1, S. 51-61

Friebertshäuser, Barbara/Prengel, Annedore (Hg. 1997): Handbuch Qualitative Forschungsmethoden in der Erziehungswissenschaft. Weinheim und München: Juventa

Giddens, Anthony (1991): Modernity and Self-Identity – Self and Society in the Late Modern Age. Stanford/CA: Stanford University Press

Giddens, Anthony (1995): Konsequenzen der Moderne. Frankfurt/M.: Suhrkamp

Gläser, Jochen/Laudel, Grit (2004): Experteninterviews und qualitative Inhaltsanalyse. Wiesbaden: VS-Verlag

Helfferich, Cornelia (2004): Die Qualität qualitativer Daten. Wiesbaden: VS-Verlag

Hitzler, Ronald (1991): Dummheit als Methode. Eine dramaturgische Textinterpretation. In: Garz, Detlev/Kraimer, Klaus (Hg.): Qualitativ-Empirische Sozialforschung. Opladen: Westdeutscher Verlag, S. 295-318

Hoffmann-Riem, Christa (1980): Die Sozialforschung einer interpretativen Soziologie. Der Datengewinn. In: Kölner Zeitschrift für Soziologie und Sozialpsychologie, Jg. 32, S. 339-372

Hopf, Christel (1978): Die Pseudo-Exploration. Überlegungen zur Technik qualitativer Interviews in der Sozialforschung. In: Zeitschrift für Soziologie, Jg. 7, H. 1, S. 97-115

Hopf, Christel/Weingarten, Elmar (Hg. 1979): Qualitative Sozialforschung. Stuttgart: Klett-Cotta (3. Auflage 1993)

Kanwischer, Detlef (2002): Experteninterviews. Stellenwert, Auswertungsmethoden und Verwendungsmöglichkeiten. In: Kanwischer, Detlef/Rhode-Jüchtern, Tilman (Hg.): Qualitative Forschungsmethoden in der Geographiedidaktik. Geographiedidaktische Forschungen, Bd. 35. Nürnberg, S. 90-112

Kassner, Karsten/Wassermann, Petra (2002): Nicht überall, wo Methode draufsteht, ist auch Methode drin. Zur Problematik der Fundierung von ExpertInneninterviews. In: Bogner, Alexander/Littig, Beate/Menz, Wolfgang (Hg.): Das Experteninterview. Theorie, Methode, Anwendung. Opladen: Leske + Budrich, S. 95-112

Katenkamp, Olaf/Kopp, Ralf/Schröder, Antonius (Hg. 2003): Praxishandbuch: Empirische Sozialforschung. Münster u.a.: Lit-Verlag

Köhler, Gabriele (1992): Methodik und Problematik einer mehrstufigen Expertenbefragung. In: Hoffmeyer-Zlotnik, Jürgen H. P. (Hg.): Analyse verbaler Daten. Über den Umgang mit qualitativen Daten. Opladen: Westdeutscher Verlag, S. 318-332

König, Eckard/Zedler, Peter (Hg. 2002): Qualitative Forschung: Grundlagen und Methoden. Weinheim: Beltz

König, René (1952): Praktische Sozialforschung. In: ders. (Hg.): Das Interview. Formen, Technik, Auswertung. Köln und Berlin: Kiepenheuer, S. 13-33

Koolwijk, Jürgen van (1974): Die Befragungsmethode. In: ders./Wieken-Mayser, Maria (Hg.): Techniken der empirischen Sozialforschung. 4. Band: Erhebungsmethoden: Die Befragung. München und Wien: Oldenbourg, S. 9-23

Krafft, Alexander/Ulrich, Günter (1995): Akteure in der Sozialforschung. In: Brinkmann et al. 1995, S. 23-33

Kühl, Stefan/Strodtholz, Petra (Hg. 2002): Methoden der Organisationsforschung. Ein Handbuch. Reinbek: Rowohlt

Lamnek, Siegfried (1995): Qualitative Sozialforschung. Bd. 2: Methoden und Techniken. Weinheim: Beltz, 3. Auflage

Lamnek, Siegfried (2005): Qualitative Sozialforschung: Lehrbuch. Weinheim: Beltz, 4. Auflage

Liebold, Renate/Trinczek, Rainer (2002): Experteninterview. In: Kühl, Stefan/Strodtholz, Petra (Hg.): Methoden der Organisationsforschung. Ein Handbuch. Reinbek: Rowohlt, S. 33-71

Lueger, Manfred (1989): Die soziale Situation im Interview. In: Österreichische Zeitschrift für Soziologie, Jg. 14, H. 3, S. 22-36

Maasen, Sabine/Weingart, Peter (Hg. 2005): Democratization of Expertise? Exploring Novel Forms of Scientific Advice in Political Decision-Making. Dordrecht: Springer

Martens, Bernd/Ritter, Thomas (2008): Eliten am Telefon: Neue Formen von Experteninterviews in der Praxis. Baden-Baden: Nomos

Mayring, Philip (1996): Einführung in die qualitative Sozialforschung. Eine Anleitung zu qualitativem Denken. Weinheim: Beltz

Meulemann, Heiner (1993): Befragung und Interview. Über soziale und soziologische Situationen der Informationssuche. In: Soziale Welt, Jg. 44, H. 1, S. 98-119

Meuser, Michael/Nagel, Ulrike (1991): ExpertInneninterviews – vielfach erprobt, wenig bedacht. Ein Beitrag zur qualitativen Methodendiskussion. In: Garz, Detlev/Kraimer, Klaus (Hg.): Qualitativ-empirische Sozialforschung. Konzepte, Methoden, Analysen. Opladen: Westdeutscher Verlag, S. 441-471

Meuser, Michael/Nagel, Ulrike (1994): Expertenwissen und Experteninterview. In: Hitzler, Ronald/Honer, Anne/Maeder, Christoph (Hg.): Expertenwissen. Die institutionalisierte Kompetenz zur Konstruktion von Wirklichkeit. Opladen: Westdeutscher Verlag, S. 180-192

Meuser, Michael/Nagel, Ulrike (1997): Das ExpertInneninterview. Wissenssoziologische Voraussetzungen und methodische Durchführung. In: Friebertshäuser/Prengel 1997, S. 481-491

Meuser, Michael/Nagel, Ulrike (2002a): ExpertInneninterviews – vielfach erprobt, wenig bedacht. Ein Beitrag zur qualitativen Methodendiskussion. In: Bogner, Alexander/ Littig, Beate/Menz, Wolfgang (Hg.): Das Experteninterview – Theorie, Methoden, Anwendung. Opladen: Leske + Budrich, S. 71-93

Meuser, Michael/Nagel, Ulrike (2002b): Vom Nutzen der Expertise – Experteninterviews in der Sozialberichterstattung. In: Bogner, Alexander/Littig, Beate/Menz, Wolfgang (Hg.): Das Experteninterview – Theorie, Methoden, Anwendung. Opladen: Leske + Budrich, S. 257-272

Mieg, Harald A./Näf, Matthias (2006): Experteninterview in den Umwelt- und Planungswissenschaften. Eine Einführung und Anleitung. München: Dustri-Verlag

Pfadenhauer, Michaela (2002): Auf gleicher Augenhöhe reden. Das Experteninterview – ein Gespräch zwischen Experte und Quasi-Experte. In: Bogner, Alexander/Littig, Beate/Menz, Wolfgang (Hg.): Das Experteninterview – Theorie, Methode, Anwendung. Opladen: Leske + Budrich, S. 113-130

Przyborski, Aglaja/Wohlrab-Sahr, Monika (2008): Qualitative Sozialforschung. Ein Arbeitsbuch. München: Oldenbourg

Ravetz, Jerome R. (2009): Latest thoughts on Post-normal science. In: Bogner, Alexander/Kastenhofer, Karen/Torgersen, Helge (Hg.): Inter- and Transdisciplinarity revisited. Baden-Baden: Nomos (im Erscheinen)

Schaeffer, Doris/Müller-Mundt, Gabriele (Hg. 2002): Qualitative Gesundheits- und Pflegeforschung. Bern: Huber

Scheuch, Erwin (1967): Das Interview in der Sozialforschung. In: König, René (Hg.): Handbuch der Empirischen Sozialforschung, Bd. 1. Stuttgart: Enke, 2. Auflage, S. 136-196

Schmid, Josef (1995): Expertenbefragung und Informationsgespräch in der Parteienforschung: Wie föderalistisch ist die CDU? In: Alemann, Ulrich von (Hg.): Politikwissenschaftliche Methoden. Grundriss für Studium und Forschung. Opladen: Westdeutscher Verlag, S. 293-326

Schütze, Fritz (1977): Die Technik des narrativen Feldinterviews in Interaktionsfeldstudien – dargestellt an einem Projekt zur Erforschung von kommunalen Machtstrukturen. Arbeitsberichte und Forschungsmaterialien Nr. 1. Fakultät für Soziologie an der Universität Bielefeld

Schütze, Fritz (1983): Biographieforschung und narratives Interview. In: Neue Praxis, Jg. 13, Heft 3, S. 283-293

Schütze, Fritz et al. (1980): Grundlagentheoretische Voraussetzungen methodisch kontrollierten Fremdverstehens. In: Arbeitsgruppe Bielefelder Soziologen (Hg.): Alltagswissen, Interaktion und gesellschaftliche Wirklichkeit. Opladen: Westdeutscher Verlag, 5. Auflage, S. 433-495

Spöhring, Walter (1989): Qualitative Sozialforschung. Stuttgart: Teubner

Stackelbeck, Martina (2003): ExpertInneninterviews zur Wirkung von Langzeitarbeitslosigkeit. In: Katenkamp, Olaf/Kopp, Ralf/Schröder, Antonius (Hg.): Praxishandbuch: Empirische Sozialforschung. Münster u.a.: Lit-Verlag, S. 37-44

Steinert, Heinz (Hg. 1973): Symbolische Interaktion. Arbeiten zu einer reflexiven Soziologie. Stuttgart: Klett-Cotta

Strübing, Jörg (2004): Grounded Theory. Wiesbaden: VS

Turner, Stephen (2001): What is the Problem with Experts? In: Social Studies of Science, 31. Jg., S. 123-149

Vogel, Berthold (1995): „Wenn der Eisberg zu schmelzen beginnt ..." – Einige Reflexionen über den Stellenwert und die Probleme des Experteninterviews in der Praxis der empirischen Sozialforschung. In: Brinkmann et al. 1995, S. 73-83

Weingart, Peter/Carrier, Martin/Krohn, Wolfgang (2007): Nachrichten aus der Wissensgesellschaft. Analysen zur Veränderung der Wissenschaft. Weilerswist: Velbrück Wissenschaft

Weischer, Christoph (2007): Sozialforschung: Theorie und Praxis. Wien: UVK

# Teil 1:
# Theoretische Konzepte

# Experteninterview und der Wandel der Wissensproduktion

*Michael Meuser und Ulrike Nagel*

## 1. Einleitung

Die Ausarbeitung des Experteninterviews als Methode der qualitativen empirischen Sozialforschung, die auf das Wissen von Experten zielt, hat seit Beginn der 1990er Jahre einen erheblichen Aufschwung genommen. Dafür spricht das kontinuierliche Erscheinen einschlägiger Sammelbände.[1] Durch diese Entwicklung ist eine Lücke in der Methodenliteratur bearbeitet worden, die vielen Disziplinen und Forschungsfeldern in den Sozialwissenschaften zugute kommt. Man kann davon ausgehen, dass durch die vermehrte Methodenreflexion die Erforschung von Expertenwissen einen Professionalisierungsschub erhalten und an Qualität gewonnen hat.[2]

Das Experteninterview scheint gleichzeitig zu einer windschnittigen Vorgehensweise geworden zu sein, die sich, wie Bogner/Menz (2005a: 9f.) in ihrer Einleitung zu dem mit Littig herausgegebenen Sammelband feststellen, großer Beliebtheit erfreut, da sie in der Regel kein Motivationsproblem auf Seiten der Informanten kennt, „schnell, leicht, sicher" in der Durch-

---

1 Vgl. z.B. Hitzler/Honer/Maeder (1994), Brinkmann/Deeke/Völkel (1995), Schulz (1998), Bogner/Littig/Menz (2002, 2. Auflage 2005), Mieg/Näf (2006).

2 Wie wir an anderer Stelle belegt haben, ist das Experteninterview eines der am häufigsten eingesetzten Verfahren in der empirischen Sozialforschung, sowohl als eigenständiges Verfahren als auch im Rahmen einer Methodentriangulation. Verwendung findet es insbesondere in der industriesoziologischen Forschung, der Organisationsforschung, der Bildungsforschung und der Politikforschung. Der Häufigkeit der Anwendung des Verfahrens korrespondierte lange Zeit keine methodologische Reflexion, die sich um eine Bestimmung der Besonderheiten des Experteninterviews gegenüber anderen Interviewverfahren bemüht hätte. Die Folge ist eine gewisse „Unübersichtlichkeit und Uneinheitlichkeit in der Auffassung und Darstellung von Experteninterviews" (Mieg/Brunner 2004: 199; ähnlich Bogner/Menz 2002a: 20). Dies gilt gleichermaßen für die deutsche wie die internationale Forschungslandschaft. Entsprechend zeigt sich bei der Durchsicht einschlägiger Methodenhandbücher, dass das Experteninterview allenfalls kurz als ein exploratives Verfahren erwähnt wird. Ausnahmen davon bilden Flick (1995), von Alemann (1995), Friebertshäuser/Prengel (1997), Nohlen/Schultze (2002), Kühl/Strodtholz (2002), Bohnsack/Marotzki/Meuser (2003), Becker/Kortendiek (2004). Weitgehende Übereinstimmung herrscht hinsichtlich der Verortung des Experteninterviews im Kontext der Methodologie der qualitativen Sozialforschung. Diese Zuordnung liegt auch unserem Verständnis des Verfahrens zugrunde. Vgl. aber Deeke (1995), der diese Verortung als ungerechtfertigt kritisiert.

führung zu sein verspricht und einen unproblematischen Nutzen erwarten lässt. Dabei, so die Autoren weiter, gerät leicht aus dem Blick, dass es sich beim Experteninterview, das auf das Expertenwissen zielt, um eine voraussetzungsvolle Methode handelt, die weder modernisierungstheoretisch noch methodologisch als auf soliden Füßen stehend gelten kann.[3]

Dieser Artikel versteht sich als Beitrag zur wissenssoziologischen Fundierung und modernisierungstheoretischen Einbettung der Bestimmung des Experten und des Expertenwissen. Wir werden im Folgenden den Experten und das Expertenwissens wissenssoziologisch verorten und zeigen, dass wir es mit einem Modus von Wissen zu tun haben, dessen Besonderheit einen spezifischen methodischen Zugriff erfordert. Dessen Eigentümlichkeiten werden wir sowohl mit Blick auf die Erhebung als auch auf die Auswertung darstellen.[4]

Des Weiteren erörtern wir diese Wissenskonzeption im Kontext des Wandels der Wissensproduktion bzw. neuer Formen der Wissensproduktion, wie sie in den wissensgesellschaftlichen und postmodernen Diskursen reflektiert werden. Das Akkumulationsregime der Globalisierung hat Prozesse in Gang gesetzt, die die wissensbasierten Expertensysteme in eine neuartige Lage versetzen. Sie lassen sich mit Welsch (1993) als grundlegende Pluralität bezeichnen, eine Pluralität, die sich nicht einfach als beschleunigtes oder vermehrtes Nebeneinander von Wissenssphären und Expertenstandpunkten abarbeiten lässt, sondern, neben der Diversifizierung des Wissens, auch als Bewegung der Entgrenzung von Wissenssphären begriffen werden muss. Wir werden einige Eigenschaften des gesellschaftlichen Wandlungsprozesses skizzieren und diskutieren, welche neuartigen Relevanzen damit dem Experten auferlegt werden und welche neuartigen spannungsreichen Konstellationen und Dilemmata für das Expertenhandeln daraus resultieren. Auf dieser modernisierungstheoretisch- zeitdiagnostischen Basis fragen wir, ob und inwieweit sich Aufmerksamkeitsfokussierungen für die Analyse von Expertenwissen ergeben, die der Situation des Expertenwissens in unserer Zeit und den sich wandelnden Formen der Wissensproduktion korrespondieren.[5] [6]

---

3 Ähnlich auch Pfadenhauer (2002: 127f.), die das Experteninterview als „ein sehr voraussetzungsvolles und damit auch ausgesprochen aufwendiges Instrument zur Datenerhebung" behandelt.

4 Diese Ausführungen basieren auf Überlegungen aus zuvor publizierten Aufsätzen zum Experteninterview und Expertenwissen (Meuser/Nagel 1991, 1994, 1997, 2002). Sie werden hier fortgeführt und im Bezugshorizont des Wandels der Wissensproduktion und daraus ableitbarer Gesichtspunkte für die Durchführung und Auswertung des Experteninterviews diskutiert. Zweifel an dem von uns verfolgten Weg, das Experteninterview als ein eigenständiges, von anderen Interviewverfahren methodisch abgrenzbares Instrument zu konzipieren, äußern Deeke (1995) sowie Kassner und Wassermann (2002).

5 In unseren früheren Schriften haben wir diese Kontextuierung des Experten und Expertenwissens etwas knapp gehalten; inzwischen sind die Veränderungen in der Wissensproduktion schärfer hervorgetreten und erfordern Berücksichtigung. Wir holen dies in diesem Beitrag nach, stellen die wissenssoziologischen Bestimmungen in den Bezugshorizont des

# 2. Experte, Expertenwissen und gesellschaftlicher Wandel

## *2.1 Wissenssoziologische Fundierung*

In einer forschungspragmatischen, allein auf den lokalen Herstellungskontext fokussierenden Perspektive ließe sich der Expertenstatus als ein vom Forscher verliehener Status begreifen; jemand wird zum Experten in seiner und durch seine Befragtenrolle (Walter 1994: 271). Dies ist insofern zutreffend, als nur der- oder diejenige als Experte bzw. Expertin interviewt wird, den bzw. die der Forscher als eine solche Person identifiziert. Eine solche Bestimmung bleibt jedoch unzureichend, da sie dem Forscher keine Kriterien an die Hand gibt, nach denen er Experten von Nicht-Experten unterscheiden kann. Es bestünde die Gefahr einer inflationären Ausdehnung des Expertenbegriffs, in deren Folge schließlich jeder zum Experten wird – und sei es zum „Experten für das eigene Leben" – und das Experteninterview sich nicht mehr von anderen Interviewverfahren unterscheiden lässt, z.B. vom narrativen oder vom ethnographischen Interview.[7]

Eine Bestimmung des Expertenbegriffs muss danach fragen, ob es Eigentümlichkeiten gibt, die das Expertenhandeln und -wissen von anderen Formen sozialen Handelns und Wissens, insbesondere vom Alltagshandeln und -wissen unterscheidet. Eine Person wird im Rahmen eines Forschungszusammenhangs als Experte angesprochen, weil wir wie auch immer begründet annehmen, dass sie über ein Wissen verfügt, das sie zwar nicht notwendigerweise alleine besitzt, das aber doch nicht jedermann in dem interessierenden Handlungsfeld zugänglich ist. Auf diesen Wissensvorsprung zielt das Experteninterview. Dieser Vorsprung ist in der Hinsicht folgenreich, dass daran Definitionsmacht geknüpft ist. Die forschungspragmatische Bestimmung des Experteninterviews verbindet sich so mit einer wissenssoziologischen Perspektive und verweist auf die Unterscheidung von Experte und Laie.

Dass sich der Expertenstatus einer Person immer auch dem jeweiligen Forschungsinteresse verdankt – nicht jede in einem Handlungsfeld als Exper-

---

Wandels der Wissensproduktion und fragen nach daraus ableitbaren Gesichtspunkten für die Durchführung und Auswertung des Experteninterviews. Es wird zu prüfen sein, ob und in welcher Weise die als Entstehung neuer Wissenskulturen und Formen der Wissensproduktion diskutierten gesellschaftlichen Wandlungsprozesse die wissenssoziologischen Bestimmungen revisionsbedürftig machen.

6 Zum Wandel in den Formen und Kulturen der Wissensproduktion s. Gibbons u.a. (1994), für verschiedene gesellschaftliche Sphären, Ökonomie, Erziehung, Sozial- und Geisteswissenschaften. Zur Analyse der Wissenskulturen im Bereich der Naturwissenschaften und Hochtechnologie s. Knorr-Cetina (2002) sowie allgemein Rammert (2003). Vgl. zur Kritik die Beiträge in Bender (2001) sowie als Sammelbesprechung zum Thema Wissensgesellschaft Hettlage 2004.

7 Eine derartige Begriffsverwirrung lässt sich gelegentlich auch in der Methodenliteratur beobachten (vgl. z.B. Gläser/Laudel 2004).

te anerkannte Person ist notwendig Adressat von Experteninterviews –, heißt nicht, dass eine Person unabhängig von den im interessierenden Handlungsfeld vorgenommenen Zuschreibungen als Experte interviewt wird. Als Experte kommt in Betracht, wer über eine „institutionalisierte Kompetenz zur Konstruktion von Wirklichkeit" (Hitzler/Honer/Maeder 1994) verfügt. Expertenwissen zeichnet sich durch die Chance aus, „in der Praxis in einem bestimmten organisationalen Funktionskontext hegemonial zu werden" und so „die Handlungsbedingungen anderer Akteure [...] in relevanter Weise" mitzustrukturieren (Bogner/Menz 2002b: 46; vgl. auch Liebold/Trinczek 2002: 36).

Diese wissenssoziologische Bestimmung hat ihren Ausgangspunkt in der von Alfred Schütz (1972: 89ff.) vorgenommenen Unterscheidung von drei Idealtypen des Wissens. Dies sind der „Experte", der „Mann auf der Straße" und der „gut informierte Bürger". Als Unterscheidungskriterium benennt Schütz das Ausmaß der „Bereitschaft, Dinge als fraglos gegeben anzunehmen". Während der „Mann auf der Straße" „naiv in seinen eigenen wesentlichen Relevanzen und in denen seiner in-group" lebt, bewegt sich der Experte in einem System von Relevanzen, die ihm „durch die auf seinem Gebiet vorausgesetzten Probleme" auferlegt sind. Diese Relevanzen sind ihm allerdings nicht Schicksal, in das er sich blind fügt, sondern „durch seine Entscheidung, ein Experte zu werden, hat er die auf seinem Gebiet auferlegten Relevanzen als wesentliche akzeptiert, und zwar als die allein wesentlichen Relevanzen für sein Handeln und Denken".

Die an Schütz anschließende wissenssoziologische Diskussion fokussiert vor allem auf die Unterscheidung von Experte und Laie. Diese Unterscheidung macht sich an dem spezialisierten Sonderwissen fest, über das der Experte verfügt. Wie Sprondel (1979: 141) gezeigt hat, ist allerdings nicht jedes Spezialwissen bereits Expertenwissen, sondern nur solches, das sich als „sozial institutionalisierte Expertise" fassen lässt. Expertenwissen ist, so Sprondel weiter, ein in einer arbeitsteilig organisierten Gesellschaft „als notwendig erachtetes Sonderwissen" (148), das auf Probleme bezogen ist, die als Sonderprobleme definiert sind. Sprondel sieht dieses Wissen an die Berufsrolle gebunden. Die Entwicklung des Expertenbegriffs entlang der Berufsrolle ist insofern sinnvoll, als historisch betrachtet Expertentum sich auf dieser Schiene ausdifferenziert hat und weil es weiterhin in großem Umfang auf dieser Basis erworben wird.

Jüngere Diagnosen des gesellschaftlichen Wandels können überzeugend nachweisen, dass sich neue Formen der Produktion des Wissens entwickelt haben, die die alte, traditionelle Form der vom Handlungsbereich auferlegten disziplinären, betrieblich-beruflichen oder sonstigen funktionsbereichsspezifischen Relevanzen nicht vernichten, sondern sich an ihre Seite stellen. In diesen neuen Formen der Wissensproduktion verflüssigt sich die Bindung von Expertenwissen an die Berufsrolle, die scharfe Unterscheidung von Experte und Laie sowie der ausschließliche Geltungsanspruch der Relevanzen des „Gebiets“, der Disziplin oder des Berufs, in dem der Experte tätig ist. Auf diesen Wandlungsprozess gehen wir im Folgenden ein und knüpfen daran Überlegungen hinsichtlich der Bestimmungsmomente des Expertenwissens an.

## *2.2 Gesellschaftlicher Wandel und neue Formen der Wissensproduktion*

Die von Schütz und Sprondel geltend gemachte Bestimmung des Experten und Expertenwissens dokumentiert in nuce die in der Moderne herrschende Form der Wissensproduktion. Sie wird in der modernisierungstheoretischen Diskussion häufig als Modus 1 (Mode 1) (Gibbons u.a. 1994) bezeichnet. Im Modus 1 wird Wissen disziplinär generiert, angeleitet von den kognitiven und sozialen Normen des disziplinären Kontexts, und ist insofern autonom (Gibbons u.a. 1994: 1). Dies sind die dem Experten „auferlegten“ Relevanzen, sie und sie allein, folgt man Schütz, bestimmen sein Handeln, sie können und müssen in der Praxis des Experten je situativ und kontextsensibel interpretiert werden. Modus 1 dient als Bezugspunkt für die Analyse des Wandels der Wissensproduktion in Richtung auf einen Modus 2, in welchem die Eigenschaften des Modus 1, z.B. die Unterscheidung zwischen Experte und Laie und die Disziplinarität, ihre Trennschärfe verlieren und die Wissensproduktion in breiteren, transdisziplinären Kontexten stattfindet (ebd.). Einigkeit herrscht darüber, dass sich mit dem Erscheinen von Modus 2 der Wissensproduktion Modus 1, die Wissensproduktion der Moderne, nicht verabschiedet hat, sondern sie „hat sich fortgesetzt, zugespitzt und transformiert. Sie hat ihre eigenen Zielsetzungen kaum erfüllt, ihre Aporien sind noch deutlicher, wenn nicht unabweisbarer geworden, und genau deshalb zeichnen sich im Umgang mit der Moderne Akzentverschiebungen ab“ (Bonß 1998: 969).

Eingerückt in eine historische Betrachtung, lassen sich die Anfänge des Wandels von Modus 1 zu neuen Formen der Wissensproduktion im Modus 2 in den 1960er Jahren verorten. Es beginnt ein Prozess des expliziten Sichtbarwerdens der problematischen, ambivalenten Folgen des industriegesellschaftlichen Modernisierungsprozesses mit seiner Fortschrittslogik der funktionalen Differenzierung, Verwissenschaftlichung und Disziplinarität. Sie gerät zunehmend in die Kritik, und dies geht einher mit einer erstarkenden Fortschrittsskepsis, die sich insbesondere an den wissenschaftlich-technischen und sozialplanerischen Problemlösungen festmacht. Die Unabweisbarkeit der ambivalenten Nebenfolgen der Modernisierung, beispielhaft die mit der friedlichen Nutzung der Atomenergie verbundenen Probleme, treibt in den 1970er Jahren das Reflexivwerden der Plausibilitätsstrukturen der Moderne voran und führt in den 1980er Jahre zu neuartigen – globalisierten – Problemwahrnehmungen, zum Heranwachsen neuer Deutungsinstanzen, Wissensordnungen, Produktionskonzepte, Lebensformen u.a. Eine „neue Unübersichtlichkeit" (Habermas 1985) ist zunächst die Folge.

In diesem Prozess kristallisieren sich zwei Lesarten des gesellschaftlichen Wandels heraus. Zum einen der an den Risiken und Unsicherheiten der Gegenwartsgesellschaft ansetzende Risikodiskurs (Beck 1986, 1996), „bei dem es darum geht, die neuen Nebenfolgen und die Herrschaft der Nebenfolgen zu bewältigen" (Bonß 1998: 973), zum anderen, ansetzend an den Ambivalenzen der Moderne (Bauman 1992), der „konstruktivistische und postmoderne Diskurs, der die Pluralisierung der Erkenntnis" und „die Plural gewordenen Vernunft" (Wolfgang Welsch) betont (ebd.).

Das Dilemma, in das das Expertenwissen im gesellschaftlichen Wandlungsprozess gerät, stellt sich so dar, dass einerseits, angesichts der Unübersichtlichkeit der gesellschaftlichen Problemlagen und -lösungen, eine vermehrte Nachfrage nach dem Deutungs- und Orientierungswissen von Experten entsteht, und Expertenwissen und Expertensysteme sich vervielfältigen und ausbreiten, andererseits aber das „konservative", im Modus 1 erzeugte wissenschaftliche Expertenwissen in die Geltungskrise gerät, weil es die Risiken, die es zu heilen antritt, selbst produziert. Eine paradoxe Situation, in der verschiedene Strömungen zusammenlaufen: die Infragestellung des Modus 1 der Wissensproduktion, die Entstehung innovativ gerichteter transdisziplinärer Arrangements der Wissensproduktion in weiten Teilen der Gesellschaft und die Herausbildung neuer Deutungsinstanzen mit neuartigen Relevanzen, netzwerkartigen Kommunikationskulturen und integrierten, Laien- und lokales Wissen berücksichtigenden Formen der Wissensproduktion, also die Etablierung der Welt der Gegenexperten, Gegenexpertise und alternativen Öffentlichkeiten.[8] Letztere verschwinden in den folgenden Jahrzehnten auch nicht, sondern sind inzwischen selbst institutionell geworden und besetzen Machtpositionen. Stellvertretend für viele sind die neuen sozialen Bewegungen zu nennen, NGOs, zivilgesellschaftliche Netzwerke, deren Mitglieder mit fortschreitendem Alter nicht selten Positionen im politischen, sozialen und kulturellen System, in den gesellschaftlichen Institutionen übernehmen.

Für unseren Zusammenhang ist interessant, dass im Zuge des Reflexivwerdens der Moderne und der Kritik an der Expertokratisierung der Gesellschaft das Expertenwissen auch in außerberuflichen Kontexten generiert wird. Es ist damit nicht Laienwissen oder das Wissen des gut informierten Bürgers, sondern dieses vernetzt sich mit der wissenschaftlichen Expertise, sodass es zu Hybridbildungen kommt und sich die Produktion des Wissens in anderen Formen als denen des Modus 1 vollzieht; es wird in pluralisierten

8 Vgl. hierzu Pfadenhauer (2003: 171), die davon ausgeht, dass der Gegenexperte einen nicht unerheblichen Statuswandel im Sinne einer Aufwertung seiner Expertise erfahren hat und vielfach auch nicht mehr als „Gegenexperte" angesehen wird.

Netzwerken generiert, von Experten und Laien-Öffentlichkeiten ausgehandelt und auf konkrete gesellschaftliche Problemkomplexe bezogen (und u.U. zu Gegenmacht organisiert). Die Kritik an der Expertokratisierung der Moderne und an den so produzierten Nebenfolgen führt so ihrerseits zur Herausbildung von wissens- und wissenschaftsbasierten Gegenexpertensystemen mit ihren besonderen Wissenskulturen, Gegenöffentlichkeiten und alternativen Partizipationsstrukturen.

Mit dem Auftauchen neuartiger Wissenssysteme, Wissenskulturen und Interpreten von Modernisierungsdefiziten und Problemlösungen, neuartigen (kollektiven) Akteuren und Öffentlichkeiten und ihren netzwerkartigen Aushandlungsformen der Wissensproduktion wird die von den Wissenschaften beanspruchte überlegene Problemlösungsrationalität (Modus 1) einem systematischen Zweifel ausgesetzt und in den Zustand der Konkurrenz mit der Expertise aus andersartigen Wissensordnungen und Interessensphären versetzt. Diese sind zwar ihrerseits wissenschaftsbasiert, sind aber in sich nicht disziplinär, sondern transdisziplinär strukturiert, sie sind heterogen hinsichtlich der beteiligten Akteure bzw. Wissensproduzenten und ihrer Relevanzen, d.h. sie nehmen auch lokales Wissen, Erfahrungswissen, Laien- und Betroffenenperspektiven in sich auf. Auch äußerlich werden einige dieser Wissensordnungen als Alternative zur Welt des Modus 1 kenntlich gemacht, durch eine neuartige Ästhetik, neue Symboliken (Turnschuhe, Regenbogen, Sonnenblume). In dem Maße, in dem angesichts der vielfach globalisierten neuartigen Problemlagen und Innovationserfordernisse das Expertenwissen aus den pluralen Welten der Gegenexperten zu einer gefragten Wissensquelle wird, wird das Aushandeln von Relevanzen in pluralistischen und transdisziplinären Netzwerken als Modus der Wissensproduktion gleichsam „gesellschaftsfähig“. Modus 1 der Wissensproduktion ist damit nicht überholt, er ist, wie immer wieder festgestellt wird, in manchen seiner Eigenschaften unverzichtbar, aber er erhält eine Ergänzung durch Modus 2.

> “Mode 1 problems are set and solved in a context governed by the, largely academic, interests of a specific community. By contrast, Mode 2 knowledge is carried out in a context of application. Mode 1 is disciplinary while Mode 2 is transdisciplinary. Mode 1 is characterised by homogenity, Mode 2 by heterogenity. Originally, Mode 1 is hierarchical and tends to preserve its form, while Mode 2 is more heterarchical and transient. Each employs a different kind of quality control. In comparison with Mode 1, Mode 2 is more socially accountable and reflexive. It Includes a wider, more temporary and heterogeneous set of practitioners, collaborating on a problem defined in a specific and localised context” (Gibbons u.a. 1994: 3).

Auch die Universitäten bleiben von diesen Entwicklungen nicht unberührt. Nowotny (1997) konstatiert, dass mit der Veränderung der Wissensproduktion die Universitäten ihren privilegierten Status als legitimer Ort der Produktion von Wissen verlieren. Dafür verantwortlich sei nicht zuletzt die stetig wachsende Zahl akademisch ausgebildeter Menschen, mit denen Forschungskompetenz in die verschiedensten Institutionen Eingang findet. Dies wiederum habe Rückwirkungen auf „das vorhergehende, weitgehend disziplinär organisierte Wissensproduktionssystem". Bei der Wissensproduktion im sog. „Modus 2" werde „bereits die Definition des wissenschaftlichen Problems im Kontext konkreter und daher wechselnder Anwendungen vorgenommen". Modus 2 sei offen für gesellschaftliche Ansprüche und Erwartungen. Disziplinarität als Charakteristikum der Wissensproduktion im „Modus 1" werde mehr und mehr durch Transdisziplinarität, d.h. eine Einbeziehung nicht nur anderer wissenschaftlicher Disziplinen, sondern auch von Institutionen und Organisationen außerhalb des wissenschaftlichen Feldes, ergänzt und zum Teil auch ersetzt (vgl. Gibbons u.a. 1994). In der Weiterentwicklung der Modus-2-Theorie wird dieser Aspekt der Öffnung der Wissensproduktion für neuartige Expertenlager aus dem Bereich der Öffentlichkeit ins Zentrum gerückt, „die immer engere Interaktion von Wissenschaft und Gesellschaft", und als „Indikator für das Auftauchen einer neuen Art von Wissenschaft" diskutiert (Nowotny/Scott/Gibbons, 2004: 7).

Rammert (2003: 483) diagnostiziert dieses neue Wissensregime als „das *Regime der heterogen verteilten Wissensproduktion*" (Herv. i.O.). Die Wissensproduktion erfolge in einer „fragmentalen" Weise. Knorr-Cetina (2002: 12f., 18) verwendet den Begriff der „Wissenskulturen", die sie als ein Strukturmerkmal von Wissensgesellschaften betrachtet und die in ihrer Fragmentierung nicht mehr unter dem Dach eines einheitlichen Wissenschaftsmodells zu vereinen sind. Ähnlich wie Nowotny sieht Rammert eine Erweiterung des Kreises der Produzenten ‚legitimen' Wissens. „Die Qualität wird nicht länger nur von den Fachkollegen, den ‚peers' einer Disziplin, überprüft, sondern von heterogenen Expertengruppen, einer Mischung epistemischer Kulturen." (Rammert 2003: 488) Dabei spielten auch nichtwissenschaftliche, politische und moralische, Kriterien eine Rolle. Oppositionelle Gruppen wie z.B. Umweltschutzaktivisten, NGOs und der Chaos Computer Club würden in den Prozess der Wissensproduktion einbezogen.[9]

## *2.3 Relevanzen des Expertenwissens revisited*

Auch wenn die Diagnose der Veränderungen der Wissensproduktion in Richtung Modus 2 keineswegs unbestritten ist (Bender 2001, Hettlage 2004), so weisen doch große Teile der Debatte in diese Richtung. Wir gehen davon aus, dass Expertentum gegenwärtig sowohl innerhalb des Berufs als auch außerhalb in einer komplexeren Weise konstituiert wird, als dies in den „klassischen" wissenssoziologischen Texten beschrieben wird. Eine Bestimmung

9 So haben z.B. unlängst die Richter des deutschen Bundesverfassungsgerichts in einem Verfahren, in dem über die Sicherheit von Wahlcomputern zu befinden ist, den Expertenrat des Chaos Computer Clubs eingeholt (Kölner Stadt-Anzeiger, 29.8.2007).

des Expertenbegriffs muss diese neuere Entwicklung berücksichtigen, und das Verfahren des Experteninterviews kann sie sich zu Nutzen machen. Dazu bedarf es einer über die Berufsrolle im traditionellen Sinne hinausgehenden Definition des Expertenstatus und damit verknüpft einer erweiterten Perspektive auf die dem Experten „auferlegten Relevanzen". Zu fragen ist nach neuartigen Produktionsformen und -bedingungen des Wissens innerhalb und außerhalb von Berufen und den dadurch entstehenden Relevanzen, die es im Sinne von zentralen Aspekten bei der Analyse des Expertenwissens zu berücksichtigen gilt. Bedingungen, die die komplexen Anforderungen an Problemdefinitionen und -lösungen in den spätmodernen Komplexgesellschaften (Schütze 2002), Wissensgesellschaften, in der Weltrisikogesellschaft (Beck 2007) reflektieren und die Ambivalenzen der Moderne (Bauman 1992) transformieren.

Gibbons u.a. (1994) und andere Modus 2-Theoretiker haben ihre Hypothesen aus der Untersuchung von neuartigen, pluralistischen Produktionsformen in der Zusammenarbeit zwischen verschiedenen gesellschaftlichen Sphären (Wissenschaft und ihre Disziplinen, Industrie, Politik, öffentliche Verwaltung) gewonnen. Für uns ist demgegenüber die wissenssoziologische Ausgangsposition relevant, und diese haben wir auf der Basis wissensgesellschaftlicher und konstruktivistisch-postmoderner Lesarten des Modernisierungsprozesses und an einem Bereich der Ausdifferenzierung von Expertenwissen außerhalb der Berufsrolle im engeren Sinne, dem der neuen sozialen Bewegungen und Öffentlichkeiten, rekonstruiert. Dass beides zu ganz ähnlichen Feststellungen, wenn auch in verschiedenen Sprachspielen, über die Transformation des Expertenwissens führt, ist nicht erstaunlich. Allerdings muss noch einmal darauf hingewiesen werden, dass das Phänomen Modus 2 in der Modernisierungsdebatte durchaus nicht einhellig bestätigt wird, dass vielmehr auch aus dem Bereich der empirischen Forschung erhebliche Zweifel an der von Gibbons u.a. behaupteten Modus-Transformation erhoben werden.[10]

Für den hier interessierenden Zusammenhang, die Analyse von Expertenwissen mit dem Verfahren des Experteninterviews, ist es wichtig sicherzustellen, dass nicht nur Berufswissen als Expertenwissen behandelt wird. Dazu greifen wir eine Begriffsbestimmung von Gorden (1975: 199) auf, der mit Bezug auf die Erforschung kommunaler (Politik-)Prozesse unter Experten („special respondents") solche Personen versteht, „who are active in community affairs regardless of their position in the social status system". Solche, wie man sagen könnte, aktiven Partizipanten in kommunalen Angelegenheiten wären etwa Aktivisten in Bürgerinitiativen, Hilfeorganisationen, Selbsthilfegruppen, ehrenamtlich Tätige in Fürsorge, Sozialarbeit und ähnli-

10 Vgl. die Mehrzahl der Beiträge in Bender (2001). Dort wird vor allem auch vor der Euphorie gewarnt, die bei Gibbons u.a. angesichts des Modus 2 durchzuscheinen scheint; vgl. auch Hettlage 2004.

chen Feldern freitätiger Hilfe. Das Wirken solcher Typen von Akteuren ist nicht auf lokale (kommunale oder regionale) Kontexte begrenzt. Manche von ihnen agieren in globalen Zusammenhängen, etwa im Rahmen von NGO's. All diese Akteure erwerben durch ihre Tätigkeit – und nicht unbedingt durch ihre Ausbildung – ein Sonderwissen, weil sie über einen privilegierten Zugang zu Informationen verfügen. Auch ihre Expertise ist sozial institutionalisiert und an einen spezifischen Funktionskontext gebunden, wenn auch in anderer Weise als die in der Berufsrolle fundierte Expertise.[11]

Die Abkopplung des Expertenbegriffs von der Berufsrolle impliziert keine inflationäre Ausdehnung des in Frage kommenden Personenkreises. Die vielfach verwendete Rede vom „Experten für das eigene Leben" hat hier keinen Platz. Nicht jede und jeder, die etwas aufgrund eigener Erfahrung und Beobachtung zu berichten haben, sind als Experten zu interviewen. Schmid-Urban u.a. (1992: 85) rechnen beispielsweise auch Kneipenwirte und Kioskbetreiber zum Kreis der Experten, weil sie „häufig mit bestimmten Gruppen in Kontakt kommen". Unserem Verständnis zufolge handelt es sich hierbei um Informanten, die durchaus wichtige Hintergrundinformationen beisteuern, nicht aber eine Expertise abgeben. Solche Personen erfüllen nicht das Kriterium der aktiven Partizipation. Ihr Wissen über das jeweilige Problem (z.B. Wohnungsnot, Armut, Gesundheitsrisiken usw.) haben sie nicht im Rahmen einer Tätigkeit erworben, die auf dieses gerichtet, mithin in irgendeiner Weise analytisch und/oder problemlösend intendiert ist. Die Kontakte und Beobachtungen, aus denen sie ihr Wissen schöpfen, sind eingebunden in Relevanzstrukturen, die nicht problemzentriert sind, sondern z.B. ökonomischen Motiven folgen. Die Bestimmung von Experten als aktive Partizipanten hebt ab auf die spezifischen Funktionen, die solche Personen problembezogen erbringen, sei es in der beruflichen Rolle, sei es in einer ehrenamtlichen Tätigkeit. Das in der Ausübung solcher Funktionen erworbene Sonderwissen ist Gegenstand des Experteninterviews.

Wenn man den Expertenbegriff in dieser Weise von der Bekleidung einer formalen Position in einem (beruflichen) Statusgefüge ablöst und wenn man entsprechend das Experteninterview auch für den zuletzt genannten Akteurstyp geltend macht, dann lässt sich einer Gefahr gegensteuern, die ein zu eng gefasster Expertenbegriff notwendig mit sich bringt: dass die „Verberuflichung einer Problemlösung mit einer folgenschweren Verengung der Problemdefinition verbunden" ist (Sprondel 1979: 143). Selbstverständlich ist auch die von einer Bürgerinitiative oder einer NGO formulierte Expertise wissens- und wissenschaftsbasiert und Ausdruck einer Problemperspektive,

11 Dass mit wachsender Institutionalisierung und Etablierung in aller Regel eine Verberuflichung und Verwissenschaftlichung auch der außerberuflichen oder der Gegenexpertise einhergeht, lässt sich exemplarisch an einer Organisation wie Greenpeace beobachten. (Zur Institutionalisierung sozialer Bewegungen allgemein vgl. Rucht/Blattert/Rink 1997.)

allerdings einer anderen, von anderen Relevanzen geleiteten als derjenigen eines Behördenleiters oder eines Staatssekretärs.[12]

In dieser erweiterten Sicht auf den Expertenstatus und den sozialen Ort der Produktion von Expertise jenseits der Welt des Berufs und vor dem Hintergrund der Überlegungen zu Modus 2 der Wissensproduktion (Gibbons u.a. 1994), gelangt man zu einer weit reichenden Ausformung von relevanten Aspekten des Expertenwissens. Im Folgenden greifen wir diejenigen auf, die uns für die Analyse von Expertenwissen mittels des Experteninterviews von besonderer Bedeutung zu sein scheinen.

(a) *Soziokulturelle Bedingungen der Produktion von Expertenwissen*: Mit dem Übergang zu einer pluralisierten, heterogenen Produktionsweise des Wissens erfährt das Expertenwissen eine Sensibilisierung für Wissensbestände, die nichtwissenschaftlich generiert und in einer außerberuflichen Praxis erworben oder erfahren (und erlitten) werden. Es kommt hier zum Crossover zwischen dem Expertenwissen von aktiven Partizipanten und von beruflich-wissenschaftlichen Experten, zu Hybridbildungen zwischen früher getrennten Wissens- und Sinnwelten, zu Vermischungen und Grenzüberschreitungen, zwischen Peripherie und Zentrum, zwischen Alltagserfahrung und systematischem Wissen, zwischen lokaler und globaler Expertise.[13] Expertenwissen wird in dieser Konstellation sensibel für den Problemkontext, innerhalb dessen es sich bewähren muss (Gibbons u.a. 1994, Nowotny u.a. 2004), wobei die aktiven Partizipanten den Vorteil des lokalen Wissens besitzen.

Von dieser Lage des Expertenwissens ausgehend, wird für die Durchführung und Auswertung des Experteninterviews ein Aspekt relevant, den man als soziokulturelle Bedingungen der Produktion des Expertenwissens bezeichnen kann. Damit wird die Aufmerksamkeit auf die milieuhaften Umstände gelenkt, unter denen die Experten eine Problemdefinition entwickeln, auf die heterogenen relevanten Anderen, die globalen Gemeinschaften und lokalen Netzwerke, auf die Arenen und Expertenlager, in denen sie sich bewegen und auf die sie bei der Produktion ihrer Expertise reflektieren und re-

---

12 Pfadenhauer (2003: 172) macht darauf aufmerksam, dass die Expertise von Gegenexperten in gleicher Weise Ausdruck einer Perspektive ist wie die sonstiger Experten; diese haben keineswegs den Status unparteiischer Dritter. Dass das Experteninterview, nicht anders als sonstige Interviewverfahren, Perspektiven auf einen Gegenstand erhebt, sei hier nur angemerkt; das Expertenwissen mag ein privilegiertes sein; es ist jedoch nicht weniger standortgebunden als jedes andere Wissen.

13 Im postmodernen Diskurs wird geltend gemacht, dass in diesem Sinne die Grenze zwischen Insider und Outsider, zwischen Insiderwissen und Outsiderwissen verschwimmt; dem schließen wir uns nicht an, entsprechend unserer wissenssoziologischen Fundierung halten wir an der Grenze zwischen Experten- und Laienwissen fest, wenn auch nicht an der scharfen Trennung von beruflichem Experten und lebensweltlichem Laien. Neben Laie, gut informierten Bürger und Berufsexperten stellen wir, wie erläutert, als vierte Figur den aktiven Partizipanten, der neue Relevanzen ins Expertenwissen einsickern lässt und gleichsam zu einem kritischen Korrektiv der Nebenfolgen des Modernisierungsprozesses geworden ist.

kurrieren (Schütze 2002). Zu fragen ist dann nach der Vermischung von Wissensordnungen im Sinne der Transdisziplinarität und Hybridität, dem Crossover von Experten-, Laien- und Partizipantenperspektiven, nach der Offenheit des Bewusstheitskontextes für andere Wissensordnungen und nach der Überwindung einer „imperialistischen" Expertenposition (Welsch 1993), insgesamt nach der Pluralität, Transdisziplinarität und Reflexivität der Produktion des Expertenwissens und seiner Problemdefinitionen. Von Bedeutung wird die Untersuchung des Wie der Wissensproduktion, des Prozesses, in dem Wissen hergestellt, überprüft, kommuniziert, reflektiert, modifiziert und finalisiert wird. Die soziokulturellen Bedingungen der Wissensproduktion werden zu einer zentralen Dimension des Untersuchungsgegenstands von Experteninterviews, des Expertenwissens, und sie gehen in die Konstruktion des Leitfadens, in die Interviewerhebung und -auswertung ein.[14] Methodologisch gesehen, erhält die Bestimmung des Expertenwissens eine prozessanalytische Ausrichtung.

Wir gelangen von hier aus zu einer Revision unserer früheren Position. In dem Maße, in dem die Herstellungspraxis des Expertenwissens in der Nutzung unterschiedlicher Wissenssphären relevant wird, auch solcher jenseits und unabhängig von der wissenschaftlich-beruflichen und betrieblichen Sphäre erworbener Wissensbestände, wird das Forschungsinteresse nicht nur auf den Experten als Funktionsträger, sondern auch als Privatperson gelenkt. Damit wird die in der Methodendiskussion zum Experteninterview strittige Frage aufgenommen, ob und in welcher Weise die biographische Motiviertheit und milieuhafte Einbindung des Wissens(erwerbs) Gegenstand des Interviews sein soll. In einem früheren Aufsatz (Meuser/Nagel 1991) haben wir vorgeschlagen, die privaten Bezüge des Expertenhandelns auszuklammern. Dagegen plädieren Bogner und Menz (2002b: 44) für eine „methodische Integration des Experten als ‚Privatperson' ". Eine Trennung zwischen dem Befragten als Experten und als Privatperson sei kaum möglich. Inwieweit die „privaten" Relevanzen für die Rekonstruktion von Expertenwissen und -handeln bedeutsam seien, erweise sich erst in der Auswertung der Interviews.

Dieser Einwand erscheint uns triftig. Auch legen neuere eigene Forschungen mit dem Verfahren des Experteninterviews diese Revision nahe. Die Relevanzen der Privatperson werden allerdings daraufhin betrachtet, wie sie in die für das Expertenhandeln primären funktionsbezogenen Relevanzen einfließen. In Experteninterviews mit Personalmanagern großer Unternehmen, die im Rahmen einer Studie zu Doppelkarrierepaaren geführt wurden (Behnke/Meuser 2003, 2005), ließen solche Befragte ein Engagement für Maßnahmen zur Vereinbarkeit von Beruf und Familie erkennen, die mit einer

14 Interessant wäre in Zukunft auch, die Produktion des Expertenwissens selbst zum eigenständigen Gegenstand der Untersuchung zu machen und nach den für einzelne Expertengruppen typischen Formen der Wissensproduktion zu fragen.

gewissen Sorge davon berichteten, dass ihre sehr gut qualifizierten Töchter anders als die Söhne große Schwierigkeiten haben, eine der Qualifikation angemessene Berufsposition zu finden. In der außerberuflichen Sphäre gemachte Erfahrungen haben Einfluss auf die Wahrnehmung und möglicherweise auf die Gestaltung des beruflichen Aufgabenbereichs. Solchen Einflüssen soll im Experteninterview durchaus nachgegangen werden. Aber das Experteninterview ist kein biographisches Interview. Wenn es um die biographische Aufschichtung des Expertenwissens, die Prozessstrukturen der Karriere des Experten und den Wandlungsprozess seiner Identität geht, verwendet man ein biographisches, narratives Interview. Im Fokus der Analyse des Expertenwissens steht der institutionell bestimmte Rahmen des Expertenhandelns und der in einen Funktionskontext eingebundene Akteur ist Gegenstand der Betrachtung.

(b) *Praktiken der kommunikativen Aushandlung von Expertenwissen und ihre Organisation*: Mit der Herausbildung neuer soziokultureller Formen der Wissensproduktion wird für die Analyse des Expertenwissens ein weiterer Aspekt relevant. In dem Maße, in dem Wissen aus einem Prozess der kommunikativen Aushandlung in pluralen, heterogenen Diskursgemeinschaften, Expertennetzwerken und -lagern hervorgeht, gewinnen die Muster und Praktiken der kommunikativen Aushandlung von Expertenwissen, von Problemdefinitionen und -lösungen über institutionelle, berufliche und betriebliche Grenzen hinweg sowie die Praktiken der Organisation solcher Aushandlungsprozesse herausragende Bedeutung. Für die Bestimmung der Typik des Expertenwissens wäre bei den Diskurs- und Netzwerkpraktiken insbesondere auf die Schemata der Konsens- und Differenzherstellung zu achten, z.B. auf die Praktiken der Herstellung von Minimalkonsensen, der Aushandlung von Verfahren und Partizipationskriterien, auf Strategien der Inklusion und Exklusion.

Es stellt sich hier die Frage, ob nicht die Analyse von Expertenwissen, angesichts des grundlegenden Aushandlungs- und Netzwerkcharakters, in eine Analyse von Wissenskulturen übergehen muss, wie von Knorr-Cetina (2002: 12) geltend gemacht wird, oder aber von Schütze (2002) mit dem Konzept der sozialen Welten und Arenen stark gemacht wird. Mit der Untersuchung der Wissenspraxis von Wissenskulturen wird, so Knorr-Cetina weiter, dem Umstand Rechnung getragen, dass in der Wissensgesellschaft, für die Wissenskulturen ein Strukturmerkmal sind, die Innenwelten des Wissens immer wichtiger werden. Im Unterschied zu älteren Studien über Disziplinen und Spezialgebiete werde bei der Analyse von Wissenskulturen die Durchführungsrationalität und Erkenntnispraxis von Wissensbereichen zum Gegenstand gemacht und damit die komplexen Lebenswelten in den Innenwelten moderner Institutionen. Im Ergebnis erforsche man nicht die Konstruktion von Erkenntnis, sondern die „Konstruktion der Maschinerien, durch die

Erkenntnis konstruiert wird" (Knorr-Cetina 2002: 13).[15] Dies wirft die Frage nach dem Verhältnis von Experteninterview und ethnographischen Verfahren auf. Das Experteninterview hat auch hier seinen Stellenwert als ein eigenständiges Verfahren der empirischen Sozialforschung; es kann aber ethnographisch eingebettet werden in andere Prozesse des methodisch kontrollierten Fremdverstehens, etwa in Prozesse teilnehmender Beobachtung. Allerdings, so wäre in Ergänzung unseres Konzepts zu sagen, würde sich eine ethnographische Grundhaltung des Forschers gegenüber seinem Untersuchungsgegenstand als nützlich erweisen.

(c) *Konstrukthaftigkeit des Expertenwissens*: Für das in kooperativen, netzwerkartigen, teamförmigen Projekten ausgehandelte Wissen ist charakteristisch, dass der Prozess, in dem es generiert wird, sein Ergebnis nicht kennt. Die Expertise darüber, was der Fall ist, die Definition der Situation, des Problems und seiner Lösung wird zu einer offenen Frage, ihre Produktion vollzieht sich in der Ungewissheit über das Ergebnis und in einer Praxis des Offenhaltens für zukünftige Erkenntnis – und nicht in einer Praxis des „Durchentscheidens", gleichsam in Einsamkeit und Freiheit und aus der Machtfülle heraus.[16] Allerdings handeln die Experten auch hier nicht in einem machtfreien sozialen Raum. Auch hier werden Insider- und Outsiderpositionen verteilt, z.B. über die Festlegung von Verfahrensregeln und „gültigen" Methoden. Was die Diskursanalyse im Anschluss an Foucault über den Zusammenhang von Wissen und Macht herausgearbeitet hat, gilt auch hier: Diskurse sind geregelte Praktiken der Deutungsproduktion, die insbesondere festlegen, welche Deutungen möglich sind und wer als legitimer Sprecher in Frage kommt (Keller 2005).

Ein Aushandlungsmodell der Expertise geht nicht mit einer Beliebigkeit des Verfahrens und der Ergebnisse einher. Dies zeigt sich eindrucksvoll am Beispiel des Intergovernmental Panel On Climate Change. Betrachtet man das „Summary for Policymakers: Climate Change 2007: The Physical Science Basis" (www.ipcc.ch), dann gewinnt man Einblick in die Produktion von Wissen in der Form eines weltweiten Netzwerkes von Experten, in dem divergierende Forschungsergebnisse über den Klimawandel systematisch auf ihre Gültigkeit geprüft, Kontraste zwischen divergierenden Aussagen herausgearbeitet und Minimalkonsense hergestellt werden, indem die Faktoren auf einer gestuften Skala von qualitativen Wahrscheinlichkeiten (im Sinne von likelyhood, nicht quantitativer probability) angeordnet und in unterschiedlichen Szenarien modelliert werden. Man könnte sagen, dass im Medium der transnationalen und transdisziplinären Netzwerkproduktion des Wissens

---

15 Knorr-Cetinas Frage, ob dies konsequenterweise einen Bruch mit herkömmlichen Begriffen von Wissen bedeute, lassen wir offen.

16 Vgl. im Kontrast zum hier diskutierten Aushandlungsmodell die Untersuchung über die Entscheidungsrationalität im politischen System von Bogner/Menz (2002a).

Geltungsansprüche zur Funktion der abgearbeiteten und ausgehandelten Pluralität werden.

Der zukunftsoffene Prozess der Wissensproduktion in Gestalt des wechselseitigen und kollektiven Verständlichmachens der jeweiligen Expertenstandpunkte über die Grenzen von Disziplinen, Berufen und Wissenssphären hinweg lässt den Konstruktcharakter des Expertenwissens unübersehbar werden, die soziale Hergestelltheit des Wissens in einer gesellschaftlichen Praxis, die anderswo anders verläuft, zu anderen Ergebnissen kommt und insofern als nicht-notwendig, als kontingent gelten muss. Verstärkt werden die Konstrukthaftigkeit des Expertenwissens und die Kontingenz der Expertenstandpunkte durch den Umstand, dass es sich bei den Netzwerken, in denen Expertenwissen ausgehandelt wird, tendenziell um Gemeinschaften auf Zeit handelt, sodass das Expertenwissen in seiner Temporalität, als Wissen mit begrenztem Geltungsanspruch, erkennbar wird.

In diesem Sinne ist in der postmodernen Debatte die Rede vom Expertentum als einer Haltung, einer nicht-imperialistischen Haltung der Anerkennung von Pluralität und Kontingenz, von anderen Wissensordnungen und Wissenspraxen, ohne dass der Anspruch auf Geltung für den eigenen Standpunkt aufgegeben wird. Die Praxis der Pluralität, so Welsch (1993: 322), ist anstrengend. Gefährdet im Sinne der Tilgung von Pluralität ist sie zum einen durch Oberflächlichkeit, bei der die Ebene des Widerstreits von Konzeptionen verpasst wird, und zum anderen durch Beliebigkeit, eine Haltung des „anything goes". Für die Analyse des Expertenwissens auf der Basis von Experteninterviews wird von hierher gesehen die Aufmerksamkeit auf das Kontingenzbewusstsein der Experten gelenkt, auf den Habitus und seine Praktiken der Bewältigung von Pluralität und Kontingenz, insbesondere, worauf Welsch eingeht, ihrer Anerkennung, Tilgung, Ironisierung u.a.

(d) *Die Frage der Explizitheit des Expertenwissens*: In der klassischen wissenssoziologischen Bestimmung des Expertenbegriffs, der als Idealtypus konstruiert und nicht empirisch rekonstruiert worden ist, wird das Expertenwissen als ein Sonderwissen bestimmt, das dem Experten klar und deutlich präsent ist. Es wird – in der Begrifflichkeit von Giddens (1988: 57) formuliert – in der Dimension des „diskursiven Bewusstseins" verortet.[17] Darin sehen sowohl Schütz (1972) als auch Sprondel (1979) eine entscheidende Differenz zum Alltagswissen. Vor dem Hintergrund der neueren wissenssoziologischen Diskussion des Expertenbegriffs wie auch einschlägiger empirischer Forschungen zum Expertenhandeln lässt sich diese Bestimmung nicht aufrechterhalten. Nicht alles Expertenwissen zeichnet sich durch die von

17 Giddens (1988) unterscheidet zwischen einem diskursiven Bewusstsein und einem praktisches Bewusstsein. Das erste kann auf Befragen hin benannt werden, weil es auf expliziten Wissensbeständen basiert, das zweite erschließt sich nur einer Rekonstruktion impliziter Wissensbestände.

Schütz und Sprondel angenommene Explizitheit aus. Das Handeln von Experten ist ebenfalls von Relevanzen geprägt, die dem Experten nicht oder nur teilweise reflexiv verfügbar sind. Nicht nur Alltagswissen, auch Expertenwissen umfasst vortheoretisches Erfahrungswissen (Bogner/Menz 2002b; Köhler 1992; Meuser/Nagel 1994; Schröer 1994).[18]

Wenn mit den neuen Formen der Wissensproduktion (in einer pluralisierten und globalisierten Welt) Artikulation und Zuschärfung von Positionen einhergehen, ein vermehrter Durcharbeitungszwang der Standpunkte und die Herausarbeitung von maximalen Kontrasten zwischen Expertenlagern (Welsch 1993: 323), so erhöht dies jedoch nicht den Grad an Explizitheit des Expertenwissens. Vielmehr wird im gleichen Zuge, in dem im Wandel zu einer Wissensgesellschaft eine stetig wachsende Ausdifferenzierung spezialisierter Wissensbestände sowie deren theoretische Reflexion zu verzeichnen (Schütze 2002) sind, eine gleichzeitige Zunahme nicht-expliziten Wissens festgestellt. Rammert (2003) zufolge handelt es sich hierbei nicht um ein Nullsummenspiel; das Explizitmachen von Wissen habe nicht zwangsläufig eine Abnahme impliziter Wissensbestände zur Folge. Vielmehr sei es paradoxerweise so, „dass im intensivierten Prozess des Explizit-Machens und der Formalisierung der wachsenden Wissensbestände [...] die *Relevanz des nicht-expliziten Wissens* immer deutlicher hervortritt“ (Rammert 2003: 484; Herv. i.O.). Hierzu rechnet Rammert (2003: 496ff.) geteilte kollektive Erfahrungen, inkorporiertes Wissen, Daumenregeln, organisationale Routinen, informelle Regeln. Folgt man Knorr-Cetinas Verständnis von Wissenskulturen, dann muss man einen dynamischen Wissensbegriff zugrunde legen. Wissen lasse sich nicht (mehr) als etwas Fixes konzipieren, als „intellektuelles oder technologisches Produkt“, es müsse als „Prozess in bestimmten Produktionskontexten“ betrachtet werden. Der analytische Blick richte sich auf „Wissen, wie es ausgeübt wird“ (Knorr-Cetina 2002: 17, 18). Der Experte kann dieses Wissen, obschon es handlungsleitend ist, im Interview nicht einfach „abspulen“. Es kann allerdings aus dem, was der Interviewte sagt, rekonstruiert werden.[19] Dies gelingt am besten auf der Basis konkreter Beispielerzählungen (s.u.).

---

18 Vgl. hierzu Bogner/Menz (2002b: 43f.), die drei nur analytisch zu trennende Dimensionen des Expertenwissens unterscheiden: ein „technisches Wissen“, ein „Prozesswissen“ und ein „Deutungswissen“. Explizit verfügbar und damit im Interview unmittelbar kommunizierbar ist das technische Wissen, das Fachwissen im engeren Sinne. Das Prozesswissen wird als „praktisches Erfahrungswissen“ verstanden, dass sich in vielfach wiederholenden Handlungsabläufen und Interaktionsroutinen sedimentiert. Das Deutungswissen wird nicht allein im funktionalen Kontext des Expertenhandelns erzeugt, in dieses Wissen gehen subjektive Relevanzen und Sichtweisen ein. Hier macht sich die oben erwähnte biographische und lebensweltliche Einbettung von Expertenwissen geltend.

19 Zweifel daran, dass das Experteninterview und Interviewverfahren generell geeignet sind, vortheoretisches Erfahrungswissen zu erfassen, meldet Pfadenhauer (2003: 160) vor dem Hintergrund einer ethnographischen Forschungstradition an. Die hiermit angesprochene

Fassen wir zusammen, was für die Analyse des Expertenwissens mit einem offenen, leitfadengestützten Experteninterview aus der Gegenwartsdiagnose folgt. In erster Linie führt sie zu einer prozessanalytischen Perspektive auf das Expertenwissen im Sinne der Frage danach, wie, in welchen Bezugsgruppen der Experte zu seinen Problemdefinitionen gelangt, welche Wissenssphären für ihn eine Rolle spielen und ob und in welcher Weise er die Pluralität und Globalisierung des Wissens verarbeitet. Hier werden die soziokulturellen, milieuhaften Aspekte des Expertenwissens relevant. Zweitens werden die kommunikative Praxis von Expertenlagern oder -netzwerken, die Aushandlungsverfahren von Expertise und die Strategien der Inklusion und Exklusion zu einem Bestimmungsmoment des Expertenwissens. Drittens wird die biographische Verquickung von Expertenstatus und lebensweltlich-privaten sowie öffentlichen Sphären der Erfahrung zu einem weiteren Bestimmungsmoment. Viertens schließlich werden, angesichts von Komplexität, Unsicherheit und Uneindeutigkeit des Expertenwissens, der Habitus des Experten, das Kontingenzbewusstsein und die Strategien der Selbstvergewisserung zu einem Bestimmungsmoment.

## 3. Datenerhebung

Der Prozesscharakter und die Nicht-Expliziertheit eines großen Teils auch des Expertenwissens haben zur Konsequenz, dass dieses, große Anteile von vortheoretischem Erfahrungswissen beinhaltende, Wissen nicht einfach bzw. nur teilweise „abgefragt“ werden kann. Nimmt man die Giddenssche Unterscheidung von praktischem und diskursivem Bewusstsein auf, so lässt sich diese Form des Expertenwissens, das sich auf habitualisierte Formen des Problemmanagements bezieht, zwischen den beiden Polen verorten. Es ist kein völlig vorreflexives Wissen auf der Ebene von Basisregeln bzw. Ethnomethoden im Sinne Cicourels (1973), nicht vergleichbar dem grammatikalischen Regelwissen, das die meisten zwar intuitiv beherrschen, aber nur in Teilen explizieren können; es ist aber auch kein Wissen, das die Experten ohne weiteres einfach „abspulen“ können. Sie können über Entscheidungsfälle berichten, auch Prinzipien benennen, nach denen sie verfahren; die überindividuellen, handlungs- bzw. funktionsbereichspezifischen Muster des Expertenwissens müssen jedoch auf der Basis dieser Daten rekonstruiert werden.

Vor diesem Hintergrund betrachten wir ein offenes Leitfadeninterview als das angemessene Erhebungsinstrument. Geht es um die Rekonstruktion des handlungsorientierenden Wissens von Experten, ließe sich mit standardi-

---

methodisch-methodologische Diskussion innerhalb der qualitativen Sozialforschung können wir an dieser Stelle nicht aufnehmen.

sierten Befragungen allenfalls Wissen auf der Ebene des diskursiven Bewusstseins erfassen; hierbei handelt es sich vielfach um rationalisierte und vor allem legitimationsfähige Argumentationsfiguren. Diese fehlen auch in den Interviews nicht, auf die wir uns beziehen. Außer in den äußerst seltenen Fällen, in denen ein Interviewpartner sich quasi verschließt, d.h. nur in der Form „offiziöser" Statements antwortet, geben die Experten freilich mehr über ihre funktionsbezogenen Relevanzen und Maximen preis: immer dann, wenn sie fortfahren und erläutern, extemporieren, Beispiele geben oder andere Formen der Exploration verwenden. Solches kann nur in offenen Interviewsituationen gelingen. Für die Interviewführung ergibt sich daraus die Notwendigkeit eines thematischen Leitfadens und seiner flexiblen Handhabung.

Auf einen Leitfaden und damit auf jegliche thematische Vorstrukturierung zu verzichten, wie dies für narrative Interviews kennzeichnend und sinnvoll ist, brächte zum einen die Gefahr mit sich, sich dem Experten als inkompetenter Gesprächspartner darzustellen. Zum anderen führte ein Verzicht hierauf methodisch in die falsche Richtung, steht doch nicht die Biographie des jeweiligen Experten im Fokus, sondern die auf einen bestimmten Funktionskontext bezogenen Strategien des Handelns und Kriterien des Entscheidens.

Die Arbeit, die in die Entwicklung des Leitfadens investiert wird, verschafft dem Interviewer die thematische Kompetenz, die ein ertragreiches Interview ermöglicht. Die Devise „Dummheit als Methode" (Hitzler 1991) führte in die falsche Richtung. Allzu viel Naivität und Unkenntnis kann man sich gewöhnlich nicht leisten. In Experteninterviews mit Managern hat Trinczek (1995: 65) die Erfahrung gemacht, dass deren Bereitschaft, „ihr Wissen und ihre Positionen auf den Tisch zu legen", entscheidend davon beeinflusst ist, wie kompetent der Interviewer sich zu präsentieren vermag. Es ist wichtig, sich vorab über Regelungen, Bestimmungen, Gesetzesgrundlagen zu informieren. So sollte man Tarifverträge und die Grundzüge des Arbeitsrechts kennen, wenn man eine Studie über Personalmanagement durchführt. Auch ist es wichtig, über relevante Ereignisse, die in der Presse oder an anderer Stelle öffentlich gemacht worden sind, informiert zu sein.[20] Ist man das nicht, lässt dies leicht Zweifel nicht nur an der eigenen Kompetenz, sondern auch daran aufkommen, ob man wirklich interessiert ist. „Erlaubt" sind Unkenntnisse, die Ereignisse betreffen, die sich innerhalb der jeweiligen Institution abgespielt haben.

Obwohl sich das Experteninterview in seiner Zielrichtung und in seiner methodischen Anlage deutlich vom biographischen Interview unterscheidet, ist damit nicht ausgeschlossen, dass in Experteninterviews narrative Passagen

20 Ausführlichere Bemerkungen hierzu finden sich bei Pfadenhauer (2002), die soweit geht, das Experteninterview als „ein Gespräch zwischen Experte und Quasi-Experte" zu begreifen.

enthalten sind. Diese erweisen sich, wenn der Inhalt der Erzählung eine Episode aus dem beruflichen Handlungsfeld ist, durchaus als Schlüsselstellen für die Rekonstruktion von handlungsleitenden Orientierungen. Methodisch gewendet heißt dies, durch die Interviewführung Narrationen herauszufordern. Erzählungen geben Aufschluss über Aspekte des Expertenhandelns, die dem Experten selbst nicht voll bewusst sind, die ihm vielmehr erst im Laufe der Erzählung Schritt für Schritt bewusst werden.[21] Dies sei an einer Sequenz aus einem Interview mit einem Personalreferenten demonstriert, der dem Interviewer mit einer Beispielerzählung zu erläutern versucht, an welchen Kriterien Personalentscheidungen orientiert sind.[22]

„Da hatte sich eben eine Frau, die Maschinenbauingenieurin ist, vorgestellt, und die sollte nun eventuell für die Aufgabe in Frage kommen, da im Betrieb draußen nun diese Sachen umzusetzen, und da ist denn auch so argumentiert worden, dass die sich wahrscheinlich ja auch nicht durchsetzen kann, durch diese oder gegenüber dieser reinen Männergesellschaft, die dann ja auch etwas rau ist, nicht, weil das ja, da wird keiner mit Samthandschuhen angefasst. Das ist einmal von der Witterung her unangenehm, es ist teilweise schmutzig, und da sind eben auch harte Personalentscheidungen zu treffen und Anordnungen und so, und da wurde dann gesagt, nee das könnte die wohl nicht, nicht, und da hat dann unser Personalratsvertreter dagegen gesprochen und gesagt, wieso eigentlich nicht, wenn das immer gesagt wird, dann können sie sich ja nie bewähren, und dann wurden die Bauchschmerzen der Herren im Betrieb, die nun diese Dame nun eventuell nehmen sollten, immer größer, und ich muss Ihnen sagen, und das ist jetzt eben so etwas, was ich vorhin meinte, mit der persönlichen Meinung, von mir aus können Sie's laufen lassen [gemeint ist das Tonband; MM/UN], wenn Sie dann sehen, Sie haben also ungefähr acht oder zehn Bewerber und davon war dann eine Frau, und und die kommt dann rein mit solch hohen Absätzen, im Rock und setzt sich hin und macht nen guten Eindruck und erzählt, dass sie also bisher in der Konstruktionsabteilung gearbeitet hat und die Motorenköpfe konstruiert hat und da die Fertigung gesteuert usw. und sie soll dann, oder man soll sich dann vorstellen, dass sie nun in diesem Betrieb da so richtig anpackt, dann hab ich auch meine Zweifel gehabt nicht, und hab dann in letzter Konsequenz gesagt, gut also der Mann X ist sicherlich der Bessere. So läuft das etwa. Also bei allem Zurückdrängen von üblichen Vorurteilen kommt man dann doch wieder zu dem Schluss, das könnte die wohl doch nicht."

Anhand dieser Erzählung über einen bestimmten Fall werden allgemeine Entscheidungskriterien der Personalauswahl ebenso deutlich, wie sichtbar wird, in welcher Weise organisationsbezogene Entscheidungskriterien zusammen mit geschlechtsbezogenen Vorurteilsstrukturen eine typische und nicht unbekannte Entscheidungspraxis entstehen lassen. Daran, dass dem Interviewten während der Erzählung bewusst wird, dass das, was er sagt, aufgezeichnet wird, zeigt sich, dass er sich sukzessive in eine Erzählung verstrickt, deren Entwicklung und Ausgang ihm zu Beginn nicht klar vor Augen standen. Auf diese Weise verrät er mehr über die Relevanzstrukturen seines

---

21 Dies wird durch die strukturelle Dynamik von Narrationen bewirkt, durch die „Zugzwänge des Erzählens", wie sie Schütze herausgearbeitet hat (Schütze 1982).

22 Das Interview wurde im Rahmen einer Studie zur Implementation von Gleichstellungspolitik in der öffentlichen Verwaltung geführt (Meuser 1989).

Expertenhandelns, als er es auf direktes Befragen hin täte und könnte. Das Wissen, das hier zum Vorschein kommt, liegt auf der Grenze von praktischem und diskursivem Bewusstsein.

Neben Erzählungen erweisen sich Berichte über Störungen des Routinebetriebs als besonders aufschlussreich (Walter 1994: 275). An der Bewältigung von Störungen und Konflikten lassen sich Mechanismen des normalen Funktionierens ablesen. Dies korrespondiert der Logik, mit der in der frühen Ethnomethodologie Krisenexperimente durchgeführt wurden (Garfinkel 1967). Es liegt auf der Hand, dass solche Ereignisse nicht bei der Leitfadenkonstruktion antizipiert werden können. Umso wichtiger ist eine Durchführung der Interviews, die a) unerwartete Themendimensionierungen der Experten nicht verhindert und b) diese in folgenden Interviews aktiviert. Entscheidend für das Gelingen des Experteninterviews ist unserer Erfahrung nach eine flexible, unbürokratische Handhabung des Leitfadens, die diesen nicht im Sinne eines standardisierten Ablaufschemas, sondern eines thematischen Tableaus verwendet. Die Relevanzstrukturen der Befragten sollen zur Geltung kommen, nicht die eigenen.

Die im Interview gestellten Fragen sollten sich auf das Wie des Entscheidens und Handelns konzentrieren. Auf diese Weise lassen sich allgemeine Prinzipien und Maximen erfassen, wird eine Rekonstruktion der Entscheidungslogik möglich. Die Fragen sollten des Weiteren durch ihre Formulierung deutlich machen, dass sie auf das überpersönliche, institutionsbezogene Wissen abzielen. Die persönlichen Qualifizierungen kommen, außer wenn der Interviewte sich auf seine formale Rolle zurückzieht, ohnehin zur Sprache. So wird sowohl deutlich, was offizielle institutionalisierte Wirklichkeit ist, als auch, inwieweit der Experte im Spannungsfeld von wahrgenommenen institutioneller Vorgaben und eigener Regelinterpretation handelt. Schließlich erlauben Fragen nach vollzogenen Entscheidungen oder stattgefundenen Prozessen am besten eine Rekonstruktion der Entscheidungs- bzw. Verfahrenslogik. Nachfragen sollten möglichst Berichte über konkrete Ereignisse evozieren bzw. Erzählungen generieren.

Die Dynamik der Interviewsituation wird im Experteninterview wie bei anderen Interviews und sonstigen reaktiven Verfahren entscheidend von der wechselseitigen Wahrnehmung der Beteiligten bestimmt. Welchen Einfluss das Erscheinungsbild des Interviewers hat und wie dieses von Merkmalen wie Alter, Geschlecht, sozialem Status bestimmt wird, ist in der Literatur zum (standardisierten) Interview schon frühzeitig beschrieben worden (Erbslöh 1972; Scheuch 1973). Beim Experteninterview kommt zwei Relationen zwischen Experte und Interviewer eine besondere Bedeutung zu: der Statusrelation und der Geschlechterrelation.

Die Bedeutung der Statusrelation ergibt sich aus dem oben dargelegten Umstand, dass der Ertrag eines Experteninterviews auch davon bestimmt wird, ob der Experte den Interviewer als kompetenten Gesprächspartner wahrnimmt.

Die Kompetenzzuschreibung macht sich nicht nur am Verhalten des Interviewers fest, sondern auch an formalen Statusmerkmalen. So wird vielfach Interviewern, die einen (hohen) akademischen Titel vorweisen können, gewissermaßen ein „Kompetenzvorschuss“ gewährt. Umgekehrt kann es sein, dass jungen Forschern, die (noch) nicht über einen solchen Titel verfügen, mit Skepsis begegnet wird, insbesondere dann, wenn es sich um einen statushohen Experten handelt. Dies scheint vor allem in der Managementforschung eine Rolle zu spielen. In Interviews mit Führungskräften hat Trinczek (2002: 219) folgende Erwartungshaltung beobachtet: „Wenigstens promoviert sollte der Sozialforscher sein, wenn die Universität schon keinen ‚richtigen‘ Professor geschickt hat.“

Die Geschlechterrelation erfährt im Experteninterview insofern eine gesteigerte Bedeutung, als in einer geschlechtshierarchisch strukturierten Gesellschaft Expertenkompetenz geschlechtlich ungleich verteilt ist. Experten sind trotz aller Umbrüche in den Geschlechterverhältnissen in den meisten Untersuchungsfeldern männlichen Geschlechts. Das hängt mit der Entwicklung von Professionen zusammen und gilt insbesondere, wenn die Interviewpartner Angehörige gesellschaftlicher Funktionseliten sind (Littig 2002). Die historische Entwicklung der Berufe und Professionen haben Expertise zu einer überwiegend ‚männlichen Angelegenheit‘ werden lassen (Wetterer 1992). Wie Littig (2002: 191) zu Recht anmerkt, wird die Frage nach möglichen methodischen und methodologischen Konsequenzen, die sich aus der immer noch weitgehend gegebenen „Männlichkeit“ des Expertenstatus ergeben, nur selten gestellt.

Forscherinnen wird oftmals die Anerkennung des professionellen Status verweigert. Junge Forscherinnen, die sich in einem männerdominierten Feld bewegen, sind in besonderem Maße davon betroffen, dass in der Wahrnehmung der Experten der Geschlechtsstatus den professionellen Status dominiert. Allerdings gilt die Forscherin in diesem Fall als „in akzeptabler Weise inkompetent“ (Gurney 1985). Abels und Behrens (1998: 86) berichten, wie sie in Interviews mit männlichen Experten diese Konstellation in produktiver Weise genutzt haben:

> „Wir behaupten, daß wir in vielen Gesprächen mit Experten gerade deshalb wichtige Informationen erhalten haben, weil mann glaubt, uns Dinge von Grund auf erklären zu müssen oder Fakten auszusprechen, die mann uns als Frauen mit einem zugewiesenen niedrigerem Status nicht zutraut, richtig einschätzen zu können. Diese Projektionen auf uns und die damit einhergehende Offenheit über den Sachverhalt lassen sich noch durch Fragen verstärken, die dem Experten als naiv und unbeholfen erscheinen müssen und an seine Bereitschaft appellieren, hier Aufklärung zu betreiben.“

An der Geschlechtszugehörigkeit festgemachte Zuschreibungen von Merkmalen und Charaktereigenschaften lassen Erwartungshaltungen auf Seiten der Erforschten entstehen, die sowohl zu einer Belastung für die Forscherin, die aber auch im Sinne der Forschungsziele strategisch instrumentalisiert werden können.

## 4. Auswertung[23]

Anders als bei der einzelfallinteressierten Interpretation orientiert sich die Auswertung von Experteninterviews an thematischen Einheiten, an inhaltlich zusammengehörigen, über die Texte verstreuten Passagen – nicht an der Sequenzialität von Äußerungen je Interview. Demgegenüber erhält der Funktionskontext der Experten an Gewicht, die Äußerungen der Experten werden von Anfang an im Kontext ihrer institutionell-organisatorischen Handlungsbedingungen verortet, sie erhalten von hierher ihre Bedeutung und nicht von daher, an welcher Stelle des Interviews sie fallen. Es ist der gemeinsam geteilte institutionell-organisatorische Kontext der Experten, der die Vergleichbarkeit der Interviewtexte weitgehend sichert; darüber hinaus wird Vergleichbarkeit gewährleistet durch die leitfadenorientierte Interviewführung. Der Leitfaden schneidet die interessierenden Themen aus dem Horizont möglicher Gesprächsthemen der Experten heraus und dient dazu, das Interview auf diese Themen zu fokussieren.

*Transkription:* Die Auswertung setzt die Transkription der in der Regel audiographisch aufgezeichneten Interviews bzw. der thematisch relevanten Passagen voraus. Anders als beim biographischen Interview ist die Transkription der gesamten Tonaufnahme nicht der Normalfall. Sie ist auch weniger aufwendig, notiert prosodische und parasprachliche Ereignisse nur in Grenzen.

*Paraphrase:* Die Sequenzierung des Textes nach thematischen Einheiten erfolgt hier gleichsam mühelos in der Manier des Alltagsverstandes. Um eine Verengung des thematischen Vergleichs zwischen den Interviews auszuschließen, ein „Verschenken von Wirklichkeit" zu vermeiden, muss die Paraphrase dem Gesprächsverlauf folgen und wiedergeben, was die Experten insgesamt äußern.

*Kodieren:* Der nächste Schritt der Verdichtung des Materials besteht darin, die paraphrasierten Passagen thematisch zu ordnen. Dabei ist textnah vorzugehen, die Terminologie der Interviewten wird aufgegriffen. In günstigen Fällen kann ein Begriff oder eine Redewendung direkt übernommen werden. Ob einer Passage ein oder mehrere Kodes zugeordnet werden, hängt davon ab, wie viele Themen jeweils angesprochen werden. Das Auflösen der Sequenzialität des Textes auch innerhalb von Passagen ist erlaubt und notwendig, weil nicht die Gesamtperson in ihrem Lebenszusammenhang Gegenstand der Auswertung ist. Bezugsgröße ist bei diesem Arbeitsschritt immer noch das einzelne Interview; die Verdichtungen, Typisierungen, Abstraktionen verbleiben in dessen Horizont.

---

23 Eine ausführliche Darstellung der Auswertungsschritte findet sich in Meuser/Nagel 1991 (wiederabgedruckt in Bogner/Littig/Menz 2002).

*Thematischer Vergleich:* Ab dieser Stufe geht die Auswertung über die einzelne Texteinheit hinaus. Die Logik des Vorgehens entspricht der der Kodierung, jetzt aber werden thematisch vergleichbare Textpassagen aus verschiedenen Interviews gebündelt (vgl. Nagel 1986). Weiterhin ist an einer textnahen Kategorienbildung festzuhalten, auf eine theoriesprachliche Abstraktion sollte möglichst verzichtet werden. Da beim thematischen Vergleich eine Fülle von Daten verdichtet wird, sind eine Überprüfung und gegebenenfalls eine Revision der vorgenommenen Zuordnungen unbedingt notwendig. Die Resultate des thematischen Vergleichs sind kontinuierlich an den Passagen der Interviews zu prüfen, auf Triftigkeit, auf Vollständigkeit, auf Validität.

*Soziologische Konzeptualisierung:* Erst jetzt erfolgt eine Ablösung von den Texten und auch von der Terminologie der Interviewten. Gemeinsamkeiten und Differenzen werden – im Rekurs auf theoretische Wissensbestände – begrifflich gestaltet. In einer Kategorie ist das Besondere des gemeinsam geteilten Wissens von Experten verdichtet und explizit gemacht. Der Prozess der Kategorienbildung impliziert einerseits ein Subsumieren von Teilen unter einen allgemeine Geltung beanspruchenden Begriff, andererseits ein Rekonstruieren dieses für den vorgefundenen Wirklichkeitsausschnitt gemeinsam geltenden Begriffs. Die Abstraktionsebene ist die der empirischen Generalisierung. Es werden Aussagen über Strukturen des Expertenwissens getroffen. Die Anschlussmöglichkeit an theoretische Diskussionen ist gegeben, die Verallgemeinerung bleibt aber auf das vorliegende empirische Material begrenzt, auch wenn sie in einer Begrifflichkeit geschieht, die in diesem selbst nicht zu finden ist.

*Theoretische Generalisierung:* Die Kategorien werden in ihrem internen Zusammenhang theoretisch aufgeordnet. Die Darstellung der Ergebnisse geschieht aus einer theoretisch informierten Perspektive auf die empirisch generalisierten „Tatbestände“. Bei diesem rekonstruktiven Vorgehen werden Sinnzusammenhänge zu Typologien und zu Theorien verknüpft, und zwar dort, wo bisher Addition und pragmatisches Nebeneinander geherrscht haben.

Für die Auswertung gilt, dass alle Stufen des Verfahrens durchlaufen werden müssen und keine übersprungen werden darf. Vielmehr erweist es sich, je weiter der Auswertungsprozess vorangeschritten ist, als notwendig, auf eine vorgängige Stufe zurückzugehen, um die Angemessenheit einer Verallgemeinerung, ihre Fundierung in den Daten, zu kontrollieren. In dieser Weise zeichnet sich die Auswertung durch Rekursivität aus.

# Literatur


Abels, Gabriele/Behrens, Maria (1998): ExpertInnen-Interviews in der Politikwissenschaft. Das Beispiel Biotechnologie. In: Österreichische Zeitschrift für Politikwissenschaft 27, Heft 1, S. 79-92.

Bauman, Zygmunt (1992): Moderne und Ambivalenz: Das Ende der Eindeutigkeit. Hamburg.

Beck, Ulrich (1986): Risikogesellschaft. Auf dem Weg in eine andere Moderne. Frankfurt a.M.

Beck, Ulrich (1996): Wissen oder Nicht-Wissen? Zwei Perspektiven „reflexiver Modernisierung". In: Ders./Giddens, Anthony/Lash, Scott: Reflexive Modernisierung. Eine Kontroverse. Frankfurt a.M., S. 289-315.

Beck, Ulrich (2007): Weltrisikogesellschaft: auf der Suche nach der verlorenen Sicherheit. Frankfurt a.M.

Becker, Ruth/Kortendiek, Beate (Hg.) (2004): Handbuch Frauen- und Geschlechterforschung. Wiesbaden.

Behnke, Cornelia/Meuser, Michael (2003): Doppelkarrieren in Wirtschaft und Wissenschaft. In: Zeitschrift für Frauenforschung und Geschlechterstudien, 21. Jg., Heft 4, S. 62-74.

Behnke, Cornelia/Meuser, Michael (2005): Vereinbarkeitsmanagement. Zuständigkeiten und Karrierechancen bei Doppelkarrierepaaren. In: Solga, Helga/Wimbauer, Christine (Hg.): „Wenn zwei das Gleiche tun ..." – Ideal und Realität sozialer (Un-)Gleichheit in Dual Career Couples. Opladen, S. 123-139.

Bender, Gerd (Hg.) (2001): Neue Formen der Wissenserzeugung. Frankfurt a.M./New York.

Bogner, Alexander/Littig, Beate/Menz, Wolfgang (Hg.) (2002): Das Experteninterview. Theorie, Methode, Anwendung. Opladen.

Bogner, Alexander/Menz, Wolfgang (2002a): Expertenwissen und Forschungspraxis: die modernisierungstheoretische und methodische Debatte um die Experten. In: Bogner/ Littig/Menz 2002, S. 7-29.

Bogner, Alexander/Wolfgang Menz (2002b): Das theoriegenerierende Experteninterview. Erkenntnisinteresse, Wissensformen, Interaktion. In: Bogner/Littig/Menz 2002, S. 33-70.

Bohnsack, Ralf/Marotzki, Winfried/Meuser, Michael (Hg.) (2003): Hauptbegriffe qualitativer Sozialforschung. Opladen.

Bonß, Wolfgang (1998): Uneindeutigkeit, Unsicherheit, Pluralisierung. In: Postmoderne. Eine Bilanz. Merkur, 52. Jg., Heft 9/10, S. 968-975.

Brinkmann, Chrisian/Deeke, Axel/Völkel, Brigitte (Hg.) (1995): Experteninterviews in der Arbeitsmarktforschung. Diskussionsbeiträge zu methodischen Fragen und praktischen Erfahrungen. Beiträge zur Arbeitsmarkt- und Berufsforschung 191. Nürnberg.

Cicourel, Aaron V. (1973): Basisregeln und normative Regeln im Prozess des Aushandelns von Status und Rolle. In: Arbeitsgruppe Bielefelder Soziologen (Hg.): Alltagswissen, Interaktion und gesellschaftliche Wirklichkeit, Bd. 1, S. 147-188.

Deeke, Axel (1995): Experteninterviews – ein methodologisches und forschungspraktisches Problem. Einleitende Bemerkungen und Fragen zum Workshop. In: Brinkmann/Deeke/Völkel 1995, S. 7-22.

Erbslöh, Eberhard (1972): Interview. Stuttgart.

Flick, Uwe (1995): Qualitative Forschung. Theorie, Methoden, Anwendung in Psychologie und Sozialwissenschaften. Reinbek.

Friebertshäuser, Barbara/Prengel, Annedore (Hg.) (1997): Handbuch Qualitative Forschungsmethoden in der Erziehungswissenschaft. Weinheim/München.

Garfinkel, Harold (1967): Studies in Ethnomethodology. Englewood Cliffs.

Garz, Detlef/Kraimer, Klaus (Hg.): Qualitativ-empirische Sozialforschung. Opladen.
Gibbons, Michael/Limoges, Camille/Nowotny, Helga/Schwartzmann, Simon/Scott, Peter/ Trow, Martin (1994): The New Production of Knowledge: The Dynamics of Science and Research in Contemporary Societies. London.
Giddens, Anthony (1988): Die Konstitution der Gesellschaft. Frankfurt a.M./New York.
Gläser, Jochen/Laudel, Grit (2004): Experteninterviews und qualitative Inhaltsanalyse. Wiesbaden.
Gorden, Raymond L. (1975): Interviewing: Strategy, Techniques, and Tactics. Homewood.
Gurney, Joan Neff (1985): Not One of the Guys: The Female Researcher in a Male-Dominated Setting. In: Qualitative Sociology 8, S. 42-62.
Habermas, Jürgen (1985): Die neue Unübersichtlichkeit. Frankfurt a.M.
Hettlage, Robert (2004): Die „Wissensgesellschaft" im Verzauberungs-Entzauberungs-Zirkel (Sammelbesprechung). In: Soziologische Revue, 27. Jg., S. 407-421.
Hitzler, Ronald (1991): Dummheit als Methode. Eine dramatologische Textinterpretation. In: Garz/Kraimer 1991, S. 295-318.
Hitzler, Ronald/Honer, Anne/Maeder, Christoph (Hg.) (1994): Expertenwissen. Die institutionalisierte Kompetenz zur Konstruktion von Wirklichkeit. Opladen.
Kassner, Karsten/Wassermann, Petra (2002): Nicht überall, wo Methode draufsteht, ist Methode drin. Zur Problematik der Fundierung von ExpertInneninterviews. In: Bogner/Littig/Menz 2002, S. 95-111.
Keller, Reiner (2005): Wissenssoziologische Diskursanalyse. Grundlegung eines Forschungsprogramms. Wiesbaden.
Knorr-Cetina, Karin (2002): Wissenskulturen. Ein Vergleich naturwissenschaftlicher Wissensformen. Fraunkfurt a.M.
Köhler, Gabriele (1992): Methodik und Problematik einer mehrstufigen Expertenbefragung. In: Hoffmeyer-Zlotnik, Jürgen H.P. (Hg.): Analyse verbaler Daten. Über den Umgang mit qualitativen Daten. Opladen, S. 318-332.
Kühl, Stefan/Strodtholz, Petra (Hg.) (2002): Methoden der Organisationsforschung. Ein Handbuch. Reinbek.
Liebold, Renate/Trinczek, Rainer (2002) Experteninterview. In: Kühl/Strodtholz, S. 33-70.
Littig, Beate (2002): Interviews mit Experten und Expertinnen. Überlegungen aus geschlechtertheoretischer Sicht. In: Bogner/Littig/Menz 2002, S. 173-190.
Meuser, Michael (1989): Gleichstellung auf dem Prüfstand. Frauenförderung in der Verwaltungspraxis. Pfaffenweiler.
Meuser, Michael/Nagel, Ulrike (1991): ExpertInneninterviews – vielfach erprobt, wenig bedacht. Ein Beitrag zur qualitativen Methodendiskussion. In: Garz/Kraimer 1991, S. 441-471.
Meuser, Michael/Nagel, Ulrike (1994): ExpertInnenwissen und ExpertInneninterview. In: Hitzler/Honer/Maeder 1994, S. 180-192.
Meuser, Michael/Nagel, Ulrike (1997): Das ExpertInneninterview – Wissenssoziologische Grundlagen und methodische Durchführung. In: Friebertshäuser/Prengel 1997, S. 481-491.
Meuser, Michael/Nagel Ulrike (2002): Vom Nutzen der Expertise. ExpertInneninterviews in der Sozialberichterstattung. In: Bogner/Littig/Menz 2002, S. 257-272.
Mieg, Harald A./Brunner, Beat (2004): Experteninterviews. Reflexionen zur Methodologie und Erhebungstechnik. In: Schweizerische Zeitschrift für Soziologie 30, S. 199-222.
Mieg, Harald A./Näf, Matthias (2006): Experteninterviews in den Umwelt und Planungswissenschaften. Lengerich.
Nagel (Matthes-), Ulrike (1986): Modelle und Methoden rekonstruktiver Theoriebildung. In: Ebert, Gerhard u.a. (Hg.): Subjektorientiertes Lernen und Arbeiten – Ausdeutung einer Gruppeninteraktion. Bonn, S. 29-55.

Nohlen, Dieter/Schultze, Rainer-Olaf (Hg.) (2002): Lexikon der Politikwissenschaft. 2 Bde. München.

Nowotny, Helga (1997): Im Spannungsfeld der Wissensproduktion und Wissensvermittlung. >http://www.unicom.unizh.ch/unimagazin/archiv/1-97/wissensproduktion.html< (gesehen: 11.9.2007).

Nowotny, Helga/Scott, Peter/Gibbons, Michael (2004, 2001[1]): Wissenschaft neu denken. Wissen und Öffentlichkeit in einem Zeitalter der Ungewissheit. Weilerswist.

Pfadenhauer, Michaela (2002): Auf gleicher Augenhöhe reden. Das Experteninterview – ein Gespräch zwischen Experte und Quasi-Experte. In: Bogner/Littig/Menz 2002, S. 113-130.

Pfadenhauer, Michaela (2003): Professionalität. Eine wissenssoziologische Rekonstruktion institutionalisierter Kompetenzdarstellungskompetenz. Opladen.

Rammert, Werner (2003): Zwei Paradoxien einer innovationsorientierten Wissenspolitik: Die Verknüpfung heterogenen und die Verwertung impliziten Wissens. In: Soziale Welt 54, S. 483-508.

Rucht, Dieter/Blattert, Barbara/Rink, Dieter (1997): Soziale Bewegungen auf dem Weg zur Institutionalisierung. Zum Strukturwandel ‚alternativer' Gruppen in beiden Teilen Deutschlands. Frankfurt a.M./New York.

Scheuch, Erwin K. (1973): Das Interview in der Sozialforschung. In: König, René (Hg.): Handbuch der empirischen Sozialforschung, Bd. 2. 3. Aufl. Stuttgart, S. 66-190.

Schmid-Urban, Petra (1992): Kommunale Sozialberichterstattung. Frankfurt a.M.

Schröer, Norbert (1994): Routiniertes Expertenwissen. Zur Rekonstruktion des strukturalen Regelwissens von Vernehmungsbeamten. In: Hitzler/Honer/Maeder 1994, S. 214-231.

Schütz, Alfred (1972): Der gut informierte Bürger. In: Ders.: Gesammelte Aufsätze, Bd. 2. The Hague, S. 85-101.

Schütze, Fritz (1982): Narrative Repräsentation kollektiver Schicksalsbetroffenheit. In: Lämmert, E. (Hg.): Erzählforschung. Stuttgart, S. 568-590.

Schütze, Fritz (2002): Das Konzept der sozialen Welt im symbolischen Interaktionismus und die Wissensorganisation in modernen Komplexgesellschaften. In: Keim, Inken/ Schütte, Willfried (Hg.): Soziale Welten und kommunikative Stile. Tübingen, S. 57-83.

Schulz, Wolfgang K. (Hg.) (1998): Expertenwissen. Soziologische, psychologische und pädagogische Perspektiven. Opladen.

Sprondel, Walter M. (1979): ‚Experte' und ‚Laie': Zur Entwicklung von Typenbegriffen in der Wissenssoziologie. In: Sprondel, Walter M./Grathoff, Richard (Hg.): Alfred Schütz und die Idee des Alltags in den Sozialwissenschaften. Stuttgart, S. 140-154.

Trinczek, Rainer (1995): Experteninterviews mit Managern: Methodische und methodologische Hintergründe. In: Brinkmann/Deeke/Völkel 1995, S. 59-68.

Trinczek, Rainer (2002): Wie befrage ich Manager? Methodische und methodologische Aspekte des Experteninterviews als qualitativer Methode empirischer Sozialforschung. In: Bogner/Littig/Menz 2002, S. 209-222.

von Alemann, Ulrich (Hg.) (1995): Politikwissenschaftliche Methoden. Grundriß für Studium und Forschung. Opladen.

Walter, Wolfgang (1994): Strategien der Politikberatung. Die Interpretation der Sachverständigen-Rolle im Lichte von Experteninterviews. In: Hitzler/Honer/Maeder 1994, S. 268-284.

Welsch, Wolfgang (1993): Unsere postmoderne Moderne. Berlin (4. Auflage).

Wetterer, Angelika (1992): Profession und Geschlecht. Über die Marginalität von Frauen in hochqualifzierten Berufen. Frankfurt a.M./New York.

# Das theoriegenerierende Experteninterview

## Erkenntnisinteresse, Wissensformen, Interaktion

*Alexander Bogner und Wolfgang Menz*

## I Die methodologische Mehrdeutigkeit des Experteninterviews

### *1. Einleitung: Der Streit um das Experteninterview*

Experteninterviews sind ein anschauliches Beispiel dafür, dass die Alltagspraxis empirischer Sozialforschung und deren methodische Reflexion nicht immer parallel verlaufen. Manchmal ist die Anwendung bestimmter Methoden ihrer theoretischen Durchdringung voraus. Lange Zeit galt: Experteninterviews werden oft gemacht, aber selten durchdacht (Meuser/Nagel 1991). Erst in den letzten Jahren hat sich die Debatte um Experteninterviews allmählich intensiviert (siehe Bogner/Menz 2009). Dies hat allerdings keinesfalls dazu geführt, dass die unterschiedlichen Definitionen und methodischen Konzepte von Experteninterviews sich einander angenähert hätten. Auch heute noch ist nicht nur umstritten, *wie* Experteninterviews methodologisch begründet werden können, sondern *ob* dies grundsätzlich überhaupt möglich erscheint.

Nach wie vor stehen hier konträre Positionen einander gegenüber. Meuser und Nagel (1991, 1994, 1997) etwa haben für eine genuin im qualitativen Paradigma beheimatete Form des Experteninterviews argumentiert. Die lange Zeit unterentwickelte Methodenreflexion erklärt sich aus ihrer Perspektive mit der mangelnden Anerkennung der spezifischen Stärke dieser Interviewform und der Persistenz einer Forschungstradition, die dem Experteninterview meist nur eine explorative Funktion zugedenkt.

Gegen diese Position ist argumentiert worden, dass es ein kodifiziertes Leitbild „des“ Experteninterviews nicht gibt und nicht geben kann – oder wenn doch, dann müsse sich diese Kanonisierung in der methodologischen Überhöhung fallspezifischer Erfahrungen erschöpfen (Deeke 1995, Kassner/Wassermann 2005). Der Versuch, das Experteninterview zu einer besonderen Methode zu machen, übersehe die Kontextualität der Forschung, die auf dreierlei Weise eine sich gegenüber methodologischen Generalisierungen sperrende Relativität dieser Interviewform induziere: Einmal liege jeder Forschung ein in Abhängigkeit vom Untersuchungsgegenstand gewählter, ein relationaler Expertenbegriff zugrunde (Deeke 1995: 7). Außerdem handele es sich bei Gesprächen mit den Experten um eine besondere soziale und besonders störanfällige Situation, die zwar nicht die Gültigkeit basaler Regeln der

Interviewführung, wohl aber die Reichweite methodischen Rezeptwissens stark mindere (Vogel 1995: 82). Schließlich – drittens – sei das Experteninterview nicht notwendig auf eine bestimmte Art und Weise der Interviewführung feszulegen. Das jeweils spezifische untersuchungsleitende Interesse und die konkrete Fragestellung führten notwendig zu einer je flexiblen Handhabung dieses Erhebungsinstruments (vgl. Trinczek 2009)[1]. Je nach Interesse und Forschungsfrage werden Expertengespräche unterschiedlich stark vorstrukturiert, unterschiedlich offen geführt, verschieden aufbereitet, ausgewertet und interpretiert. Damit scheint gerade das Gebiet des Experteninterviews prädestiniert für einen Wildwuchs der Verfahrensweisen. Und dies macht wenig Hoffnung darauf, dass diese Interviewform doch noch einmal zu festen, unverwechselbaren Konturen finden könnte.

Zudem sind Expertenbefragungen weder auf qualitative Interviews beschränkt, noch dürfen sie – als teilstrukturierte Interviews durchgeführt – als genuine Repräsentanten des qualitativen Paradigmas gelten. Einerseits aufgrund fehlender Standardisierung und Quantifizierung der Daten mangelnder methodischer Kontrolle und eher impressionistischer Aussagekraft verdächtigt, erscheint das Experteninterview andererseits wegen der aktiven und zuweilen interventionistischen Gesprächsführung als zu enges Korsett, um die Relevanzstrukturen der Befragten „rein“ zum Vorschein zu bringen. Ein Methoden-Hybride, der – trotz aller Hinweise auf die akut nachlassende forschungspraktische Relevanz von Paradigmenstreitigkeiten (vgl. Kelle/Erzberger 1999) – offensichtlich das Problem hat, beiden Welten anzugehören.

Dies alles mag ein wenig dramatisch klingen. Tatsächlich aber basiert die Kontroverse um eine Methodologie des Experteninterviews u.E. nicht auf grundsätzlichen methodologischen Schwierigkeiten. Eher ist zu vermuten, dass der Streit um das Experteninterview aufgrund der Defizite in der Systematisierung der unterschiedlichen Erkenntnisinteressen und Forschungsdesigns lebendig gehalten wird.

Im *ersten Abschnitt* werden daher drei dominante Formen von Experteninterviews herausgearbeitet. Dies vermag den je spezifischen Anspruch und Stellenwert des Experteninterviews, die in der Methodendebatte oft nur implizit verhandelt werden, deutlich zu machen. Dabei wird ersichtlich, dass methodische Generalisierungen nur für explizit im „interpretativen Paradigma“ (Wilson 1973) angesiedelte Experteninterviews sinnvoll sind. Entsprechend dieser methodologischen Verortung verstehen wir den Forschungsgegenstand nicht als einen sozialen Tatbestand noch das Wissen darüber als Resultat einer objektiven Erfassung bzw. passiven Perzeption von gegebenen Tatsachen. Vielmehr korrespondiert dieser Forschungshaltung eine wissenssoziologische Perspektive, die die soziale Realität als durch Interpretations-

1 Diesen Einwand versteht Trinczek im Weiteren freilich als Einstieg zu einer „methodisch-methodologischen ‚Ehrenrettung‘“ (1995: 59) des Experteninterviews in Auseinandersetzung mit der qualitativen Tradition.

handlungen hergestellte Konstruktion von Wirklichkeit begreift (Berger/Luckmann 1969). Wissenschaftliche Forschung, die die soziale Ordnung auf der Grundlage von Bedeutungen und Relevanzen analysiert, erscheint als aktiv-konstruktiver Herstellungsprozess (Schütz 1971). Derartige sozialkonstruktivistisch orientierte Basisannahmen (vgl. Knorr-Cetina 1989; Flick 2000) sind zentrale Bezugspunkte der anschließenden Diskussionen um Wesen und Wissen des Experten sowie die adäquaten Interaktionsstrategien im Interview.

Im *II. Abschnitt* wird im Rahmen der Diskussion unterschiedlicher Zugänge zum Expertenbegriff zunächst eine analytische Differenzierung der Formen des Expertenwissens vorgeschlagen. Erst ein expliziter Begriff von Expertenwissen als einer Konstruktionsleistung des Forschers vermag einen grundlegenden Perspektivenwandel im Hinblick auf die Interpretation und Konzeptualisierung der Interaktionssituation vorzubereiten. Der anschließende Entwurf eines Expertenbegriffs, der die Dimension der sozialen Wirkmächtigkeit des Expertenwissens berücksichtigt, verdankt sich der Kritik an der theoretischen Verabsolutierung einer interaktionistischen Herstellung von Bedeutungen und Regeln, wie sie z.B. von Blumer (1973) vertreten wird. Unserem Vorschlag liegt dagegen die Einschätzung zugrunde, dass der Status des Experten durch subjektiv-situative Deutungsprozesse eben nicht nur hergestellt wird, sondern gleichermaßen in seiner Präexistenz bestätigt wird. Damit geraten zugleich systematische Asymmetrien und Ungleichheiten, die sich nicht auf lokale Interaktionsstrukturen beschränken und auf denen das Expertentum wesentlich basiert, in den Blick.[2]

Im *III. Abschnitt* wird diese methodisch orientierte Rekonstruktion des Experten hinsichtlich der Interpretation der Interaktionssituation sowie ihrer praktischen Konsequenzen im Interview diskutiert. Konkret wird dafür plädiert, sogenannte Interaktionseffekte nicht als Störvariable, sondern als konstitutiv für den Prozess der Datenproduktion zu begreifen. Die Abkehr von einem „archäologischen" Modell der Datenproduktion, das das Expertenwissen als möglichst kontaminationsfrei zu bergenden Schatz denkt, verbindet sich mit dem Entwurf eines Modells typischer Interaktionssituationen im Experteninterview, das die Datenproduktion als einen sozialen Prozess betrachtet.

## 2. *Eine Typologie des Experteninterviews*

Die in der Methodenliteratur zum Experteninterview zugrunde gelegten Begriffe des Experteninterviews variieren beträchtlich. Meusers und Nagels (1991) Zuordnung des Experteninterviews zum Paradigma interpretativer

2 Vgl. zur theoretischen Grundlegung einer Beobachterposition jenseits von Subjektkult und Strukturmystik Bourdieu 1987.

Sozialforschung, die aufgrund ihrer forschungslogischen Orientierung nur folgerichtig war, wurde von Teilen der Kritik als vorschnelle Vereinnahmung eines methodologisch „neutralen“ Erhebungsinstruments gewertet (vgl. Deeke 1995). Es ist offensichtlich, dass dieser Kritik ein konkurrierender Begriff von Experteninterview zugrunde liegt, der aber nicht systematisch expliziert wird. Im Folgenden wollen wir daher die Differenzierung der in der Methodendebatte dominanten Formen von Experteninterviews in Abhängigkeit von ihrer erkenntnisleitenden Funktion vorschlagen. In Anlehnung an Vogel (1995) und im Rückgriff auf die einschlägigen Arbeiten von Meuser und Nagel unterscheiden wir das „explorative“, das „systematisierende“ und das „theoriegenerierende“ Experteninterview.

(1) Seine Prominenz in der empirischen Sozialforschung als ein oft benutztes Instrument zur Datenerhebung verdankt das Experteninterview seiner Funktion zur *Exploration.* Sowohl in quantitativ wie auch in qualitativ orientierten Forschungsvorhaben können Experteninterviews zur Herstellung einer ersten Orientierung in einem thematisch neuen oder unübersichtlichen Feld dienen, zur Schärfung des Problembewusstseins des Forschers oder auch als Vorlauf zur Erstellung eines abschließenden Leitfadens. Explorative Interviews helfen in diesem Sinne das Untersuchungsgebiet thematisch zu strukturieren und Hypothesen zu generieren. Die befragten Experten können dabei selbst als Teil des Handlungsfelds zur Zielgruppe der Untersuchung gehören, oft jedoch werden Experten auch gezielt als komplementäre Informationsquelle über die eigentlich interessierende Zielgruppe genutzt. Im letzteren Fall tritt der Experte als Träger von „Kontextwissen“ in Erscheinung.[3]

Explorative Experteninterviews sollten möglichst offen geführt werden, doch empfiehlt es sich schon aus Gründen demonstrativer Kompetenz, zumindest zentrale Dimensionen des Gesprächsablaufs vorab in einem Leitfaden zu strukturieren. In dieser Hinsicht unterscheidet sich das explorative Experteninterview vom narrativen oder episodischen Interview, was freilich nicht bedeutet, dass spontanen Exkursen oder unerwarteten Themenwechseln des Experten Einhalt geboten werden sollte. Der inhaltliche Schwerpunkt des explorativen Interviews liegt im Bereich der thematischen Sondierung. Auf Vergleichbarkeit, Vollständigkeit und Standardisierbarkeit der Daten wird dabei nicht abgestellt. Dies unterscheidet das explorative Interview ganz wesentlich von den beiden anderen Formen.

(2) Das *systematisierende Experteninterview* ist – darin dem explorativen verwandt – auf die Teilhabe an exklusivem Expertenwissen orientiert. Im Vordergrund steht hier das aus der Praxis gewonnene, reflexiv verfügbare und spontan kommunizierbare Handlungs- und Erfahrungswissen. Diese

3 Vgl. zu der forschungslogischen Unterscheidung von „Kontextwissen“ und „Betriebswissen“ Meuser/Nagel 1991: 446f.

Form des Experteninterviews zielt auf systematische und lückenlose Informationsgewinnung. Der Experte klärt auf über „objektive“ Tatbestände Der Experte wird hier also in erster Linie als „Ratgeber“ oder Inhaber von spezifischen gültigen Kenntnissen und Informationen gesehen, als jemand, der über ein bestimmtes, dem Forscher nicht zugängliches Fachwissen verfügt. Dieses wird unter Zuhilfenahme eines relativ ausdifferenzierten Leitfadens erhoben.[4] Das systematisierende Experteninterview ist in der Forschungspraxis die wohl am meisten verbreitete Form dieser Interviewmethode.

Auch das bislang einzige vorliegende umfassende Lehrbuch zum Experteninterview (Gläser/Laudel 2004) ist diesem Typus zuzuordnen. Zwar beschränkt es den Expertenbegriff nicht auf die Träger von hervorgehobenem Fachwissen besonderer Qualität. Auch in alltagspraktischer Erfahrung gewonnenes Wissen kann diesem Ansatz zufolge Gegenstand von Experteninterviews sein. Im Mittelpunkt steht aber nicht der Deutungscharakter von Expertenwissen, sondern dessen Aufklärungsfunktion im Hinblick auf die Forschungsfragestellung: Experten haben die Funktion einer Informationsquelle in Hinblick auf die Rekonstruktion von Abläufen und sozialen Situationen: „Experten sind Menschen, die ein besonderes Wissen über soziale Sachverhalte besitzen, und Experteninterviews sind eine Methode, dieses Wissen zu erschließen“ (ebd.: 10). Nicht die Experten selbst sind aus dieser methodologischen Perspektive die Gegenstände der Untersuchung; diese fungieren vielmehr als Informanten in Bezug auf die eigentlichen Forschungsobjekte.

Freilich muss es sich bei systematisierenden Interviews nicht unbedingt um offene, qualitative Interviews handeln. Auch standardisierte Befragungen – wie sie z.B. in der Delphi-Methode Anwendung finden (vgl. Aichholzer 2009) – sind hier denkbar. Schließlich steht beim systematisierenden Experteninterview – anders als beim explorativen – die thematische Vergleichbarkeit der Daten im Vordergrund.

Nicht zuletzt im Rahmen multimethodischer Ansätze (Triangulation) ist das systematisierende Experteninterview – beispielsweise in der Industriesoziologie – zu einem zentralen Erhebungsinstrument geworden. Es ist zu vermuten, dass die forschungspraktische Dominanz dieser Form einer reinen Wissensabfrage zu jenem eingeschränkten Verständnis des Expertengesprächs beigetragen hat, das dazu verleitet, den systematisierenden Typ als pars pro toto anzusehen. Womöglich ist es also paradoxerweise gerade auf die Popularität des systematisierenden Experteninterviews zurückzuführen, dass empirische Praxis und methodische Reflexion im Fall des Experteninterviews so wenig miteinander verbunden sind.

---

4 Um theoretische und praktische Aspekte des Leitfadens eingehender zu erörtern, ist hier nicht der Platz. Vgl. hierzu aber Meuser/Nagel 1991: 448f.; 1997: 486f.; Deeke 1995: 18f.; Gläser/Laudel 2004: 59ff.; Helfferich 2005: 158ff. Vgl. zu einer frühen Warnung vor einer schematischen, direktiven Anwendung des Leitfadens Hopf 1978.

(3) *„Theoriegenerierend“* nennen wir jene Form des Experteninterviews, wie sie methodisch-methodologisch von Meuser und Nagel begründet und entwickelt worden ist. In diesem Fall dient der Experte nicht mehr nur als Katalysator des Forschungsprozesses bzw. zur Gewinnung sachdienlicher Information und Aufklärung. Das theoriegenerierende Interview zielt im Wesentlichen auf die kommunikative Erschließung und analytische Rekonstruktion der „subjektiven Dimension“ des Expertenwissens. Subjektive Handlungsorientierungen und implizite Entscheidungsmaximen der Experten aus einem bestimmten fachlichen Funktionsbereich bezeichnen hier den Ausgangspunkt der Theoriebildung.[5] Ausgehend von der Vergleichbarkeit der Expertenäußerungen, die methodisch im Leitfaden und empirisch durch die gemeinsame organisatorisch-institutionelle Anbindung der Experten gesichert ist, wird eine theoretisch gehaltvolle Konzeptualisierung von (impliziten) Wissensbeständen, Weltbildern und Routinen angestrebt, welche die Experten in ihrer Tätigkeit entwickeln und die konstitutiv sind für das Funktionieren von sozialen Systemen. Dieses Verfahren zielt idealerweise auf Theoriegenerierung über die interpretative Generalisierung einer Typologie – in Alternative zum statistischen Repräsentativschluss der standardisierten Verfahren. Angelehnt an Überlegungen von Glaser und Strauss (1998) zur datenbasierten Theorie wird hier qualitative Forschung über das theoretische Sampling und die komparative Analyse als Prozess induktiver Theoriebildung entworfen, an dessen Endpunkt idealerweise die Formulierung einer „formalen“ Theorie steht.[6] Daher muss das theoriegenerierende Experteninterview dem an den Grundsätzen der interpretativen Soziologie orientierten Methodenkanon zugerechnet werden.

Damit ist nun zwar über dessen paradigmatisches Schicksal entschieden, es bleibt jedoch die Frage offen, inwiefern das theoriegenerierende Experteninterview eine spezifische, von paradigmatisch verwandten Interviewformen abgrenzbare Methode darstellt.[7] Der Einwand liegt nahe, Experteninterviews seien in unzulässiger Weise über den Forschungsgegenstand beziehungsweise den Gesprächspartner definiert und daher keine eigenständige Methode

---

5 Dies schließt den Fall ein, dass die Eruierung der subjektiven Sinndimension analytisch auf die Rekonstruktion kollektiver Orientierungen und Deutungsmuster sowie sozialer Zugehörigkeiten abzielt.

6 Vgl. zum Theoriebegriff der „Grounded Theory“ Glaser/Strauss 1998: 42ff.

7 Meuser/Nagel (1997) behaupten zwar, dass sich das Experteninterview vom problemzentrierten und fokussierten Interview in puncto Gesprächsführung und Auswertung unterscheide, entwickeln diese Unterschiede aber nicht systematisch. Während die Abgrenzung zum fokussierten Interview (Merton/Kendall 1993) aufgrund dessen – der deduktiven Orientierung geschuldeten – Nähe zur quantitativen Methodologie noch verhältnismäßig leicht scheint, ist in der Erkenntnislogik des problemzentrierten Interviews (Witzel 1985) eine Kombination aus Induktion und Deduktion angelegt, die der des leitfadengebundenen Experteninterviews vergleichbar ist. Letztlich macht sich die Differenz der Verfahren an der durch die spezifischen Erkenntnisinteressen festgelegten Rolle der Befragten im Gespräch fest – und damit weniger anhand methodischer Kriterien als durch forschungspraktische Erfordernisse.

(vgl. Kassner/Wassermann 2005) – genauso wenig wie etwa „Laieninterviews" oder „Beamteninterviews". Mit der anschließenden Diskussion des Expertenbegriffs wollen wir zeigen, dass dieser Einwand zu kurz greift.

## II Wer gilt als Experte? Eine methodisch orientierte Reformulierung des Expertenbegriffs

### *1. Der Expertenbegriff in der Methodendiskussion*

In der Debatte um die methodologische Grundlegung des Experteninterviews lassen sich drei Zugänge zur Bestimmung des Experten identifizieren, die sich unterschiedlichen analytischen und normativen Perspektiven verdanken. Diese wollen wir im Folgenden als voluntaristischen, konstruktivistischen und wissenssoziologischen Expertenbegriff bezeichnen. Aufgrund der Konvergenz konstruktivistischer und wissenssoziologischer Zugänge ist es allerdings nicht weiter verwunderlich, dass in der Praxis eine an den spezifischen Forschungsinteressen ausgerichtete Melange aus den unterschiedlichen Begrifflichkeiten überwiegt. Den Aufweis von methodischen Unzulänglichkeiten und inhaltlichen Widersprüchen einer ausschließlich auf die Wissensdimension des Expertentums kaprizierten Definition verbinden wir zum Abschluss dieses Kapitels mit dem Entwurf eines eigenen Expertenbegriffs, der sich an modernisierungstheoretische Überlegungen zum Gestaltwandel des Experten anlehnt.

(1) Der *voluntaristische Expertenbegriff* hebt auf die Evidenz ab, dass jeder Mensch mit besonderen Informationen, Fähigkeiten usw. für die Bewältigung des eigenen Alltagslebens ausgestattet ist, so dass man im weiten Sinn von einem spezifischen Wissensvorsprung bezüglich persönlicher Arrangements sprechen kann. Demnach wären prinzipiell alle Menschen zugleich Experten, und zwar Experten ihres eigenen Lebens bzw. – wie Mayring (1996: 49) es in methodologischer Perspektive formuliert hat – „Experten für ihre eigenen Bedeutungsgehalte". Dieser an eine unspezifische Wissensasymmetrie gebundene Expertenbegriff ist einmal aus methodischer Perspektive kritisiert worden (vgl. Meuser/Nagel 1997: 484): Das Alltagswissen von Menschen, die in ihrer Gesamtperson von Interesse sind, könne auch durch narrative oder problemzentrierte Interviews abgefragt werden. Auch aus Gründen analytischer Differenzierung ist eine derartige Ausweitung des Expertenbegriffs wenig plausibel. Zudem werden, wenn prinzipiell jeder Mensch qua Definition zum Experten wird, Situationen schwer interpretierbar, in denen die soziale Wirkmächtigkeit des Expertenwissens nicht geleugnet werden kann. So wenig die Hypostasierung der Differenz von Laie und

Experte angebracht erscheint – eine Grenzziehung, die insbesondere in neueren wissen(schafts)soziologischen Ansätzen zunehmend problematisiert wird (siehe Meuser/Nagel 2009) –, so wenig fruchtbar ist ein Voluntarismus, der sich subjektiv als emanzipativ und herrschaftskritisch versteht, aber letztlich nur real existierende Hierarchien per begrifflicher Willensanstrengung einzuebnen versucht.

(2) Die *konstruktivistische Definition*, die ihre übergreifende Charakteristik im Fokus auf die Mechanismen der Zuschreibung der Expertenrolle findet, lässt sich in einen *methodisch-relationalen* und einen *sozial-repräsentationalen* Ansatz unterscheiden. Ersterer reflektiert die Tatsache, dass bis zu einem gewissen Grad jeder Experte auch das „Konstrukt" eines Forscherinteresses ist, insofern man innerhalb einer Untersuchung davon ausgeht, der ausgewählte Experte habe relevantes Wissen über einen bestimmten Sachverhalt (Meuser/Nagel 1997; Deeke 1995). „Experte-Sein" funktioniert in dieser Perspektive über die Zuschreibung der Rolle seitens der Akteure, die an Aufklärung und Informationen, an „objektivem" Faktenwissen interessiert sind. Als forschungspraktische Konsequenz ergibt sich aus dem methodisch-relationalen Ansatz der Hinweis, dass sich innerhalb von Organisationen auch auf niederen Hierarchieebenen erfolgreich nach Experten suchen lässt (siehe Froschauer/Lueger 2009). Nicht immer (oder sogar selten) sind Leitende in repräsentativer Position auch die gesuchten Experten. In theoretischer Hinsicht erinnert die methodisch-relationale Definition daran, dass das Expertentum keine personale Eigenschaft oder Fähigkeit ist. Ausgeblendet wird allerdings, dass dem methodischen Konstrukt notwendigerweise immer ein „materieller Subtext" unterlegt ist, denn der Forscher ist in seiner Auswahl des Experten nicht völlig frei. Er greift in der Regel auf jene Leute zurück, die sich zum einschlägigen Thema in der Fachliteratur einen Namen gemacht haben, die in entsprechenden Verbänden und Organisationen arbeiten und mit prestigeträchtigen Positionen und Titeln dekoriert sind, weil damit eine gewisse Gewähr verbunden ist, dass es diese Experten sind, die „wirklich" einen forschungsrelevanten Wissensbestand aufweisen. Diese sozialen Ingredienzen verweisen auf die Verschränkung des relationalen mit dem *sozial-repräsentationalen Ansatz*. Diesem zufolge ist Experte, wer gesellschaftlich zum Experten gemacht wird, d.h., in der sozialen Realität als Experte angesehen wird. Der Experte lässt sich in dieser Perspektive als Exponent eines einflussreichen „Fachmenschentums" (Weber 1980: 576) beschreiben, als Angehöriger der „Funktionselite" (Meuser/Nagel 1994: 181). Der sozial-repräsentationale Ansatz reflektiert zwar die komplexen und voraussetzungsreichen Definitionsleistungen, die dem „Experten-Sein" zugrunde liegen. Im strengen Fokus auf die gesellschaftlichen Parameter des Expertentums läuft er freilich Gefahr, einen elitistisch aufgeladenen Expertenbegriff unkritisch zu übernehmen.

Methodisch-relationaler und sozial-repräsentationaler Ansatz stehen in einem unauflöslichen Verweisungszusammenhang. Von daher ist ihre Unterscheidung vorrangig von analytischem Wert. Wer (der gesuchte) Experte ist, definiert sich in der Forschungspraxis immer über das spezifische Forschungsinteresse und die soziale Repräsentativität des Experten zugleich. Die konstruktivistische Position findet ihre Grenze daran, dass der Forscher in seiner Auswahl des Experten immer schon praktisch davon geleitet ist, in welcher Form er die soziale Welt bedeutungsstrukturiert vorfindet. In der Praxis bleibt der Konstruktivismus auf die Spezifizierung und Lokalisierung von forschungspraktisch relevanten Wissensbeständen verwiesen.

(3) Die *wissenssoziologische Fokussierung* des Experten ist in der Methodendebatte sehr einflussreich geworden. Dies ist einmal der paradigmatischen Orientierung derjenigen geschuldet, die das theoriegenerierende Experteninterview als eine besondere Form des qualitativen Interviews begründet haben. Zum anderen ist die Debatte um Gestalt und Funktion des Experten in der Soziologie relativ früh von wissenssoziologischer Seite initiiert und in hohem Maß von ihr dominiert worden. Das heißt nun freilich nicht, dass hier ein konsistenter Expertenbegriff vorläge. Ihre Einigkeit finden diese Positionen jedoch daran, den Experten über die spezifische Struktur seines Wissens zu profilieren.

Bei Schütz (1972) handelt der Experte als Wissenschaftler mit sicherem, eindeutigem Wissen, das ihm jederzeit kommunikativ und reflexiv verfügbar ist. Durch die schillernde Charakteristik des Laien – in den Figuren des „gut informierten Bürgers", der sich aufgrund seines reflexiven Umgangs mit vorgegebenen Relevanzen von einer „natürlichen Weltanschauung" emanzipiert, und des „einfachen Mannes von der Straße" – gerät freilich die Figur des Experten uneindeutig und widersprüchlich. Denn im rationalen Abwägen widerstreitender Expertenmeinungen durch den gut informierten Bürger wird bereits eine neue Form des Umgangs mit Wissen und Wissenschaft offenbar, die auf das Brüchigwerden des Experten als eines objektiven und neutralen Sachwalters der Wahrheit vorausweist. Sowohl an die wissenssoziologischen wie auch die implizit politischen und demokratietheoretischen Aspekte wurde im Folgenden angeschlossen. Sprondel (1979) etwa versucht zur Spezifizierung des Schütz'schen Expertenbegriffs das Expertenwissen als „Sonderwissen" zu kennzeichnen, das – im Gegensatz zum Allgemeinwissen – komplex integrierte Wissensbestände umfasst und außerdem konstitutiv auf die Ausübung eines Berufs bezogen ist. Damit grenzt Sprondel den Experten vom spezialisierten Laien ab, der vielleicht ebenfalls über Sonderwissen verfügen kann (wie z.B. der Hobby-Handwerker), doch aufgrund seines eingeschränkten Funktionskontextes nicht die Möglichkeit hat, „strukturell bedeutsame soziale Beziehungen" (Sprondel 1979: 149) zu konstituieren.

Sowohl die berufsförmige Verengung des Expertenbegriffs ist – mit Blick auf die Ehrenamtlichkeit außerparlamentarischen Engagements von Experten in sozialen Bewegungen – kritisiert worden (Meuser/Nagel 1997) als auch die Vorstellung, Expertenwissen zeichne sich durch seine reflexive Präsenz und Explizitheit aus. Während Sprondel (wie auch Schütz) das Sonderwissen des Experten als präsent begreift und das Alltagswissen als diffus, erinnern Meuser/Nagel (1994: 182f.) daran, dass gerade die grundlegenden Relevanzen des Experten, das implizite Wissen, also die ungeschriebenen Gesetze und Entscheidungsmaximen in den spezifischen Funktionsbereichen der Experten, nicht unmittelbar verfügbar sind. In methodischer Hinsicht bedeutet dies, dass die impliziten Regeln des Routinehandelns, die Gewohnheiten und Traditionen nicht direkt abfragbar sind, sondern rekonstruiert werden müssen. In theoretischer Hinsicht bedeutet dies eine Ergänzung, nicht aber eine grundlegende Korrektur einer Expertendefinition, die im Wesentlichen über die Differenzierung von Wissensformen geleistet wird.

Der Rekurs auf eine besondere Wissensstruktur oder Wissensform des Experten ist jedoch weder theoretisch befriedigend noch methodisch fruchtbar. Erstens erscheint ein Experte, der als *Besitzer* eines spezifischen (Mehr-) Wissens konzeptualisiert wird, als losgelöst von den gesellschaftlichen Bedingungen seiner Anerkennung.[8] Weil diese von sozialen Parametern abhängt, die ihrerseits wandelbar sind, plädieren wir dafür, dass nicht vorrangig real existierende Kompetenzdifferenzen den (gesuchten) Experten charakterisieren, sondern die *soziale Relevanz* seines Wissens. Darauf kommen wir zurück. Zweitens werden durch die Konzeption des Expertenwissens als eines „homogenen", wenn auch implizit vorliegenden „Wissenskörpers" die als Äußerungen der „Privatperson" erkennbaren Aussagen vernachlässigt.[9] Und schließlich verbindet sich dieses statische Modell mit einer soziologisch unbefriedigenden Konzeptualisierung der Interaktionssituation, die ihr Ideal an einem „natürlichen", „störungsfreien" Kommunikationsprozess hat, in dem diese „Entität" zur Transparenz gebracht werden soll. Aus methodischen Gründen erscheint daher eine analytische Differenzierung des Expertenwissens angebracht.

## *2. Das Expertenwissen als „analytische Konstruktion"*

Das Konzept eines „Sonderwissens" beruht auf der theoretisch problematischen Prämisse, Geltung und Generierung subjektiver Deutungen und Relevanzen ließen sich als lebensweltlich und systemisch rein geschieden denken. Dagegen lassen sich vermittels analytischer Differenzierung, die quer zu der traditionellen Unterscheidung von Alltags- versus Expertenwissen liegt, drei zentrale Dimensionen des Expertenwissens bestimmen, die auch mit den un-

8 In der Differenzierung von Experten- versus Allgemeinwissen wird überdies die Grenze zwischen Alltag und Nicht-Alltag – diese Reformulierung der historisch überholten Unterscheidung Beruf/Privat –, die in diesem Fall auch die Grenze zwischen gesellschaftlich akzeptierten und zur Reproduktion abgewerteten Tätigkeiten markiert, hypostasiert.

9 Meuser und Nagel (1991: 450) etwa werten die „privatistischen" Exkurse des Experten als Indizien für einen verunglückenden Diskursverlauf. Mittlerweile haben sie diese Position allerdings revidiert (Meuser/Nagel 2009).

terschiedlichen methodischen und theoretischen Ansprüchen an das Experteninterview konvergieren: Erstens das *„technische" Wissen*, das sich durch die Herstellbarkeit und Verfügung über Operationen und Regelabläufe, fachspezifische Anwendungsroutinen, bürokratische Kompetenzen usw. charakterisiert. Dieses „technische" Wissen ist noch am ehesten jener Wissensbereich, wo ein spezifischer Wissensvorsprung vorliegt, wo sich Expertenwissen aufgrund der Systematik und inhaltlichen Spezifität vom Alltagswissen unterscheiden lässt. Von diesem kann zweitens das *„Prozesswissen"* abgegrenzt werden, das sich auf Einsichtnahme und Informationen über Handlungsabläufe, Interaktionsroutinen, organisationale Konstellationen sowie vergangene oder aktuelle Ereignisse bezieht, in die der Experte aufgrund seiner praktischen Tätigkeit direkt involviert ist oder über die er aufgrund der Nähe zu seinem persönlichen Handlungsfeld zumindest genauere Kenntnisse besitzt. Dieses Prozesswissen hat im Gegensatz zum technischen Wissen weniger die Merkmale von Fachwissen im engeren Sinne (wie es etwa über Bildungsabschlüsse erworben werden kann), sondern ist praktisches Erfahrungswissen aus dem eigenen Handlungskontext. Das theoriegenerierende Experteninterview zielt auf die Erhebung von *„Deutungswissen"*, also jenen subjektiven Relevanzen, Regeln, Sichtweisen und Interpretationen des Experten, die das Bild vom Expertenwissen als eines heterogenen Konglomerats nahelegen. Mit der Rekonstruktion dieses „Deutungswissens" betritt man – altmodisch formuliert – das Feld der Ideen und Ideologien, der fragmentarischen, inkonsistenten Sinnentwürfe und Erklärungsmuster. Mit dieser analytischen Differenzierung wird zum einen das spezifische Erkenntnisinteresse des theoriegenerierenden Experteninterviews präziser darstellbar. Zum anderen wird auf diese Weise deutlich, dass das Expertenwissen als „homogener Wissenskörper" nicht hinlänglich zu fassen ist.

Das Expertenwissen wird erst vermittels der Datenerhebung und der Auswertungsprinzipien als Deutungswissen identifiziert, der Deutungscharakter ist nicht eine Eigenschaft der Wissensbestände selbst. Insofern existiert es nicht als eine interpretationsunabhängige Einheit. In diesem Sinne ist das Deutungswissen immer eine Abstraktions- und Systematisierungsleistung des Forschers, eine „analytische Konstruktion".[10] Das heißt, dass die vorgenommene Differenzierung zwischen den drei Formen des Expertenwissens weniger ein Charakteristikum der Wissensbestände selbst ist, sondern primär eine Konstruktion des interpretierenden Sozialwissenschaftlers. Ob eine Interviewäußerung als „technisches Wissen" aufzufassen ist, das keiner weite-

10 Dieses Plädoyer für Expertenwissen als eine „analytische Konstruktion" ist unter dem Aspekt der methodischen Profilierung des *theoriegenerierenden* Experteninterviews zu lesen. Im Falle *explorativer* bzw. *systematisierender* Experteninterviews ist das Konzept eines „Sonderwissens" nicht problematisch. Vielmehr wäre es unsinnig, diese „informatorischen" Experteninterviews in der Annahme zu führen, der Experte zeichne sich nicht durch einen spezifischen Wissensbestand oder Wissensvorsprung aus.

ren Interpretation bedarf, oder ob sie als „Deutungswissen" – d.h. als Ausdruck subjektiver Sinnkonstruktion des Befragten – zu gelten hat, ist kaum an der Äußerung selbst abzulesen.

Das „Deutungswissen" konstituiert im Allgemeinen gerade nicht einen spezifischen Wissensvorsprung des Experten. Für eine inhaltlich reiche Erhebung dieses „Deutungswissens" bedarf es daher der methodischen Integration des Experten als „Privatperson". Schließlich erweist es sich letztlich erst in der Phase der Datenauswertung, ob die Relevanzen und Regelmuster des Experten nur über dessen Erklärungen aus dem professionellen Kontext oder aber auch über Kommentare aus der privaten Sphäre rekonstruiert werden können. Gerade diejenigen Passagen des Interviews, in denen Gemeinplätze und „Alltagsweisheiten" mobilisiert werden oder in denen mit Metaphern aus dem „privaten" Bereich argumentiert wird, sind häufig von besonderem Interesse. Zwischen dem Befragten als „Experte" und als „Privatperson" ist nicht nur in der Praxis kaum klar zu trennen, es macht auch aus methodischen Gründen keinen Sinn.

## *3. Die soziale Relevanz des Expertenwissens*

Bevor wir ausführlicher auf die methodisch problematischen Implikationen des wissenssoziologischen Expertenbegriffs eingehen, sind Hinweise zur Frage notwendig, nach welchen Kriterien die interessierenden Experten in der Praxis ausgesucht werden. Zu diesem Zweck kann man zunächst gewissermaßen „rekonstruktiv" vorgehen und fragen, warum in empirischen Untersuchungen bestimmte Personen als Experten interviewt werden. In Untersuchungen, die allein auf die Erhebung „sachdienlicher Informationen" (Deeke 1995) abzielen, reicht eine Bestimmung des Experten anhand des Kriteriums „Wissen" in der Tat aus (etwa bei Gläser/Laudel 2004); dies gilt jedoch nicht für Untersuchungen, die auf das „Deutungswissen" der befragten Akteure rekurrieren. Dieses ist für die sozialwissenschaftliche Untersuchung nicht etwa deshalb interessant, weil der Experte dieses Wissen beispielsweise in besonders systematisierter und reflektierter Form aufweist oder weil es besonders wirklichkeitsadäquat ist, sondern *weil es in besonderem Ausmaß praxiswirksam wird.* Im theoriegenerierenden Experteninterview befragen wir Experten, weil ihre Handlungsorientierungen, ihr Wissen und ihre Einschätzungen die Handlungsbedingungen anderer Akteure in entscheidender Weise (mit-)strukturieren und damit das Expertenwissen die Dimension sozialer Relevanz aufweist. Nicht die Exklusivität des Wissens macht den Experten für das deutungswissensorientierte Interview interessant, sondern seine Wirkmächtigkeit. Für den posttraditionalen Experten – das hat Beck (1986) in seiner Analyse der Bedeutungstransformation von Wissen und Wissenschaft unter dem Vorzeichen einer radikalen Vergesellschaftung der Natur herausgearbeitet – ist konstitutiv, dass er vermittels seines spezifischen Wissens politisch einflussreich wird. Demnach lassen sich Experten als Personen verstehen, die sich – ausgehend von spezifischem Praxis- oder Erfahrungswissen, das sich auf einen klar begrenzbaren Problemkreis bezieht – die Möglichkeit geschaffen haben, mit ihren Deutungen das konkrete Handlungsfeld sinnhaft und handlungsleitend zu strukturieren.[11]

„Experte" bleibt insofern ein relationaler Begriff, als die Auswahl der zu Befragenden in Abhängigkeit von der Fragestellung und dem interessierenden Untersuchungsfeld geschieht. Gewöhnlich haben wir es in empirischen Untersuchungen nicht immer mit „gesamtgesellschaftlich relevanten" Personen zu tun, die etwa komplexe öffentliche Diskurse in entscheidender Weise prägen und weitreichende Macht- und Einflusspotenziale aufweisen, die in gesellschaftsumfassende Strukturbedingungen einfließen – derartige Experten stehen im Mittelpunkt der Überlegungen zur „Zweiten Moderne". Die konkrete Untersuchungseinheit ist, gerade bei Fallstudien, in der Regel kleiner und umfasst etwa eine bestimmte Organisation, einen Betrieb, eine pädagogische Einrichtung, eine Klinik usw. Die Frage, wer als Experte in methodischer Hinsicht zu gelten hat, muss also immer in Relation zum konkreten Handlungsfeld, in dem der Experte agiert, und in Hinsicht auf das Untersuchungsspektrum der empirischen Erhebung beantwortet werden.

Annäherungsweise können wir nun den Begriff des Experten in methodischer Absicht in folgender Weise definieren: *Der Experte verfügt über technisches, Prozess- und Deutungswissen, das sich auf ein spezifisches Handlungsfeld bezieht, in dem er in relevanter Weise agiert (etwa in einem bestimmten organisationalen oder seinem professionellen Tätigkeitsbereich). Insofern besteht das Expertenwissen nicht allein aus systematisiertem, reflexiv zugänglichem Fach- oder Sonderwissen, sondern es weist zu großen Teilen den Charakter von Praxis- oder Handlungswissen auf, in das verschiedene und durchaus disparate Handlungsmaximen und individuelle Entscheidungsregeln, kollektive Orientierungen und soziale Deutungsmuster einfließen. Das Wissen des Experten, seine Handlungsorientierungen, Relevanzen usw. weisen zudem – und das ist entscheidend – die Chance auf, in der Praxis in seinem Handlungsfeld (etwa in einem bestimmten organisationalen Funktionskontext) hegemonial zu werden, d.h., der Experte besitzt die Möglichkeit zur (zumindest partiellen) Durchsetzung seiner Orientierungen. Indem das Wissen des Experten praxiswirksam wird, strukturiert es die Hand-*

11 Dieser Aspekt schimmert in der Methodendebatte gelegentlich in konvergierenden Begriffsbildungen durch, die die interpretative Rolle des Experten betonen. Was bei Hitzer/Honer/Maeder (1994) mit „institutionalisierter Kompetenz zur Konstruktion von Wirklichkeit" umschrieben wird oder Sprondel (1979) als „Konstitution relevanter sozialer Beziehungen" bezeichnet, ist in dieser systematisch entwickelten Perspektive der Aspekt der Gestaltungsmacht des Expertenwissens.

*lungsbedingungen anderer Akteure in seinem Aktionsfeld in relevanter Weise mit.*

Diese Definition unterstreicht, dass das theoriegenerierende Experteninterview auf die Rekonstruktion und Analyse einer spezifischen Wissenskonfiguration zielt – *es ist daher methodisch nicht zu reduzieren auf ein qualitatives Interview mit einer besonderen sozialen Gruppe*. Eng verbunden mit der Frage nach einem methodisch adäquaten Begriff des Experten ist das Problem der konkreten Auswahl der Befragungspersonen in der empirischen Untersuchung. Denn mit der erweiterten Expertendefinition bleibt nicht nur das Problem der Lokalisierung des spezifischen untersuchungsrelevanten Wissens bestehen. Es entsteht ferner die Notwendigkeit, jene Macht- und Einflusspotentiale zu identifizieren, die für das Deutungswissen des Experten die Chance beinhalten, hegemonial werden zu können. So wie im ersteren Fall nicht immer die Organisationsspitzen Träger des untersuchungsrelevanten Wissens sind, so korreliert auch der reale Einfluss nicht automatisch mit der formalen Position. Da wir vorab über die Verteilung relevanten Wissens häufig ebenso wenig Genaues wissen wie über Machtstrukturen innerhalb des Untersuchungsfeldes, muss die Auswahl der Befragungspersonen notwendigerweise ein iterativer Prozess sein. Nachdem erste Interviews geführt sind, verfügen wir bereits über weitere Informationen, die bei der Auswahl der nächsten Interviewpartner behilflich sein können. Allerdings kann die Zuweisung des Expertenstatus häufig nicht allein aufgrund immanenter Ergebnisse aus den Experteninterviews selbst erfolgen; vielmehr müssen hier weitere Datenquellen und Erhebungsmethoden (z.B. weitere Interviews) herangezogen werden, um die Frage der Wirkmächtigkeit des Expertenwissens bearbeiten zu können.[12]

Nun muss sich die Brauchbarkeit des vorgeschlagenen Expertenbegriffs aber nicht zuletzt im Rahmen methodischer Überlegungen beweisen. Diesen wollen wir uns im nächsten Abschnitt zuwenden.

12 Das theoriegenerierende Experteninterview verbindet sich (anders als etwa Witzels problemzentriertes Interview) nicht zwangsläufig mit einem spezifischen Erhebungsdesign. Vielmehr kann die Stellung der Experteninterviews im Ablauf der Untersuchung variieren: Ist die Rekonstruktion der Relevanzen von Experten eigenständiges Untersuchungsziel, können Experteninterviews das alleinige empirische Material der Erhebung sein (die Auswahl der Untersuchungspersonen erfolgt dann anhand formaler Kriterien). Werden die Experteninterviews etwa im Rahmen von Fallstudien mit dem Ziel der Analyse organisationaler Ordnungen eingesetzt, dann können sie selbstverständlich nur einen Teil der Erhebung ausmachen. Schließlich ist kein konkretes Handlungsfeld allein durch die Orientierungen und das Wissen von Experten strukturiert.

# III Interaktionsstrukturen im Experteninterview

## *1. Vom archäologischen zum Interaktionsmodell des Interviews*

Vergleicht man die einschlägigen Methodenbeiträge zum Experteninterview hinsichtlich Befragungsform und Interviewstil, lässt sich bei allen Abweichungen im Detail als durchgehende Parallele feststellen, dass sie sich – als Folge der Konzeptualisierung des Expertenwissens als eines abgrenzbaren, stabilen und homogenen Wissenskörpers – an einem bestimmten einheitlichen Ideal erfolgreicher Interviewführung, einer Art „one best way" der Befragung orientieren, das einem „archäologischen Modell" des Interviews folgt: Implizit wird von der Existenz kontextunabhängiger, „wahrer" und „eigentlicher" Einstellungen, Situationsdefinitionen und Handlungsorientierungen ausgegangen, die auf einer Tiefenschicht der menschlichen Psyche angesiedelt sind und die möglichst in Reinform mittels geeigneter Interviewtechniken ans Tageslicht befördert werden sollen. Der Interviewer ist hierfür nicht mehr als ein unumgängliches Instrument, zugleich aber auch Quelle von Fehlern und Verzerrungen, die den Prozess der „validen" Evokation und Rekonstruktion der „wirklichen" Werte behindert oder verfälscht.[13] Entsprechend geschieht innerhalb der Experteninterview-Debatte die Reflexion der sozialen Situation „Interview" im Wesentlichen anhand des Begriffs der „Interaktionseffekte", mit dem Gefährdungen der angestrebten Interaktionsstruktur sowie Verzerrungen und Abweichungen vom Ideal der anvisierten Interviewführung bezeichnet werden (vgl. Meuser/Nagel 1991: 449ff.; Vogel 1995; Krafft/Ulrich 1995). Schon der Begriff „Interaktionseffekt" verweist auf die analytische Orientierung am Modell des „archäologischen Interviews": Dass Interaktionen Effekte zeitigen – ohne sie wäre Interaktion keine, sondern bedeutungsfreies „Rauschen" –, gerät zur Pathologie der Kommunikation, zu einem Defekt des idealen, störungsfreien Interviews, den es zu vermeiden gilt. Die als „Fehler" und „Störungen" apostrophierten situativen Effekte im Expertengespräch können jedoch nicht nur produktiv eingesetzt werden (vgl. Abels/Behrens 2009), sie sind konstitutiv für jeden Prozess der Datenproduktion.

---

13 Dieses Modell, das zwischen nie erreichbarem, aber – im Sinne traditioneller Gütekriterien – wünschenswertem Ideal und seiner stets mangelhaften Realisierung aufgrund situativer Effekte unterscheidet, herrscht selbst dort vor, wo die konkreten Handlungs- und Kommunikationsstrukturen im (quantitativen) Interview genauer untersucht werden, z.B. bei Lueger 1989. Vgl. zu einer konversationsanalytisch fundierten Kritik des „archäologischen Modells" bezüglich standardisierter Befragungen Houtkoop-Steenstra 2000. Siehe auch Kvales methaphorische Beschreibung konventioneller Konzeptualisierungen des zu erhebenden Wissens im qualitativen Interview als „buried metal ... [which] is waiting in the subjects' interior to be uncovered, uncontaminated by the miner" (Kvale 1996: 3), die allerdings bei ihm für die Interviewstrategie und die Analyse der Interaktionssituation weitgehend folgenlos bleibt.

Letztlich ist auch das allgemein propagierte Ideal der Offenheit der Gesprächsführung und der Neutralität des Interviewers – ungeachtet der unbestreitbar vorhandenen guten Gründe für diese Postulate – ebenfalls der Vorstellung verhaftet, der Interviewer könne gewissermaßen „unsichtbar“ bleiben und durch Nicht-Beeinflussung die Äußerung möglichst „reiner“, kontext- und situationsunabhängiger Handlungsorientierungen, Einstellungen usw. provozieren. Allzu oft wird vergessen, dass Äußerungen – sowohl in Alltagssituationen als auch in der besonderen Situation des Interviews – nicht allein Äußerungen *von* irgendetwas im sozialen Vakuum sind, sondern immer auch Äußerungen *für* den konkreten Interaktionspartner. Sie sind von ihrer sozialen Dimension nicht ablösbar und somit also immer situative Äußerungen im Rahmen einer spezifischen Interaktionssituation, die von den Befragten – sei es unmittelbar bewusst oder auf der Ebene des „praktischen Bewusstseins“ (Giddens 1988) – mitreflektiert wird, auf die die Befragten reagieren und die sie aktiv mitkonstituieren.

Dem „archäologischen Modell“ wäre also ein „Interaktionsmodell des Interviews“ gegenüberzustellen. Wir möchten im Folgenden nur eine – unseres Erachtens allerdings wesentliche – Dimension des komplexen Interaktionsgeschehens im Experteninterview herausgreifen: Wenn Äußerungen immer in Relation zu einem in einer spezifischen Weise wahrgenommenen Gegenüber konstituiert werden, sind für die Strukturierung der Interaktionssituation die „erwarteten Erwartungen“, d.h. die Vorstellungen, die sich der Befragte anhand verschiedener Indizien und Vorkenntnisse sowie anhand der Kommunikationserfahrungen im Interviewablauf selbst über die möglichen Erwartungshaltungen des Interviewers/Forschers macht, von entscheidender Relevanz. Wir wollen daher die Interaktionsstrukturen im Experteninterview unter dem Aspekt der Wahrnehmung der Interviewer und der ihnen zugeschriebenen Kompetenzen analysieren. Dabei gehen wir davon aus, dass die Äußerungen des Befragten sich wesentlich an seinen Vorstellungen und Mutmaßungen bezüglich Kompetenz, fachlicher Herkunft, normativen Orientierungen und Einstellungen sowie der untersuchungsfeldrelevanten Einflusspotenziale des Interviewers orientieren. In dieser Perspektive werden die so genannten „Interaktionseffekte“ als (notwendige) Bestandteile der jeweiligen Kommunikationsstruktur analysiert, die sich jeweils situationsbezogen konstituiert, sich im Verlauf der Interaktion im Interview aber nicht nur reproduziert, sondern auch verändern kann. Bestimmte Kommunikationsstrukturen mögen je nach Erkenntnisinteresse und Untersuchungsziel ertragreicher sein als andere, weil sie die Interviewpartner zur Artikulation jeweils erwünschter spezifischer Wissensformen und -bestände anregen, gleichwohl lässt sich kein allgemeines (wie auch immer konkret ausbuchstabiertes) Ideal einer „richtigen“ Interviewführung formulieren, das übergreifende und fallunabhängige Gültigkeit besäße. Daraus folgt, dass immer – und nicht zuletzt auch bei der Auswertung – zu beachten bleibt, dass die Interviewäußerungen eben auch eine Funktion der Kommunikationsstruktur sind.

Wir möchten im Folgenden nun – auf der Basis unserer Forschungserfahrungen[14] – ausgewählte, für Experteninterviews typische Interaktionssituationen, die durch bestimmte Wahrnehmungen, Zuschreibungen und vermutete Kompetenzen in Bezug auf den Interviewer geprägt sind, kurz skizzieren, und zwar anhand folgender Fragen: Woran ist im Interview erkennbar, dass eine bestimmte Rollenerwartung vorliegt (*Indizien*)? Auf welchen *Voraussetzungen* basiert sie? Was sind die *Vor- und Nachteile* einer derartigen Interaktionssituation? Für welche Formen von Untersuchungen bzw. inhaltlichen Fragestellungen sind solche Interaktionssituationen ertragreich (*Anwendungsbereich*)? Die Typisierung der Interaktionsstrukturen erfolgt entlang der drei Dimensionen der dem Interviewer zugeschriebenen fachlichen Kompetenzen, der vermuteten Konvergenz bzw. Koinzidenz des normativen Hintergrunds, vor dem die konkrete Interaktion im Interview stattfindet, sowie der wahrgenommenen Handlungs- und Einflusspotenziale des Interviewers bezüglich des Handlungsfeldes des Befragten (siehe Tabelle 1).[15]

## 2. *Die Wahrnehmung des Interviewers durch den Experten: Sechs Typen von Zuschreibungen*

(1) Erscheint der *Interviewer als Co-Experte*, wird er als gleichberechtigter Partner und Kollege angesehen, mit dem der Experte Wissen und Informationen über das betreffende Fachgebiet austauscht. Der Befragte setzt einen gemeinsam geteilten Vorrat an Kenntnissen und Wissen voraus, auf den zurückgegriffen werden kann, ohne diesen im Detail explizieren zu müssen. Dieser zugeschriebene Wissensbestand umfasst dabei nicht allein technisches oder Prozesswissen, sondern weitgehend auch die (zumeist impliziten) normativen und handlungspraktischen Voraussetzungen der eigenen Orientierungen (Deutungswissen). Der Experte unterstellt, dass der Interviewer die praktischen Handlungsbedingungen des Befragten kennt und ihre normativen Implikationen teilt; diese sind im Interview daher der Begründungspflicht entzogen. Dies bedeutet allerdings nicht, dass von Seiten des Befragten vollständige Wissenskongruenz vorausgesetzt wird. Oftmals werden dem Interviewer – etwa indem er als Vertreter der Fakultät einer Universität oder eines Institutes bekannt ist, das sich mit Fragen und Themen beschäftigt, die dem fachlichen Hintergrund des Experten ähneln – eher allgemeine Kompetenzen und Fähigkeiten in generalisierter und systematisierter Form zuge-

---

14 Unsere eigenen empirischen Arbeiten, anhand deren die Typologie entwickelt ist, entstammen vorwiegend den Bereichen Arbeits- und Industriesoziologie sowie Expertise- und Wissenschaftsforschung (z.B. Bogner 2005a, b, Bogner/Menz 2005, 2006, Bogner u.a. 2008, Menz u.a. 2003, Menz 2009).

15 Vgl. Martens/Brüggemann 2006 zu einer Unterscheidung von Expertentypen in den Interaktionskonstellationen des Interviews, die anhand der Dimensionen Kommunikationsstile und Intentionen der Experten entwickelt wird.

schrieben, während der Befragte einen Wissensvorsprung im konkreten Fall und Kontext, aus dem er stammt, besitzt.

Die für Interviews typische gewöhnlich asymmetrische Befragungssituation schwindet tendenziell, und an die Stelle der polarisierten Rollenaufteilung in Befragte und Fragende tritt eine stärker horizontal ausgerichtete Kommunikationsstruktur.[16] Der Befragte stellt seinerseits Fragen, um vom Interviewer Informationen zu erhalten und dessen eigene Positionen und Einschätzungen kennen zu lernen, verwickelt ihn in inhaltliche Debatten usw. Nicht selten verlässt das Gespräch die Ebene einer Befragung und erhält den Charakter einer Fachdiskussion. Die vielfältigen Rück-, Nach- und Gegenfragen des Experten haben interaktionstheoretisch betrachtet dabei die Funktion des Tests der unterstellten Rollenerwartungen und Kompetenzzuschreibungen. Die Akzeptanz des Interviewers als Co-Experte stellt zu Beginn des Interviews gewissermaßen eine an vorerst vagen Indizien und Eindrücken orientierte „Vorleistung" des Experten dar, deren Berechtigung im weiteren Gesprächsverlauf implizit geprüft wird. Erst innerhalb der Diskussion selbst stellt sich heraus, ob sich die Erwartungen und Zuschreibungen durch den Befragten bestätigen lassen oder verworfen werden müssen. Eine Interaktionsstruktur, die durch die Kompetenzzuschreibung als „Co-Experte" geprägt ist, verfestigt sich in der Regel erst innerhalb des weiteren Gesprächsverlaufs. Sie ist daher besonders voraussetzungsreich und muss – gerade in der Anfangsphase des Gesprächs – durch das Verhalten und den Diskussionsstil des Interviewers permanent wieder hergestellt und bestätigt werden. Sie basiert in der Regel allerdings nicht allein auf dem konkreten Kommunikationsverhalten des Forschers im Interview, sondern auch auf bereits vorher bekannten Informationen und Eindrükken, etwa der Kenntnis der fachlichen Qualifikationen, des professionellen Hintergrunds und der institutionellen Zugehörigkeit des Interviewers oder auch auf bereits bestehender persönlicher Bekanntschaft.

In der Methodendiskussion gilt eine derartige Interaktionsstruktur dann als prekär, wenn die Interviewsituation zu kippen droht: Der Befragte versucht, die Frage-Antwort-Situation umzudrehen, so dass es dem Forscher nicht gelingt, im zumeist knapp bemessenen Zeitrahmen des Interviews seine eigenen Fragen vollständig anzubringen.[17] Zudem können gehäufte Rückfragen vom Befragten auch strategisch eingesetzt werden, um möglichst wenig eigene Informationen preisgeben zu müssen. Nachteilig wirkt sich die Rollen- und Kompetenzzuschreibung des Interviewers als Co-Experte auch dann aus, wenn der Befragte dazu tendiert, sich auf die technisch-fachwissenschaftliche Seite des Themas zurückzuziehen, oder seine Darstellung auf

16 Die Symmetriebeziehung ist als diesen Typus kennzeichnender Sonderfall anzusehen. Horizontale Interaktionsstrukturen sind keinesfalls für das Experteninterview insgesamt typisch, wie Köhler (1992) nahelegt.

17 Abels/Behrens (1998: 87) und Vogel (1995: 80) bezeichnen dies als – unerwünschten – „Rückkopplungseffekt".

Fachzeitschriftenwissen beschränkt. Thema sind dann nicht mehr subjektive Bewertungen, normative Zielsetzungen und eigene Handlungsorientierungen, sondern etwa technische Details, Formeln und statistische Kennziffern, die ohne soziologische Relevanz bleiben.

In anderer Hinsicht kann sich die Akzeptanz des Interviewers als Co-Experte geradezu als spezifischer Vorteil erweisen: Wenn der Forscher sein fachlich-inhaltliches Interesse beweist, sein eigenes Wissen einbringt und engagiert diskutiert, ist auch der Befragte zu entsprechendem Engagement bereit und gibt Informationen und Wissen preis, das bei anderen Rolleneinschätzungen und Kompetenzzuschreibungen kaum zugänglich würde.[18] Was Abels/Behrens (1998: 87) etwas abwertend als „Informationshandel" bezeichnen und eher als Gefährdung des Interviews betrachten, erhält so eine eigenständige Dynamik, die produktiv eingesetzt werden kann. Zudem liegt eine stärker diskussions- als befragungsorientierte Gesprächssituation häufig im Interesse des Forschers, wenn er die vorläufigen Ergebnisse seiner Untersuchung ins Feld „zurückspiegeln" kann, kritische Bewertungen zur eigenen Position erhält und die Diskussion unter der Hand gar ansatzweise zur kommunikativen Validierung nutzen kann.

Wenn das Experteninterview in erster Linie der Erhebung „sachdienlicher Information" und Aufklärung über „Fakten" dienen soll (wie etwa bei explorativen oder systematisierenden Interviews), wird sich das fachlich hohe Niveau der Interaktion zwischen Co-Experten produktiv auswirken und das Interview gewinnbringend für detaillierte Sachanalysen nutzbar sein. Zielt die Untersuchung – im Sinne des theoriegenerierenden Experteninterviews – dagegen eher auf die Rekonstruktion von Deutungswissen, wird der „technizistische Einschlag" des Interviews problematisch, denn im Gespräch zwischen Experten und Co-Experten werden die impliziten normativen und handlungspraktischen Prämissen der Expertenmeinung als geteilte ungefragt vorausgesetzt und sind der Analyse nur schwer zugänglich.

(2) Die Kompetenzzuschreibung des *Interviewers als Experten einer anderen Wissenskultur* ist in der Praxis der Experteninterviews ebenfalls häufig anzutreffen. Kennzeichnend ist hier, dass der Befragte dem Interviewer – ähnlich wie im Fall der Rollenerwartung des Interviewers als Co-Experte – hohe fachliche Kompetenzen und Fähigkeiten unterstellt, dabei aber die unterschiedliche professionelle Herkunft des Gesprächspartners berücksichtigt. Das Gespräch

---

18 Kaufmann etwa hält eigenes „Engagement" des Interviewers (anstelle der üblicherweise gepredigten Neutralität und Zurückhaltung) für ein zentrales Erfolgkriterium des „verstehenden Interviews": „Nur in dem Maße, in dem er (der Interviewer) sich selbst einbringt, wird sich auch der andere einbringen und sein tiefstes Wissen nach außen tragen" (Kaufmann 1999: 77f.). Trinczek resümiert seine Erfahrungen mit Management-Interviews in ähnlicher Weise: „Je mehr man im Verlauf des Interviews in der Lage ist, immer wieder kompetente Einschätzungen, Gründe und Gegenargumente einfließen zu lassen, umso eher sind Manager bereit, nun ihrerseits ihr Wissen und ihre Positionen auf den Tisch zu legen" (1995: 65).

erhält seine Fokussierung durch ein gemeinsames inhaltliches Kerninteresse, es herrscht aber Klarheit darüber, dass jeweils vor dem Hintergrund divergierender Wissensbestände, normativer Zielsetzungen und praktischer Handlungszwänge argumentiert wird. Der Interviewer erscheint seinerseits als Experte, jedoch weniger als Fachkollege, sondern als Vertreter einer anderen Disziplin.

Orientiert der Interviewpartner seinen Antwort- und Diskussionsstil an derartigen Rollenerwartungen, sind die Antworten im Vergleich zur Wahrnehmung des Interviewers als Co-Experte in der Regel stärker unter didaktischen Gesichtspunkten formuliert. Fachtermini der eigenen Disziplin werden spärlicher verwendet, und der Hintergrund der eigenen Handlungsorientierungen wird deutlicher expliziert. Nicht selten ist das Verhalten des Befragten durch eine gewisse Unsicherheit gekennzeichnet, weil er keine genaue Kenntnis darüber hat, inwiefern und in welchem Maße die Teilhabe an Fachwissen der eigenen Disziplin vorausgesetzt werden kann. Typisch sind bei einer derartigen Interaktionsstruktur etwa Nachfragen des Interviewten, inwiefern er den fachlichen Kontext seiner Ausführungen erläutern soll, ob die von ihm verwendeten Begriffe bekannt sind usw.

In der Regel versucht der Experte zudem, dem (imaginierten) Erkenntnisinteresse des Forschers gerecht zu werden und sich auf dessen fachlichen und disziplinären Hintergrund einzustellen. In derartigen Interviews finden sich häufig die Antworten einleitende Passagen wie „Aus sozialwissenschaftlicher Perspektive ist sicherlich interessant für Sie, dass...", „Als Soziologe werden Sie das vielleicht anders sehen, aber...". Die unterschiedliche Perspektive wird dadurch – entgegen der Annahme des einheitlichen Fachinteresses bei der Rollenunterstellung des Co-Experten – zugleich offen gelegt. Häufig wird in der Argumentation explizit darauf verwiesen, dass die geäußerte Einstellung auf die eigenen fachlichen und beruflichen Erfahrungen zurückzuführen ist, d.h., der Experte macht seine Erwartung explizit, dass im Gespräch nicht von einem fraglos gegebenen und gemeinsam geteilten Sinnhorizont ausgegangen werden kann. Dies verweist zugleich darauf, dass nicht nur Differenzen bezüglich des (unterstellten) „technischen" Fachwissens erwartet werden, sondern auch in Bezug auf normative Prämissen.

Die hier typisierten Rollenerwartungen und Kompetenzzuschreibungen sind in erster Linie natürlich Unterstellungen des Befragten, allerdings in der Regel Unterstellungen, die auf realen Erfahrungen der Interviewten mit ihren Gesprächspartnern, ihren (zumeist vagen) Kenntnissen und Vorerwartungen von ihrem Gegenüber basieren. Für die Interviewpraxis ist dabei nicht immer wichtig, ob diese Unterstellungen vollständig zutreffend sind. Gleichwohl ist der „Interviewer als Experte einer anderen Wissenskultur" nicht nur ein in der Praxis häufig auftretender Typus der Rolleneinschätzung, er entspricht in der Regel auch der realen Kompetenzverteilung in weit höherem Maße, als dies bei einem Auftreten des Interviewers als Co-Experte der Fall ist – die Identität des fachlichen Interesses in letzterem Fall ist in der Regel Fiktion. Dies bedeutet, dass eine durch das Modell des Gesprächs zwischen Experten unterschiedlicher Wissenskulturen geprägte Interaktionsstruktur weniger voraussetzungsreich ist. Anders als der „Co-Experte“ muss der „Experte einer anderen Wissenskultur“ nicht permanent sein Fachwissen unter Beweis stellen, auf die Wahl der richtigen Terminologie achten und präzise Detailkenntnisse vorweisen. Für die Herausbildung der Erwartung, einem soziologischen Fachexperten gegenüberzutreten, genügt anfangs in der Regel die Visitenkarte einer Universität bzw. eines renommierten Institutes oder das Vorweisen eines akademischen Titels. Im Verlauf des Interviews muss die Erwartungshaltung des Interviewten allerdings auch hier aktiv aufrechterhalten werden. Unkenntnis bezüglich des fachlichen Handlungsfeldes des Experten, der häufige Rückgriff auf alltagssprachliche Formulierungen und unprofessionelles Auftreten führen auch hier dazu, dass der Befragte seine Kompetenzzuschreibung revidiert.

Interviews, deren Interaktionssituation durch die Kompetenzeinschätzung des „Interviewers als Experte einer anderen Wissenskultur“ geprägt ist, können im Gesprächsverlauf unterschiedliche Dynamiken entwickeln. Im Idealfall reagiert der Befragte sensibel und interessiert auf das sozialwissenschaftliche Erkenntnisinteresse und orientiert seine Ausführungen daran, ohne allerdings seinen fachlichen Kontext als Experte, als der er für die Untersuchung relevant ist, aufzugeben. Beide Gesprächsteilnehmer „akzeptieren“ die unterschiedlichen Deutungsmuster, die divergierenden Formen des Hintergrundwissens und die unterschiedlichen normativen Implikationen der beiden Wissenskulturen. Das Interview kann aber auch in zwei einander jeweils entgegengesetzten Richtungen von diesem Verlauf abweichen. Im einen Fall kann es geschehen, dass der Befragte sich bemüßigt fühlt bzw. sich dazu gedrängt sieht, seine eigene (Wissens- bzw. Fach-)„Kultur“ offensiv zu verteidigen und ihre Überlegenheit gegenüber sozialwissenschaftlichen Herangehensweisen unter Beweis zu stellen. Der Experte insistiert auf der Legitimität der eigenen Perspektive gegenüber dem vermuteten Erkenntnisinteresse – und hier oftmals mitgedacht: einer möglichen Kritik – des Interviewers aus der „fremden“ Fachwelt. Im Extremfall entwickelt sich der Gesprächsverlauf in Richtung jener Rollenverteilung, die den Interviewer als „potenziellen Kritiker“ prätendiert.

Im entgegengesetzten Fall legt der Befragte eine demonstrative Gutwilligkeit an den Tag, sich auf sozialwissenschaftliche Fragestellungen einzulassen, und stellt seine eigenen Sichtweisen bewusst zurück, weil sie „für den Soziologen“ von vermutlich geringem Interesse sind. Problematisch wird die Gesprächssituation dann, wenn – über das für das Interview natürlich in der Regel ertragreiche Eingehen auf das Erkenntnisinteresse des Forschers hinaus – die Anpassung an vermeintliche Erwartungen zu weit getrieben wird oder wenn, was allzu häufig passiert, das imaginierte Interesse des Sozialwissenschaftlers von dessen realem zu stark abweicht. Ein weitgehendes Entgegenkommen des Interviewten kann dem Gespräch in der Praxis zudem auch Züge eines „paternalistischen“ Kommunikationsstils verleihen. Damit wird der Übergang zu einer Kommunikationssituation fließend, in der der Interviewer als „Laie“ erscheint.

Als vorteilhaft erweist sich die Kompetenzzuschreibung des „Interviewers als Experte einer anderen Wissenskultur“ dadurch, dass die fachlichen Begründungsmuster und Orientierungen des Experten hier in der Regel deutlicher zutage treten als beim Typus des Co-Experten, wo sie unhinterfragt als geteilt vorausgesetzt werden. Gerade theoriegenerierende bzw. deutungswissensanalytische Ansätze können daher von dieser Rollenstruktur im Interview profitieren. Dem steht der komplementäre Nachteil entgegen, dass fachliches Detailwissen hier seltener zur Sprache kommt. Für Experteninterviews vom explorativen bzw. systematisierenden Typ, die primär auf das „technische Wissen“ abzielen, ist diese Interaktionskonstellation also weniger fruchtbar.

(3) Eine Interaktion im Experteninterview, die den *Interviewer als Laien* realisiert, gilt in der Methodenliteratur gewöhnlich als warnendes Negativbeispiel und Ergebnis einer misslungenen Gesprächsführung. Trinczek etwa nennt als unabdingbare Voraussetzung für erfolgreiche Experteninterviews mit Managern, der Interviewer müsse selbst Expertenstatus besitzen, zumindest aber dem Befragten nach Alter und Qualifikation „wenigstens halbwegs kompatibel und ‚gleichwertig‘ erscheinen“ (1995: 65). Vogel (1995: 80) moniert die „demonstrative Gutmütigkeit“ mancher Interviewpartner, das vordergründige Wohlwollen und das Bestreben des Befragten, die Gesprächsinhalte dem (scheinbar) unerfahrenen oder unterlegenen Interviewer diktieren zu wollen, was „den Aufbau einer wechselseitigen und produktiven Gesprächsatmosphäre“ „nachhaltig“ beeinträchtige. Anstatt allerdings angesichts derartiger „Paternalismuseffekte“ (ebd.) in gekränkter Eitelkeit darüber zu verharren, nicht wie in angestrebter Weise als Experte wahr- und ernstgenommen zu werden, empfiehlt es sich, „gerade den an sich diskriminierenden Paternalismus in einer produktiven Weise für die Datenerhebung strategisch zu wenden“ (Abels/Behrens 1998: 86).[19] Denn dass nur alte, promovierte Männer erfolgreich Experteninterviews führen können, wie Vogel und Trinczek es in vorauseilend gehorsamer Erfüllung vermeintlicher Ansprüche ihrer Interviewpartner nahelegen, vermag nicht recht zu überzeugen.

Bei der Kennzeichnung der Indizien für diesen Typ der Kompetenzzuschreibung wie auch für die anschließende Gewichtung spezifischer Vor- und Nachteile gilt es, die prinzipielle Ambivalenz dieser Rollenverteilung zu reflektieren. Denn der Interviewer kann von Seiten des Experten sowohl als *„willkommener“* wie auch als *„unwillkommener“* Laie wahrgenommen werden. Im ersteren Fall agiert der Experte als ein didaktisch orientierter Vermittler seiner Erfahrungen, Einstellungen und Wissensbestände. Dem Interviewer wird eine behutsame Einführung in die fachlichen Grundlagen des Untersuchungs-

19 Dies bedeutet natürlich keineswegs, auf eine Analyse diskriminierender Paternalismen in der Interviewsituation verzichten oder diese gar gutheißen zu müssen.

gebiets und die sachlichen Voraussetzungen spezifischer Handlungsorientierungen geboten. Weil vom Interviewer keine konstruktiven Zwischenfragen erwartet werden bzw. die unterschiedslose Relevanz der Experten-Ausführungen unterstellt wird, kann das Gespräch schnell monologartigen Charakter annehmen. Darüber kann sich ein situativ erzeugter „Erzählzwang" konstituieren, der zu tieferen Ebenen des Expertenwissens führt. Im zweiten Fall hingegen, wenn der Interviewer-Laie als unwillkommen erscheint, werden Nachfragen des Interviewers vom Befragten als störende Unterbrechung gewertet. Der Interviewer wird durch die sprachliche und nichtsprachliche[20] Verweigerung einer dialogischen Gesprächsform in die Rolle des stillen, aufmerksamen Rezipienten gedrängt. Der Experte bringt ohne Rücksicht auf die spezifischen Bedürfnisse des Forschers seine knapp gehaltenen Ausführungen zu einem raschen Ende. Bei dieser Kompetenzzuschreibung ist eine stark hierarchisch geprägte Kommunikationssituation zu erwarten.[21]

Der prinzipiellen Ambivalenz dieser Rollenverteilung entspricht die Vielfalt an Stärken und Problemen, die derartig strukturierte Interaktionssituationen auszeichnen. Einerseits versprechen naive Fragen – gerade im Rahmen eines auf Theoriegenerierung zielenden Forschungsdesigns – die interessantesten und ertragreichsten Antworten. Hat sich das Bild des Interviewers als eines Laien erst einmal im Verlauf des Interviews stabilisiert und wird es auch vom Interviewer akzeptiert, bedeutet dies für den Befrager außerdem eine erhebliche Entlastung, weil er nicht mehr gezwungen ist, seinen Expertenstatus demonstrativ unter Beweis zu stellen oder Irritationen des Interviewten zu vermeiden. Diese „Narrenfreiheit" eröffnet die Möglichkeit, Fragen zu stellen, die unter anderen Bedingungen eine Gefährdung des stabilisierten Erwartungsschemas bedeutet hätten, und auf diese Weise sonst schwer zugängliche Informationen zu erlangen; dies nicht zuletzt deshalb, weil als naiv eingeschätzte Interviewer in der Regel als besonders vertrauenswürdig angesehen werden (vgl. Abels/Behrens 2009). Die Experten sehen hier kaum die Gefahr, dass der Interviewer im weiteren Verlauf mit den erlangten Informationen strategisch umgehen könnte, allzu kritische Rückfragen stellt und die Befragten unter Rechtfertigungszwänge stellt, und agieren daher freier und ungezwungener. Ist der Befragte der Meinung, seine Sicht- und Handlungsweisen von Grund auf erklären zu müssen, kann dies gerade für Deutungswissensanalysen fruchtbar sein: Auch einfache, vom Experten in der Regel vorausgesetzte Argumentationsmuster werden hier aus-

---

20 Missbilligendes Kopfschütteln oder wegwerfende Handbewegungen als Reaktion auf die Einwände und Nachfragen des Interviewers sind sicherlich Extremformen der Verweigerung. Nicht selten jedoch äußert sich die „innere Emigration" des Experten, sein Rückzug auf – dialogisch nicht erschließbare – Bestände sakrosankten Regelwissens, in einem Setting, das den Interviewer als Gesprächspartner ausschließt: Der Experte präsentiert sich im Profil, referiert mit Blick aus dem Bürofenster usw.

21 Zu einer empirischen Illustration dieses Interaktionstypus vgl. Bogner 2005a: 109ff.

führlich dargestellt – ganz anders als bei der Wahrnehmung des Interviewers als „Co-Experten" und auch stärker als gegenüber dem „Experten einer anderen Wissenskultur". Die Nachteile der Kompetenzunterstellung als Laie liegen auf der Hand: Die Befragten langweilen die Forscher bisweilen mit endlosen Monologen über Belanglosigkeiten oder bereits Bekanntes, sie referieren Lehrbuchwissen oder ziehen sich auf Allgemeinplätze zurück.[22] Fachlich anspruchsvolle Fragen können kaum geklärt werden, Nachfragen werden leichter ignoriert, die Strukturierung des Interviewverlaufs gerät tendenziell unter die Kontrolle des Befragten (vgl. Gillham 2000: 82). Dass überdies ohne jede Demonstration der eigenen Kompetenz die Gefahr der verkürzten Interviewdauer besteht, wurde in Hinblick auf den Interviewer als „unwillkommenen Laien" bereits erwähnt. Zudem ist eine derartige Kompetenzzuschreibung nur sehr schwer aufzubrechen und zu korrigieren. Und nicht zuletzt bedeutet die Einschätzung als Laie für den Interviewer eine unangenehme Situation, in der er sich unverstanden und unterschätzt fühlt.

(4) Den Gegenpol zum soeben beschriebenen Typus bildet die Wahrnehmung des *Interviewers als Autorität.* Hier gibt es zwei Varianten. Erstens: Der Interviewer erscheint als *überlegener Fachexperte*, der zu testen scheint, ob der Befragte ein seinem Handlungsfeld angemessenes Wissen besitzt oder „richtig" handelt. Der Interviewer wird als Experte von „höheren Würden" angesehen, ausgestattet mit den Insignien und wissenschaftlichen Kompetenzen des Universitäts- oder Institutsangehörigen, der sich in die Niederungen der Praxis hinausbegibt, um seine ihm an Qualifikation untergeordneten Kollegen zu beurteilen oder bestenfalls die Sichtweise der Praktiker kennen zu lernen. Während sich hier die Überlegenheitsvorstellung in erster Linie auf die fachlichen Kompetenzen bezieht, wird sie in der zweiten Variante des *Interviewers als Evaluator* diesem in Bezug auf die Dimension der Macht zugeschrieben. Hier gilt der Forscher als Abgesandter einer übergeordneten Institution, die den Interviewten oder dessen Organisation überprüfen möchte und von dessen Urteil das Wohl von Organisation oder Befragtem abhängt. Der Forscher, so die Einschätzung des Befragten, wurde geschickt, um etwa die Effizienz einer Maßnahme zu kontrollieren, die Nutzung zugewiesener Geldmittel zu überprüfen oder die Qualifikation der Befragten kritisch zu hinterfragen. Der Befragte fühlt sich unter Rechtfertigungszwang gestellt, möchte sich in ein gutes Licht rücken und seine Handlungen und Einstellungen möglichst perfekt vor der (vermeintlichen) Autorität legitimieren.[23]

---

22 Martens/Brüggemann berichten zudem von der Gefahr, dass die Experten in pädagogischer Absicht allzusehr mit vereinfachten Beispielen argumentieren, so dass häufig unklar werde, ob es sich um reale oder fiktive, nur aus didaktischen Gründen konstruierte Fälle handele (2006: 10).

23 Auch wenn diese Rolleneinschätzung in der Praxis in Reinform in der Regel vorwiegend bei Evaluationen auftritt (vgl. hierzu Leitner/Wroblewski 2009), finden sich einzelne Elemente dieses Typs in der Praxis gleichwohl recht häufig. Befürchtungen, der Interviewer träte als

Die Interaktionssituation, in der dem Interviewer eine autoritative Funktion zuwächst, ist gekennzeichnet durch Misstrauen gegenüber der vertraulichen Verwendung der preisgegebenen Informationen, übertrieben positiv erscheinende Selbstdarstellungen oder aber auch gezielte Unterwürfigkeit gegenüber den Forschern. Diese Rollenerwartung (bzw. -befürchtung) entsteht insbesondere in Handlungsfeldern von Experten, die einem starken politischen Legitimationsdruck ausgesetzt sind, beispielsweise bei Pilotprojekten, deren Erfolg ungesichert erscheint, umstrittenen Therapiemaßnahmen in der sozialpädagogischen Praxis usw. Wird der Interviewer als Evaluator wahrgenommen, ist eines der wesentlichen Kriterien für eine erfolgreiche Interviewführung, die soziale Folgenlosigkeit, verletzt – zumindest in der Vorstellung des Befragten, was aber an der Sache nichts ändert. Vertrauen als Basis für offene und ehrliche Antworten fehlt. Problematische oder „kritische" Sachverhalte werden verschwiegen und sind auch durch geschickte Interviewfragen kaum zu eröffnen, weil für die Befragten in der Regel einiges auf dem Spiel zu stehen scheint, wie künftige Finanzzuweisungen, das Eingeständnis des Scheiterns propagierter Konzepte oder auch einfach die Ehre der eigenen Profession. Auch wenn derartige Interaktionssituationen kaum erstrebenswert sind, entsprechende Interviews sind nicht per se wertlos. So kann hier etwa viel gelernt werden über die Legitimations- und Rechtfertigungsstrategien der Befragten, Argumentationsmuster zur Durchsetzung der eigenen Interessen oder Immunisierungsstrategien gegenüber in- und externer Kritik. Der Interviewer verlässt die Position der Neutralität, er ist nicht mehr externer Beobachter, sondern wird selbst Ziel und Gegenstand strategischer Handlungsweisen der Akteure im Untersuchungsfeld, die ihn als Variable in ihre Kalkulationen einbeziehen.

(5) Wird der *Interviewer als potenzieller Kritiker* eingeschätzt, wird ihm die Fähigkeit zur „objektiv-fachgerechten" Beurteilung der im Interview zur Debatte stehenden Sachverhalte und Themen abgesprochen. Der Interviewer gilt nicht als gewissenhafter Forscher mit wertneutralem Erkenntnisinteresse, sondern als ideologisch vorbelasteter Vertreter einer bestimmten unerwünschten Weltanschauung. Ihm -- so die Unterstellung – ist nicht zu trauen, weil er die gewonnenen Erkenntnisse nicht in den Dienst „neutraler" Wissenschaft stellt, sondern strategisch für seine politischen oder persönlichen Ziele nutzen möchte. Der Befragte geht von einer grundlegenden Divergenz zwischen den der Untersuchung zugrunde liegenden normativen Hintergründen und den von ihm selbst vertretenen Prinzipien aus. Mag auch der „Interviewer als Experte einer anderen Wissenskultur" die normativen Implikationen des Fachgebietes des

---

Evaluator auf, haben wir in unserer Praxis beispielsweise bei Betriebsräten gefunden, die sich von einer (vermeintlichen) Untersuchung der Gewerkschaft kontrolliert fühlten, oder bei Interviewpartnern in staatlichen Kliniken, die Rationalisierungsmaßnahmen befürchteten und den Interviewer in seiner Funktion als Vertreter einer regierungsnahen Institution wahrnahmen.

Experten nicht unbedingt teilen, so darf er von Seiten des Befragten aber mit Interesse und Respekt für die „fremde Kultur" rechnen. Im vorliegenden Fall schlägt dies dagegen in Ablehnung des Interviewers um, die bis hin zu verdeckter oder offener Feindseligkeit führen kann. Der Experte fühlt sich durch die Interviewfragen kritisiert, er glaubt die Integrität seiner Funktion oder gar seiner Person in Frage gestellt. Ersichtlich wird dies etwa an Aussprüchen wie „Denken Sie, was Sie wollen, wir als Vertreter der Geschäftsführung müssen nun mal an die wirtschaftliche Gesundheit des Unternehmens denken" oder „Wissen Sie, wenn man nicht als Anwender direkt mit solchen Fragen befasst ist, kann man leicht moralisieren". Erste Indizien können aber auch hartnäckige kritische Fragen zum Einfluss der Finanzierer auf die Untersuchung sein, wenn dabei unterstellt wird, hier werde nicht eine Untersuchung, sondern schon ein bestimmtes Ergebnis in Auftrag gegeben. Übergänge zu paternalistischen Formen der Einschätzung des Interviewers als Laien sind fließend. Wird als Ursache der Differenz der normativen Relevanzrahmen zwischen Befragten und Interviewern allein die Unkenntnis und Inkompetenz des Forschers vermutet, argumentiert der Befragte (ähnlich wie gegenüber dem „Interviewer als Laien") oftmals wohlwollend bis herablassend, in der Überzeugung, „den Soziologen" durch seine Worte eines Besseren belehren zu können. Mit der Vermutung, der Interviewer trete als potenzieller Kritiker auf, haben Soziologen als Vertreter einer Profession, die nicht überall den Ruf weltanschaulicher Neutralität besitzt, insbesondere bei Untersuchungen in politisch oder ethisch umstrittenen Handlungsfeldern zu kämpfen (zu einem anschaulichen Beispiel aus der Forschungspraxis in einem normativ sensiblen Fachgebiet vgl. Bogner 2005a: 105ff.).

Dass bei dieser Rollenerwartung die Nachteile für den Ertrag des Interviews in aller Regel überwiegen werden, liegt auf der Hand. Mangelnde Antwortbereitschaft aufgrund fehlenden Vertrauens, das Bestreben des Befragten, das Interview möglichst kurz zu halten, und mangelnde Unterstützung des Forschungsvorhabens (etwa bei der Vermittlung von weiteren Interviewkontakten) sind die Kennzeichen dieser Interaktionssituation. Mögliche Vorteile bestehen bestenfalls darin, dass der Befragte, wenn er sich in seiner Rolle als Experte in Frage gestellt fühlt, der Legitimierung der eigenen Handlungsorientierungen, Einstellungen und Deutungen üblicherweise breiten Raum einräumt, so dass die ansonsten eher implizit verbleibenden normativen Prämissen der Argumentation klarer zutage treten können.

(6) Während die Rolleneinschätzung des Interviewers als potenzieller Kritiker auf der Annahme der Divergenz des normativen Hintergrunds zwischen Untersuchung und den entsprechenden Implikationen der Profession oder des Handlungsfeldes des Experten beruht, so ist Kern der Beurteilung des *Interviewers als Komplizen* die vermutete Identität der normativen Orientierungen zwischen Befragten und Befragern. Hier wird der Interviewer als Mitstreiter in einem vermachteten Handlungsfeld angesehen. Er wird dadurch in besonderer Weise zur Vertrauensperson, der Geheimnisse anvertraut, verdeckte Strategien erläu-

tert und vertrauliche Informationen mitgeteilt werden. Die Komplizenschaft wird in der Regel über die Definition eines gemeinsamen Kontrahenten hergestellt (vgl. Hermanns 2000: 365). Der Befragte expliziert ohne Umschweife, was an seinen Handlungsweisen und Argumentationsmustern unmittelbar normativ oder sachlich bzw. was rein strategisch begründet ist. Der Interviewer wird zum intimen Mitwisser in dieser Auseinandersetzung, deren implizite Regeln ihm offengelegt werden. Dies geschieht in der Überzeugung der absoluten Ehrlichkeit und Diskretion des Interviewers. Insofern ist diese Rolleneinschätzung durch den Befragten besonders voraussetzungsvoll. In der Regel ist hier persönliche Bekanntschaft vor dem Interview vonnöten, so dass der Befragte über die normativen Einstellungen des Forschers bereits informiert ist, etwa über die Teilnahme an gemeinsamen politisch orientierten Arbeitskreisen, die Kenntnis einschlägiger Publikationen oder gar eine gemeinsame persönliche Vergangenheit. Die Zugehörigkeit zur Universität, zu einem Institut oder einer Profession, die den Befragten oftmals ausreichende Hinweise für die Herausbildung der Rollen- und Kompetenzerwartung des Interviewers als „Co-Experten" bzw. „Experten einer anderen Wissenskultur" gibt, reicht allein nicht aus, solange sie über die normativen Orientierungen des Forschers zu wenig besagt. Diese Gemeinsamkeit wird im Interview in symbolischer Form ausgedrückt, etwa durch Duzen des Interviewers, den Verweis auf geteilte Erfahrungen und gemeinsame Erlebnisse usw.[24]

Die Rolleneinschätzung als „Komplize" hat für das Interview unschätzbare Vorteile: Der Interviewer erhält Zugang zu vertraulichen Informationen, er kann auf die weitgehende Offenheit und Ehrlichkeit der Antworten bauen, und er erhält dadurch Einblick in über die offiziellen Programmatiken oder Legitimationsmuster weit hinausgehenden realen Strategien und Handlungsorientierungen. Problematisch ist allerdings, dass die normativen Prämissen weitgehend unexpliziert bleiben müssen. Die stillschweigende Übereinkunft über die Gemeinsamkeit zwischen Interviewer und Befragten verbietet es geradezu, sie im Interview durch entsprechende Redeanreize in Frage zu stellen, da die langwierig stabilisierte Vertrauensbeziehung dadurch einseitig gebrochen würde (s. Tabelle 1).

24 Gemeinschaftlichkeitskonstruktionen im Interview können allerdings auch andere Ursachen haben, die nicht in geteilten normativen Überzeugungen zu finden sind, sondern etwa durch die gleiche regionale Herkunft oder den gleichen Dialekt verursacht sind. Andersherum gilt allerdings auch: Abweichende Sprachkonventionen können sich als unsichtbare soziale Barriere im Experteninterview erweisen. Auch ein scheinbar „neutrales" Hochdeutsch ist nicht immer vertrauensfördernd, wenn es, wie etwa in Teilen Österreichs oder der Schweiz, wo der Dialekt auch unter „Experten" üblich ist, mit Arroganz oder Elitismus konnotiert ist. Allerdings ist gerade bei Experten vorab meist schwer einzuschätzen, ob der Dialekt als identitätsstiftend oder als provinziell wahrgenommen wird.

*Tabelle 1*

| | Typisierungsdimension | Indizien der Kommunikationssituation | (zugeschriebene) Voraussetzungen auf Seiten des Interviewers |
|---|---|---|---|
| Interviewer (1) als Co-Experte (2) als Experte einer anderen Wissenskultur | Fachkompetenz (gleichartige [1], gleichwertige [2]) | symmetrische Interaktionssituation: zahlreiche Gegenfragen des Interviewten | Beherrschung der Fachterminologie (bes. 1), Fachwissen, institutioneller Background, akademische Titel |
| (3) Interviewer als Laie | Fachkompetenz (niedrige) | asymmetrische Interaktionssituation zugunsten des Befragten: Monologe des Befragten, demonstrative Gutmütigkeit; Paternalismus | niedrigerer Status des Interviewers in Relation zum Befragten; Fachfremdheit |
| (4) Interviewer als Autorität | „Evaluator“: Macht; „überlegener Fachexperte“: Fachkompetenz (höhere) | asymmetrische Interaktionssituation zugunsten des Interviewers; Legitimationsstrategien des Befragten | institutioneller Background: fachlicher Autoritätsstatus oder machtpolitisch bedeutsame Position |
| (5) Interviewer als Komplize | normativer Hintergrund (geteilter) | Offenlegung von geheimem Wissen, „persönlicher“ Redestil des Befragten (z.B. Duzen des Interviewers) | persönliche Bekanntschaft, geteilter Erfahrungshintergrund (z.B. Mitgliedschaft in politischen Organisationen) |
| (6) Interviewer als potenzieller Kritiker | normativer Hintergrund (divergenter) | Ablehnung des Interviewers, kurze Antworten, kritische Gegenfragen, Vorwegnahme von Fragen durch den Experten | Interviewer öffentlich bekannt als „Kritiker“; institutioneller Background in nicht akzeptierten Organisationen |

| Interviewstil, Frageformn | mögliche Vorteile | mögliche Nachteile | primärer Anwendungsbereich |
|---|---|---|---|
| dialogorientiert, permanente Nachfragen, schneller Wechsel von Fragen und Antworten, „Informationshandel" | hohes fachliches Niveau, Faktenreichtum (1,2) stärkere Explizierung von Begründungen und Orientierungen (2) | Verbleib im professionellen Relevanzrahmen des Befragten; „technizistischer Einschlag" | explorative oder systematisierende Experteninterviews; fakten- und datenorientierte Erhebungen |
| Interviewer primär als Rezipient, erzählgenerierende Fragen, engagierte, aber naive Nachfragen | hohes Vertrauen des Befragten, Erzählzwang, Entlastung des Interviewers | Geringe Steuerbarkeit des Interviews | theoriegenerierendes Experteninterview; deutungswissensorientierte Untersuchungen |
| autoritärer Fragestil, kritische Nachfragen, Unterbrechen des Befragten | expressive Selbstdarstellung des Befragten | „soziale Folgenlosigkeit" verletzt; Verschweigen „kritischer" Sachverhalte | nicht empfehlenswerte Interviewsituation; bei Evaluationen bisweilen unvermeidlich |
| alltagssprachlicher, „persönlicher" Interviewstil; permanente Bestätigung der Gemeinsamkeit; vielfältige Frageformen möglich | sehr hohes Vertrauen des Befragten; Zugang zu vertraulichen Informationen | normative Prämissen bleiben unexpliziert | explorative, systematisierende und theoriegenerierende Experteninterviews: Untersuchungen, die auf technisches und Prozesswissen zielen |
| kritische bzw. tendenziöse Interviewerfragen; keine verbale und nonverbale Bestätigung des Befragten | ausführliche Präsentation der normativen Prämissen | Gefahr des Gesprächsabbruchs | nicht empfehlenswerte Interviewsituation; kann bei Untersuchung in ethisch oder politisch umstrittenen Untersuchungsfeldern auftreten; t.w. nutzbringend in deutungswissensorientierten Untersuchungen |

## 3. *Abschied vom Neutralitätsideal: zum methodischen Nutzen der Interaktions-Typologie*

Die hier entworfene Typologie von Interaktionssituationen im Experteninterview ist selbstverständlich keinesfalls erschöpfend. Sie basiert auf der Konstruktion zu Extremfällen verdichteter Typen; dies impliziert, dass sie in der Interviewpraxis selten in Reinform auftreten. Entsprechend den drei Typisierungsdimensionen können sich Kombinationen von spezifischen Kompetenz- und Machtzuschreibungen ergeben (etwa durch die Wahrnehmung des Interviewers als Laie *und* als Evaluator) oder von Kompetenz- und normativen Orientierungszuschreibungen (z.B. als Co-Experte *und* als Komplize).

Zudem ist die Interaktionsstruktur eines konkreten Interviews häufig nicht in seinem gesamten Verlauf einem oder mehreren bestimmten Typen zuzuordnen, vielmehr bilden sich im Gesprächsverlauf die Erwartungen und Zuschreibungen, die anfangs auf vagen Vermutungen basieren, erst langsam heraus, werden stabilisiert oder revidiert.[25]

Der Zweck der Typisierung liegt nicht allein in der deskriptiven Analyse empirisch auftretender Interaktionssituationen. Wenn die Erhebungsdaten nicht als Ausdruck eines abstrakten, allgemeinen „Expertenwissens", sondern auch als Variable der Interaktion verstanden werden sollen; wenn die Äußerungen der Befragten als Äußerungen gegenüber einer mit konkreten Kompetenzen und Interessen vorgestellten Person konzeptualisiert werden – und somit als Äußerungen, die andere gewesen wären, hätten sie sich andere Vorstellungen vom Interviewer gemacht –, dann muss dies auch im Auswertungsprozess berücksichtigt werden. Zweitens können bestimmte Kompetenzzuschreibungen usw. gezielt provoziert und für das eigene Untersuchungsinteresse strategisch genutzt werden. Welche Rollenerwartung und Kompetenzzuschreibung vorherrschen, hängt von verschiedenen Faktoren ab wie etwa Alter, Geschlecht und Qualifikationsstatus, den eigenen Fachkenntnissen wie etwa der Beherrschung der Fachterminologie, den Sprachkompetenzen, der institutionellen Herkunft, der Ausstattung mit akademischen Titeln usw. Von vorrangiger Bedeutung sind jedoch die Art der Selbstdarstellung und die Präsentation des Forschungsinteresses, sowohl im Interview als auch in den vorbereitenden Kontakten mit den Experten. Von diesen Faktoren sind selbstverständlich nur die letztgenannten durch den Forscher beein-

25 Typische Beispiele: Interviews, deren Interaktionsstruktur anfangs durch die Rollenerwartung des „Interviewers als Kritiker" geprägt sind, wandeln sich im Verlauf etwa zu solchen, in denen der Interviewer als Experte einer anderen Wissenskultur angesehen wird. Oder: Der Befragte findet seine anfängliche Rollenerwartung des Forschers als eines Co-Experten nicht bestätigt und agiert im weiteren Gesprächsverlauf entsprechend dem Modell des Interviewers als Laien.

flussbar.[26] Zudem kann kaum vorab die für ein bestimmtes Forschungsvorhaben „ideale“ Rollenerwartung am Reißbrett entworfen werden (und oftmals werden in verschiedenen Untersuchungsstadien verschiedene der beschriebenen Interaktionssituationen wünschenswert sein). Es lohnt sich aber durchaus, mit den Rollenerwartungen zu „spielen“ und verschiedene Strategien der Selbstdarstellung und Gesprächsführung in den verschiedenen Interviews einer Untersuchung einzusetzen, um herauszufinden, welches die für das eigene Erkenntnisinteresse am besten geeignete Verfahrensweise ist. Nicht immer wird es die Selbstdarstellung als „Co-Experte“ sein, die gewöhnlich als die einzig ertragreiche gilt.

Allzu oft merken wir in Interviews, wie die Befragten versuchen, sich anhand vager Hinweise ein Bild vom Interviewer zu machen und ihren Diskussionsstil und ihre Argumentation dementsprechend einrichten (und dabei oftmals daneben liegen). Der Interviewer dient hier als Projektionsfläche vermeintlicher Erwartungen und Gegenerwartungen. Oder der Befragte reagiert auf die unspezifische Interviewsituation mit einem „rhetorischen Interview“ (Meuser/Nagel 1991: 451), das nur die üblichen Inhalte der bekannten Programmatik des Arbeitsfeldes des Experten beinhaltet. Es empfiehlt sich daher, den Befragten gewisse Anhaltspunkte zu bieten, damit sie sich eine Meinung über den Interviewer bilden können. Das Offenlegen der eigenen Position, d.h. sowohl des Erkenntnisinteresses wie auch des eigenen thematischen bzw. fachlichen Standpunktes, kann für das erfolgreiche Gespräch wesentlich fruchtbarer sein als ein Versteckspiel. Damit steht das sowohl in Experteninterviews im Besonderen als auch bei qualitativen Interviews im Allgemeinen vertretene Ideal des neutralen bis empathischen Interviewers in Frage.[27] Im Fall von Experteninterviews haben wir es in der Regel nicht mit einem Gegenüber zu tun, der in der Artikulation eigener Meinungen und Einschätzungen bestärkt und in der Realisierung seiner Freiheit zur eigenen Rede unterstützt werden müsste. Die Befragten „zum Reden zu bringen“ ist im Fall von Experteninterviews zumeist unproblematisch (und wenn nicht, liegt dies selten an der Schwierigkeit, eigene Positionen zu artikulieren, oder am übermäßigen Respekt vor dem Interviewer „aus der Forschung“). Die Experten

---

26 Fachwissen vorzuspiegeln, wo es real nicht vorhanden ist, nur um als Co-Experte wahrgenommen zu werden, wird in der Regel schnell durchschaut. Dies bedeutet allerdings nicht, dass dieser Typus unbedingt der voraussetzungsreichste ist. Den unbedarften Laien zu mimen dürfte einem 60-ährigen Professor ebenso wenig überzeugend gelingen. Der „Wahl“ der Rollenerwartungen sind selbstverständlich auch forschungsethische Grenzen gesetzt. So verbietet es sich selbstverständlich, die Verlässlichkeit des „Komplizen“ vorzugeben, wo der Interviewte real keinen Grund für sein Vertrauen haben dürfte.

27 Vgl. die einflussreichen Konzeptionen des Interviewstils auch für qualitative Befragungen zunächst bei Scheuch 1967 und Koolwijk 1974; spezifisch im Kontext einer Methodologie der qualitativen Sozialforschung Hoffmann-Riem 1980; Lamnek 1995: 21ff. Zu Ansätzen, die das Neutralitätspostulat explizit in Frage stellen, vgl. Douglas 1985; Fontana/Frey 1998; Holstein/Gubrium 1999.

sind aufgrund ihrer alltäglichen Praxis gewohnt, kontroverse Positionen zu vertreten und sich kritischen Einwänden gegenüber zu rechtfertigen. Die Differenziertheit und Differenzierbarkeit der Interaktionsstrategien in Antizipation dieses spezifischen Selbstverständnisses und der besonderen Kompetenzen von Experten markiert eine Grenze zu anderen Verfahren, die in ähnlicher Weise auf die Rekonstruktion subjektiver Handlungsorientierungen und impliziter Entscheidungsmaximen abzielen. Gewichtiger noch ist allerdings ein weiterer Einwand: Neutralität bleibt im Interview letztlich unglaubwürdig. Gerade in Experteninterviews ist den Befragten bewusst, dass ihr Gegenüber sich mit dem Thema der Untersuchung bereits intensiv auseinandergesetzt und sich eine eigene Meinung gebildet hat (vgl. Kaufmann 1999: 77). Das Beharren auf (scheinbarer) Neutralität wirkt eher wie das Verbergen der eigenen Position, wo „echte" Neutralität kaum vorausgesetzt werden kann. Zudem kann der Interviewer hier inhaltliches „Engagement" zeigen, das den Befragten im Gegenzug zum Darlegen eigener Wissensbestände und Informationen animiert.[28]

Unsere Typologie der Interaktionskonstellationen zielt nicht auf die Identifizierung eines für „das" Experteninterview verbindlichen Kommunikationsideals. Die entscheidende Regel muss dahingehend lauten, dass die Regeln der Gesprächsführung gerade in Relation zu den tatsächlichen bzw. erwünschten Rollenerwartungen und Kompetenzzuschreibungen entworfen werden müssen. Vom „Co-Experten" wird eher ein diskussionsorientierter Interviewstil erwartet; die Aufrechterhaltung der Rollenerwartung des „Komplizen" verlangt die permanente Bestätigung der Gemeinschaftlichkeit, der „Kritiker" darf auch mal bissige Zwischenfragen stellen, der „Laie" kann bedenkenloser als etwa der Co-Experte mit allgemeinen Erzählaufforderungen arbeiten.

28 Der oft zitierte „Eisbergeffekt" (Vogel 1995: 79; Abels/Behrens 1998: 86f.) – der Befragte wirkt lustlos und desinteressiert und gibt Informationen nur spärlich preis – ist in der Praxis häufig auf unengagierte, positionslose Formen der Interviewführung zurückzuführen. Andererseits ist zu bedenken, dass auch der Expertenstatus des Befragten ihm in seinen Argumentationsformen bestimmte Grenzen setzt. Denn der Experte ist sich bewusst, dass er als quasi-öffentlicher Vertreter seiner Profession, seines Handlungsfelds, seiner Organisation o.Ä. spricht und deren Diskussions- und Selbstdarstellungsregeln nicht verletzen darf. Das Eingeständnis von Widersprüchlichkeiten, die Darstellung von Fehlern und die Artikulation „abweichender Meinungen" fallen dem Experten bisweilen schwerer als anderen Interviewpartnern. Zudem sieht er sich häufig in der Selbstverpflichtung, sein eigenes Expertentum zu bestätigen, und schreckt davor zurück, scheinbar „banale" oder alltägliche Erkenntnisse zu präsentieren. In dieser Hinsicht hilft auch die selbstverständlich zuzusichernde Anonymität in der Regel nichts.

## IV Resümee: Die methodische Pluralität des Experteninterviews

Ob sich das Experteninterview als besondere und eigenständige Methode der Datenerhebung begründen lässt, kann – dies wurde im ersten Abschnitt erläutert – nur für das theoriegenerierende Experteninterview sinnvoll diskutiert werden. Dessen methodische Spezifität begründet sich freilich nicht über den Forschungsgegenstand „Experte", sondern über das Interesse an einer spezifischen Wissenskonfiguration, die auf kognitiver Ebene als Konglomerat subjektiver, nicht unbedingt konsistenter Sinnentwürfe und Erklärungsmuster („Deutungswissen") und auf sozialer Ebene als Handlungsdeterminante für andere (Praxiswirksamkeit) charakterisiert ist. Diesem Begriff des Experteninterviews (als einer spezifischen Form von rekonstruktivem Interview in wissenssoziologischer Perspektive) entspricht die Abkehr von einem Expertenbegriff, der den Experten entweder nur als Produkt des Forscherinteresses begreift oder über seine Funktion oder eine besondere Wissensform bestimmt. Im zweiten Teil haben wir daher eine Reformulierung des konstruktivistischen und wissenssoziologischen Expertenbegriffs vorgeschlagen. Der Experte ist als eine Person zu begreifen, die vermittels des Besitzes bzw. der Zuschreibung besonderer Kompetenzen über einen sozialen Status verfügt bzw. eine Funktion ausübt, die sie in den Stand setzt, ihre Handlungsorientierungen und Situationsdefinitionen auch durchsetzungsfähig zu machen. Gleichzeitig ist im Hinblick auf das spezifische Erkenntnisinteresse bei theoriegenerierenden Experteninterviews das gängige Modell des Expertenwissens zu kritisieren. Unter der Perspektive einer Rekonstruktion von „Deutungswissen" ist das Expertenwissen nicht länger als „Sonderwissen" zu verstehen, sondern als eine „analytische Konstruktion". Mit dieser Redefinition, die die enge Kopplung von Expertentum und exklusivem Wissensbestand auflöst, können zugleich theoretisch unbefriedigende und methodisch kurzschlüssige Regeln der Interviewführung überwunden werden. Denn der Abschied von der Vorstellung des Expertenwissens als einer homogenen Entität ist mit der Kritik an einer unbefriedigenden Konzeptualisierung der Interaktionssituation verbunden, die davon ausgeht, das interessierende Expertenwissen könne gleich einem Schatz möglichst unversehrt geborgen werden. Die Kritik an einem derartigen „archäologischen Modell", das sich bruchlos mit dem Dogma der einen, richtigen Interviewführung verbindet, und der alternative Entwurf eines „Interaktionsmodells" standen im Zentrum des dritten Teils des Artikels.

Entgegen diesem implizit an einem „one best way" fixierten Ideal der Interviewführung plädieren wir für eine Vielfalt unterschiedlicher, aber gleichwertiger Interviewstrategien, deren situationsspezifische Angemessenheit von der Kompetenz des Interviewers und dem Untersuchungsinteresse abhängt. Gleichwertigkeit heißt aber nicht Gleichgültigkeit: Nicht jede beliebige Interaktionsstrategie erschließt das gewünschte Analysefeld. Es bedeutet lediglich, dass die Komplexität des Expertenwissens vielfältigen (und konkurrierenden) Erschließungszugängen offen ist. Jede Interaktionsstrategie ist allerdings mit einer bestimmten analytischen Zielvorstellung verbunden. Die (Re)Konstruktion des Deutungswissens im Experteninterview realisiert in Abhängigkeit von der Interaktionsstrategie immer (nur) einen bestimmten Ausschnitt aus dem Expertenwissen.

Der Plan der sukzessiven Realisierung der einen perfekten, d.h. möglichst störungsfreien Kommunikationssituation sollte aufgegeben werden, da er letztlich von der Idee einer Datenproduktion unter laborähnlichen Bedingungen getragen ist. Nur ein Interviewer, so die Vorstellung, der sich von allen sozialen Attributen frei gemacht hat, könne die Relevanzen der Gesprächspartner rein und unverfälscht zu Tage fördern. Es gilt vielmehr, diese als Störungen apostrophierten Interaktionseffekte als konstitutive und darüber hinaus produktive Komponenten eines jeden Interviewverlaufs zu begreifen. Die spezifischen Vorannahmen, Erwartungen und Reaktionen, die jedes Gespräch vorstrukturieren und begleiten, sind als situations- und personenspezifische Zuschreibungen zu interpretieren, die in Antizipation strategisch genutzt und für die Auswertung der Daten reflexiv gewendet werden können.

Dem alternativen Entwurf eines „Interaktionsmodells" korrespondiert damit auch ein neuer Fokus auf die Debatte um die Methodologie des Experteninterviews. Denn genauso wenig wie es *einen* einheitlichen methodischen Regelsatz für qualitative Interviews gibt, sondern unterschiedliche Regeln für verschiedene Formen qualitativer Interviews, ist ein einheitlicher Methodenkanon des Experteninterviews möglich. Eine Methodologie des Experteninterviews muss in Rechnung stellen, dass die Interaktionsstrukturen im Experteninterview notwendigerweise divergieren; sie sollte sich dem Prinzip „pluraler Methodik" verschreiben.

## Literatur


Abels, Gabriele/Behrens, Maria (1998): ExpertInnen-Interviews in der Politikwissenschaft. Das Beispiel der Biotechnologie. In: Österreichische Zeitschrift für Politikwissenschaft, Jg. 27, H. 1, S. 79-92

Abels, Gabriele/Behrens, Maria (2009): ExpertInnen-Interviews in der Politikwissenschaft. Eine sekundäranalytische Reflexion über geschlechtertheoretische und politikfeldanalytische Effekte. In diesem Band

Aichholzer, Georg (2009): Das ExpertInnen-Delphi: Methodische Grundlagen und Innovationen im Bereich ‚Technology Foresight'. In diesem Band

Beck, Ulrich (1986): Risikogesellschaft. Auf dem Weg in eine andere Moderne. Frankfurt/M.: Suhrkamp

Berger, Peter/Luckmann, Thomas (1969): Die gesellschaftliche Konstruktion von Wirklichkeit. Frankfurt/M.: Fischer

Blumer, Herbert (1973): Der methodologische Standort des Symbolischen Interaktionismus. In: Arbeitsgruppe Bielefelder Soziologen (Hg.): Alltagswissen, Interaktion und gesellschaftliche Wirklichkeit. Reinbek: Rowohlt, S. 80-146

Bogner, Alexander (2005a): Grenzpolitik der Experten. Vom Umgang mit Ungewissheit und Nichtwissen in pränataler Diagnostik und Beratung. Weilerswist: Velbrück

Bogner, Alexander (2005b): Moralische Expertise? Zur Produktionsweise von Kommissionsethik. In: Bogner, Alexander/Torgersen, Helge (Hg.): Wozu Experten? Ambivalenzen der Beziehung von Wissenschaft und Politik. Wiesbaden: VS-Verlag, S. 172-193

Bogner, Alexander/Littig, Beate/Menz, Wolfgang (Hg., 2005): Das Experteninterview. Theorie, Methode, Anwendung, 2. Aufl., Wiesbaden: VS-Verlag

Bogner, Alexander/Menz, Wolfgang (2005): Bioethical Controversies and Policy Advice: The Production of Ethical Expertise und its Role in the Substantiation of Political Decision-Making. In: Maasen, Sabine/Weingart, Peter (Hg.): Democratization of Expertise? Exploring Novel Forms of Scientific Advice in Political Decision-Making. Sociology of the Sciences, Vol. 24. Dordrecht: Springer, S. 21-40

Bogner, Alexander/Menz, Wolfgang (2006): Wissen und Werte als Verhandlungsform. Ethikexpertise in der Regulation der Stammzellforschung. In: Wink, Rüdiger (Hg.): Deutsche Stammzellpolitik im Zeitalter der Transnationalisierung. Baden-Baden: Nomos, S. 141-163

Bogner, Alexander/Menz, Wolfgang (2009) Experteninterviews in der qualitativen Sozialforschung. Zur Einführung in eine sich intensivierende Methodendebatte. In diesem Band

Bogner, Alexander/Menz, Wolfgang/Schumm, Wilhelm (2008): Ethikexpertise in Wertkonflikten. Zur Produktion und politischen Verwendung von Kommissionsethik in Deutschland und Österreich. In: Mayntz, Renate/Neidhardt, Friedhelm/Weingart, Peter/Wengenroth, Ulrich (Hg.): Wissensproduktion und Wissenstransfer. Wissen im Spannungsfeld von Wissenschaft, Politik und Öffentlichkeit. Bielefeld: Transcript, S. 243-268.

Bourdieu, Pierre (1987): Sozialer Sinn. Kritik der theoretischen Vernunft. Frankfurt/M.: Suhrkamp

Brinkmann, Christian/Deeke, Axel/Völkel, Brigitte (Hg., 1995): Experteninterviews in der Arbeitsmarktforschung. Diskussionsbeiträge zu methodischen Fragen und praktischen Erfahrungen. Beiträge zur Arbeitsmarkt- und Berufsforschung 191, Nürnberg

Deeke, Axel (1995): Experteninterviews – ein methodologisches und forschungspraktisches Problem. In: Brinkmann u.a. (1995), S. 7-22

Douglas, Jack D. (1985): Creative Interviewing. Beverly Hills: Sage

Flick, Uwe (1995): Qualitative Forschung. Theorie, Methoden, Anwendung in Psychologie und Sozialwissenschaften. Reinbek: Rowohlt

Flick, Uwe (2000): Konstruktivismus. In: ders./Kardorff, Ernst von/Steinke, Ines (Hg.): Qualitative Forschung. Ein Handbuch. Reinbek: Rowohlt, S. 150-164

Fontana, Andres/Frey, James H. (1998): Interviewing. The Art of Science. In: Denzin, Norman K./Lincoln, Yvonna S. (Hg.): Collecting and Interpreting Qualitative Materials. Thousand Oaks u.a.: Sage, S. 47-78

Froschauer, Ulrike/Lueger, Manfred (2009): ExpertInnengespräche in der interpretativen Organisationsforschung. In diesem Band

Giddens, Anthony (1988): Die Konstitution der Gesellschaft. Frankfurt/M. und New York: Campus

Giddens, Anthony (1995): Konsequenzen der Moderne. Frankfurt/M.: Suhrkamp, 2. Auflage

Gillham, Bill (2000): The Research Interview. London und New York: Continuum

Glaser, Barney G./Strauss, Anselm L. (1998): Grounded Theory. Strategien qualitativer Forschung. Bern u.a.: Huber
Hägele, Helmut (1995): Experteninterviews in der öffentlichen Verwaltung: Ausgewählte praktische Probleme. In: Brinkmann u.a. (1995), S. 69-72
Helfferich, Cornelia (2004): Die Qualität qualitativer Daten. Wiesbaden: VS-Verlag
Hermanns, Harry (2000): Interviewen als Tätigkeit. In: Flick, Ulrich/Kardorff, Ernst von/ Steinke, Ines (Hg.): Qualitative Forschung. Ein Handbuch. Reinbek: Rowohlt, S. 360-368
Hitzler, Ronald/Honer, Anne/Maeder, Christoph (Hg., 1994): Expertenwissen. Die institutionalisierte Kompetenz zur Konstruktion von Wirklichkeit. Opladen: Westdeutscher Verlag
Hoffmann-Riem, Christa (1980): Die Sozialforschung einer interpretativen Soziologie. Der Datengewinn. In: Kölner Zeitschrift für Soziologie und Sozialpsychologie, Jg. 32, S. 339-372
Holstein, James A./Gubrium, Jaber F. (1999): Active Interviewing. In: Bryman, Alan/ Burgess, Robert G. (Hg.): Qualitative Research, Vol. II. London u.a.: Sage, S. 105-121
Hopf, Christel (1978): Die Pseudo-Exploration – Überlegungen zur Technik qualitativer Interviews in der Sozialforschung. In: Zeitschrift für Soziologie, Jg. 7, H. 1, S. 97-115
Houtkoop-Steenstra, Hanneke (2000): Interaction and the Standardized Interview. The Living Questionnaire. Cambridge: Cambridge University Press
Kassner, Karsten/Wassermann, Petra (2005): Nicht überall, wo Methode draufsteht, ist auch Methode drin. Zur Problematik der Fundierung von ExpertInneninterviews. In: Bogner u.a. (1995), S. 95-111
Kaufmann, Jean-Claude (1999): Das verstehende Interview. Theorie und Praxis. Konstanz: UVK
Kelle, Udo/Erzberger, Christian (1999): Integration Qualitativer und Quantitativer Methoden. Methodologische Modelle und ihre Bedeutung für die Forschungspraxis. In: Kölner Zeitschrift für Soziologie und Sozialpsychologie, Jg. 51, H. 3, S. 509-531
Knorr-Cetina, Karin (1989): Spielarten des Konstruktivismus. In: Soziale Welt, Jg. 40, H. 1/2, S. 86-96
Köhler, Gabriele (1992): Methodik und Problematik einer mehrstufigen Expertenbefragung. In: Hoffmeyer-Zlotnik, Jürgen H. P. (Hg.): Analyse verbaler Daten. Über den Umgang mit qualitativen Daten. Opladen: Westdeutscher Verlag, S. 318-332
Koolwijk, Jürgen van (1974): Die Befragungsmethode. In: ders./Wieken-Mayser, Maria (Hg.): Techniken der empirischen Sozialforschung, 4. Band: Erhebungsmethoden: Die Befragung. München und Wien: Oldenbourg, S. 9-23
Krafft, Alexander/Ulrich, Günter (1995): Akteure in der Sozialforschung. In: Brinkmann u.a. (1995), S. 23-33
Kvale, Steinar (1996): InterViews. An Introduction to Qualitative Research Interviewing. Thousand Oaks u.a.: Sage
Lamnek, Siegfried (1995): Qualitative Sozialforschung, Bd. 1: Methodologie. Weinheim: Beltz, 3. überarb. Auflage
Leitner, Andrea/Wroblewski, Angela (2009): Zwischen Wissenschaftlichkeitsstandards und Effizienzansprüchen – ExpertInneninterviews in der Praxis der Arbeitsmarktevaluation. In diesem Band
Lueger, Manfred (1989): Die soziale Situation im Interview. In: Österreichische Zeitschrift für Soziologie, Jg. 14, H. 3, S. 22-36
Martens, Kerstin/Brüggemann, Michael (2006): Kein Experte ist wie der andere. Vom Umgang mit Missionaren und Geschichtenerzählern. TranState Working Papers No. 39. Bremen

Mayring, Philipp (1996): Einführung in die qualitative Sozialforschung. Weinheim: Beltz, 3. Auflage
Menz, Wolfgang (2009): Die Legitimität des Marktregimes. Wiesbaden: VS Verlag für Sozialwissenschaften
Menz, Wolfgang/Siegel, Tilla/Vogel, Mathias (2003): Leistungs- und Interessenpolitik aus der Perspektive von Beschäftigten. Abschlussbericht an die Hans-Böckler-Stiftung. Frankfurt/M.
Merton, Robert K./Kendall, Patricia L. (1993): Das fokussierte Interview. In: Hopf, Christel/Weingarten, Elmar (Hg.), Qualitative Sozialforschung. Stuttgart: Klett-Cotta, 3. Auflage, S. 171-302
Meuser, Michael/Nagel, Ulrike (1991): ExpertInneninterviews – vielfach erprobt, wenig bedacht. Ein Beitrag zur qualitativen Methodendiskussion. In: Garz, Detlef/Kraimer, Klaus (Hg.): Qualitativ-empirische Sozialforschung. Konzepte, Methoden, Analysen, Opladen: Westdeutscher Verlag, S. 441-471
Meuser, Michael/Nagel, Ulrike (1994): Expertenwissen und Experteninterview. In: Hitzler u.a. (1994), S. 180-192
Meuser, Michael/Nagel, Ulrike (1997): Das ExpertInneninterview. Wissenssoziologische Voraussetzungen und methodische Durchführung. In: Friebertshäuser, Barbara/Prengel, Annedore (Hg.): Handbuch Qualitative Forschungsmethoden in der Erziehungswissenschaft. Weinheim-München: Juventa, S. 481-491
Meuser, Michael/Nagel, Ulrike (2009): Experteninterview und der Wandel der Wissensproduktion. In diesem Band.
Plath, Hans-Eberhard (1995): Zum „Experteninterview" – ein Diskussionsbeitrag. In: Brinkmann u.a. (1995), S. 85-89
Scheuch, Erwin (1967): Das Interview in der Sozialforschung. In: König, René (Hg.): Handbuch der Empirischen Sozialforschung, I. Band. Stuttgart: Enke, 2. erw. Auflage, S. 136-196
Schmid, Josef (1995): Expertenbefragung und Informationsgespräch in der Parteienforschung: Wie föderalistisch ist die CDU? In: Alemann, Ulrich von (Hg.): Politikwissenschaftliche Methoden. Grundriss für Studium und Forschung. Opladen: Leske + Budrich, S. 293-326
Schütz, Alfred (1971): Wissenschaftliche Interpretation und Alltagsverständnis menschlichen Handelns. In: ders.: Gesammelte Aufsätze, Bd. 1. Den Haag: Martinus Nijhoff, S. 3-54
Schütz, Alfred (1972): Der gut informierte Bürger. Ein Versuch über die soziale Verteilung des Wissens. In: ders.: Gesammelte Aufsätze, Bd. 2. Den Haag: Martinus Nijhoff, S. 85-101
Sprondel, Walter M. (1979): „Experte" und „Laie": zur Entwicklung von Typenbegriffen in der Wissenssoziologie. In: ders./Grathoff, Richard (Hg.): Alfred Schütz und die Idee des Alltags in den Sozialwissenschaften. Stuttgart: Enke, S. 140-154
Trinczek, Rainer (1995): Experteninterviews mit Managern: Methodische und methodologische Hintergründe. In: Brinkmann u.a. (1995), S. 59-67
Trinczek, Rainer (2009): Wie befrage ich Manager? Methodische und methodologische Aspekte des Experteninterviews als qualitativer Methode empirischer Sozialforschung. In diesem Band
Voelzkow, Helmut (1995): „Iterative Experteninterviews": Forschungspraktische Erfahrungen mit einem Erhebungsinstrument. In: Brinkmann u.a. (1995), S. 51-57
Vogel, Berthold (1995): „Wenn der Eisberg zu schmelzen beginnt..." – Einige Reflexionen über den Stellenwert und die Probleme des Experteninterviews in der Praxis der empirischen Sozialforschung. In: Brinkmann u.a. (1995), S. 73-83
Weber, Max (1980): Wirtschaft und Gesellschaft. Grundriss einer verstehenden Sozialwissenschaft. Tübingen: J. C. B. Mohr, 5. Auflage

Wilson, Thomas P. (1973): Theorien der Interaktion und Modelle soziologischer Erklärung. In: Arbeitsgruppe Bielefelder Soziologen (Hg.): Alltagswissen, Interaktion und gesellschaftliche Wirklichkeit. Reinbek: Rowohlt, S. 54-79
Witzel, Andreas (1985): Das problemzentrierte Interview. In: Jüttemann, Gerd (Hg.): Qualitative Forschung in der Psychologie. Grundlagen, Verfahrensweisen, Anwendungsfelder. Weinheim: Beltz, S. 227-255

# Auf gleicher Augenhöhe

## Das Experteninterview – ein Gespräch zwischen Experte und Quasi-Experte

*Michaela Pfadenhauer*

Auch wenn dies allgemein so angenommen und anhaltend in der Methodenlehre vermittelt wird: Das Spezifikum des Experteninterviews besteht *nicht* darin, dass hier Personen befragt werden, die – nach welchen Kriterien auch immer – als Experten gelten.[1] Das Experteninterview ist zum einen aufgrund des ihm zugrunde liegenden Erkenntnisinteresses (1) und zum anderen aufgrund der besonderen Art der Gesprächsführung (2) ein eigenständiges Verfahren im Kanon der sogenannten „qualitativen Interviews" (Hopf 2000), das häufig praktiziert und seit einigen Jahren auch methodisch und methodologisch reflektiert wird. Aus der Spezifik der Gesprächsform resultiert (zumindest) für das Interviewen bestimmter (Typen von) Experten die Notwendigkeit, dieses Verfahren in ein ethnographisches Forschungsdesign einzubetten (3).

### 1. Das Erkenntnisinteresse des Experteninterviews

Der Sinn und Zweck von Experteninterviews scheint auf der Hand zu liegen: Sie zielen ab auf die Rekonstruktion von besonderen Wissensbeständen bzw. von besonders exklusivem, detailliertem oder umfassendem Wissen über besondere Wissensbestände und Praktiken, kurz: auf die Rekonstruktion von Expertenwissen. Eine Einschränkung ergibt sich allerdings hinsichtlich ‚habitueller' bzw. ‚impliziter' Bestandteile von Expertenwissen. Denn wie alle Interviews eignen sich auch Experteninterviews vorzugsweise zur Rekonstruktion vom Befragten *explizierbarer* Wissensbestände.

1 Vgl. stellvertretend für viele Deeke (1995: 7), demzufolge „im Begriff ‚des Experteninterviews' bereits angezeigt [ist], daß seine Besonderheit nicht in einer bestimmten Form des Interviews besteht, sondern darin, daß ‚Experten' befragt werden." Deeke zufolge handelt es sich beim Experteninterview deshalb nicht um ein spezielles Verfahren bzw. um eine besondere Methode.

Zweifel sind also angebracht gegenüber der Eignung des Experteninterviews als Instrument zur Erhebung und Analyse solcher Strategien und Relevanzen, „die zwar im Entscheidungsverhalten zur Geltung gelangen, den Experten aber nicht unbedingt reflexiv verfügbar sind" (Meuser/Nagel 1997: 485). Damit soll keineswegs bestritten werden, dass auch Experten – ebenso beiläufig wie selbstverständlich – ‚implizites Wissen' zur Anwendung bringen, das *nicht* „klar und deutlich" (Schütz 1972a: 87), sondern vielmehr hochgradig diffus ist und von ihnen selbst allenfalls bruchstückhaft verbalisiert werden kann.[2] Dergestalt „routinisiertes Expertenwissen" (Schröer 1994) lässt sich allerdings nur schwerlich über ein Experteninterview rekonstruieren. Denn für die Rekonstruktion habitualisierter Fertigkeiten, von Vollzugsroutinen und quasi-automatischen Verhaltensweisen zeitigen *alle* Arten von Interviews typischerweise defizitäre bzw. irreführende Resultate (vgl. Hitzler 2000: 22).[3] Zur Rekonstruktion thematisch aussonderbarer, *explizierbarer* Wissensbestände hingegen, zur Rekonstruktion also solchen Wissens, das als erlernt erinnerbar ist und folglich in der Regel als Wissen *gewusst* wird (vgl. Honer 1993: 88), erweisen sich Interviews als taugliche Instrumente.

### *1.1 Das Wissen von Experten*

Der Erkenntnisgegenstand des Experteninterviews erweist sich als *fokussiert* auf einen besonderen Wissensbestand im sozialen Wissensvorrat: auf das Sonderwissen, das im Zuge fortschreitender Arbeitsteilung proportional zum Allgemeinwissen an Umfang und Gewicht (im Sinne von ‚Gewichtigkeit') zunimmt (vgl. Schütz/Luckmann 1979: 363ff.). Die gesellschaftlichen Sonderwissensbestände differenzieren sich immer weiter aus und müssen oft in langwierigen ‚sekundären' Sozialisationsprozessen erworben werden, aus denen jener Typus eines Wissenden hervorgeht, den man als ‚Spezialisten' bezeichnen kann. Er verfügt über ein aufgabenbezogenes, relativ genau umrissenes Teil-Wissen innerhalb eines Sonderwissensbereichs, das zur Erfüllung seiner Spezialistenfunktion erforderlich ist. Als ‚Experte' ist in Abgrenzung zum Spezialisten jener Typus eines Wissenden zu bezeichnen, der einen

---

2 Routinewissen ist ein struktureller Bestandteil *jeden* subjektiven Wissensvorrats und lässt sich – in der Tradition der phänomenologisch orientierten Wissenssoziologie (vgl. Schütz/Luckmann 1979: 139ff.) – analytisch unterteilen in Fertigkeiten, Gebrauchswissen und Rezeptwissen.

3 Besonders nachdrücklich weist Bergmann (1985, S. 307) auf die Problematik des Interviews als Erhebungsinstrument hin, da es „rekonstruktiv überformte und damit nur begrenzt analysefähige Daten produziert"; vgl. zu dieser Grundeinsicht interpretativer, verstehender Sozialforschung auch bereits Oevermann 1983 sowie Reichertz 1988. Eine eindrucksvolle Schilderung der Probleme, Heimwerker zur Explikation von Routinewissen zu veranlassen, liefert Honer 1993. Wie Honer unterstreicht auch Soeffner (1989: 211ff.) den Nutzen *ethnographischer* Verfahren zur Rekonstruktion impliziten Routinewissens (ebenso wie Schröer 1994 am Beispiel polizeilicher Vernehmung jugendlicher Tatverdächtiger).

*Überblick* über das auf einem Gebiet insgesamt gewusste Wissen, d.h. einen Überblick über einen Sonderwissens*bereich* hat, also „weiß, was die (jeweiligen) Spezialisten auf dem von ihm ‚vertretenen' Wissensgebiet wissen – und wie das, was sie wissen, miteinander zusammenhängt" (Hitzler 1994: 25).

Die Unterscheidung von Spezial(isten)wissen bzw. spezialisiertem Sonderwissen hie und Expertenwissen als eine Art ‚Überblickswissen' über spezialisierte Sonderwissensbereiche da macht deutlich, dass keineswegs jegliches Sonderwissen mit Expertenwissen gleichzusetzen ist (vgl. entsprechend auch Sprondel 1979). Expertenwissen ist nicht ‚nur' ein spezifisches, nicht allgemein verfügbares Problemlösungswissen. Grundsätzlicher geht es dabei um Wissen, das man braucht, um (den) *Ursachen* von Problemen und um (den) *Prinzipien* von Problemlösungen auf den Grund zu gehen. In Abgrenzung insbesondere zum Spezialisten verfügt der Experte also insofern über ein umfassenderes Wissen, als es ihn nicht nur zur Problemlösung, sondern darüber hinaus zur Erkenntnis und zur Begründung sowohl von Problemursachen als auch von Lösungsprinzipien befähigt. Kurz: Der Experte „kennt typischerweise den Wissensbestand, der für ein bestimmtes Gebiet ‚bezeichnend' bzw. ‚relevant' ist, er hat sozusagen einen Überblick über einen Sonderwissensbestand und kann innerhalb dessen *prinzipielle* Problemlösungen anbieten bzw. auf Einzelfragen applizieren" (Hitzler 1994: 26).

Mit seinem Wissen über die *Prinzipien* des Sachverhalts bzw. die Sach*logik* verfügt der Experte – im Verhältnis zu anderen mit der betreffenden Problemlage befassten Personen, im Verhältnis also zu Nicht-Experten (und d.h. *auch* zu Spezialisten) – über einen relativ *exklusiven* Wissensbestand, d.h. über Wissen, das prinzipiell nicht mehr jedermann zugänglich ist. Sein Wissen über die Sachlogik befähigt den Experten zur Klärung der logischen Konsistenz von Sachverhalten. Und, wie Soeffner (1989: 222) am Beispiel von Vernehmungsbeamten verdeutlicht, ist Experten auch „die Frage, wie etwas logisch-konsistent hätte sein müssen, wichtiger [ist] als die, was denn ‚tatsächlich' geschehen sei."

### *1.2 Die Kompetenz von Experten*

Michael Meuser und Ulrike Nagel (1991: 443) zufolge verfügen Experten über „privilegierte Informationszugänge". Maßgeblich für Expertenschaft sind nicht nur die Informationen, über die der Experte exklusiv verfügt, sondern darüber hinaus die (zurechenbare) Zuständigkeit für problemlösungsbezogene Entscheidungen. Gemeint ist damit Kompetenz in einem weiten Sinne: „Kompetenz hat offenbar irgendwie zu tun mit Zuständigkeit und mit Fähigkeit und mit Bereitschaft und damit, dass Zuständigkeit, Fähigkeit und Bereitschaft sich in Deckung befinden" (Marquardt 1981: 24). In dem Sinne, dass dem Experten gleichsam als letzter Instanz die Verantwortung für Erkenntnis von Problemlösungen obliegt, geht Expertenkompetenz über (exklusive) Fähigkeiten und (besondere) Fertigkeiten hinaus.[4]

Kennzeichnend für den Experten ist also nicht nur sein – im Verhältnis zu anderen mit dem Problem befassten Personen – exklusiver Wissensbestand, sondern *zudem* seine (aus Ursachen-Erkenntnis resultierende) verantwortliche Zuständigkeit für die Bereitstellung möglicher Problemlösungen, d.h. von Expertisen. Zuständigkeit heißt auch, dass unabhängig davon, wer (außer ihm), in welcher Funktion bzw. in welchem Umfang in deren Entstehungsprozess involviert war, der Experte letztlich die Verantwortung für die Expertise trägt. Diese (Letzt-)Verantwortlichkeit bildet gleichsam die Kehrseite der Medaille zur relativen Autonomie des Experten, die daraus resultiert, „Mehr-Wissen als das von anderen konkret abfragbare bzw. beanspruchbare Wissen zu haben, d.h. über (kaum bzw. unkontrollierbare) Rat- und Hilfekompetenz zu verfügen" (Hitzler 1994: 26). Denn dem ‚objektiven Sinn' von Verantwortlichkeit nach bedeutet dies nicht zuletzt, dass er es ist, der für das, was im Hinblick auf die Lösung von Problemen (von ihm und von anderen) getan bzw. unterlassen wird, von ‚Dritten' zur Rechenschaft gezogen werden kann.[5]

In Zuspitzung des Definitionsvorschlags von Meuser und Nagel (1991) gelten uns[6] also diejenigen Personen als ‚Experten', die über privilegierte Informationszugänge verfügen *und* – darüber hinaus – für den Entwurf und die Bereitstellung von Problemlösungen verantwortlich (zu machen) sind. Aus elitentheoretischer Perspektive erscheinen Experten auf der Grundlage dieser Definition weniger als Angehörige einer Funktionselite (vgl. Meuser/Nagel 1994: 181ff.), denn als Mitglieder dessen, was man im Anschluss an Jaeggi (1960) als ‚relative', d.h. als lokale im Unterschied zu globalgesellschaftlichen Eliten, und im Anschluss an Dreitzel (1962) als ‚Leistungseliten' bezeichnen kann, d.h. als Erbringer sozial erwünschter bzw. ‚nachgefragter'

---

4 Aus inszenierungstheoretischer Perspektive stellt sich grundsätzlich die Frage nach der Erkennbarkeit von Sachverhalten: Dann erscheint der Experte „nicht als jemand, der besondere Kompetenzen *hat*, sondern als jemand, der es versteht, sozial zu *plausibilisieren*, dass er über besondere Kompetenzen verfügt" (Hitzler 1994: 27; vgl. zu dieser Perspektive auf den Professionellen Pfadenhauer 1998).

5 Vom ‚objektiven Sinn' der Verantwortlichkeit (im Sinne von „verantwortlich sein *gegenüber*") grenzt Schütz (1972b: 256f.) den subjektiven Aspekt (im Verstande von „verantwortlich sein *für*") ab: „Wenn ich mich nur subjektiv für das verantwortlich fühle, was ich tat oder unterließ, ohne von einem anderen verantwortlich gemacht zu werden, wird die Folgerung meiner Missetat nicht Tadel, Kritik, Zensur oder eine andere Form der Bestrafung sein, die mir jemand anders auferlegt, sondern Bedauern, Gewissensbisse oder Reue."

6 Da ich für viele Aspekte der in diesem Text vertretenen Auffassung keinen Anspruch auf Originalität erhebe, sondern mich als in einem Diskussionszusammenhang von ethnographisch arbeitenden Soziologen bewegend verstehe, verwende ich an verschiedenen Stellen die Wir-Form.

Leistungen, denen aufgrund dieser Leistungen (signifikante) Privilegien, Optionen, Ressourcen und/oder Wertschätzungen zuteil werden.[7]

Das Experteninterview bietet sich dementsprechend vornehmlich dann als Datengenerierungsinstrument an, wenn die exklusiven Wissensbestände von Experten im Kontext ihrer (letzt-)verantwortlichen Zuständigkeit für Problemlösungen Gegenstand des Forschungsinteresses sind. In diesem weiten Sinne zielt das Erkenntnisinteresse des Experteninterviews auf die Rekonstruktion von (explizitem) Expertenwissen ab.

## 2. Die Art der Gesprächsführung

Ein Grundanspruch nicht-standardisierter Sozialforschung gegenüber standardisierten Befragungstechniken besteht bekanntlich darin, dem befragten Akteur nicht ein externes Relevanzsystem zu oktroyieren, sondern ihn seine eigenen Relevanzen entwickeln und formulieren zu lassen. Allerdings ist dabei keineswegs unhinterfragt davon auszugehen, „dass Befragte ihre subjektiven Bedeutungszuschreibungen und Relevanzstrukturen am besten in einer Interviewsituation entfalten können, die durch weitgehende Nicht-Intervention durch den Interviewer gekennzeichnet ist.“[8]

In Anbetracht dessen, dass „sich die befragten Menschen – ebenso wie die konventionell arbeitenden Sozialforscher – ein Interview jedoch als einseitiges Frage-Antwort-Verhältnis vorstellen“, plädiert Anne Honer (1994: 629) gerade in der ersten Interviewphase des von ihr konzipierten explorativen Interviews für eine ‚Normalisierung‘ bzw. ‚Veralltäglichung‘ der relativ außergewöhnlichen Kommunikationssituation des Interviews dahingehend, dass es möglichst den im jeweiligen Kontext kulturell üblichen Gewohnheiten des Miteinander-Redens entspricht. Prinzipiell geht es beim Experteninterview darum, den Gesprächspartner weder in eine verhör-ähnliche noch in eine künstlich ‚non-direktive‘, vielmehr in eine *ihm* möglichst vertraute Kommunikationssituation zu versetzen, d.h.: ein quasi-normales Gespräch mit ihm zu führen (vgl. dazu auch Honer 1993: 74ff.).

---

7 Experten lassen sich ebensowenig wie Eliten schlicht aus den funktionalen Erfordernissen des sozialen oder politischen Systems ableiten, sondern vielmehr anhand des Kriteriums der persönlichen Leistung bestimmen. Ob bzw. daß diese Leistungen funktional für das Bestehen eines wie auch immer gearteten ‚Systems‘ sind, bleibt dahingestellt (vgl. weiterführend dazu Pfadenhauer 2001a).

8 Vgl. Trinczek (1995: 60), der harsche Kritik an der „Fetischierung“ möglichst schwach ausgeprägter Interviewer-Intervention im interpretativen Paradigma übt.

## *2.1 Das Interviewsetting*

Das Frage des optimalen Interviewsettings für die ungestörte Entfaltung subjektiver Relevanzstrukturen diskutiert Trinczek (1995 und in diesem Band) am Beispiel von Interviews mit Managern. Ihm zufolge weist die Kommunikation im Betrieb generell eher selten eine narrative Grundstruktur auf. Die Struktur alltäglicher Kommunikation im betrieblich-managerialen Kontext, der in der Regel ‚teamförmige' Arbeitszusammenhänge aufweist, entspricht vielmehr am ehesten einem „diskursiv-argumentativen Fachgespräch" im Rahmen einer (mehr oder weniger) lockeren Diskussionssituation.

Allgemein lässt sich konstatieren, dass die Kommunikation von Experten (der gleichen Provenienz) untereinander durch Merkmale gekennzeichnet ist wie: thematische Fokussierung, Gebrauch von Fachbegrifflichkeiten, Verwendung indexikaler Redeweisen, kurz dadurch, dass Experten (der gleichen Provenienz) ein „kommunikatives Universum" (Schütz 1972a: 97) teilen. Dies begründet sich nicht zuletzt darin, dass ein Experte im Gespräch unter ‚seinesgleichen' davon ausgehen kann, dass er die grundlegenden Sachverhalte bzw. Zusammenhänge voraussetzen darf und dass er – weder im wörtlichen noch im übertragenen Sinne – fürchten muss, missverstanden zu werden, weil sein Gegenüber nicht mit den Fachtermini und vor allem den hier geltenden, sein Denken und Handeln strukturierenden Relevanzen vertraut wäre. Der individuelle Wissensvorrat des Experten ist durch ein vorgeprägtes System „auferlegter Relevanzen" des spezifischen Wissensbereichs strukturiert, d.h. nicht mit seinen spontan gewählten Zielen verbunden. Dieses Relevanzsystem ist ihm auferlegt durch die auf seinem Gebiet vorausgesetzten Probleme; gleichzeitig akzeptiert er es mit seiner Entscheidung, ‚Experte' zu werden, als die allein wesentlichen Relevanzen für sein Denken und Handeln (vgl. Schütz 1972a: 96).

Vor allem aus dem Bewusstsein *divergierender* Relevanzsysteme hingegen resultiert, daß Experten in der Kommunikation mit Nicht-Experten (beobachtbar z.B. im Gespräch mit Journalisten) zur Anreicherung ihrer Rede mit Metaphern und Analogien, zur Verharmlosung oder aber zur Dramatisierung, zu einem paternalistischen oder selbstlegitimatorischen Gesprächsverhalten neigen.[9] Die jeweilige Semantik – z.B. Fachjargon gegenüber anderen ‚Experten', Übersetzungsleistungen gegenüber ‚gutinformierten Bürgern',

---

9 Im Unterschied zu Vogel (1995: 80), der die vom ihm so genannten „Paternalismuseffekte" vor allem auf Alters- und Statusunterschiede zurückführt, halten wir vorrangig das (tatsächliche oder unterstellte) Kompetenzgefälle für den diese Effekte ‚auslösenden' Faktor. Zu den mannigfaltigen Kommunikationsstilen von Experten vgl. auch Martens/Brüggemann 2006.

simplifizierende Darstellungen gegenüber ‚Laien' – lässt erkennen, mit welchem dieser Wissenstypen sich der Befragte im Gespräch konfrontiert sieht.[10]

Gespräche unter Experten (der gleichen Provenienz) dienen demgegenüber entweder – im Sinne gegenseitiger Unterrichtung – der Erweiterung ihrer privilegierten Informationszugänge oder aber der wechselseitigen Erläuterung ihres Tuns im Hinblick auf ihre Zuständigkeit und Verantwortlichkeit für den Entwurf und die Bereitstellung von Problemlösungen. Was dabei stattfindet, ist keine Belehrung[11] oder (abwiegelnde) Rechtfertigung[12], wie sie eben typischerweise einem Nicht-Experten(-Publikum) gegenüber zu beobachten ist, sondern ein Darstellen und diskursives Erläutern dessen, was er macht, und warum er das, was er macht, so macht, wie er es macht.[13] Verhandelt wird unter Experten typischerweise also die Bedeutung und praktische Handhabung ihrer Zuständigkeit und Verantwortung für die Entwicklung, Implementierung und/oder Kontrolle von Problemlösungen.[14] Allgemein formuliert sind typischerweise Rahmenbedingungen und Implikationen von Expertenkompetenz Gegenstand der Expertenkommunikation.

Ausgetauscht wird also ein *anderer* Informationsgehalt als derjenige, der üblicherweise einem Laien(-Publikum) zuteil wird. Denn: „Der Experte weiß [andererseits], daß nur ein anderer Experte alle technischen Details und Implikationen eines Problems auf seinem Gebiet verstehen wird, und er wird niemals einen Laien oder einen Dilettanten als kompetenten Richter seiner Leistungen anerkennen" (Schütz 1972a: 88). Insofern den *unter* Experten als relevant geltenden bzw. verhandelten Sachverhalten das Erkenntnisinteresse des Experteninterviews gilt, besteht das mit ihm einhergehende Grundanliegen des Experteninterviews darin, ein Interviewsetting zu erzeugen, das der Gesprächssituation *unter* Experten möglichst nahe kommt. Und wesentlichste Voraussetzung bzw. Bedingung dafür ist eben nicht nur der Status des befragten Akteurs als Experte, sondern auch ein ebensolcher des Interviewers.[15]

---

10 Zur wissenssoziologischen Abgrenzung dieser drei Typen hinsichtlich ihres individuellen Wissensvorrats vgl. Schütz 1972a.

11 Ein Wesensmerkmal der kommunikativen Gattung ‚Belehrung' besteht darin, dass sie als explizites Wissen markierte Äußerungen enthält (vgl. Keppler/Luckmann 1991).

12 Rechtfertigungen (ebenso wie Entschuldigungen) lassen sich in der Tradition der konversationsanalytischen Ethnomethodologie als ‚praktische Erklärungen' (accounts) begreifen, d.h. als sprachliche Verfahren, die dann zur Anwendung gelangen, „wenn eine Handlung von der Bewertung her in Frage gestellt wird" (Scott/Lyman 1976: 74).

13 Nochmals sei an dieser Stelle aber darauf hingewiesen, dass der Experte – selbst beim besten Willen – immer nur das mitteilen kann und wird, was ihm ‚wissentlich' präsent ist.

14 Genau genommen handelt es sich auch hierbei um eine Form des ‚Accounting', wobei hier (im Verstande ‚theoretischer' Erklärungen) durchaus auch wissenschaftliche Kausalerklärungen oder Erklärungen mit einem ähnlichen Erkenntnisanspruch gemeint sind. Interessant ist in unserem Zusammenhang, daß Teile des einschlägigen Aufsatzes von Scott und Lyman (1976) in einer Übersetzung von Heinz Steinert im Deutschen ursprünglich unter dem Titel ‚Verantwortungen' erschienen ist.

15 Vgl. zu einer anderen Schwerpunktsetzung Maindok (1996), die zwar explizit vom „Experten für Gesprächsführung" spricht, dabei aber insbesondere auf die strategisch-kommu-

### 2.2 Der Status des Interviewers

Im Hinblick auf die zwei oben erwähnten Kernkomponenten von Expertenkompetenz erlangt der – ebenso einschlägig wie privilegiert informierte – Interviewer typischerweise allerdings allenfalls der Status eines *Quasi*-Experten, insofern er frei von Verantwortung für den Entwurf und die Bereitstellung von Problemlösungen – und damit mit dem *wesentlichen* Unterschied der Handlungsentlastetheit – interagiert.

Infolgedessen entspricht die Inszenierung des befragten Experten gegenüber dem interviewenden Quasi-Experten nicht nur *nicht* derjenigen, die sich eben beispielsweise in paternalistischer ‚Manieriertheit' oder Rechtfertigungsdruck gegenüber Laien ausdrückt, sondern auch *nicht* (‚wirklich') derjenigen, die dieser anderen Experten gegenüber an den Tag legt. Denn die Begegnung zwischen Experten (der gleichen Provenienz) ist typischerweise durch einen – wenn auch nicht unbedingt konkreten, so doch zumindest prinzipiellen – Konkurrenzdruck geprägt. Deshalb wohnt ihr (jedenfalls grundsätzlich) immer ein letzter Vorbehalt hinsichtlich der Offenlegung von ‚Betriebsgeheimnissen' inne. Da gerade diesem „Betriebswissen" von Experten das Erkenntnisinteresse des Experteninterviews gilt, stellt die im Austausch eines Experten mit einem *Quasi*-Experten angelegte ‚Konkurrenzentlastetheit' der Gesprächssituation einen besonderen Vorteil dar. So konstatiert Trinczek (1995: 63), dass die handlungsentlastete Situation des Gesprächs, seine soziale Folgenlosigkeit den Managern „mitunter einen Grad an Freimütigkeit und offener Selbstreflexion [erlaubt], den sie sich im betrieblichen Alltag mit seinem überwiegend strategisch ausgerichteten Kommunikations- und Interaktionsstil so in aller Regel nicht zugestehen."[16]

Auch Trinczek (1995: 65) weist nachdrücklich auf die thematische Kompetenz des Interviewers als notwendige Voraussetzung für ein gelingendes Experteninterview mit Managern hin: „Je mehr man im Verlauf des Interviews in der Lage ist, immer wieder kompetente Einschätzungen, Gründe und Gegenargumente einfließen zu lassen, umso eher sind Manager bereit, nun ihrerseits ihr Wissen und ihre Positionen auf den Tisch zu legen – und ihre subjektiven Relevanzstrukturen und Orientierungsmuster in nicht-strategischer Absicht offenzulegen."

Dabei besteht (zumindest) unter den Vertretern der sogenannten „qualitativen" Sozialforschung weitgehend Konsens dahingehend, dass die Orien-

---

nikative (Meta-)Kompetenz eines ‚professionellen' Interviewers im Gespräch mit ‚Laien' abhebt.

16 „Die Attraktivität dieser folgenentlasteten Gesprächssituation zeigt sich auch darin, dass die Befragten die Dauer des Interviews mitunter beträchtlich überziehen, auch wenn bei der Vereinbarung des Gesprächstermins noch um jede Viertelstunde gefeilscht worden war; nicht selten sind es dann eher die ForscherInnen als die Manager, die das Gespräch von sich aus beenden" (Trinczek 1995: 63).

tierung an den situativ-subjektiven Themensetzungen und Relevanzstrukturierungen des Gesprächspartners wesentlich erleichtert wird durch den ‚gesprächssituationsflexiblen' Einsatz eines ‚Leitfadens', der erst „die Offenheit des Interviewverlaufs gewährleistet" (Meuser/Nagel 1991: 449; in diesem Sinne auch bereits Dexter 1970). Die Meinungen darüber, wie weit sich der Forscher im Gespräch dann tatsächlich auch von seinem Leitfaden leiten lassen sollte, gehen demgegenüber auseinander.[17] Grundsätzlich ist festzuhalten, dass erst die distanzierte Haltung des Interpreten bei der Analyse des ganzen Interviewtextes eine Entscheidung über ‚Wichtigkeit' oder ‚Nichtigkeit' der Mitteilung ermöglicht. Wesentlich bedeutsamer ist in diesem Zusammenhang jedoch, daß die Konzipierung dieses – beim Forscher idealerweise lediglich ‚mental' präsenten – Leitfadens bei seinem ‚Konstrukteur' möglichst umfassendes und einschlägiges Wissen bereits voraussetzt (vgl. Honer 1994 sowie Hitzler 2000).

## 3. Die ethnographische Einbettung des Experteninterviews

Der hier wesentlich im Anschluss an Anne Honers (1994: 633) einschlägige Notiz entworfenen Konzeption des Experteninterviews liegt die Prämisse zugrunde, dass Menschen mit anderen Menschen – und zwar sowohl hinsichtlich dessen, ‚wie' geredet wird, als auch dessen, ‚was' zur Sprache kommt – *anders* reden, je nachdem, ob sie ihre Gesprächspartner eher für kompetent oder für inkompetent (und damit in gewisser Weise auch für relevant oder irrelevant) in bezug auf den zu verhandelnden Gegenstand halten. Entgegen der nachgerade inflationären Etikettierung aller möglichen Arten von Gesprächen als ‚Experteninterview' plädieren wir dafür, nur jene Gesprächsform als ‚Experteninterview' zu bezeichnen, die sich auf die Kurzformel ‚auf gleicher Augenhöhe reden' bringen lässt.

Diese das Experteninterview charakterisierende besondere Gesprächsform – des Forschers als Quasi-Experte im Gespräch mit einem Experten – läßt es uns in mindestens zweierlei Hinsicht als notwendig erscheinen, die Methode in ein ethnographisches Forschungsdesign einzubetten: zum einen im Hinblick auf die Identifizierung von Experten, zum anderen im Hinblick auf die Qualifizierung des Interviewers.[18]

---

17 Vgl. zur Befürwortung der Abweichung zugunsten so genannter „kathartischer Effekte" Kern/Kern/Schumann 1988, Vogel 1995; kritisch zum ‚Abgleiten' in Persönliches und Privates Meuser/Nagel 1991.

18 Wie oben bereits angedeutet, erscheint uns eine Einbettung des Experteninterviews in ein ethnographisches Forschungsdesign unerlässlich auch im Hinblick auf eine ‚Totalerhebung' des Wissens von Experten, d.h. der Rekonstruktion auch der impliziten Bestandteile von Expertenwissen, sowie – ohne dies hier weiter auszuführen – als Voraussetzung für eine kontextbezogene Auswertung aller erhobenen Daten. Zu den unter dem Etikett ‚Sozial-

## *3.1 Die Identifizierung von Experten*

Das Bild, das in der einschlägigen Literatur vom Experten gezeichnet wird, entspricht weitgehend der Figur des Professionellen, der seine Kompetenzen über die Erfüllung *formaler* Ausbildungsanforderungen erlangt und seinen Expertenstatus mittels berufsständisch erteilter Zertifikate auch formal nachweisen kann: „Das Innehaben beruflich organisierter Expertenrollen setzt heute in jedem Falle die Absolvierung allgemeiner wie spezieller Ausbildung voraus, in der das als relevant geltende Sonderwissen erworben wird. Dessen Besitz wird in entsprechenden Zertifikaten mit gesellschaftlicher Gültigkeit sanktioniert" (Sprondel 1979: 151).

Der Expertenstatus des Professionellen lässt sich am Arzt plausibilisieren, der in der Professionssoziologie bekanntlich lange Zeit als ‚Prototyp' des Professionellen angesehen wurde: Der Arzt verfügt über privilegierte Informationszugänge und er ist (letzt-)verantwortlich zuständig für die Entwicklung und Bereitstellung medizinischer Problemlösungen. Der professionelle Kompetenzanspruch der Ärzteschaft zielt wesentlich darauf ab, nicht nur die Berechtigung zur Linderung bzw. zum Heilen von Leiden, sondern die für medizinische Expertisen schlechthin dauerhaft und exklusiv an jene Personengruppe zu binden, die *nachweislich* die von der Profession definierten Qualifikationsstandards erfüllt: an den Stand eben der approbierten Ärzte (vgl. weiterführend dazu Hitzler/Pfadenhauer 1999).

Im Unterschied zu anderen *Typen* von Experten kennzeichnet den Professionellen, dass er sich einen *kanonisierten* Sonderwissensbestand über eine *institutionell* spezialisierte, in Umfang und Dauer *formalisierte* Ausbildung in typischerweise ‚öffentlichen' Einrichtungen aneignet, der Erwerb dieses professionellen Sonderwissens (oft in berufsständisch-staatlicher Kooperation) *geprüft* und ihm qua *Zertifikat* bestätigt wird, das ihm seine professionelle Kompetenz – nicht nur im Sinne von Befähigung, sondern auch im Sinne von Befugnis – amtlich ‚bescheinigt'. Insbesondere aufgrund dieser Kennzeichen ist der Professionelle eine typisch *moderne* – und damit historisch relativ ‚junge' – Erscheinungsform des Experten (vgl. dazu Hitzler 1994, sowie Pfadenhauer 1997).

Peter L. Berger und Thomas Luckmann (1969: 133f.) benennen den ‚Gebildeten' und den ‚Intellektuellen' als weitere Ausprägungen des Experten. Letzteren bezeichnen sie als einen (Gegen-)Experten, "dessen Expertise von der Gesellschaft nicht gewünscht wird", weil er einen Gegenentwurf für die Bestimmung von Wirklichkeit liefert. Zygmunt Bauman (1987) zufolge wandelt sich die Rolle des Intellektuellen unter postmodernen Bedingungen

---

wissenschaftliche Hermeneutik' versammelten *unterschiedlichen* Verfahren bzw. Techniken der Datenauswertung im Rahmen ethnographischer Forschungsarbeit vgl. Honer 1993, S. 89-110 sowie die Beiträge in Hitzler/Honer 1997, zu den allen *gemeinsamen* ‚Verfahrensregeln' vgl. Hitzler 2000, S. 25-28.

vom ‚Gesetzgeber' zum ‚Interpreten'. Unter dem Oberbegriff „Man of Knowledge" hat auch bereits Znaniecki (1975) eine bislang weithin unbeachtet gebliebene Typologie von sozial approbierten ‚Wissenden' vorgelegt, wonach sich *Anwender* von Wissen, *Verwalter* von Wissen und *Entdecker* von (neuem) Wissen unterscheiden lassen. Zur Verdeutlichung unseres Arguments, dass Experten nicht deckungsgleich mit Professionellen sind, soll die schlichte Kontrastierung dieses modernen mit dem vormodernen Experten genügen.

Die empirisch früheste Ausformung des Experten ist vermutlich der Schamane. Mircea Eliade (1975) zufolge ist er in seiner sozialen Funktion ein Experte für das Außergewöhnliche, „der durch seine nur ihm möglichen ‚Jenseitsreisen' Kraft und Autorität zur Bewältigung spezifischer kollektiver und individueller Grenzsituationen gewinnt" (Hitzler 1982: 55). Indem er in Kontakt mit Geistern zu treten vermag, verfügt er nicht nur über privilegierte Informationszugänge, sondern ist darüber hinaus verantwortlich für die Bereitstellung von Problemlösungen, die wesentlich in der ‚Abwehr des Bösen bzw. Falschen' bzw. in der ‚Herbeiführung des Guten bzw. Richtigen' bestehen. Seine Kompetenzen und besonderen Fähigkeiten sind Folge bzw. ‚Ausfluss' der ‚Be-geisterung' seines Körpers, der ein biographischer Bruch bzw. eine Identitätskrise vorausgeht und in die Konstitution einer neuen Identität mündet (vgl. ausführlich dazu Hitzler 1982).

Dieser kurze Ausflug in den Schamanismus zielt nun keineswegs auf die Überhöhung oder gar Mystifizierung des Experten ab. Der Experte unserer Tage verfügt selten über außeralltäglich erlangte Kompetenzen (z.B. durch göttliche Eingebung oder begnadete Geburt). Aber er verfügt durchaus über Kompetenzen, deren Erwerb andere, und d.h. vor allem nicht-formalisierte, vielmehr diffuse, nicht klar ausgewiesene Zugänge erfordern, als dies beim Professionellen der Fall ist. Die Fokussierung „vornehmlich auf die in einer Berufsrolle kristallisierte (...) Expertise" (Sprondel 1979: 141) stellt vor diesem Hintergrund eine Engführung des Begriffs des Expertenwissens dar. Weder ist der Experte – wie am Beispiel des Schamanen illustriert werden sollte – mit dem Professionellen identisch noch ist Expertenwissen ‚per se' mit kanonisiertem Sonderwissen gleichzusetzen, das in Bildungsinstitutionen formalisiert vermittelt und zertifiziert wird. Und schon gar nicht ist ein Hochschulabschluss eine notwendige oder gar hinreichende Bedingung für den Expertenstatus.[19]

Auch in Gesellschaften wie der unseren ist der Status des Experten keineswegs zwangsläufig an die schulische und berufliche Ausbildung in – typischerweise ‚öffentlichen' – Bildungseinrichtungen geknüpft. In dynamischen Wachstumsbranchen, derzeit etwa in der IT- und Multimedia-Branche, spielt

---

19 Vgl. in diesem Sinne auch Meuser/Nagel (1994: 180) in Kritik am Expertenbegriff von Hartmann/Hartmann 1982.

die ‚Herkunft' bzw. der Nachweis einschlägiger Kompetenzen *qua* berufsständisch erteilten und staatlich anerkannten Zertifikaten eine untergeordnete Rolle. Gerade die Aneignung hard- und software-bezogener Kenntnisse und Fertigkeiten erfolgt in hohem Maße autodidaktisch bzw. im ständigen netzbasierten Austausch untereinander. Ähnlich verhält es sich in der Eventmangement-Praxis (vgl. dazu Pfadenhauer 2000; 2007). Hier wird anhaltend auf ‚Learning by doing' bzw. ‚Training on the Job' gesetzt. Und anhaltend ist hier eine Tendenz zum Quer-Einstieg, d.h. der Einstieg aus fachfremden Studiengängen bzw. gar ohne (Aus-)Bildungsabschluss konstatierbar. Erst im Zuge von Konsolidierungsprozessen und sinkendem Personalbedarf wird auch hier formalen bzw. zertifizierten Kompetenznachweisen als Auslesekriterium vor allem für Führungspositionen bzw. Expertenfunktionen wieder ein höherer Stellenwert zugewiesen.

Prinzipiell ist zu berücksichtigen, dass die Frage, wer – hier oder anderswo – ein Experte ist, vom Zugang, im Goffmanschen (1977) Sinne von der durch das Forschungsinteresse bzw. den Forschungsgegenstand gesetzten ‚Rahmung' abhängt (vgl. entsprechend Meuser/Nagel 1991). Und wenn man von der Prämisse ausgeht, dass für jedes Gesellungsgebilde, für jede Gruppierung, auch *innerhalb* einer Gesellschaft, *andere* Arten von Wissen und vor allem *andere* Hierarchien von Wissensarten relevant sind bzw. relevant sein können (vgl. Hitzler 1999), setzt schon die Chance, Experten überhaupt als solche zu *identifizieren*, in vielen Handlungsbereichen bzw. Kulturfeldern eine relativ detaillierte *ethnographische*[20] ‚Inventarisierung' des Forschungsfeldes bereits voraus, insofern das ethnographische Erkenntnisinteresse ja generell der Rekonstruktion des kulturell typischen (subjektiven und sozialen) Wissensvorrats gilt.[21]

Das erfordert zunächst grundsätzlich, dass der Forscher seine Vor-Urteile und Vorab-Gewissheiten dem zur Untersuchung anstehenden Forschungsfeld gegenüber suspendiert und stattdessen fragt, wie die Akteure selber *ihre* Welt (und was sie dabei) sehen (vgl. exemplarisch dazu Pfadenhauer 2001b). Hinsichtlich der Frage nach Expertenwissen muss er das spezifische Kulturwissen dahingehend beleuchten, welche ‚Bestandteile' prinzipiell von allen gewusst werden, d.h. hier zur ‚Allgemeinbildung' gehören, und welche sozial relevanten, d.h. als für die Bewältigung von hier anstehenden Problemen notwendig erachteten (exklusiven) Sonderwissensbestände sich davon abheben. Und in bezug auf die Identifizierung von Experten muss er in Erfahrung

20 Vgl. grundlegend Hitzler 2007, zu einem Überblick über verschiedene Arten von Ethnographie Hitzler 2000 und zu einem kontrastiven Vergleich von konventioneller und fokussierter Ethnographie Knoblauch 2001 sowie Knoblauch 2003.

21 Auf das Forschungsinteresse bezogen werden dabei möglichst viele, möglichst mannigfaltige Daten zusammengetragen und analysiert. Dabei ist das ethnographische ‚Ideal' die theoriegeleitete Kombination möglichst vielfältiger Verfahren der Datenerhebung (vgl. auch dazu nochmals Honer 1993).

bringen, welche (Typen von) Personen diesbezüglich über privilegierte Informationszugänge verfügen und für den Entwurf und die Bereitstellung von Problemlösungen. zuständig sind bzw. verantwortlich gemacht werden.

### *3.2 Die Qualifizierung des Interviewers*

Jenseits der mitunter durchaus problematischen Identifizierung von Experten ist der Erwerb eines hohen Maßes an thematischer Kompetenz seitens des Interviewers *vor* der Durchführung des Experteninterviews konstitutiv für das Experteninterview. Dies impliziert, dass sich der Interviewer mit allen ihm zur Verfügung stehenden Mitteln möglichst viel von jenem – relativ exklusiven – Sonderwissen aneignet, das der Experte in der Regel in einem langwierigen (sekundären) Sozialisationsprozess erworben hat.

In dem Maße, in dem der Wissenskorpus, über den Experten auf ihrem Gebiet typischerweise verfügen müssen, relativ genau umrissen ist, in dem er also in Studien- und Prüfungsordnungen, Aufgaben- und Stellenbeschreibungen usw. niedergelegt ist, eröffnen sich dem empirischen Sozialforscher zahlreiche Mittel und Wege der Wissensaneignung. In erster Linie wird er dazu tendieren, ‚kanonische Dokumente' unterschiedlicher Art zu beschaffen und zu studieren, die ihm das betreffende Fach- und Sonderwissen vermitteln, also z.B. Lehrbücher, Studienbriefe, Fachpublikationen und –dokumentationen sowie Arbeitsberichte, Sitzungs- und Gesprächsprotokolle, berufsständische Verhaltenskodizes u.v.a.m.[22] Des weiteren besteht die Möglichkeit zur Teilnahme an (Fort- und Weiter-)Bildungsmaßnahmen in öffentlichen und privaten Einrichtungen, in denen der professionelle Experte selber seinen Wissensstand erwirbt und erweitert.

Es liegt allerdings auf der Hand, dass es sich hier immer nur um theoretisches Wissen handelt, insofern auch die gängigen Arbeitsbeschreibungen (Lehrbuchdarstellungen, Arbeitsanleitungen usw.) immer ‚theoretisch' bleiben bzw. allenfalls ‚How-to-do-Rezepte' vermitteln. Was sie konkret bedeuten, wird immer erst in der ‚Praxis', im praktischen Vollzug der Tätigkeiten erkennbar: „Erst im Laufe der praktischen Tätigkeit erlernt der Akteur die Kompetenz, Arbeitsvollzüge ‚richtig' auszuführen, mit Unwägbarkeiten und Unvorhersehbarkeiten fertig zuwerden und situativ ‚vernünftige' Entscheidungen zu fällen" (Eberle 1997: 267).[23] Auch der Forscher erwirbt auf die-

22 Die (z.T. hochspezialisierten) Bildungsprogramme in Funk und Fernsehen sowie die nachgerade unüberschaubaren Möglichkeiten des Internets bilden mitunter probate Möglichkeiten für einen ersten *Einstieg* in die Wissensaneignung und –akkumulation von Professionellen.

23 Das Interesse der ethnomethodologisch ausgerichteten ‚Studies of Work' gilt deshalb den konkreten Arbeitsvollzügen in der beruflichen Praxis. Und in das an Arbeitsvollzügen in komplexen technischen Umgebungen interessierte Programm der ‚Workplace Studies' ist

sem Weg typischerweise lediglich Basiskenntnisse bzw. Hintergrundwissen und somit allenfalls bedingt jenes Maß an Einsichtnahme, das ihn zur kompetenten Einschätzung von Expertenkompetenz – und damit zum Experteninterview im hier protegierten Sinne – befähigt.

Vor besonders gravierende Probleme sieht sich der Interviewer nun allerdings in allen solchen Handlungsbereichen bzw. Forschungsfeldern gestellt, in denen das Expertenwissen sich eben *nicht* in formalisierten und zertifizierten Sonderwissensbeständen konkretisiert. Während man sich die kanonisierten, formal ausgewiesenen Wissensbestände von Professionellen, wenn auch zum Teil mit hohem Aufwand, so doch über bekannte und mehr oder weniger ‚jedermann' zugängliche Vermittlungswege aneignen kann, gelingt der Erwerb nicht-zertifizierter, eher diffuser Sonderwissensbestände ‚anderer' Experten ausnahmslos dadurch, dass der Forscher jenen ‚Spuren' durch ihm (zunächst) fremde Welten folgt, die ihm erweisen, wie sich diese Akteure ihre Kompetenzen aneignen, die sie zu Experten bestimmter soziokultureller Kontexte machen.[24]

Dabei bieten sich prinzipiell die grundlegenden Techniken nicht-standardisierter Datenerhebung an, die bekanntlich darin bestehen, das Geschehen zu beobachten, Dokumente zu beschaffen und mit den Leuten zu reden. Allen ethnographischen Varianten gemeinsam ist, dass die Forscher mehr oder minder intensiv ins Feld hineingehen und zugleich im Feld so agieren, dass sie es möglichst wenig verändern. Die Bedeutung, die Ethnographen „existentiellem Engagement" (Honer 1993: 40), d.h. praktischer Teilnahme zuschreiben, resultiert nicht zuletzt aus einer grundsätzlichen Skepsis gegenüber der Qualität von Daten, die von anderen übermittelt werden, weil es sich dabei eben grundsätzlich um Daten darüber handelt, wie ein Sachverhalt von anderen situativ *dargestellt* wird (was nicht nur bei in Textform ‚geronnenen' Darstellungen mitunter übersehen wird) – und nicht um Daten über den Sachverhalt selber.

Für die Qualifizierung des Forschers zum (Quasi-)Experten bedeutet dies, möglichst bei allem, was die von ihm identifizierten Experten als Experten tun, dabei zu sein und – nach Möglichkeit – mitzutun. D.h., die ideale Basis für den Erwerb des – für die Durchführung von Experteninterviews konstitutiven – möglichst umfassenden und einschlägigen Vor-Wissens, ist

---

der ethnographische Ansatz bereits dezidiert integriert (vgl. im Überblick dazu Eberle 2007).

24 Um bei dem gewählten, ja keineswegs nur ‚archaischen' Beispiel zu bleiben: Der typisch subjektive Wissensvorrat des Schamanen erschließt sich dem Forscher bestenfalls dadurch, dass er versucht, mit der zu erforschenden Welt des Schamanen hochgradig vertraut zu werden. Die existentielle Involviertheit in für Ethnographen gewohnter Intensität scheint uns in diesem Fall die einzige Möglichkeit für den Forscher zu sein, jenes möglichst umfassende und einschlägige Vorwissen zu erlangen, das für Experteninterviews konstitutiv ist. Der Interviewer muss gewissermaßen danach trachten, selber (Quasi-)Schamane zu werden, um mit diesem ‚auf gleicher Augenhöhe' reden zu können.

„der Erwerb der praktischen Mitgliedschaft an dem Geschehen, das erforscht werden soll, und damit der Gewinn einer existentiellen Innensicht“ (Honer 2000: 198). Damit erwirbt der Forscher eine praktische Vertrautheit mit dem Untersuchungsfeld, die sich in (zumindest potentieller) Handlungskompetenz äußert, und den Interviewer hinlänglich dazu befähigt, ein Gespräch *‚auf gleicher Augenhöhe‘* zu führen.

## 4. Fazit

Diejenige Interviewform, die wir als Experteninterview zu bezeichnen vorschlagen, stellt ein sehr voraussetzungsvolles und damit auch ausgesprochen aufwendiges Instrument zur Datengenerierung dar, dessen Einsatz sich nur im Hinblick auf ganz bestimmte Forschungsinteressen als zweckdienlich erweist. Ganz gewiss *nicht* eignet es sich, wie dies Renate Mayntz u.a (1972: 103) angenommen hatten, „als Ersatz für zeitraubendere, kostspieligere oder an praktisch-technischen Schwierigkeiten scheiternde Verfahren der direkten Datenermittlung.“ D.h., das Experteninterview im hier gemeinten Sinne taugt weit weniger als Instrument zur schnellen, die Zeitaufwendungsmühen der Teilnahme sozusagen kompensierenden Datengenerierung, denn als eine Art Surplus-Verfahren, dessen kompetente Verwendung hohe Feldkompetenzen – und hohe Feldakzeptanz – bereits mehr oder weniger zwingend voraussetzt.

## Literatur


Bauman, Zygmunt (1987): Legislators and Interpreters. On Modernity, Postmodernity and Intellectuals. Cambridge: Polity Press

Berger, Peter L./Luckmann, Thomas (1969): Die gesellschaftliche Konstruktion von Wirklichkeit. Frankfurt a.M.: Fischer

Bergmann, Jörg (1985): Flüchtigkeit und methodische Fixierung sozialer Wirklichkeit. In: Bonß, Wolfgang/Hartmann, Heinz (Hrsg.): Entzauberte Wissenschaft. Sonderband 3 der Sozialen Welt. Göttingen (Schwartz), S. 299-320

Deeke, Axel (1995): Experteninterviews – ein methodologisches und forschungspraktisches Problem. In: Brinkmann, Christian/Deeke, Axel/Völkel, Brigitte (Hrsg.): Experteninterviews in der Arbeitsmarktforschung. BeitrAB191. Nürnberg: IAB, S. 7-22

Dexter, Lewis A. (1970): Elite and specialized interviewing. Evanston: Northwestern University Press

Dreitzel, Hans Peter (1962): Elitebegriff und Sozialstruktur. Stuttgart: Enke

Eberle, Thomas S. (1997): Ethnomethodologische Konversationsanalyse. In: Hitzler, Ronald/Honer, Anne (Hrsg.): Sozialwissenschaftliche Hermeneutik. Opladen: Leske + Budrich, S. 245-279

Eberle, Thomas S. (2007): Ethnomethodologie und Konversationsanalyse. In: Schützeichel, Rainer (Hrsg.): Handbuch Wissenssoziologie und Wissensforschung. Konstanz: UVK, S. 139-160

Eliade, Mircea (1975): Schamanismus und archaische Ekstasetechnik. Frankfurt a.M.: Suhrkamp

Goffman, Erving (1977): Rahmenanalyse. Frankfurt a.M.: Suhrkamp

Hartmann, Heinz/Hartmann, Marianne (1982): Vom Elend der Experten: Zwischen Akademisierung und Deprofessionalisierung. In: Kölner Zeitschrift für Soziologie und Sozialpsychologie, 34, S. 193-223

Hitzler, Ronald (1982): Der ‚begeisterte' Körper. Zur persönlichen Identität von Schamanen. In: Gehlen, Rolf/Wolf, Bernd (Hrsg.): Unter dem Pflaster liegt der Stand. Band 11. Berlin: Kramer, S. 53-73

Hitzler, Ronald (1994): Wissen und Wesen des Experten. Ein Annäherungsversuch – zur Einleitung. In: Hitzler, Ronald/Honer, Anne/Maeder, Christoph (Hrsg.): Expertenwissen. Die institutionalisierte Kompetenz zur Konstruktion von Wirklichkeit. Opladen: Westdeutscher Verlag, S. 13-30

Hitzler, Ronald (1999): Welten erkunden. Soziologie als (eine Art) Ethnologie der eigenen Gesellschaft. In: Soziale Welt, 50, S. 473-483

Hitzler, Ronald (2000): Die Erkundung des Feldes und die Deutung der Daten. Annäherungen an die (lebensweltliche) Ethnographie. In: Lindner, Werner (Hrsg.): Ethnographische Methoden in der Jugendarbeit. Opladen: Leske + Budrich, S. 17-31

Hitzler, Ronald 2007): Ethnographie. In: Buber, Renate/Holzmüller, Hartmut (Hrsg.): Qualitative Marktforschung. Konzepte – Methoden – Analysen. Wiesbaden: Gabler, S. 207-218

Hitzler, Ronald/Honer, Anne (1997) (Hrsg.): Sozialwissenschaftliche Hermeneutik. Opladen: Leske + Budrich

Hitzler, Ronald/Pfadenhauer, Michaela (1999): Reflexive Mediziner? Die Definition professioneller Kompetenz als standespolitisches Problem am Übergang zu einer ‚anderen' Moderne. In: Maeder, Christoph/Burton-Jeangros, Claudine/Haour-Knipe (Hrsg.): Gesundheit, Medizin und Gesellschaft. Beiträge zur Soziologie der Gesundheit. Zürich: Seismo, S. 94-111

Hitzler, Ronald/Pfadenhauer, Michaela (2000): Die Lage ist hoffnungslos, aber nicht ernst! (Erwerbs-) Probleme junger Leute heute und die anderen Welten von Jugendlichen. In: Hettlage, Robert/Vogt, Ludgera (Hrsg.): Identitäten im Umbruch. Opladen: Westdeutscher Verlag, S. 361-380

Honer, Anne (1993): Lebensweltliche Ethnographie. Wiesbaden: DUV

Honer, Anne (1994): Das explorative Interview. Zur Rekonstruktion der Relevanzen von Expertinnen und anderen Leuten. In: Schweizerische Zeitung für Soziologie, 20, S. 623-640

Honer, Anne (2000): Lebensweltanalyse in der Ethnographie. In: Flick, Uwe/Kardoff, Ernst von/Steinke, Ines (Hrsg.): Qualitative Forschung. Reinbek: Rowohlt, S. 194-204

Hopf, Christel (2000): Qualitative Interviews – ein Überblick. In: Flick, Uwe/Kardoff, Ernst von/Steinke, Ines (Hrsg.): Qualitative Forschung. Reinbek: Rowohlt, S. 349-360

Jaeggi, Urs (1960): Die gesellschaftliche Elite. Bern: Haupt

Keppler, Angela/Luckmann, Thomas (1991): „Teaching": Conversational Transmission of Knowledge. In: Markova, I./Foppa, K. (Hrsg): Asymmetries in Dialogue. Hempstead: Harvester Wheatsheaf, S. 143-165

Kern, B./Kern, Horst/Schumann, Michael (1988): Industriesoziologie als Katharsis. In: Soziale Welt, 39, S. 86-96

Knoblauch, Hubert (2001): Fokussierte Ethnographie. In: Sozialer Sinn, 1, S. 123-141

Knoblauch, Hubert (2003): Qualitative Religionsforschung: Religionsethnographie in der eigenen Gesellschaft, München/Zürich: Vandenhoeck & Ruprecht

Maindok, Herlinde (1996): Professionelle Interviewführung in der Sozialforschung. Pfaffenweiler: Centaurus

Marquardt, Odo (1981): Inkompetenzkompensationskompetenz? Über Kompetenz und Inkompetenz der Philosophie. In: Marquardt, Odo: Abschied vom Prinzipiellen. Philosophische –Studien. Stuttgart: Reclam, S. 23-38

Martens, Kerstin/Brüggemann, Michael (2006): Kein Experte ist wie der andere. Vom Umgang mit Missionaren und Geschichtenerzählern. Bremen: Arbeitspapier 39 des SFB 597 ‚Staatlichkeit im Wandel' an der Universität Bremen

Mayntz, Renate/Holm, Kurt/Hübner, Peter (1972): Einführung in die Methoden der empirischen Soziologie. Opladen: Westdeutscher Verlag

Meuser, Michael/Nagel, Ulrike (1991): ExpertInneninterviews – vielfach erprobt, wenig bedacht. Ein Beitrag zur qualitativen Methodendiskussion. In: Garz, Detlef/Kraimer, Klaus (Hrsg.): Qualitativ-empirische Sozialforschung. Konzepte, Methoden, Analysen. Opladen: Westdeutscher Verlag, S. 441-471

Meuser, Michael/Nagel, Ulrike (1994): Expertenwissen und Experteninterview. In: Hitzler, Ronald/Honer, Anne/Maeder, Christoph (Hrsg.): Expertenwissen. Die institutionalisierte Kompetenz zur Konstruktion von Wirklichkeit. Opladen: Westdeutscher Verlag, S.180-192

Meuser, Michael/Nagel, Ulrike (1997): Das ExpertInneninterview – Wissenssoziologische Voraussetzungen und methodische Durchführung. In: Friebertshäuser, Barbara/Prengel, Annedore (Hrsg.): Handbuch Qualitative Forschungsmethoden in der Erziehungswissenschaft. Weinheim/München: Juventa, S. 481-49

Oevermann, Ulrich (1983): Zur Sache. Die Bedeutung von Adornos methodologischem Selbstverständnis für die Begründung einer materialen soziologischen Strukturanalyse. In: Friedeburg, Ludwig von/Habermas, Jürgen (Hrsg.): Adorno-Konferenz 1983. Frankfurt a.M.: Suhrkamp, S. 234-289

Pfadenhauer, Michaela (1997): Die (Re-)Konstruktion professionellen Handelns. Überlegungen zur Annäherung an den Forschungsgegenstand. In: Pfadenhauer, Michaela (Hrsg.): Explorationen zum Begriff des professionellen Handelns. Dokumentation des 1. Workshops des Arbeitskreises ‚Professionelles Handeln' am 28.02. und 1.03.1997 in München. München: Eigendruck, S. 3-6

Pfadenhauer, Michaela (1998): Problem zur Lösung. Inszenierung von Professionalität. In: Willems, Herbert/Jurga, Martin (Hrsg.): Inszenierungsgesellschaft. Opladen: Westdeutscher Verlag, S. 209-304

Pfadenhauer, Michaela (2000): Spielerisches Unternehmertum. Zur Professionalität von Event-Produzenten in der Techno-Szene. In: Gebhardt, Winfried/Hitzler, Ronald/Pfadenhauer, Michaela (Hrsg.): Events. Zur Soziologie des Außergewöhnlichen. Opladen: Leske + Budrich, S. 95-114

Pfadenhauer, Michaela (2001a): Macht – Funktion – Leistung. Elitentheoretische Überlegungen zur Profession: In: Mieg, Harald/Pfadenhauer, Michaela (Hrsg.): Professionelle Leistung – Positionen zur Professionssoziologie. Reihe ‚Wissen und Studium' im Universitätsverlag Konstanz: UVK, S. 81-87

Pfadenhauer, Michaela (2001b): Was andere Augen sehen. Perspektiven der Rezeption des Techno-Videoclips ‚Sonic Empire'. In: Hitzler, Ronald/Pfadenhauer, Michaela (Hrsg.): Techno-Soziologie. Erkundungen einer Jugendkultur. Opladen: Leske + Budrich, S. 235-252

Pfadenhauer, Michaela (2007): *Das Experteninterview.* Ein Gespräch auf gleicher Augenhöhe. In: Buber, Renate/Holzmüller, Hartmut (Hrsg.): Qualitative Marktforschung. Konzepte – Methoden – Analysen. Wiesbaden: Gabler, S. 449-461

Reichertz, Jo (1988): Verstehende Soziologie ohne Subjekt? In: Kölner Zeitschrift für Soziologie und Sozialpsychologie, 40, S. 207-222

Schröer, Norbert (1994): Routinisiertes Expertenwissen. Zur Rekonstruktion des strukturalen Regelwissens von Vernehmungsbeamten. In: Hitzler, Ronald/Honer, Anne/Maeder, Christoph (Hrsg.): Expertenwissen. Die institutionalisierte Kompetenz zur Konstruktion von Wirklichkeit. Opladen: Westdeutscher Verlag, S. 214-231

Schütz, Alfred (1972a): Der gut informierte Bürger. In: Ders.: Gesammelte Aufsätze. Band 2. Den Haag: Nijhoff, S. 85-101

Schütz, Alfred (1972b): Einige Äquivationen im Begriff der Verantwortlichkeit. In: Ders.: Gesammelte Aufsätze. Band 2. Den Haag: Nijhoff, S. 256-258

Schütz, Alfred/Luckmann, Thomas (1979): Strukturen der Lebenswelt. Band 1. Frankfurt a.M.: Suhrkamp

Scott, Marvin B./Lyman, Stanford M. (1976): Praktische Erklärungen. In: Anwärter, Manfred/Kirsch, Edit/Schröter, Manfred (Hrsg.): Seminar: Kommunikation, Interaktion, Identität. Frankfurt a.M.: Suhrkamp, S. 73-114

Soeffner, Hans-Georg (1989): Auslegung des Alltags – Der Alltag der Auslegung. Zur wissenssoziologischen Konzeption einer sozialwissenschaftlichen Hermeneutik. Frankfurt a.M.: Suhrkamp

Sprondel, Walter M. (1979): „Experte“ und „Laie“. Zur Entwicklung von Typenbegriffen in der Wissenssoziologie. In: Sprondel, Walter M./Grathoff, Richard (Hrsg.): Alfred Schütz und die Idee des Alltags in den Sozialwissenschaften. Stuttgart: Enke, S. 140-154

Trinczek, Rainer (1995): Experteninterviews mit Managern: Methodische und methodologische Hintergründe. In: Brinkmann, Christian/Deeke, Axel/Völkel, Brigitte (Hrsg.): Experteninterviews in der Arbeitsmarktforschung. BeitrAB191. Nürnberg: IAB, S. 59-67

Vogel, Berthold (1995): „Wenn der Eisberg zu schmelzen beginnt...“ – Einige Reflexionen über den Stellenwert und die Probleme des Experteninterviews in der Praxis der empirischen Sozialforschung. In: Brinkmann, Christian/Deeke, Axel/Völkel, Brigitte (Hrsg.): Experteninterviews in der Arbeitsmarktforschung. BeitrAB191. Nürnberg: IAB, S. 73-83

Znaniecki, Florian (1975): The Social Role of the Man of Knowledge. New York: Octagon

# Interviews mit Eliten – Interviews mit ExpertInnen: Gibt es Unterschiede?[1]

*Beate Littig*

## 1. Einleitung

Vergleicht man die sozialwissenschaftliche Methodendiskussion im anglo-amerikanischen Sprachraum mit der im deutschsprachigen Raum, so fällt auf, dass in letzterem seit einigen Jahren Experteninterviews als distinkte Interviewform diskutiert werden (Flick et al. 2003, Bogner et al. 2005, Gläser& Laudel 2004, Mieg & Näf 2006). Der Terminus Eliteinterview als Bezeichnung einer eigenständigen Interviewform kommt hier – mit wenigen Ausnahmen (z.B. Brandl & Klinger 2006) – so gut wie nicht vor. Für die anglo-amerikanische (und d.h. angesichts der Dominanz englischsprachiger Literatur: internationale) sozialwissenschaftliche Methodendiskussion ist hingegen das Umgekehrte festzustellen (z.B. Gubrium & Holstein 2002 oder Denzin & Lincoln 2000). Experteninterviews scheinen hier weitgehend unbekannt zu sein. Gleichzeitig ist festzustellen, dass sich die Beiträge sowohl zur einen als auch zur anderen Methode in vielerlei Hinsicht nicht grundlegend unterscheiden, ganz im Gegenteil. Thematisiert werden vielmehr in beiden methodischen Traditionen Zugangsprobleme zu Eliten und ExpertInnen (insbesondere hochrangigen) sowie Spezifika der Interaktionssituation und der Gesprächsführung. Selbst bei der Definition der Zielgruppen der Interviews (ExpertInnen und Eliten) gibt es Überschneidungen, wenn auch nicht Dekkungsgleichheit. Im Zentrum des wissenschaftlichen Interesses stehen zumeist professionelle Eliten (Funktionseliten) und professionelle ExpertInnen. Die Differenzen zwischen Elite- bzw. Experteninterviews dürften vor allem in den unterschiedlichen sozial- und politikwissenschaftlichen Forschungstraditionen und -interessen begründet sein.

Im Folgenden sollen die Gemeinsamkeiten und Unterschiede der beiden methodischen Zugänge dargelegt werden. Diese Diskussion soll neben der Zusammenführung des Wissensstandes vergleichbarer Ansätze zu einer Präzisierung der Methodologie des Experteninterviews beitragen. Der Beitrag endet mit einem wissenssoziologisch begründeten Plädoyer dafür, Eliten im Sinne pro-

---

1 Dieser Beitrag erschien zuerst als: Littig, Beate (2008) Interviews mit Eliten – Interviews mit ExpertInnen: Gibt es Unterschiede [37 Absätze]. Forum: Qualitative Social Research, 9(3), Art. 16, http://ubn-resolving.de/um:ubn:de:0114-fqs0803161.

fessioneller Funktionseliten aufgrund ihrer Machtpositionen als eine spezifische Gruppe von ExpertInnen zu betrachten. Methodologisch betrachtet sind ExpertInnen (und somit auch Eliten) aufgrund ihres spezifischen Deutungs- und Handlungswissens, kurz ihres Expertenwissens, für die sozial- und politikwissenschaftlich orientierte Forschung bedeutsam. Konsequenterweise sind dann Interviews mit Eliten, die auf die Generierung expliziten wie impliziten professionellen Wissens abzielen, als ExpertInneninterviews anzusehen.

## 2. Eliten und ExpertInnen als InterviewpartnerInnen

Die Bezeichnungen Elite- bzw. Experteninterview lassen erwarten, dass die methodologische Begründung des Experten- bzw. Eliteinterviews als eigenständiger Interviewtypus an die Spezifika der jeweiligen Zielgruppe gebunden ist. Was zeichnet also die Elite bzw. ExpertInnen aus? Welche Besonderheiten weisen diese Personengruppen auf, die sie für sozial- und politikwissenschaftliche Interviews so interessant macht?

Auffällig ist bei der Literatur zum Eliteninterview, dass der Elitebegriff zumeist unkommentiert und unproblematisiert voraus gesetzt wird. Ausgangs- und Endpunkt der Überlegungen sind zumeist mehr oder minder vage Arbeitsdefinitionen des Elitebegriffs. So werden Eliten oftmals über ihren vergleichsweise hohen sozialen Status und den damit verbundenen Privilegien definiert:

> "However the whole notion of an elite, implies a group of individuals, who hold, or have held, a privileged position in society and, as such, as far as a political scientist is concerned, are likely to have had more influence on political outcomes than general members of the public." (Richards 1996, S. 199).

Es sind – wie schon Dexter in seinem inzwischen klassischen Buch zum Eliteinterview schreibt „the influential, the prominent, and the well informed“ (Dexter 2006/1969, S. 19).[2] Seither hat sich die Klärung des Elitenbegriffs in der methodischen Literatur nicht grundlegend geändert.[3] Eine klare

---

2 Die Neuauflage des Buches „Elite and Specialized Interviewing“ des Politikwissenschaftlers L.A. Dexter, das zuerst 1969 erschienen ist, besorgte das European Consortium for Political Research (ECPR) 2006 in der Reihe ECPR Classics im Eigenverlag. Das essayartige Buch hat die englischsprachige Methodendiskussion zum Eliteinterview maßgeblich beeinflusst. Viele Ausführungen Dexters sind trotz der inzwischen größeren Differenziertheit der Methodendiskussion nach wie vor gültig. Insofern ist das Buch zu Recht als Klassiker zu bezeichnen (vgl. Littig 2008).

3 Eine populäre Definition spricht von Eliten als "group in society considered to be superior because of the power, talent, privileges etc. of its members" (Hornby, Cowie & Gimson 1983, S. 280). In der soziologischen Eliteforschung hingegen ist der Elitebegriff an die gesellschaftliche, wirtschaftliche und politische Einflussnahme sowie an die Position gebunden (Hartmann 2007, S. 18; Wasner 2004). Die Bindung des Elitestatus an ein bestimmtes Amt oder eine Position (und nicht an die Person) sorgt für die Kontinuität der Machtausübung von Spitzenpolitikern oder Topmanagern oder hohen Wirtschaftsfunktionären. Inso-

Begriffsbestimmung sucht man zumeist vergebens (exemplarisch Moyser & Wagstaffe 1987, Seldon 1996, Odendahl & Shaw 2002, Lilleker 2003).

Eine Ausnahme stellt der Artikel von Welch et al. (2002) dar, in dem Tiefeninterviews mit Unternehmenseliten methodologisch reflektiert werden. Die Autorinnen definieren die befragten Eliten in Relation zu ihrem Forschungsfeld (international business research) als:

> "an informant (usually male) who occupies a senior or middle management position; has functional responsibility in an area which enjoys high status in accordance with corporate values; has considerable industry experience and frequently also long tenure with the company; possesses a broad network of personal relationships; and has considerable international exposure." (Welch et al. 2002, S. 613)

Diese Beschreibung kommt dem ExpertInnenbegriff von M. Meuser und U. Nagel nahe, den sie in ihrem Pionierartikel von 1991 vorgestellt haben:[4]

> „Der Adressatenkreis von Experteninterviews ist breit gefächert. In der Literatur findet man Führungsspitzen aus Politik, Wirtschaft, Justiz, Verbänden, Wissenschaft, aber auch Lehrer, Sozialarbeiter, Personalräte. Der Großteil kann als Funktionselite gelten, bei anderen dürfte eine solche Zuordnung irreführend sein, etwa bei Personalräten oder bei Sozialarbeitern." (Meuser & Nagel 2005, S. 73)

Auch Meuser und Nagel gehen davon aus, dass wer als Experte bzw. Expertin anzusehen ist, relational zum Forschungsinteresse ist. Zum Experten/zur Expertin wird man also gemacht, der ExpertInnenstatus ist ein seitens der ForscherInnen zugeschriebener. Das sozialwissenschaftliche Interesse an ExpertInnen zielt auf ihr spezifisches Kontextwissen über ein Forschungsfeld oder auf ihr organisationsinternes Betriebswissen über Strukturen, Handlungsabläufe und Ereignisse. ExpertInnen sind also Informanten, die über Wissen verfügen, das den ForscherInnen über andere Quellen nicht zugänglich ist. Oftmals sind diese Personen, die auch über Entscheidungsbefugnisse verfügen, also Führungskräfte, die Verantwortung für weiter reichende Entscheidungen tragen. Diese müssen nicht notwendigerweise die hochrangigen Entscheidungsträger an der Spitze einer Organisation sein. Letztlich kann als Experte bzw. Expertin jede Person angesehen werden, die einen privilegierten Zugang zu Wissen über bestimmte Personengruppen oder Entscheidungs-

---

fern sind entgegen der Alltagsauffassung Künstler, Wissenschaftler, Sportler, Pop- oder Filmstars oder andere Promis nicht der Elite zurechenbar. Bude betont (im Gegensatz zu Hartmann), dass unter der Bedingung einer notwendigen Leistungsqualifikation auch der Elitebegriff weiter zu fassen ist: „Zur deutschen Elite gehören der Vorstandsvorsitzende von Daimler Chrysler genauso wie die Vorsitzende des Finanzausschusses des Deutschen Bundestages, der Feuilletonherausgeber der FAZ genauso wie der Unterhaltungschef von SAT1, Günter Grass genauso wie Franz Beckenbauer." (Bude 2004, S. 300f.)

4 Der Artikel von 1991 mit dem Titel „ExpertInneninterviews – vielfach erprobt, wenig bedacht" ist wiederabgedruckt in Bogner et al (2005). Erst etwa 10 Jahre später kam diese von Meuser und Nagel getroffene Feststellung in Bewegung (vgl. den Sammelband zum Experteninterview von Bogner et al 2005, der zuerst 2002 erschien; s.a. Gläser & Laudel 2004).

prozessen hat und Verantwortung dafür trägt. Entsprechend formulieren Bogner und Menz (2005, S. 46):

„*Der Experte verfügt über technisches, Prozess- und Deutungswissen, das sich auf sein spezifisches professionelles oder berufliches Handlungsfeld bezieht. Insofern besteht das Expertenwissen nicht allein aus systematisiertem, reflexiv zugänglichem Fach- oder Sonderwissen, sondern es weist zu großen Teilen den Charakter von Praxis- oder Handlungswissen auf, in das verschiedene und durchaus disparate Handlungsmaximen und individuelle Entscheidungsregeln, kollektive Orientierungen und soziale Deutungsmuster einfließen. Das Wissen des Experten, seine Handlungsorientierungen, Relevanzen usw. weisen zudem – und das ist entscheidend – die Chance auf, in der Praxis in einem bestimmten organisationalen Funktionskontext hegemonial zu werden, d.h., der Experte besitzt die Möglichkeit zur (zumindest partiellen) Durchsetzung seiner Orientierungen. Indem das Wissen des Experten praxiswirksam wird, strukturiert es die Handlungsbedingungen anderer Akteure in seinem Aktionsfeld in relevanter Weise mit.“ (kursiv im Original B.L.)*

Die Explikation und Rekonstruktion dieser verschiedenen Wissensinhalte sowie ihrer handlungspraktischen Folgen sind der Fokus der Durchführung und Analyse von ExpertInneninterviews (vgl. die Beiträge in Bogner et al 2005 und in diesem Band). Demgegenüber treten biographische Erfahrungen und persönliche Meinungen der ExpertInnen deutlich in den Hintergrund.

In der Literatur zum Eliteinterview wird das Erkenntnisziel selten so explizit formuliert. Dass es in Eliteinterviews aber nicht einfach um die Gewinnung objektiver Fakten und Wissensbestände gehen kann, hat bereits Dexter Ende der 1960er Jahre thematisiert. Er legte Ansätze einer „transactional theory of the interview“ vor, in der er von einer interaktionistischen Interviewsituation ausgeht:

“What this means is, of course, that whether investigators wish it or not, interviewing is a social relationship and the interviewer is part of the relationship. The interviewee's *inarticulate* and *unexamined* conception of the audience guides and determines what he says.” (Dexter, 2006/1969, S.115; kursiv im Original, B.L).

Eliteinterviews gelten auch in der Nachfolge Dexters nicht als präzises Forschungsinstrument. Das Sampling ist nicht repräsentativ, die Aussagen der Befragten können durch Erinnerungslücken verzerrt sein, verschiedene Interviewte können zum gleichen Sachverhalt unterschiedliche Angaben machen usw. (z.B. Richards 1996, S. 200f.)

Im Vergleich zu dieser Position ist die deutschsprachige, insbesondere wissenssoziologisch beeinflusste Diskussion um ExpertInneninterviews differenzierter bezüglich des Status der generierten Daten (Bogner et al. 2005, Hitzler et al. 1994). Festzustellen ist allerdings, dass es nicht DAS ExpertInneninterview gibt. Die Pluralität bezüglich der Auffassung des zugrundeliegenden ExpertInnenbegriffs sowie der Forschungsinteressen beim Einsatz dieses Forschungsinstruments ist beträchtlich.[5]

---

5 Die Beiträge in dem Sammelband von Hitzler, Honer & Maeder (1994) diskutieren den Expertenbegriff und dessen Abgrenzungen vom Spezialisten und Laien ausführlich aus einer

Nach Bogner und Menz (2005, S. 36ff. und in diesem Band) lassen sich drei Formen des Experteninterviews unterscheiden:

1. das explorative Experteninterview, das in einem noch kaum bekannten Forschungsfeld zum Einsatz kommt
2. das systematisierende Experteniterview, bei dem es um die Rekonstruktion „objektiven" Wissens in einem speziellen Feld geht
3. das theoriegenerierende Experteninterview, das nicht nur auf das explizite Sonderwissen des Experten bzw. der Expertin zielt, sondern auch auf das implizite Handlungs- und Deutungswissen, das in der (professionellen) Praxis erworben wird.

Das in der anglo-amerikanischen Methodenliteratur vorherrschende Verständnis des Interviewens von Eliten ist nach dieser Differenzierung als exploratives oder systematisierendes zu klassifizieren. Angehörige der Eliten fungieren als InformantInnen über spezielle, sonst nicht zugängliche Wissensgebiete. Entsprechend zielt die vergleichende Analyse verschiedener Interviews je nach konkreter Forschungsfrage auf die möglichst objektive Rekonstruktion von Fakten, Problemlagen, Entscheidungsprozessen, Netzwerken u.dgl.m. wie sie seitens verschiedener Interviewter expliziert werden (z.B. Welch et al. 2002, S. 613). Ähnlich sieht dies Richards für die Politikwissenschaft:

"One of the most important functions of an elite interview is to try to assist the political scientist in understanding the theoretical position/s of the interviewee; his/her perceptions, belief and ideologies. Such information can rarely be gleaned from examining books, documents or records. By their very nature, elite interviews provide a subjective account of an event or issue." (Richards 1996, S. 199-200)

Auch wenn Interaktionseffekte nicht ignoriert werden, so gilt es doch als wünschenswert, diese zu minimieren, um der wissenschaftlichen Erkenntnis einer positivistisch angenommen, objektiven Realität möglichst nahe zu kommen (so schon Dexter 2006/1969, S. 115ff.). Dies ist nach meiner Einschätzung auch das vorherrschende Ziel bei der Durchführung von Experteninterviews – die Nutzung von ExpertInnen als InformantInnen – jedenfalls in der angewandten deutschsprachigen Sozialforschung und Policy-Forschung, aber auch in der Politikwissenschaft und in weiten Teilen der Soziologie (Gläser & Laudel 2004, Mieg & Näf 2006).

Die Trennungslinie verläuft also nicht zwischen dem Experten- und Eliteinterview und ihren unterschiedlichen Adressaten für die Datengenerierung. Sie verläuft vielmehr innerhalb des Experten- oder Eliteinterviews hinsichtlich unterschiedlicher Erkenntnisinteressen und der epistemologischen Auffassung des Status der solchermaßen generierten Daten. Die Differenz be-

---

wissenssoziologischen Perspektive (vgl. auch Bogner & Menz 2005, S. 40f.). Mieg & Brunner (2004) diskutieren darüber hinaus noch verschiedene kognitionspsychologische Expertenbegriffe.

steht in einer positivistischen versus einer sozial-konstruktivistischen, und das heißt immer interpretativ-hermeneutischen Auffassung des Verhältnisses von Wissenschaft und sozialer Wirklichkeit:

> „Allerdings ... ist die hermeneutische Argumentation grundsätzlich anticartesianisch. ... Sie geht aus von historisch-gesellschaftlichen Konstruktionen der Wirklichkeit(en). Sie sieht die miteinander agierenden Individuen und deren a priorische Intersubjektivität *in* der sozial gedeuteten Welt und nicht dieser *gegenüber*. Sie zielt nicht nur ab auf das Beobachten, Beschreiben, Verstehen und Erklären des Sozialen, sondern ineins damit auf das Soziale der artspezifischen, historisch sich verändernden Wahrnehmungs- und Artikulationsmuster und Zwecke des Beobachtens, Beschreibens, Verstehens und Erklärens..."(Soeffner 1989, S. 56f.; kursiv im Original B.L.)

Liegt dem explorativen und systematisierenden Experteninterview eine eher positivistische Haltung und in der Folge ein objektivistisches Erkenntnisideal sowohl hinsichtlich der Datengenerierung als auch der Auswertung zugrunde, so geht das von Bogner und Menz (2005 und in diesem Band) im Anschluss an Meuser und Nagel (1991, 2005) sogenannte theoriegenerierende Experteninterview (beide in Bogner et al 2005) von der Annahme einer sozial-konstruktivistischen Herstellung von Wirklichkeit aus. Konsequenterweise ist dann auch Forschung als aktiver Prozess der Produktion von Bedeutungen und Relevanzen zu verstehen. Das theoriegenerierende Experteninterview verfolgt neben der Informationsgewinnung hinsichtlich einer Forschungsfrage wissenssoziologische Ziele. Dabei werden die Generierung, das Entstehen, Funktionieren, die Praktiken und die Inhalte des expliziten wie impliziten ExpertInnenwissens sowie seine Wirksamkeit zum Gegenstand der Forschung. Das ExpertInnenwissen wird dabei als analytisches Konstrukt begriffen, das sich abhängig von der Interviewstrategie in einer interaktiven Interviewsituation realisiert. Insofern ist das ExpertInnenwissen nicht ein ohnehin schon fertig geschnürtes Paket, das es nur noch abzuholen gilt, sondern eine sich erst im Interview konfigurierende Entäußerung unterschiedlicher Wissensbestände. Gemäß dieser sozial konstruktivistisch orientierten Auffassung des (ExpertInnen-) Interviews handelt es sich nicht um eine „neutrale" Gesprächssituation, von der Interaktionseffekte (durch Geschlecht, Alter, Status usw.) möglichst auszuschließen sind.[6] Diese Einflüsse sind nicht nur unvermeidbar, sondern sie sind, wie Erwartungen, Emotionen, Sympathie oder Antipathie u.a. konstituierende Bestandteile des (ExpertInnen-)Interviews (Helfferich 2004).[7] Wie für alle anderen Interviewformen gilt auch im Expertneninterview, dass die Befragten (und Fragenden) ihr Handeln (und Reden) an den jeweiligen situationsspezifischen Relevanzen ausrichten.

---

6 Zur Bedeutung der Kategorie Geschlecht im Experteninterview vgl. Littig (2005) sowie Abels & Behrens (2005). Vgl. auch die Beiträge in diesem Band.

7 Sie können sogar als Ressource für die Interviewführung genutzt werden (vgl. verschiedene Beiträge in Bogner et al 2005 und in diesem Band). Vgl. dazu auch den folgenden Abschnitt.

## 3. Besonderheiten des Zugangs und der Gesprächsführung

Im Zentrum der Literatur zu Eliteinterviews wie auch zu Experteninterviews stehen oftmals das Sampling, die spezifischen Zugangsprobleme und Herausforderungen der Interviewführung (exemplarisch Dexter 2006/1969, Moyser und Wagstaffe 1987, Vogel 1995, Odendahl und Shaw 2002, Welch et al. 2002, Lilleker 2003 sowie die Beiträge in Bogner et al. 2005 und in diesem Band)[8].

### *3.1 Sampling*

Problematisiert wird zunächst das Sampling. Dieses fügt sich keinen quantitativen Repräsentativitätsvorstellungen, da es keinen klar abgegrenzten ExpertInnen- oder Elite-Pool gibt, aus dem gemäß bestimmten Vorgaben auszuwählen wäre. Vielmehr ist der ExpertInnen- oder Elitestatus ein zugeschriebener, der vom jeweiligen Forschungsfeld und -interesse abhängt: „Der Expertenstatus wird in gewisser Weise vom Forscher verliehen, begrenzt auf eine spezifische Fragestellung." (Meuser & Nagel 2005, S. 73). Geht es also etwa um Personalentscheidungen (z.B. Einstellungs- oder Entlassungspraktiken) in Unternehmen, werden Human Resource Manager, Personalvorstände oder Geschäftsführer, aber evtl. auch VertreterInnen spezifischer Lobbygruppen (etwa Behindertenvertretungen) zu ExpertInnen. Geht es um das Zustandekommen, die Aushandlungs- und Entscheidungsprozesse von bestimmten Gesetzen, werden die involvierten Beamten, Parteifunktionäre, Gutachter, ggf. VertreterInnen von Bürgerinitiativen usw. als ExpertInnen interviewt werden. In ähnlicher Weise, nämlich bezogen auf die jeweilige Forschungsfrage (in diesem Fall International Business), erläutern auch Welch et al. (2002, S. 613) die Zuschreibung des Elitestatus zu bestimmten Personen. Ihr Interesse gilt vorrangig der langjährigen professionellen Erfahrungen von 90 Interviewten aus dem mittleren Management internationaler Unternehmen. Bemerkenswert an dieser Beschreibung ist die explizite Zuschreibung des Elitebegriffs zum mittleren Management und nicht zum Topmanagement, welches üblicherweise als Eliteresorvoir angesehen wird. Diese Ausweitung des Elitebegriffs betonen die Autorinnen deshalb, weil ihr Forschungsinteresse dem operationalen Geschäft galt, über das sie sich von den mittleren Führungsebenen mehr Kenntnisse erwarteten als von der oberen. Die Rekrutierung der konkreten InterviewpartnerInnen erfolgt in diesem Fall über Firmenbeschreibungen (inzwischen auf Homepages), Telefonverzeichnisse, mediale Bericht-

8 Im Fall des Eliteinterviews handelt es sich dabei nicht selten um essayartige Erfahrungsberichte aus der Forschungspraxis, die auch Hinweise darauf beinhalten, wie diesen Schwierigkeiten begegnet werden kann (explizit Dexter 2006/1969, aber auch Lilleker 2003, Richards 1996).

erstattung, bereits vorliegende Studien und über das sog. Schneeballverfahren, also Empfehlungen von Befragten. Sie setzt bei der Frage nach der Beteiligung an bestimmten Prozessen (z.B. Gesetzgebung) eine umfassende Auseinandersetzung mit dem Feld voraus, um keine wichtigen Personen auszulassen. Empfehlungen von Befragten können bei der Einschätzung der Wichtigkeit von bestimmten Personen hilfreich sein.[9] In den Fällen, wo es um positionsgebundene Fragestellungen geht (z.B. mittleres Management von Großunternehmen) steht das theoretische Sampling (Strauss & Corbin 1996, Glaser & Strauss 1998) als etabliertes Auswahlverfahren zur Verfügung.

### *3.2 Zugangsprobleme*

Es gehört zum Distinktionsrepertoire von Eliten sich von Nicht-Eliten abzugrenzen, indem sie Zugangsbarrieren zu ihren Lebens- und Arbeitsbereichen errichten (Hertz & Imber 1995, S. viii). Hier ließe sich quasi die Regel formulieren, dass je höher der soziale Rang ist, umso schwieriger ist der Zugang.[10] Dies gilt auch für hochrangige ExpertInnen, wie sie im vorliegenden Text definiert wurden (s.o.) Diese Zugangsbarrieren können sich in Form von Sekretärinnen, persönlichen AssistentInnen und im Fall der wirtschaftlichen und politischen Topeliten in ganzen PR-Abteilungen personifizieren. Diese gilt es als erstes Hindernis gleichsam zu überwinden, indem Forschende sie von der Sinnhaftigkeit und Notwendigkeit des Interviews mit dem avisierten Vorgesetzten überzeugen. Zugangsbarrieren können sich aber auch in Form von Zeitknappheit manifestieren, die die hochrangigen Personen zu einer strikten Zeitplanung und somit strikten Rangordnung von wichtigen und unwichtigen Terminen und Tätigkeiten nötigen (Brandl & Klinger 2006, S. 47). Wissenschaftliche Forschung rangiert dabei nicht immer ganz oben, und da sich Interviewtermine für viel gefragte ExpertInnen durchaus häufen können, muss die Selektion noch sorgfältiger durchgeführt werden (Imbusch 2003, S. 11f.).

Gleichzeitig zu dieser Art von Abgrenzung pflegen Eliten Netzwerkkontakte zu Gleichgestellten. Sie zeichnen sich nach wie vor durch eine starke Tendenz zur sozialen Schließung und Homogenisierung aus, obwohl die

9 Die Tatsache, dass hochrangige ExpertInnen und Eliten oftmals exponierte Positionen innehaben, erschwert oftmals die Anonymisierung der Interviews. Anonymität und eine vertrauliche Behandlung der Interviewhalte sollte dennoch zugesichert und nur mit ausdrücklicher Zustimmung der Befragten aufgehoben werden. So warnte schon Dexter vor mehr als 30 Jahren vor der nicht autorisierten Benutzung von Interviewmaterial in Lehrveranstaltungen (Dexter 2006/1969, Kapitel 2).

10 Eine fast umgekehrte Regel könnte man für die Nicht-Eliten aufstellen: Je niedriger der soziale Status, um so leichter der Feldzugang, auch wenn Vertrauensherstellung auch dort nicht immer einfach ist. Möglichweise sind u.a. deshalb die Lebensbedingungen der Armen sozialwissenschaftlich so viel besser erforscht als die der Reichen.

Barrieren zu den Elitepositionen inzwischen durchlässiger geworden sind (Hornbostel 2004, S. 12, Hartmann 2007). Gelingt es der/dem Forschenden erst einmal Zugang zu finden, so können sich die elitären Netzwerke als reichhaltiges wissenschaftliches Forschungsfeld erweisen.

Zur Bewältigung der Zugangsprobleme lassen sich in der Literatur zum Experteninterview wie auch zum Eliteinterview eine Reihe strategischer Ratschläge finden. Sie setzen oftmals bei der Nutzung möglicher Motive der zu Befragenden für die Gesprächsanbahnung an. So verweisen Brandl und Klinger (2006) auf instrumentelle Interessen seitens dieser Adressatengruppe wie etwa die Hoffnung auf einen Zugewinn an nützlichen oder verwertbaren Informationen im Gespräch. Dieses Motiv kann genutzt werden, indem im Fall der Teilnahme am Interview, ein schneller Zugang zu den Ergebnissen in Aussicht gestellt wird. Instrumentell ist auch das Motiv des möglichen Imagegewinns aufgrund der Kooperation mit einer renommierten Forschungseinrichtung. Befragte können aber auch unabhängig vom Projektgegenstand, an einer Interviewteilnahme interessiert sein. Psycho-soziale Motive, wie der Mangel an kompetenten Gesprächspartnern oder Einsamkeit können hier zum Tragen kommen. Darüber hinaus kann auch Altruismus ein Motiv zur Interviewteilnahme sein, z.B. mit der Absicht, JungforscherInnen bei ihren wissenschaftlichen Vorhaben zu unterstützen oder generell zum wissenschaftlichen Fortschritt beitragen zu wollen.

Zur Aufwertung des eigenen Status wird insbesondere Studierenden oder rangniedrigen WissenschaftlerInnen der gezielte Verweis auf die hervorragende Bedeutsamkeit des angestammten Forschungsinstituts, der forschungsfördernden Institution oder der supervidierenden ProfessorInnen empfohlen. Auch der Einsatz persönlicher Kontakte wird anempfohlen oder die Bezugnahme auf Gemeinsamkeiten mit den hochrangigen Befragten (z.B. Studium an der gleichen Universität, Herkunft aus der gleichen Stadt, usw.).

### *3.3 Interviewführung*

Experteninterviews wie auch Eliteinterviews zielen auf Wissensgenerierung für wissenschaftliche Zwecke, d.h., die Befragten sollen Auskünfte in Bezug auf ein spezifisches, forschungsrelevantes Thema geben. Das Interview ist offen und nicht-standardisiert, um den Befragten möglichst breiten Raum zur Entfaltung ihrer Sichtweisen zu geben. Entsprechend formulierte schon Dexter 1969 seine Definition des Eliteinterviews:

"It is an interview with any interviewee – and stress should be placed on the word 'any' – who in terms of the current purposes f the interviewer is given special, nonstandardized treatment. By special, nonstandard treatment I mean:

1. stressing the interviewee's definition of the situation,
2. encouraging the interviewee to structure an account of the situation,

3. letting the interviewee introduce to a considerable extent (an extent which will of course vary from project to project and interviewer to interviewer) his notion of what he regards as relevant, instead of relying upon the investigator's notions of relevance." (Dexter 2006/1969, S.18)

Seitens der Interviewenden wird zumeist ein flexibel zu handhabender Leitfaden benutzt, der die relevanten Fragestellungen auflistet. ExpertInnen und Eliten sind es in der Regel gewohnt, über ihre Fachgebiete zu reden, ihr Wissen – durchaus auch in strategischer Absicht – anderen darzulegen. Führungskräfte lassen sich auch nur ungern Vorschriften machen, eher neigen sie dazu, andere zu testen. Dies verlangt dem Interviewendem mehrere Fähigkeiten ab: Hiezu gehört zum einen eine möglichst große Flexibilität gegenüber der Gesprächsführung des Gegenübers, ohne dabei das eigene Informationsinteresse aus den Augen zu verlieren. Zum anderen müssen sich Interviewende als kompetente GesprächspartnerInnen erweisen. Letzteres hat Michaela Pfadenhauer (2005) treffend als „reden auf gleicher Augenhöhe" bezeichnet. D.h. Interviewende müssen sich bisweilen schon im Vorgespräch als Quasi-ExpertInnen präsentieren, als kompetente GesprächspartnerInnen, denen das Fachgebiet des Experten/der Expertin vertraut ist. Quasi-Expertentum als anstrebenswertes Interaktionsmodell bedeutet für den Interviewer bzw. die Interviewerin eine intensive Vorbereitung auf das Gespräch, so dass er bzw. sie Fachkenntnisse und nicht zuletzt das Fachvokabular beherrscht und über Insiderkenntnisse verfügt. Bis zu einem gewissen Grad lassen sich dadurch Statusdifferenzen zwischen Interviewenden und Befragten begegnen, die das Interesse des Interviewten am Gespräch mindern könnten.

Bogner & Menz (2005, S. 60ff. und in diesem Band) haben allerdings darauf hingewiesen, dass die Befragten die InterviewerInnen unterschiedlich wahrnehmen können und dass vorhandene Statusdifferenzen im Gespräch nicht notwendigerweise von Nachteil sein müssen. So kann der Befragte InterviewerInnen folgenden Typen zurechnen, indem sie wahrgenommen werden als:

1. „Co-Experte" oder ExpertInnen aus einer anderen Wissenskultur,
2. Laie,
3. Autorität,
4. KomplizInnen,
5. Potenzieller KritikerInnen.

Jede Zuordnung hat hinsichtlich der Gesprächsführung Vor- und Nachteile, die durch entsprechende strategische Interventionen verstärkt bzw. verringert werden können[11] Gleiches gilt – obwohl in der methodischen Eliteliteratur nicht so ausgeführt – auch für das Interviewen von professionalisierten Eliten, die – so wird im Folgenden noch ausführlicher argumentiert werden – als hochrangige ExpertInnen angesehen werden können.

11 Abels & Behrens (2005 und in diesem Band) haben Vergleichbares für geschlechterdifferenzierende Interaktionseffekte festgestellt.

## 4. Resümee und Schlussfolgerung

Was lässt sich aus den bisherigen Ausführungen nun über die Gemeinsamkeiten und Unterschiede des Experten- und Eliteinterviews festhalten?

Auf einer methodisch-praktischen Ebene werden in der relevanten Literatur die gleichen Probleme diskutiert. Unter den Gesichtspunkten des Feldzugangs und der Interaktionssituation im Interview lassen sich keine systematischen Unterschiede feststellen. Auch hinsichtlich der Adressatengruppe unterscheiden sich Experten- und Eliteinterviews nicht grundlegend voneinander. Vielmehr überschneiden sich der ExpertInnenbegriff und Elitebegriff hinsichtlich zweier zentraler Kriterien: dem Wissen und der Macht über die sie verfügen können. Zugleich sind diese beiden Kriterien wie im Folgenden argumentiert werden soll aber auch entscheidend für die Abgrenzung von Eliten und ExpertInnen.

Bogner & Menz (1995, S. 40f.) unterscheiden und diskutieren einen voluntaristischen, konstruktivistischen und wissenssoziologischen Begriff des Experten bzw. der Expertin (vgl. dazu auch Hitzler et al 1994). Folgt man der Argumentation von Bogner und Menz (2005 und in diesem Band), so genügt zur Bestimmung des ExpertInnenbegriffs nicht allein ein spezifischer Wissensbestand. Über derartiges Spezial- oder Sonderwissen verfügen in einem wissenssoziologischen Verständnis professionelle oder berufliche ExpertInnen. Walter Sprondel (1979) spricht von Experten, wenn Personen fachliches und berufsbezogenes Sonderwissen haben. Dies formuliert er in Abgrenzung zu spezialisierten Laien, die auch über Sonderwissen, allerdings nicht berufsbezogenes verfügen können (z.B. Hobby-Heimwerker oder Sportamateure). Zur besseren sprachlichen Unterscheidung ist im Falle der berufsbezogenen Expertise von Spezialisten sprechen (Hitzler 2004, S. 21f.). In Abgrenzung dazu verfügen Experten über ein spezifisches Wissen hinaus wenigstens prinzipiell über die Möglichkeit, dass ihr Wissen auch praktisch wirksam wird und so den Handlungsspielraum anderer Akteure maßgeblich beeinflusst. Zugleich grenzt sich dieses Verständnis von einem voluntaristischen ExpertInnenbegriff ab, nach dem jede/r Expert/in des eigenen Lebens ist. Nach dieser Auffassung, ist prinzipiell jeder Mensch als Experte/in anzusehen (so Gläser & Laudel 2004). Ein derart weiter ExpertInnenenbegriff verwischt aber bestehende Wissensunterschiede und nivelliert soziale Statusdifferenzen. Darüber hinaus wirft dieses weite ExpertInnenenverständnis methodische Fragen auf. Wenn konsequenterweise dann jedes Interview ein ExpertInneninterview wäre, worin besteht der Unterschied zum narrativen, biografischen, fokussierten, themenzentrierten usw. Interview?

Für die Unterscheidung von Experten und- Eliteinterviews lassen sich aus diesen Überlegungen folgende Schlussfolgerungen ziehen: Steht das ExpertInnenwissen, verstanden als Deutungs- und Handlungswissen bezogen auf ein spezielles berufliches oder professionelles Handlungsfeld im Zentrum des Forschungsinteresses, so handelt es sich um ein ExpertInneninterview (Bogner & Menz 2005, S. 46 und in diesem Band). Von ExpertInnen soll aber nur dann die Rede sein, wenn sie auch über eine gewisse Macht verfügen. Diese vage Formulierung erlaubt es den ExpertInnenbegriff nicht nur auf die höchsten Entscheidungsträger in Wirtschaft, Politik und Verwaltung, also die Eliten zu beschränken (Meuser & Nagel 2005). Zugleich ermöglicht er, den Experten gegenüber Spezialisten und (spezialisierten) Laien abzugrenzen.

Zur weiteren Unterscheidung von Eliten und ExpertInnen ist eine Differenzierung des Machtbegriffs notwendig: ExpertInnen können über Gestaltungsmacht und/oder Deutungsmacht verfügen (Bogner, 2005, S. 201f.). Folgt man Bogner (ebenda) so heißt Gestaltungsmacht, Autorität darüber zu haben sozial verbindliche Problemdefinitionen und Problemlösungen vorgeben zu können. Dies kann sich sowohl auf individuelle Entscheidungen im unmittelbaren professionellen oder beruflichen Umfeld beziehen (z.B. im Falle ärztlicher Direktiven oder Dienstanweisungen) als auch generell auf gesellschaftliche Steuerungsprobleme (z.B. die Anordnung verpflichtender Massen-Screenings oder allgemein der Erlass gesetzlicher Verordnungen). Deutungsmacht dagegen „bezeichnet die Möglichkeit des Experten, die für die Interpretation von Phänomenen, die Legitimation von Entscheidungen und damit letztlich für die gesellschaftliche Auseinandersetzung mit bestimmten Phänomenen maßgeblichen Begriffe und Konzepte zu liefern und durchzusetzen. " (Bogner 2005, S. 201f.) Beispielhaft bezieht sich der Autor auf die Pränataldiagnostik, bei der medizinisches Fachwissen legitimer Weise als relevant für die Auseinandersetzung mit Behinderung angesehen wird. Darüber hinaus ist dieses Fachwissen etwa in der genetischen Beratung maßgeblich für die Entscheidungsfindung, indem es als die zentrale Orientierungsleitlinie fungiert. Die Ausdifferenzierung verschiedener Formen von Machtausübung ist schließlich, so soll nun argumentiert werden, für die Unterscheidung von Experten und Eliten relevant. Demnach verfügen Eliten über mehr Gestaltungsmacht, weil sie die höheren Entscheidungspositionen innehaben, die diese Art von Machtausübung legitimiert. Sie verfügen aber nicht notwendigerweise über maßgebliche Deutungsmacht „in dem hier skizzierten Verständnis also die Tatsache, dass die Experten sich die Möglichkeit geschaffen haben, mit ihren Begriffen, Konzepten und Relevanzen für Entscheidungs- und Aushandlungsprozesse sinnstiftend (zu) werden." (Bogner 2005, 201f.). Deutungsmacht üben in viel höherem Maß sog. Wissensarbeiter aus, die allerdings nicht notwendigerweise über große Gestaltungsmacht verfügen müssen (Willke 1998).

Abbildung 1 illustriert die beschriebenen Unterschiede hinsichtlich des Wissens und der Machtkompetenzen zwischen spezialisierten Laien, Spezialisten, ExpertInnen und Eliten.

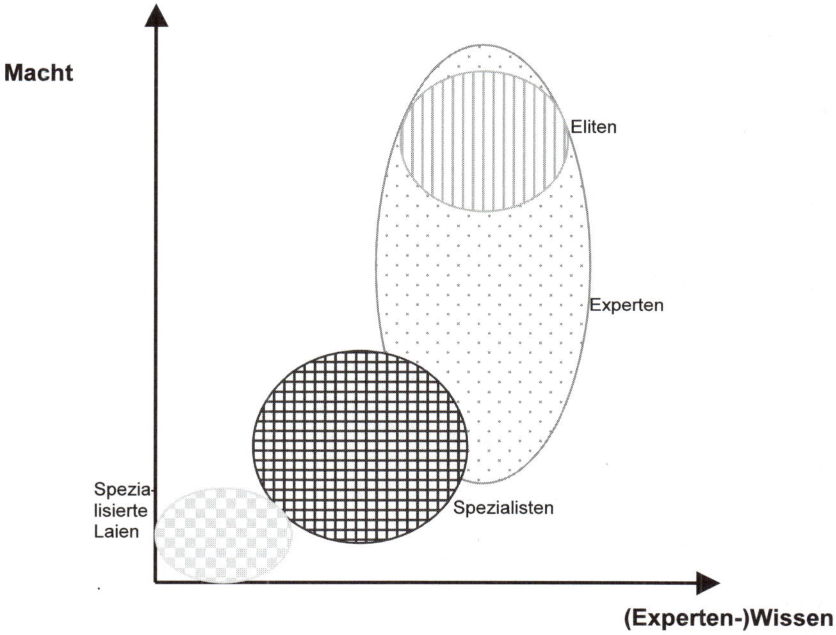


*Abbildung 1:* Zur Unterscheidung des ExpertInnen- und Elitebegriffs

Fasst man die vorgestellten Überlegungen unter Beantwortung der Titelfrage zusammen, so lässt sich sagen: Ja, es gibt Unterschiede zwischen Interviews mit Eliten und Interviews mit ExpertInnen, aber… – es gibt auch Gemeinsamkeiten.

Interviews mit Eliten können, müssen aber nicht Experteninterviews sein. ExpertInnen, die durch ihr berufliches oder professionelles Wissen und ihre Entscheidungskompetenz definiert sind, können müssen aber nicht Angehörige einer Elite sein. Dies hängt vom Ausmaß der Machtbefugnisse (im Sinne von Gestaltungsmacht) ab. Letztlich muss sich die Entscheidung darüber, ob es sich um ein Experteninterview handelt, aber am jeweiligen Erkenntnisinteresse orientieren. Wenn es um die Erforschung von professionellem oder beruflichem, explizitem wie implizitem Deutungs-, Handlungs- und Prozesswissen geht, sind ExpertInnen (auch elitäre) gefragt. Wenn Fragenstellungen der Eliteforschung im Zentrum stehen, also solche nach der Zugehörigkeit, der (Re-)produktion, der Karriereverläufe, der gesellschaftlichen Macht, des Lebensstils, der Denkmuster von Eliten usw. (vgl. Wasner 2004), werden (neben anderen Daten) fokussierte, biografische, themenzentrierte usw. Interviews mit Repräsentanten der Elite zur Anwendung kommen (Mey et al. 2004). Die Eliteforschung ist in vielen Fällen mit ähnlichen methodischen Problemen konfrontiert wie sie weiter oben auch für das Interviewen von ExpertInnen beschrieben worden sind. Sofern es sich um ExpertInnen aus den elitären Sphären handelt, werden die Zugangsprobleme erheblich sein.[12]

Auch bedarf das Interview sorgfältiger Vorbereitung seitens der Interviewenden: der Ausarbeitung eines Leitfadens und der umfangreichen Wissensaneignung über die jeweiligen Fachgebiete, um sich als kompetenter Gesprächspartner/als kompetente Gesprächspartnerin zu erweisen. Für das Gelingen des Interviews ist letzteres vermutlich im Falle von ExpertInnen mit hoher Deutungsmacht besonders wichtig.

Angemerkt sei noch, dass der Frage der Auswertung weder in der Literatur zu Experteninterviews noch zu den Eliteinterviews viel Aufmerksamkeit gewidmet wird. Beim Eliteinterview stehen Fragen der Datengenerierung im Zentrum. Meuser und Nagel (1991, 2005) präsentieren sehr knapp für das theoriegenerierende Experteninterview ein sechsschrittiges Auswertungsverfahren. Gläser und Laudel (2004) beziehen sich hinsichtlich der Auswertung auf die Mayring'sche Inhaltsanalyse (Mayring 2000). Die Beiträge im Band von Martens und Ritter (2008), die ExpertInnen am Telefon mit Hilfe eines standardisierten, computerunterstützten Erhebungsinstruments (CATI) befragen wollen, konzentrieren sich ebenfalls auf die Generierung von Daten. Die Auswertung von Experteninterviews ist also längst noch nicht umfassend methodologisch und methodisch reflektiert worden. Weitere Arbeiten dazu stehen noch aus. Die oben vorgestellten Unterscheidungen zwischen explorativen, systematisierenden und theoriegenerierenden Interviews mit ExpertInnen sowie die Unterscheidung zwischen einem eher positivistischen und interpretativ-hermeneutischen Zugang könnten dafür grundlegende Leitlinien darstellen.

## Danksagung

Ich bedanke mich bei den TeilnehmerInnen des von mir geleiteten Kurses „Interviewing Experts" im Rahmen der methodischen Summerschool des ECPR (European Consortium for Political Research) in Kooperation mit der Universität Ljubljana in den Jahren 2006 und 2007 für die anregenden Diskussionen zum Vergleich von ExpertInnen- und Eliteinterviews.

---

12 Es ist jedenfalls grundsätzlich hinsichtlich der Forschungsfragen abzuwägen, ob der Aufwand, der getrieben werden muss, um überhaupt einen Interviewtermin zu bekommen, wirklich lohnt. Möglicherweise ist ein Interview mit VertreterInnen der unteren Hierarchieebene ertragreicher.

# Literatur


Abels, Gabriele & Behrens, Maria (2005). ExpertInnen-Interviews in der Politikwissenschaft. Geschlechtertheoretische und politikfeldanalytische Reflexion einer Methode. In: Alexander Bogner, Beate Littig & Wolfgang Menz (Hrsg.). Das Experteninterview – Theorie, Methode, Anwendung. 2. Auflage. (S. 173-190) Wiesbaden: Verlag für Sozialwissenschaften.

Bogner, Alexander (2005). Grenzpolitik der Experten. Vom Umgang mit Ungewißheit und Nichtwissen in pränataler Diagnostik und Beratung. Weilerswist: Velbrück Wissenschaft.

Bogner, Alexander & Menz, Wolfgang (2005). Das theoriegenerierende Experteninterview. Erkenntnisinteresse, Wissensformen, Interaktion. In: Alexander Bogner, Beate Littig & Wolfgang Menz (Hrsg.). Das Experteninterview – Theorie, Methode, Anwendung. 2. Auflage. (S. 33-70) Wiesbaden: Verlag für Sozialwissenschaften.

Bogner, Alexander, Littig, Beate & Menz, Wolfgang (Hrsg.) (2005). Das Experteninterview – Theorie, Methode, Anwendung. 2. Auflage (1. Auflage 2002). Wiesbaden: Verlag für Sozialwissenschaften.

Brandl, Julia & Klinger, Stefan (2006). Probleme des Feldzugangs zu Eliten, in: Österreichische Zeitschrift für Soziologie 31(1), 44-65.

Bude, Heinz (2004). Elitewechsel. Deutsche Führungsgruppen zwischen „Bonner" und „Berliner Republik", in: Hitzler, Ronald, Hornbostel, Stefan & Mohr, Cornelia (Hrsg.): Elitenmacht, Wiesbaden: Verlag für Sozialwissenschaften, 295-313.

Denzin, Norman .K./Lincoln, Yvonna. S. (Hrsg.)(2000). Handbook of qualitative research, 2nd Edition,Thousand Oaks: Sage.

Dexter, Lewis A. (2006/1969). Elite and specialize interviewing. With a new introduction by Alan Ware and Martín Sánchez-Jankowski, 2006, Colchester: ECPR Press – ECPR classics, (1. Auflage 1969 Evanston: Northwestern U. P.).

Flick, Uwe, Kardorff, Ernst v. & Steinke, Ines (Hrsg.)(2003). Qualitative Sozialforschung. Ein Handbuch. Reinbek bei Hamburg: Rowolth, 2. Auflage.

Gläser, Jochen & Laudel, Grit (2004). Experteninterviews und qualitative Inhaltsanalyse. Wiesbaden: Verlag für Sozialwissenschaften.

Glaser, Barney, G. & Strauss, Anselm, M. (1998). Grounded Theory. Strategien qualitativer Forschung. Göttingen: H. Huber.

Gubrium, Jaber & Holstein, James (Hrsg.)(2002). Handbook of interview research: Context and methodology, Thousand Oaks, CA: Sage Publications.

Hartmann, Michael (2007). Eliten und Macht in Europa. Ein internationaler Vergleich. Frankfurt am Main: Campus.

Helfferich, Cornelia (2004). Die Qualität qualitativer Daten. Manual für die Durchführung qualitativer Interviews. Wiesbaden: Verlag für Sozialwissenschaften.

Hertz , Rosanna & Imber, Jonathan B. (Hrsg.)(1995). Studying elites using qualitative methods, Thousand Oaks, CA: Sage Publications.

Hitzler, Ronald (2004). Wissen und Wesen des Experten. Ein Annäherungsversuch – Zur Einleitung. In: Hitzler, Ronald, Hornbostel, Stefan & Mohr Cornelia (Hrsg.)(2004). Elitenmacht. (S. 13-30) Wiesbaden: Verlag für Sozialwissenschaften.

Hitzler, Ronald, Hornbostel, Stefan & Mohr Cornelia (Hrsg.)(2004). Elitenmacht. Wiesbaden: Verlag für Sozialwissenschaften.

Hitzler, Ronald, Honer, Anne & Maeder, Christoph (Hrsg.) (1994). Expertenwissen. Die institutionalisierte Kompetenz zur Konstruktion von Wirklichkeit, Opladen: Leske + Budrich.

Hornbostel, Stefan, 2004: Denn viele sind berufen, aber wenige sind auserwählt. In: Hitzler, Ronald, Stefan Hornbostel, und Cornelia Mohr, (Hrsg.) 2004: Elitenmacht. (S. 9-21) Wiesbaden: VS Verlag für Sozialwissenschaften.

Hornby, Albert, Sydney, Cowie, Anthony, Paul & Gimson, Alfred, Charles (Hrsg.)(1983). Oxford advanced learner's dictionary, Oxford: Oxford University Press.

Imbusch, Peter (2003). Konjunkturen, Probleme und Desiderata sozialwissenschaftlicher Eliteforschung. In: Hradil, Stefan & Imbusch, Peter (Hrsg): Oberschichten – Eliten – Herrschende Klassen.( S. 11-34) Opladen: Leske + Budrich.

Lilleker, Darren G. (2003). Interviewing the political elite: Navigating a potential minefield, in: Politics 2003, Vol 23 (3), 207-214.

Littig, Beate (2005). Interviews mit Experten und Expertinnen. Überlegungen aus geschlechtertheoretischer Sicht. In: Alexander Bogner, Beate Littig & Wolfgang Menz (Hrsg.) Das Experteninterview – Theorie, Methode, Anwendung. 2. Auflage. (S. 191-206) Wiesbaden: Verlag für Sozialwissenschaften.

Littig, Beate (2008). Rezension zu: Lewis A. Dexter (2006). Elite and specialized interviewing. With a new introduction by Alan Ware and Martín Sánchez-Jankowski [16 Absätze]. Forum Qualitative Sozialforschung/Forum: Qualitative Social Research, 9(1), Art. 5, http://www.qualitative-research.net/fqs-texte/1-08/08-1-5-d.htm. [Zugriff: 24.3.2008].

Martens, Bernd & Ritter, Thomas (Hrsg.) Eliten am Telefon (2008). Eliten am Telefon. Neue Formen von Experteninterviews in der Praxis. Baden-Baden: Nomos.

Mayring, Philipp (2000). Qualitative Inhaltsanalyse. Grundlagen und Techniken. Weinheim: Deutscher Studienverlag.

Meuser, Michael & Nagel, Ulrike (1991). ExpertInneninterviews – vielfach erprobt, wenig bedacht. Ein Beitrag zur qualitativen Methodendiskussion. In: Detlef Garz & Klaus Kraimer (Hrsg.). Qualitative empirische Sozialforschung: Konzepte, Methoden, Analysen. (S. 441-471) Opladen: Westdeutscher Verlag..

Meuser, Michael & Nagel, Ulrike (2005). ExpertInneninterviews – vielfach erprobt, wenig bedacht. In: Alexander Bogner, Beate Littig & Wolfgang Menz (Hrsg.). Das Experteninterview – Theorie, Methode, Anwendung. 2. Auflage. (S. 71-93) Wiesbaden: Verlag für Sozialwissenschaften.

Mey, Günter; Puebla, César A. Cisneros & Faux, Robert (Hrsg.) (2004). Interviews. In: Forum Qualitative Sozialforschung. Special Issue 5 (3). http://www.qualitative-research.net/fqs/fqs-d/inhalt3-04-d.htm. [Zugriff: 24.3.2008].

Mieg, Harald A. & Brunner, Beat (2004). Experteninterviews. Reflexionen zur Methodologie und Erhebungstechnik. In: Schweizerische Zeitschrift für Soziologie 30, 1999-2022.

Mieg, Harald A. & Näf, Mathias (2006). Experteninterviews in den Umwelt- und Planungswissenschaften,_Eine Einführung und Anleitung. Lengerich: Papst.

Moyser, George & Wagstaffe, Margaret (Hrsg.) (1987). Research Methods for Elite Studies. London: Allen and Unwin.

Odendahl, Teresa & Shaw, Aileen, M. (2002). Interviewing elites. In Gubrium, Jaber & Holstein, James (Hrsg.) Handbook of interview research: Context and methodology. (S. 299-316) Thousand Oaks, CA: Sage Publications.

Pfadenhauer, Michaela (2005). Das Experteninterview – ein Gespräch zwischen Experte und Quasi-Experte. In: Alexander Bogner, Beate Littig & Wolfgang Menz (Hrsg.). Das Experteninterview – Theorie, Methode, Anwendung. 2. Auflage. (S. 113-130) Wiesbaden: Verlag für Sozialwissenschaften. Richards, David (1996). Elite interviewing: Approaches and pitfalls. In: Politics 16 (3), 199-204.

Richards, David (1996). Elite interviewing: Approaches and pitfalls. In: Politics 16 (3), 199-204.

Seldon, Arthur (1996). Elite Interviews. In: Brivati, Brian, Julia Buxton, Anthony Seldon (Hrsg): The contemporary history handbook. (S. 353-365). Manchester: Manchester University Press.

Soeffner, Hans-Georg (1989). Anmerkungen zu gemeinsamen Standards standardisierter und nicht-standardisierter Verfahren in der Sozialforschung. In: Ders. Auslegung des Alltags – Der Alltag der Auslegung. Zur wissenssoziologischen Konzeption einer sozialwissenschaftlichen Hermeneutik. Frankfurt am Main: Suhrkamp, 51-65.

Sprondel, Walter M. (1979). „Experte" und „Laie": Zur Entwicklung von Typenbegriffen in der Wissenssoziologie. In: Ders. & Grathoff, Richard (Hrsg.) Alfred Schütz und die Idee des Alltags in den Sozialwissenschaften. ( S. 140-154) Stuttgart: Enke.

Strauss, Anselm, L. & Corbin, Juliet (1996). Grounded Theory: Grundlagen qualitativer Sozialforschung. Weinheim: Beltz/PVU.

Vogel, Bertold (1995). „Wenn der Eisberg zu schmelzen beginnt…"- Einige Reflexionen über den Stellenwert und die Probleme des Experteninterviews in der Praxis der empirischen Sozialforschung. In: Christian Brinkmann, Axel Deeke & Brigitte Völkel (Hrsg.). Experteninterviews in der Arbeitsmarktforschung. Diskussionsbeiträge zu methodischen Fragen und praktischen Erfahrungen. Nürnberg: Landesarbeitsamt Nordbayern, Geschäftsstelle für Veröffentlichungen. S. 73-83.

Wasner, Barbara (2004). Eliten in Europa. Einführung in Theorien, Konzepte und Befunde. Wiesbaden: Verlag für Sozialwissenschaften.

Welch, Catherine, Marschan-Piekkari, Rebecca, Penttinen, Heli & Tahvanainen, Marja (2002). Corporate elites as informants in qualitative international business research. In: International Business Research Review 11 (2002), 611-628.

Willke, Helmut (1998). Organisierte Wissensarbeit. In: Zeitschrift für Soziologie, 27(3), 161-177.

# Teil 2:
# Methodische Praxis

# Wenn zwei das Gleiche sagen... Qualitätsunterschiede zwischen Experten

*Jochen Gläser und Grit Laudel*

## 1. ‚Gute' und ‚schlechte' Interviewpartner

Der Erfolg von auf qualitativen Interviews beruhenden Untersuchungen wird in erheblichem Maße durch die ‚Qualität' der Interviewpartner bestimmt. ‚Qualität' bezieht sich dabei gleichermaßen auf unsere impliziten und auf die von uns kommunizierten Verhaltenserwartungen. Wir erwarten z.B., dass die Interviewten verstehen, welche Informationen wir benötigen, dass sie uns diese Informationen in ausführlichen, vollständigen und detaillierten Antworten geben und dass sie sich unserer Steuerung des Gesprächsverlaufs anpassen. Wir hoffen außerdem auf Interviewpartner, die ihre eigene soziale Situation reflektieren und über ihre Wahrnehmungen, sozialen Beziehungen und Handlungsmotive Auskunft geben können.[1]

Diese Aspekte spielen in allen Interviews eine Rolle, in denen das besondere Wissen eines Interviewpartners über eine soziale Situation oder einen sozialen Prozess erschlossen werden soll. Definiert man Experten als Menschen, die über besonderes Wissen über ein den Interviewer interessierendes soziales Phänomen verfügen, dann bezieht sich der Begriff ‚Experteninterview' auf die Expertenrolle des Interviewten im Interview. Dieses Konzept von Experteninterviews ist unseres Wissens von Hopf (1993) in die sozialwissenschaftliche Diskussion eingeführt worden:

> Qualitative Interviews können unter anderem geführt werden: als Experteninterviews, in denen die befragten als Spezialisten für bestimmte Konstellationen befragt werden, ... oder als Interviews, in denen es um die Erfassung von Deutungen, Sichtweisen und Einstellungen der Befragten selbst geht. (Hopf 1993: 15)

Hopf weist noch darauf hin, dass „die amerikanische Literatur ... für die Bezeichnung dieser unterschiedlichen Funktionen die Unterscheidung zwischen ‚informants' einerseits und ‚respondents' andererseits [kennt]" (ibid: 35). Wir haben uns diese Perspektive zu eigen gemacht. Experteninterviews sind für uns eine Erhebungsmethode für einen bestimmten Typ von Untersuchung

1 Zu solchen Aspekten der Interviewsituation siehe z.B. Dean und Whyte (1958), Becker und Geer (1970), Bernard u.a. (1984), Richards (1996), Bernard (2002: 187-191) sowie Gläser und Laudel (2006: 173-177).

(Untersuchungen, die soziale Situationen oder Prozesse rekonstruieren) und haben einen eigenen methodologischen Status (Gläser und Laudel 2006: 9-12).

Dieses Herangehen unterscheidet sich von dem die Literatur und auch die Beiträge in diesem Band dominierenden Verständnis von Experteninterviews als Interviews mit Menschen, die eine *Expertenrolle im untersuchten sozialen* Feld innehaben. In dieser Perspektive sind Experten Menschen, die gegenüber anderen Akteuren in dem untersuchten Ausschnitt der sozialen Wirklichkeit einen spezifischen Vorsprung an Wissen und Fähigkeiten besitzen. Ein solcher Vorsprung beruht in der Regel auf einem designierten Lern- und Trainingsprozess (z.B. einer Berufsausbildung). Das bekannteste Beispiel für solche Experten sind die Angehörigen der Professionen (Ärzte, Juristen, Architekten usw.), Expertenrollen im Feld sind aber nicht auf die Professionen beschränkt. Dieses Verständnis des Experteninterviews beruht auf der Auswahl spezifischer Interviewpartner für anderweitig nicht näher bestimmte Interviews und fokussiert das methodologische Interesse auf Besonderheiten des Interviews, die aus dem Expertenstatus der Interviewten im untersuchten Feld resultieren. Das Experteninterview in diesem Sinne ist keine spezifische Erhebungsmethode, sondern steht für alle Formen qualitativer Interviews, insofern sie mit Experten geführt werden. Daraus erklärt sich die fehlende methodologische Diskussion über Experteninterviews als Erhebungsmethode (Bogner/Menz, in diesem Band, 13-19). Da sie sich auf Rollen in unterschiedlichen sozialen Situationen beziehen (das Interview bzw. das untersuchte soziale Feld), sind die beiden Definitionen von Experteninterviews – ‚Interviewte als Experten' und ‚Experten als Interviewte' – nicht disjunkt (Abbildung 1). In vielen sozialwissenschaftlichen Untersuchungen ist nur eine der beiden Definitionen anwendbar. Der linke Bereich in Abbildung 1 repräsentiert Interviews zur Rekonstruktion sozialer Sachverhalte, die mit Menschen geführt werden, die keine Expertenrolle in einem sozialen Feld einnehmen. Wir können uns z.B. vorstellen, dass bei einer Untersuchung des Gesundheitssystems nicht nur Ärzte als ‚Experten im Feld' interviewt werden, sondern auch Patienten, die zwar im Feld keine Expertenrolle einnehmen, aber über besonderes Wissen über den Umgang von Gesundheitsorganisationen mit Patienten verfügen und deshalb im Interview Experten für diesen Aspekt der Untersuchung sind. Der rechte Bereich steht für Interviews mit Menschen, die im untersuchten sozialen Feld eine Expertenrolle einnehmen, aber nicht als Informationsquellen für die Rekonstruktion sozialer Sachverhalte befragt werden. Ein Beispiel für eine solche Untersuchung wäre eine Studie zu biographischen Selbstrepräsentationen von Ärzten. In der Mitte finden wir den Überlappungsbereich der beiden Definitionen. Dabei handelt es sich um Interviews mit ‚Experten im Feld', die als Informationsquelle über einen Ausschnitt der sozialen Wirklichkeit fungieren. Für diese spezifische Gruppe von Interviews wird ein weiterer Aspekt der ‚Qualität' von Interviewpartnern bedeutsam, der bislang in der Literatur nicht diskutiert worden ist. Wenn wir ‚Experten im Feld' als Informationsquelle nutzen, ist nicht mehr nur ihre ‚Qualität' in ihrer Rolle als Interviewpartner wichtig, sondern auch ihre ‚Qualität' in ihrer Expertenrolle. Wir müssen uns fragen, ob wir von guten Ärzten andere Auskünfte über medizinische Behandlungen bekommen als von schlechten, von guten Bäckern andere Auskünfte über das Backen als von schlechten und von Spitzensportlern andere Auskünfte über den Leistungssport als von mittelmäßigen.

*Abbildung 1:* Überlappungsbereich der beiden Definitionen des Experteninterviews

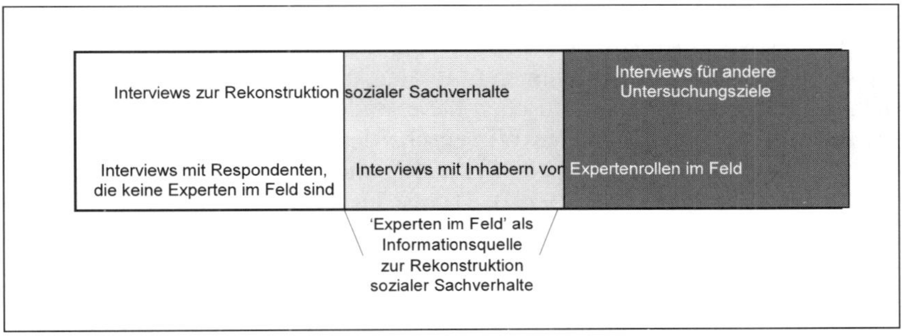


Dieses Problem wird bislang in der Literatur nicht explizit behandelt, auch wenn es in Diskussionen über das Antwortverhalten von Informanten implizit enthalten sein kann. Wir möchten es in unserem Beitrag diskutieren und nutzen dazu Beispiele aus einer unseren eigenen Studien, in der wir Aussagen von Wissenschaftlern vergleichen und synthetisieren müssen. Damit stellt sich das Qualitätsproblem: Beschreiben ‚gute' Wissenschaftler bestimmte Sachverhalte anders als ‚schlechte'? Was bedeutet es, dass bestimmte Sachverhalte von guten und schlechten Wissenschaftlern gleich beschrieben werden? Wie können wir herausfinden, wie ‚gut' unsere Interviewpartner als Wissenschaftler sind?

## 2. ‚Gute' und ‚schlechte' Wissenschaftler als Informationsquellen der Wissenschaftsforschung

Wissenschaftler sind ‚Experten im Feld'. Es ist kein Geheimnis, dass sich die Fähigkeiten von Wissenschaftlern voneinander unterscheiden und dass der Qualitätsunterschied zwischen sehr guten (‚exzellenten') und mittelmäßigen oder gar schlechten Wissenschaftlern enorm ist. Dennoch hat sich die Wissenschaftsforschung kaum mit den Fähigkeiten der von ihr untersuchten Wissenschaftler beschäftigt, und die Fähigkeiten der Wissenschaftler, die als Informanten in qualitativen Untersuchungen agierten, ist bislang überhaupt kein Thema methodologischer Reflexion gewesen. Das mag damit zu tun haben, dass es für Außenstehende sehr schwer ist, die Fähigkeiten von Wissenschaftlern zu beurteilen. Es gibt zwar allgemein als herausragend anerkannte Wissenschaftler, die auch außerhalb der Wissenschaft bekannt sind (z.B. Nobelpreisträger und Akademiemitglieder). Unterhalb dieser Sichtbarkeitsschwelle bleibt die Qualität von Wissenschaftern jedoch in den impliziten Urteilen ihrer wissenschaftlichen Gemeinschaften verborgen.

Die empirischen wissenschaftssoziologischen Studien lassen sich anhand ihres Umgangs mit dem Qualitätsproblem in zwei Gruppen unterteilen. Die meisten Studien ignorieren das Problem der Qualitätsunterschiede zwischen den Interviewten. Klassische Beispiele sind die ersten auf qualitativen Interviews beruhenden Untersuchungen (z.B. Hagstrom 1965; Crane 1972). Auch die sie ablösenden ethnographischen Laborstudien ignorierten die Frage, wie gut die von ihnen beobachteten Wissenschaftler waren und ob dieser Aspekt das Beobachtungsergebnis beeinflusst (Knorr-Cetina 1984; Lynch 1985; Latour und Woolgar 1986 [1979]). Das ist insofern verwunderlich, als man bei der Beobachtung von Prozessen der sozialen Konstruktion von Wissen nicht a priori annehmen kann, dass die Konstruktionsprozesse ‚guter' und ‚schlechter' Wissenschaftler einander gleichen. Genau diese Annahme liegt aber implizit allen Laborstudien zugrunde, weil diese die Qualität nicht explizit als intervenierenden Faktor einbeziehen. Dabei enthielt das Beobachtungsmaterial deutliche Hinweise darauf, wie wichtig die Qualität der Kollegen für die beobachteten Wissenschaftler war. Dies wurde berichtet (Latour und Woolgar 1986 [1979]: 163-165), beeinflusste aber weder die Strategie der Laborstudien noch ihre Interpretation. Da die konstruktivistische Tradition, die seit den 80er Jahren den mainstream der Wissenschaftssoziologie bildet, die Qualität der Konstrukteure wissenschaftlichen Wissens nach wie vor ausblendet, wissen wir bis heute nicht, ob gute Wissenschaftler Wissen anders konstruieren als schlechte.

Eine zweite Gruppe von Studien hat versucht, Einflüsse auf die Produktivität und Qualität wissenschaftlicher Arbeit zu identifizieren und damit die Qualität (Produktivität, Kreativität) von Wissenschaftlern als abhängige Variable eingeführt. Pelz und Andrews bezogen die – in der Anzahl von Publikationen gemessene – Qualität der wissenschaftlichen Produktion als abhängige Variable ein, als sie den Einfluss von organisationalen Forschungsbedingungen auf die Produktivität von Wissenschaftlern untersuchten (Pelz und Andrews 1966). Solche Studien wurden später im Kontext der Untersuchung wissenschaftlicher Exzellenz und wissenschaftlicher Kreativität wieder aufgenommen (Jackson und Rushton 1987; Zuckerman und Cole 1994). Zukkermans Studie zu Nobelpreisträgern musste das Problem der Qualitätsunterschiede nicht behandeln, da sie sich auf eine homogene Gruppe der sichtbaren Elite beschränkte (Zuckerman 1977). Deshalb bezogen sich auch ihre methodischen Kommentare nicht auf Qualitätsunterschiede und deren Einfluss auf die Untersuchung, sondern auf die Spezifika von Interviews mit Angehörigen einer Elite (Zuckerman 1972).

Mit der Entwicklung des *Science Citation Index* wurde es möglich, ein anspruchsvolleres Qualitätsmaß zu nutzen, nämlich die Häufigkeit, mit der Publikationen von anderen Wissenschaftlern zitiert werden. Dieses Maß wurde zuerst von Cole und Cole eingesetzt, die begannen, Qualität nicht nur als abhängige, sondern auch als unabhängige oder intervenierende Variable zu behandeln (Cole und Cole 1967; Cole 1970; Cole und Cole 1972). Aus ihrer Nutzung von Zitierungen entstand ein neues Wissenschaftsgebiet, die Bibliometrie, in der die Messung der Qualität von Wissenschaftlern, Organisationen und nationalen Wissenschaftssystemen ein wichtiger Forschungsstrang ist. Die bald durch die Forschungspolitik nachgefragte Messung von Forschungsleistungen schließt auch andere Indikatoren ein, insbesondere die Drittmitteleinwerbung. All diese Maße sind mit zahlreichen Problemen behaftet, funktionieren nur in ausgewählten Wissenschaftsgebieten und sind gerade auf der uns interessierenden Ebene – der des einzelnen Wissenschaftlers – von fragwürdiger Validität (Laudel 2005; Gläser und Laudel 2007b).

Die wissenschaftssoziologischen Studien haben die unterschiedliche Qualität der Wissenschaftler also entweder ignoriert oder zum Untersuchungsgegenstand gemacht. Die methodische Frage, ob man von ‚guten' Wissenschaftlern andere Auskünfte erhält als von ‚schlechten' und welche Konsequenzen eine solche Differenz für eine auf Interviews mit Wissenschaftlern beruhende Studie hat, wurde bislang nicht gestellt.

## 3. Die Abhängigkeit der Daten von der ‚Qualität' der Wissenschaftler

### *Unterschiedliche Phänomene, unterschiedliche Wahrnehmungen*

Unsere eigenen wissenschaftssoziologischen Untersuchungen behandelten den Einfluss von institutionellen und institutionell erzeugten Bedingungen auf die Wissensproduktion und nutzen dabei leitfadengestützte Interviews als Hauptmethode der Datenerfassung. Wir fragen Wissenschaftler nach ihren Forschungsprojekten (den Problemen, die sie bearbeiten, den Untersuchungsmethoden und -objekten, die sie einsetzen, ihren Kooperationen usw.), dem spezifischen Ressourcenbedarf für diese Projekte und nach ihren Forschungsbedingungen, insbesondere nach der für Forschung zur Verfügung stehenden Zeit, dem Zugang zu Ressourcen und dem Einfluss ihrer Organisation auf ihre Arbeit und deren Bedingungen. Aus den Antworten rekonstruieren wir Anpassungen der Forschungsinhalte an die Arbeitsbedingungen, die durch spezifische Selektionen von Themen, Objekten, Methoden und Kooperationspartnern entstehen.

Wir haben lernen müssen, dass es für unsere Untersuchungen nicht gleichgültig ist, ob wir mit guten oder schlechten Wissenschaftlern reden. Die Qualität der Interviewten beeinflusst unsere Untersuchungen auf zwei Ebenen. Erstens können sich die Situationen der ‚guten' und ‚schlechten' Wissenschaftler unterscheiden, z.B. in der Ausstattung mit Drittmitteln, der Arbeitsbelastung oder im Status des Interviewpartners in seiner Organisation. In diesem Fall erleben die Wissenschaftler *unterschiedliche Phänomene*. Zweitens ist es möglich, dass gute und schlechte Wissenschaftler *unterschiedliche Beschreibungen der erlebten Phänomene* geben, weil sich ihre Wahrnehmungen oder ihr Kommunikationsverhalten unterscheiden. Kombiniert man diese beiden Variationen, dann erhält man vier Varianten der Kommunikation im Interview (Tabelle 1).

*Tabelle 1:* Qualitätsabhängige Kommunikationssituationen im Wissenschaftlerinterview

| | | *Beschreibungen der Phänomene* | |
|---|---|---|---|
| | | Gleich | Unterschiedlich |
| *Phänomene* | Gleich | (Falsche) implizite Grundannahme der Wissenschaftsforschung | Erscheint als Widerspruch im Material. Hauptproblem: Identifizierung der ‚wirklichen' Situation |
| | Unterschiedlich | Im Material nicht sichtbar. Hauptproblem: Erkennen, dass ein Unterschied existiert | ‚Normalfall' der Analyse Hauptproblem: Erkennen, wie die Daten durch Qualitätsdifferenzen beeinflusst werden |

Das linke obere Feld der Tabelle beschreibt die implizite Grundannahme der Wissenschaftsforschung, dass nämlich alle Interviewpartner in den beiden relevanten Dimensionen gleich sind. Das hat natürlich niemand so behauptet. Das Ausblenden des Qualitätsproblems aus interviewbasierten und ethnographischen Studien bedeutet aber, dass faktisch auf der Basis dieser Grundannahme erhoben und ausgewertet wird.

Der Normalfall empirischer wissenschaftssoziologischer Analysen ist das ganze Gegenteil dieser Annahme. Er steht im rechten unteren Feld, d.h. die ‚guten' und ‚schlechten' Wissenschaftler erleben Unterschiedliches, und ihre Beschreibungen des Erlebten werden durch ihre ‚Qualität' beeinflusst. So erklärte z.B. ein Historiker im Interview, dass er seine Themen frei wählen könne, weil ihm die Verlage alles abnähmen, was er schreibt. Ein anderer beschrieb dagegen, dass sein Buchprojekt bei mehreren Verlagen gescheitert sei und er deshalb nun das Thema wechseln würde. Die Verlage hätten weder

Gutachten von Fachkollegen zu dem Buchprojekt eingeholt noch die Ablehnungen begründet. Er vermutete, dass das Thema einfach als nicht umsatzträchtig angesehen würde. In der ethnographischen Beobachtung, in deren Kontext die beiden Historiker interviewt wurden, haben wir einen deutlichen Qualitätsunterschied zwischen den beiden Historikern festgestellt, was zu der Vermutung führte, dass die unzureichende Qualität des Buchprojekts zu den wiederholten Ablehnungen geführt haben und der Verweis auf das Thema als Ablehnungsgrund lediglich eine Rationalisierung des Befragten war. Die ethnographische Beobachtung hatte aber auch ergeben, dass Verlage die Bücher in der Tat aus thematischen Gründen ablehnen. Da die beiden Historiker auch auf völlig unterschiedlichen Gebieten arbeiten, entstand eine Mischung aus unterschiedlichem Erleben und Qualitätsdifferenzen, die nur schwer entschlüsselt werden konnte.

Dieser Normalfall erhöht die Komplexität in der Auswertung von Experteninterviews dramatisch, weil er zwei zusätzliche Dimensionen in die Interpretation von Beschreibungen einführt. In unserer folgenden Demonstration des Problems vermeiden wir ihn deshalb – seine Analyse würde die Einführung von sehr viel Hintergrundwissen erfordern – und benutzen stattdessen die beiden ‚reinen' Varianten, die nur in einer der beiden Dimensionen variieren. Es kommt unserer Erfahrung nach nur selten vor, dass man von ‚guten' und ‚schlechten' Wissenschaftler gleiche Beschreibungen unterschiedlicher Phänomene oder unterschiedliche Beschreibungen gleicher Phänomene erhält. Wir haben aber in unserer gegenwärtigen Untersuchung genügend Interviews geführt, um diese beiden Varianten tatsächlich einzufangen, und benutzen sie, um die Schwierigkeiten des Normalfalls zu verdeutlichen. Dieser Normalfall konstituiert die eigentliche Herausforderung, weil wir unterschiedliche Beschreibungen erhalten, die wahrscheinlich auf unterschiedliche Phänomene zurückgehen und jeweils feststellen müssen, wie die Qualität der Interviewten ihre Beschreibungen beeinflusst.

### *Gleiche Beschreibungen unterschiedlicher Phänomene*

Unsere Interviews enthielten mehrere Fragen, mit denen wir die Anpassungen der Forschungsinhalte an die materiellen und institutionellen Bedingungen der Forschung identifizieren wollten.[2] Wir haben diese Fragen bewusst indirekt und offen formuliert, um die Interviewpartner nicht bereits durch die Form der Fragen zu orientieren. Eine der Fragen lautete: „Gibt es Forschungsthemen, die Sie gern bearbeiten würden, aber nicht bearbeiten können?" Die Antworten auf diese Frage waren sehr unterschiedlich. Die häufigste Antwort lautete ja, es gäbe in der Tat Forschungsprobleme die man gern bearbeiten

2 Eine Beschreibung unseres Projekts und der empirischen Methoden findet sich in Gläser und Laudel (2007a)

würde, aber die Zeit reiche nicht. Andere Interviewpartner nannten ihre Ausstattung als begrenzenden Faktor. Wieder andere nahmen keine Beschränkungen wahr. In dieser Gruppe waren zwei Historiker, die in derselben Universität arbeiten. Einer von beiden ist ein Professor, der zahlreiche Bücher veröffentlicht hat, die auch außerhalb Australiens gelesen und zitiert werden. Er wirbt kontinuierlich Drittmittel ein und ist Mitglied der Australischen Akademie der Wissenschaften. Der andere Historiker hat vor sechs Jahren promoviert, hat aber weder seine Dissertation noch irgendein anderes signifikantes Forschungsergebnis publiziert. Er hat noch nie Drittmittel eingeworben und konnte auch auf wiederholte Fragen in unterschiedlichen Kontexten des Interviews keine eigenen Forschungsprojekte beschreiben. Wer ist wer?

*Interviewer*: And are there research topics that you are interested in but can't work on?

*Historiker 1*: No. I've been very lucky.

*Historiker 2*: ...that I'm interested in but I can't work on? No. No, I think there is still ample freedom to pursue that curiosity driven approach. If I was to be seized with a particular idea, the resources are here, all the resources are available [...], because I think with historical research, the demands, the cost issues, are relatively modest. It's really my own time, photocopies, inter-library loans and travel. Put all those together and that's really all you need for historical research. So, for that reason, I think most projects that I would be interested in pursuing, are always going to have fairly modest resource implications, and that's definitely no real reason why I couldn't pursue them.

Beide Interviewpartner nehmen eine Situation war, die ihre Forschung weder finanziell noch institutionell noch in irgendeiner anderen Weise beschränkt. In beiden Fällen stimmen also der Anspruch an die Forschungsbedingungen und die Forschungsbedingungen überein. Wie oben bereits angedeutet, liegt die Zufriedenheit der beiden Historiker aber auf völlig unterschiedlichen Niveaus: Einer der beiden Interviewpartner hat für die Projekte, die er entwirft, genügend Zeit und Ressourcen (Zeit auch deshalb, weil er die Drittmittel benutzen kann, um seine Lehrbelastung zu reduzieren), während der zweite keine Projekte entwirft und mangels Erfahrung in der Projektbearbeitung annimmt, mit den wenigen intern vorhandenen Ressourcen Projekte bearbeiten zu können. Der Unterschied zwischen einer durch ausreichende Drittmittel bestimmten Situation und einer Situation, in der selbst die Grundausstattung nur sporadisch und auf Antrag vergeben wird, wird aber in diesen Situationsbewertungen nicht sichtbar.

Übereinstimmende Antworten, die aus unterschiedlichen Anspruchsniveaus resultierten, erhielten wir auch von Wissenschaftlern anderer Disziplinen. Jeweils ein Mathematiker und ein Geologe publizieren kaum, werden kaum zitiert, werben keine Drittmittel ein und haben kein erkennbares Forschungsprogramm, während die anderen beiden viel publizieren, überdurchschnittlich häufig zitiert werden, kontinuierlich Drittmittel einwerben und langfristige Forschungsprogramme verfolgen.

*Interviewer*: Now, are there any research topics that you are interested in but can't work on?

*Mathematiker 1*: Not really, not really at all. I mean I'd like to have, I'm hindered in the financial maths to some extent by not having someone to talk to. Well, there is one other person here that does work in it but he works on it from a different angle perspective so, in some respects I would like to do more in financial maths, but on the other hand I'd like to do more in symmetries because that's what I really like to do. But, no, I don't think that there's an area that I can think of that I really want to do.

*Mathematiker 2*: I don't think so. No, I feel at the moment I have quite a few research topics and I'm not looking for – I'm not actively looking for more. I mean, often research projects just arise naturally. You just get into them because you're looking at some problem that leads into something else. So I don't sort of look to start a project from scratch. It always comes from another source. No, I just follow what happens.

*Geologe 1*: I guess, at the moment its sufficient to keep me going at this stage. I think I've got sufficient projects to keep me occupied at this stage. So I'm not really thinking about other opportunities.

*Geologe 2*: No, not really, I mean everything I am interested in ... I can maintain this balance between the applied and pure aspects enough to keep me going now.

Ein anderes Beispiel für die gleiche Beschreibung unterschiedlicher Phänomene betraf die Leistungen der interviewten Wissenschaftler selbst. Die Fragen nach den Leistungserwartungen der Universität und Evaluationen der Forschungsleistungen regten zwei Politikwissenschaftler derselben Universität zur Reflexion darüber an, wie sie die Erwartungen der Universität an ihre Forschungen erfüllen. Einer der beiden publiziert unregelmäßig (mit Unterbrechungen von bis zu vier Jahren), und seine einzigen Zeitschriftenveröffentlichungen sind Rezensionen. Der andere produziert kontinuierlich, schreibt auch Aufsätze in referierten Zeitschriften und ist international sichtbar.

*Interviewer*: So, my last question about the evaluations would be: What are the consequences of these evaluations for you?

*Politikwissenschaftler 1*: In terms of, obviously, promotion. It's whether you get promoted or not. In terms of professional development – *I mean, I am not highly productive but I produce on a reasonably regular basis*. I've never been in a situation where someone said, you haven't produced anything and you're going to. I can always say I'm in the middle of a book now and it's going to come out next year or the year after. So I've never been in a position where anyone's questioned me so I don't know on what basis they would.

* * *

*Interviewer*: Are there also specific special expectations in terms of the quality of your research from the University or School?

*Politikwissenschaftler 2*: Well, no there is always some talk I guess again, [...] As far as I know there is nothing on that type of functions. And it is clearly that for most people in all universities never mind in [our university], where it's the number of publications that seems to matter more than quality. And I don't see any staff pressure counteracting that. *I don't publish very much.* Even though I keep count of my rate which is now slowing down because of too much teaching. I don't think I feel affected by any pressures either way. I am aware of the pressures, but only a small number of us can do it.

Die beiden durch uns kursiv hervorgehobenen Passagen in den Interviews verdeutlichen das Problem: Ohne zusätzliche Daten über die Publikationstätigkeit würden wir beide Interviewpartner für nicht sonderlich produktiv und vor allem für ähnlich produktiv halten. Wir würden sogar eher den ersten („*I produce on a resonably regular basis*") für den produktiveren halten und den zweiten für weniger produktiv. Es ist aber genau umgekehrt. Nun stellen wir uns vor, dass Sachverhalte, die wir nicht unabhängig vom Interview prüfen können, auf diese Weise beschrieben werden...

## *Unterschiedliche Beschreibungen gleicher Phänomene*

Auf den zweiten Extremfall stießen wir bei Beschreibungen von Evaluations-Situationen, d.h. von Situationen, in denen die Universität die Qualität der Wissenschaftler beurteilte und mit diesen Urteilen Entscheidungen begründete. Den stärksten Einfluss auf die Situation der Wissenschaftler hatten Evaluationen im Zusammenhang mit der Vergabe der internen Grundausstattung und mit Beförderungen. Die Evaluationen für Beförderungen folgen einem einheitlichen Muster, das sogar nur in gewissen Grenzen auf die Besonderheiten von Disziplinen Rücksicht nimmt. Im folgenden Beispiel waren Prozedur und Bewertungskriterien identisch, weil es sich um zwei Historiker aus derselben Universität handelt. Von den Zitaten her ist es eindeutig, welcher Interviewpartner ‚gut' und welcher ‚schlecht' ist. Weniger eindeutig ist, dass beide dieselbe Prozedur beschreiben.

*Interviewer*: And is this the only occasion when your research is evaluated? When you apply for internal grants?

*Historiker 1*: No it's evaluated if I was to submit an application for study leave, which I have done, and to submit an application for promotion. And I prepared an application under the previous Dean back in 2000 and the then Dean made it quite clear even before I submitted the application that she wasn't going to support it because the first thing she said to me, I had a meeting with her, was my research profile is not very good.

*Interviewer*: And since then you didn't try again to…?

*Historiker 1*: I revised my application and again got as far as having a meeting with the Dean last year but it was indicated that I would be… And my Head of School has indicated to me that I can be sure of being successful in my application for promotion, this is only to Lecturer C, once I submit the book manuscript. So in other words he's telling me that I will only be successful in promotion from a Lecturer B to a Lecturer C if I publish the book which to my mind is… We have people in the faculty and elsewhere who've been promoted to Associate Professor and we've had people who've been appointed as Professor who don't even have a book and yet I've been told as a condition of my application for promotion being successful that I have to have submitted a book manuscript which seems to me unfair.

* * *

*Interviewer*: And, how does the university evaluate your research?

*Historiker 2*: Okay. Well, promotions would be the major mechanism. [...] Yes, so on the individual level it's promotion and career development interviews.

*Interviewer*: What are the consequences of these evaluations for you?

*Historiker 2*: Well, in my case, because I'm quite productive, it's usually good in the sense of getting promoted. But at present there haven't been negative consequences. But if, say, within the Faculty, people are not being very productive, then they're given mentoring, and I've done that as well. You engage with people and you advise them on what they could do to get together a great application or what kinds of publication strategies they need to have.

Beide Beschreibungen beziehen sich auf dieselbe Prozedur für die Beförderung: Die Wissenschaftler formulieren eine Bewerbung, in der sie ihre Leistungen in Lehre, Forschung und akademischer Selbstverwaltung beschreiben. Diese Bewerbung diskutieren sie mit ihren Leitern (zunächst mit dem Institutsdirektor, dann mit dem Dekan ihrer Fakultät), die sie zur Formulierung der Bewerbung und zu deren Erfolgsaussichten beraten. Wenn die Bewerbung weitergereicht wird, fügen die Leiter der jeweiligen Hierarchieebene ihr eine Stellungnahme bei. Die endgültige Entscheidung wird durch eine Kommission der Universität getroffen. Wenn die Leiter der Ansicht sind, eine Bewerbung hätte keine Erfolgsaussichten, raten sie den Wissenschaftlern davon ab, einen Antrag zu stellen. Ein solcher Verzicht ist sowohl im Interesse des Wissenschaftlers als auch seiner Leiter. Wird ein Antrag auf Bewerbung abgelehnt, dann setzt eine Sperrfrist ein, innerhalb derer sich der Antragsteller nicht wieder bewerben darf. Eine aussichtslose Bewerbung nicht einzureichen bedeutet dagegen, dass man sich vielleicht im nächsten Jahr mit besseren Chancen bewerben kann. Eine aussichtslose Bewerbung bedeutet aber auch für die Leiter ein Dilemma. Unterstützen sie eine aussichtslose Bewerbung, werden sie bei der Universitätsleitung unglaubwürdig, unterstützen sie sie nicht, bei ihren Wissenschaftlern.

Die Vorgehensweise bei Beförderungen ist streng geregelt. Sie wird öffentlich bekannt gemacht und strikt eingehalten. Beide zitierte Interviewpartner haben Anträge geschrieben und Beratungsgespräche geführt. Ihre Wahrnehmungen des Prozesses sind jedoch deutlich voneinander verschieden. Einer der Interviewpartner erwähnt seine eigenen Beförderungen nur am Rande und deutet an, dass sie unproblematisch seien. Seine stärkere und präsentere Erfahrung ist die seiner Mentorenrolle, die zur Unterstützung schwacher Bewerber eingeführt wurde. Der andere hat sich mit Leistungen beworben, die von zwei Dekanen und dem Institutsdirektor nicht für ausreichend gehalten wurden. Die Leiter rieten jeweils von einer Bewerbung ab. Letzteres wurde vom Antragsteller als eine unfaire Auslegung der Leistungskriterien interpretiert, die jedoch aufgrund der starren Regelungen und der übereinstimmenden Einschätzungen durch zwei Dekane und einem Institutsdirektor als sehr unwahrscheinlich gelten muss. Interessant ist hingegen, dass das, was aus der Perspektive des ‚schlechten' Antragstellers eine unfaire Einmischung ist und die Beförderung verhindert, den ‚guten' Antragsteller persönlich überhaupt nicht betrifft und nur am Rande erwähnt wird. Die beiden Interviewpartner sind aufgrund ihrer unterschiedlichen Leistungen in verschiedenen Situationen, diese Differenz wirkt sich aber auch massiv auf ihre Beschreibung des gleichen Phänomens ‚Beförderungsprozedur' aus.

### *Folgen für die Untersuchung*

Wir haben in der Kommentierung der Interviewzitate bereits angedeutet, dass sich der für unser Projekt relevante Informationsgehalt der Passagen jeweils unterscheidet, und möchten nun diese Konsequenzen des Qualitätsproblems systematisieren. Die Qualitätsunterschiede zwischen unseren Wissenschaftlern formen die von diesen erhaltenen Informationen über zwei wichtige Aspekte ihrer Arbeit. Erstens können wir davon ausgehen, dass ‚gute' Wissenschaftler ihren *Arbeitsprozess* anders wahrnehmen als ‚schlechte'. Wenn wir eine Erklärung des Forschungsproblems, Begründungen für die Wahl von Untersuchungsobjekten und -methoden und andere auf den Inhalt der Forschung bezogene Informationen benötigen, werden wir von ‚schlechten' Wissenschaftlern andere Informationen erhalten als von ‚guten'. Informationen über die Arbeitsinhalte spielen für unsere Untersuchung eine Rolle, weil sich aus den Arbeitsinhalten der Ressourcenbedarf ergibt. Die Wahl von Untersuchungsobjekten und -methoden sowie von Kooperationspartnern wird durch die ‚Qualität' eines Wissenschaftlers mit bestimmt, weil gute Wissenschaftler anspruchsvollere Forschungsprobleme formulieren und strategische Aspekte ihres Forschungsprozesses wie die Lösbarkeit von Problemen oder die Anwendbarkeit von Methoden auf ihre Probleme anders beurteilen als weniger gute. Aus diesen Urteilen der Wissenschaftler entsteht ihr Ressourcenbedarf, der eine der zentralen Variablen unserer Untersuchung war. Insofern hängen die Ergebnisse unserer Studie teilweise von dem ab, was uns Biochemiker über *ihre* Biochemie, Geologen über *ihre* Geologie und Politikwissenschaftler über *ihre* Politikwissenschaft erzählen.[3] Hinzu kommt,

3 Leider ist es nahezu unmöglich herauszufinden, wie Informationen über Arbeitsinhalte von der Qualität der Interviewpartner beeinflusst werden, da die Arbeitsprozesse der Befragten jeweils einmalig sind. Anders als Bäcker, Ärzte oder Manager, deren Arbeitsaufgaben sich wiederholen, haben Wissenschaftler unikale Arbeitsaufgaben. Da jegliche Grundlage für einen Vergleich fehlt, lässt sich kaum herausfinden, inwieweit die Beschreibung eines Arbeitsprozesses durch die ‚Qualität' des beschreibenden Wissenschaftlers geprägt wird. Auch bei kooperativen Forschungsprozessen, wo mehrere Beteiligte über denselben Arbeitsprozess befragt werden könnten, erschweren die unterschiedlichen fachliche Perspekti-

dass wir den Interviews auch generelle Informationen über die epistemischen Bedingungen und Praktiken der Fachgebiete entnehmen. Einige Charakteristika der Gebiete (z.B. die typische Dauer von Forschungsprozessen, spezifische Unsicherheiten oder die Heterogenität der verwendeten Wissensbestände) sind wichtige intervenierende Variablen, weil sie die unterschiedlichen Wirkungen der einheitlichen Finanzierungsstrukturen in den verschiedenen Wissenschaftsgebieten erklären. Wir müssen deshalb solche fachgebietsspezifischen Faktoren aus den Aussagen aller interviewten Biochemiker, Geologen, Politikwissenschaftler usw. extrahieren. Das bedeutet, dass wir die diesbezüglichen Aussagen unterschiedlich guter Wissenschaftler integrieren müssen.

Dieses ‚Lernen vom Feld', d.h. die Benutzung der Experten als Informationsquellen für die charakteristischen Arbeitsinhalte, tritt in vielen wissenschaftssoziologischen und darüber hinaus vermutlich in vielen auf Experteninterviews basierenden Untersuchungen auf. Es ist aber stets Mittel zum Zweck, weil das Wissen benötigt wird, um soziologische Fragen zu beantworten. Von größerer Bedeutung als die Arbeitsinhalte waren in unserer Untersuchung die *Arbeitsbedingungen* der Wissenschaftler. Aus diesen Beschreibungen stammen die meisten unserer Beispiele. Die Folgen qualitätsabhängiger Beschreibungen für die Qualität der Daten sind erheblich. Unsere Beispiele sollten illustrieren, dass

- die Wahrnehmung „meine Forschungsarbeit wird nicht durch den begrenzten Zugang zu Ressourcen beschränkt" zwei völlig unterschiedliche Situationen widerspiegeln kann, nämlich eine, in der die Ansprüche des Wissenschaftlers so gering sind, dass sie quasi durch jede Ressourcenausstattung erfüllt werden können, und eine, in der der Wissenschaftler so ‚gut' ist, dass er für jede seiner Forschungsabsichten die Ressourcen erhält, die er braucht;
- die Wahrnehmung von organisatorischen Routinen sehr stark davon abhängt, zu welcher ‚Zielgruppe' der untersuchte Wissenschaftler gehört – ‚gute' Wissenschaftler nehmen unter Umständen ganz andere Routinen wahr als ‚schlechte'.

Für unsere Untersuchungen bedeutet das, dass wir aus den Interviews nicht ohne weiteres auf allgemeine, universitäts- oder fakultätsweite Bedingungen oder Routinen schließen konnten, sondern zusätzlich die ‚Qualität' der Interviewpartner in die Interpretation einbeziehen mussten. Nur am Rande sei vermerkt, dass wir uns auch nicht auf die in den Dokumenten fixierten formalen bürokratischen Routinen verlassen konnten, weil der tatsächliche Umgang mit diesen Routinen im universitären Alltag, der den Einfluss der In-

ven den Vergleich erheblich. Die einzige wirkliche Ausnahme von diesem ‚Unikalitätsproblem' sind Doktoranden, deren Arbeitsprozesse durch einen Betreuer mit verfolgt werden. Dieser kann dann sowohl den Arbeitsprozess als auch den Bearbeiter einschätzen.

stitutionen auf die Forschungsinhalte vermittelt, nicht aus formalen Regeln abgelesen werden kann.

Unsere Erfahrungen lassen sich dahingehend verallgemeinern, dass Qualitätsdifferenzen zwischen Experten in zwei wichtigen Aufgaben von Experteninterviews interferieren:

(1) Wenn wir etwas über die Arbeitsinhalte der Interviewten lernen wollen, erhalten wir aus Interviews mit ‚guten' Experten andere Informationen über dieses Arbeitsprozesse als aus Interviews mit ‚schlechten' Experten.
(2) Wenn wir etwas über die Arbeitsbedingungen der Experten lernen wollen, erhalten wir ebenfalls unterschiedliche Informationen, weil die Ansprüche ‚guter' Experten an ihre Arbeitsbedingungen andere sind als die ‚schlechter' Experten und weil die Umwelt in die Arbeit ‚guter' Experten anders interveniert als in die Arbeit ‚schlechter' Experten.

Untersuchungen, die eine der beiden Arten von Informationen einbeziehen, müssen sich dem Qualitätsproblem stellen.

## 4. Qualitätsdifferenzen als Problem von Experteninterviews und deren Auswertung

### *Wie bewertet man seine Experten?*

Wenn die Qualität der Experten ihre Beschreibungen beeinflusst, wie wir das im vorangegangenen Abschnitt demonstriert haben, dann müssen wir die Qualität unserer Experten kennen und in die Interpretation ihrer Aussagen einbeziehen. Die Qualitätsbewertung von Experten scheint aber ein aussichtsloses Unterfangen zu sein. Wir interviewen ja Experten, weil sie über ein Sonderwissen verfügen, das wir nicht haben. Wie sollen wir dann beurteilen, wie viel von diesem Sonderwissen sie haben und wie gut sie damit umgehen können? Von diesem Dilemma scheint es nur wenige Ausnahmen zu geben. Leistungssportler zum Beispiel unterliegen einer öffentlichen, auch außerhalb ihrer eigenen Gruppe nachvollziehbaren Leistungsbewertung.

Auch mit unserer Aufgabe, die Qualität von Wissenschaftlern zu bewerten, sind wir auf den ersten Blick in einer recht guten Situation, weil die Bedürfnisse von Forschungspolitik und -management die Entwicklung von Evaluationsmethoden vorangetrieben haben. Dieser Eindruck täuscht. Die Wissenschaftsforschung ist nach wie vor der Ansicht, dass letztlich nur die Fachkollegen die Qualität eines Wissenschaftlers und seiner Ergebnisse einschätzen können und dass selbst dieser Peer review falsch liegen kann. Durch Dritte anwendbare Indikatoren, die vom Forschungsinhalt abstrahieren, bieten nur partielle Einblicke in die Qualität und bewerten eher vergangene als gegenwärtige Leistungen. Sie können deshalb nur als Zusatzinformationen im Peer review angewendet werden. Zudem gelten quantitative Indikatoren auf der uns interessierenden individuellen Ebene als unzuverlässig.

Die beschränkten Möglichkeiten der Leistungsmessung werfen auch die Frage auf, welchen Aspekt von Qualität wir eigentlich messen wollen. Geht es uns um die gegenwärtigen *Leistungen* der untersuchten Wissenschaftler oder um ihre *Leistungsfähigkeit*? In unserer Untersuchung stießen wir auf zwei Gruppen von Interviewpartnern, für die dieser Unterschied von Bedeutung war. Die Forschungskarrieren mancher Nachwuchswissenschaftler waren noch nicht lang genug, um aus ihren Leistungen auf eine überdurchschnittliche Leistungsfähigkeit schließen zu können, obwohl sich letztere andeutete. Auch der umgekehrte Fall trat auf: Wissenschaftler, die früher international hoch angesehene Leistungen erbracht hatten, waren zum Zeitpunkt der Untersuchung hinter diese Leistungen zurückgefallen, zum Beispiel weil sie keine Drittmittel mehr erhielten oder sich vom mainstream ihres Faches entfernt hatten. In beiden Fällen müssen wir davon ausgehen, dass die wissenschaftlichen Fähigkeiten des Interviewpartners größer sind, als seine gegenwärtigen Leistungen ausweisen. Für unsere Zwecke ist eine Einordnung nach der Forschungsfähigkeit wichtiger als die Forschungsleistung. Allerdings gibt es klare methodische Grenzen für die Bestimmung der Forschungsfähigkeit.

Angesichts dieser Probleme der Leistungsmessung in der Wissenschaft, auf die wir selbst immer wieder aufmerksam gemacht haben, war bei der Qualitätsbeurteilung unserer Wissenschaftler größte Vorsicht geboten. Wir haben so viele verschiedene Indikatoren wie möglich genutzt, stets nur Wissenschaftler einer Disziplin miteinander verglichen und ‚unabhängige' Indikatoren mit Informationen aus den Interviews kombiniert.

Vor dem Interview haben wir von Internetseiten sowie aus dem Science Citation Index Informationen zu *Publikationen*, *Zitierungen* und *eingeworbenen Drittmitteln* beschafft. Alle diese Indikatoren sind disziplinspezifisch (zum Beispiel sind Zitierungsanalysen in den Geistes- und Sozialwissenschaften extrem problematisch) und können nur unter Berücksichtigung des Kontexts interpretiert werden. Bei allen drei Indikatoren ist es in Fächern mit einem hohen Grad an Kooperation nicht immer einfach, die Leistungen einem einzelnen Wissenschaftler zuzurechnen. Wissenschaftler können davon profitieren, dass sie Mitglieder einer leistungsstarken Gruppe sind und an Publikationen und Drittmitteleinwerbungen beteiligt sind, ohne selbst herausragende Leistungen zu erbringen.

Diese Informationen dienten der Vorbereitung des Interviews, die auch eine Beurteilung der Qualität und die Wahl einer angemessenen Interviewstrategie zum Umgang mit dem Qualitätsproblem einschloss. Wir konnten nicht ausschließen, dass Forschung für diejenigen unserer Interviewpartner, deren Leistungen deutlich unter denen ihrer Kollegen in derselben Einrichtung lagen, ein heikles Thema ist. Deshalb haben wir in Interviews mit Wissenschaftlern, bei denen wir in der Vorbereitung kaum Forschungsleistungen identifizieren konnten, eine Fragestrategie gewählt, die nicht mit Fragen nach der Forschung begann und diese damit als selbstverständliche Leistung voraussetzte, sondern zunächst nach Aktivitäten in der Lehre fragte und die uns eigentlich interessierende Forschungsleistung situationsabhängig einführte.

Unsere Interviews selbst trugen insofern zur Qualitätsbeurteilung bei, als unsere Fragen nach der Forschungsbiographie, nach den Forschungsbedingungen und nach weiteren Vorhaben eine Eigenschaft der Wissenschaftler berührten, die ganz eng mit der Qualität verbunden ist. Wir erhielten klare Hinweise auf das *Anspruchsniveau* der befragten Wissenschaftler, d.h. über die Ansprüche, die sie an sich selbst, ihre Kooperationspartner und andere Kollegen und an ihre Forschungsbedingungen stellen. Wichtig sind deshalb die Beschreibungen der Forschung im Interview. Ein fünfter Indikator ist die *Konsistenz der Forschungsthemen*: Hat der Wissenschaftler ein auf Dauer angelegtes Forschungsprogramm? Bearbeitet er überhaupt selbständig Forschungsprojekte?

Nach dem Interview haben wir die Informationen über unsere Indikatoren ergänzt und zusätzliche Erhebungen vorgenommen. Wir haben dann auf der Grundlage der drei genannten Indikatoren, weiterer Indikatoren wie Preise für wissenschaftliche Arbeiten, Mitgliedschaften in Akademien usw. und der Informationen aus den Interviews die Wissenschaftler jeder Disziplin miteinander verglichen und drei Gruppen gebildet: Eine Spitzengruppe (16 Wissenschaftler), ein Mittelfeld (79) und eine Gruppe kaum forschungsaktiver Wissenschaftler (23). Um die Grenzfälle auszuweisen, deren Einordnung die meisten Probleme bereitete, haben wir innerhalb des Mittelfeldes noch einmal Wissenschaftler mit einer Tendenz zur Spitze und mit einer Tendenz zur Inaktivität ausgewiesen. Diese Einordnung haben wir zu zweit vorgenommen und dabei eine gute Übereinstimmung erreicht. Das hatte den Vorteil, dass die in die Beurteilung einfließenden Eindrücke aus dem Interview (das jeweils nur durch einen von uns vorbereitet und durchgeführt wurde) verbalisiert werden mussten und im Lichte der vom Interview unabhängigen Informationen diskutiert werden konnten.

### *Wie bezieht man die ‚Qualität' seiner Experten in die Auswertung ein?*

Nachdem wir uns eine Vorstellung davon erarbeitet haben, welche unserer Interviewpartner ‚gute', ‚mittlere' bzw. ‚schlechte' Wissenschaftler sind, haben wir diese Kategorisierung in den Dateinamen der Interviewprotokolle kodiert und führen sie in jedem Auswertungsschritt in der Quellenangabe mit.

Jederzeit zu wissen, wie ‚gut' eine Quelle in ihrer Expertenrolle ist, ist hilfreich, löst aber das Problem noch nicht. Obwohl die Interpretation von

Daten nie zufrieden stellend beschrieben werden kann, wollen wir im Folgenden versuchen darzustellen, wie wir die Informationen über die Qualität in unserer Analyse verwendet haben. Die zwei möglichen Verwendungsweisen von Informationen zur Qualität haben wir bereits bei unserem kurzen Überblick über die Behandlung des Qualitätsproblems durch die Wissenschaftsforschung genannt. Erstens muss Wissen über die Qualität der Quelle in die Interpretation der Daten einfließen. Zweiten geht es in unserer Untersuchung auch um die Frage, ob ‚gute' Wissenschaftler ein anderes Anpassungsverhalten zeigen als ‚schlechte'. Das bedeutet, wir müssen die Qualität der Wissenschaftler auch zum Untersuchungsgegenstand machen.

Die Art und Weise, in der wir die Qualität der interviewten Wissenschaftler in der Interpretation von Daten berücksichtigen, lässt sich nur teilweise explizieren. Uns ist natürlich bewusst, dass wir mit dem Wissen um die Qualität Interviews und Daten ‚anders lesen'. Darin liegt auch eine Gefahr für die Dateninterpretation, dass sich nämlich Voreingenommenheit gegenüber einer der Gruppen einstellt. Wir haben solche Einflüsse dadurch begrenzt, dass wir den ersten Schritt unserer qualitativen Inhaltsanalyse – die Extraktion der Rohdaten – vor der Qualitätsbestimmung vorgenommen haben. Wir operieren mit einer ‚Checkliste' und prüfen, ob

- eine Information durch das ‚Anspruchsniveau' des Gesprächspartners beeinflusst worden sein kann (in unserem Fall: ob über- oder unterdurchschnittliche Ansprüche an Forschungsleistungen und -bedingungen eine Rolle spielen),
- qualitätsabhängige Arbeitsinhalte die Informationen beeinflusst haben können (in unserem Fall: ob über- oder unterdurchschnittliche Forschungsleistungen sich z.B. in der Zahl der parallel bearbeiteten Projekte äußern und die Möglichkeiten kontinuierlichen Publizierens beschränken oder erweitern),
- die Qualitätsunterschiede mit unterschiedlichen Selbstbildern und Bewertungen einhergehen (in unserem Fall: ob z.B. unterschiedliche Forschungsaktivität mit unterschiedlichen Bewertungen der Lehraufgaben einhergeht) und
- ob die Qualität der Interviewpartner berichtete Kausalitäten beeinflusst (in unserem Fall: ob z.B. ungünstige Forschungsbedingungen in spezifischer Weise als Erklärung für unzureichende Forschungsleistungen benutzt werden).

Diese Fragen spielen immer dann eine Rolle, wenn wir auf widersprüchliche Informationen stoßen oder wenn für die Untersuchung zentrale Informationen aus wenigen Quellen stammen. Natürlich bedeutet eine Identifizierung von möglichen Einflüssen der Qualität nicht, dass wir die Daten als ‚unzuverlässig' verwerfen. Wir können aber besser entscheiden, welchen Platz wir ihnen in der Konstruktion unserer Erklärung anweisen. Es wird deutlich, inwieweit kritische Aspekte unserer Typologien, Generalisierungen und Erklärungen auf Daten beruhen, deren Validität durch Qualitätsdifferenzen der Quellen beeinflusst worden sein kann.

Die zweite Verwendungsweise der Informationen zur Qualität ist direkter und besser dokumentierbar. In unserer Untersuchung ist die Qualität der Wissenschaftler eine intervenierende Variable. Wenn Wissenschaftler ihre Forschungsinhalte an institutionelle Bedingungen anpassen, dann müssen wir auch herausfinden, ob ‚gute' Wissenschaftler ein anderes Anpassungsverhalten zeigen als ‚schlechte'. Das geschieht, indem wir Kategorien bilden und das Anpassungsverhalten getrennt untersuchen. Ein Beispiel dafür ist die vergleichende Studie zu Bedingungen der Drittmitteleinwerbung und ihrem Einfluss auf Forschungsinhalte, die Grit Laudel durchgeführt hat (Laudel 2006a; 2006b). Ein Argument, das immer wieder gegen Studien zu hemmenden Bedingungen der Forschung vorgebracht wird, ist, dass die Klagen der Wissenschaftler ‚Rationalisierungen der Verlierer' sind, dass also ‚schlechte' Wissenschaftler ungünstige Forschungsbedingungen (und nicht ihre unzureichenden Fähigkeiten) für ihre schlechten Leistungen verantwortlich machen. Die vergleichende Studie zur Drittmitteleinwerbung von Experimentalphysikern in Deutschland und Australien hat dieses Argument einbezogen, indem zwei Qualitätskategorien (‚Spitze' und ‚andere') und zwei Kategorien der Drittmittelausstattung (‚reiche' und ‚andere' Wissenschaftler) gebildet wurden. Ein Vergleich der beiden Gruppen zeigte, dass alle vier Felder besetzt waren (Tabelle 2). Zwar gibt es die erwarteten Häufungen in den rechten unteren Feldern, die indizieren, dass die Drittmitteleinwerbung sehr wohl mit der Qualität der Wissenschaftler zusammenhängt. Das Vorkommen von ‚guten anderen' und ‚anderen reichen' Wissenschaftlern zeigt aber, dass Qualität weder notwendig noch hinreichend für eine gute Drittmitteleinwerbung ist. Damit steht das ‚Rationalisierungs-Argument' schon einmal auf schwachen Füßen. Eine Analyse von Anpassungsstrategien zeigte überdies, dass diese nahezu unabhängig von der ‚Qualität' der Wissenschaftler als Reaktion auf die unzureichende Ausstattung mit Drittmitteln auftreten. Das ‚Rationalisierungs-Argument' konnte also entkräftet werden.

*Tabelle 2*: Differenzierung von Experimentalphysikern in Australien und Deutschland anhand ihrer Leistungen und ihrer Drittmitteleinwerbung (nach Laudel 2006b: 382).

| | Drittmittel-Volumen | | | |
|---|---|---|---|---|
| | Deutschland | | Australien | |
| | ‚reich' | ‚andere' | ‚reich' | ‚andere' |
| ‚Spitzenwissenschaftler' | 8 | 7 | 3 | 4 |
| ‚Andere' | 7 | 23 | 4 | 10 |

Das zweite Beispiel entstammt unserer laufenden Untersuchung, die das Material für diesen Aufsatz geliefert hat. In einer vorläufigen Auswertung der Interviews an zwei Universitäten fiel uns auf, dass sich das Anpassungsverhalten ‚guter' und ‚schlechter' Wissenschaftler an die Bedingungen der Forschungsfinanzierung unterscheidet. Es gibt eine kleine Gruppe von Spitzenwissenschaftlern, deren Qualität darin zum Ausdruck kommt, dass sie

– ein breites Spektrum an Forschungsthemen bearbeiten und sich deshalb an politische Vorgaben anpassen *könnten*, indem sie politisch gewünschte (was in Australien für gewöhnlich heißt: stärker anwendungsorientierte) Themen wählen;
– diesem Druck aber nicht nachgeben *müssen*, weil sie für die von ihnen gewünschten Projekte Drittmittel erhalten, auch wenn die Projekte nicht den politischen Orientierungen der Förderlandschaft entsprechen (die Qualität der Spitzenwissenschaftler ist gewissermaßen das Äquivalent für ‚thematische Korrektheit').

Bei diesen Wissenschaftlern trifft eine hohe thematische Flexibilität auf einen niedrigen Anpassungsdruck. Am anderen Ende des Spektrums finden sich die Wissenschaftler, die sich einem erheblichen Anpassungsdruck ausgesetzt sehen, weil ihre gegenwärtigen Forschungsvorhaben nicht erfolgreich sind. Diese Wissenschaftler sind aber zu den erforderlichen Themenwechseln nicht in der Lage, weil ihr ‚Schlechtersein' auch bedeutet, dass sie ihr akkumuliertes Wissen nicht auf einen neuen Gegenstand anwenden können.

Diese Beobachtung veranlasste uns zu einer Hypothese über den Zusammenhang von Qualität und Anpassungsverhalten (Abbildung 2). Anpassungen an institutionalisierte Vorgaben zu Forschungsinhalten erfolgen weder bei der Leistungsspitze, weil diese nur einen geringen Anpassungsdruck wahrnimmt, noch bei den leistungsschwächsten Wissenschaftlern, weil diese auch unter stärkstem Druck fachlich nicht zu den erforderlichen Richtungswechseln befähigt sind. Wirkung erzielt ein institutionalisierter Anpassungsdruck lediglich in dem Mittelfeld, das ‚nicht gut genug' ist, um durch ‚Exzellenz' vor Anpassungsdruck geschützt zu sein, aber immerhin ‚gut genug', um auf diesen Druck mit thematischen Veränderungen reagieren zu können.

*Abbildung 2:* Zusammenhang von ‚Qualität' der Wissenschaftler und Anpassung der Forschungsinhalte (Quelle: Gläser und Laudel 2007a)

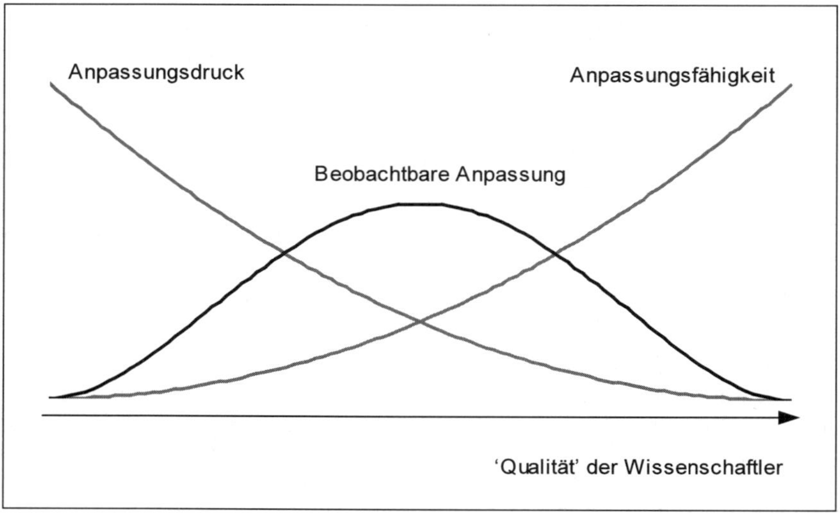


## Schlussbemerkungen

Inwieweit sind unsere Überlegungen zur Rolle der Qualität von Experten verallgemeinerbar? Wir glauben, dass das Problem der ‚qualitätsabhängigen' Daten in Experteninterviews viele Untersuchungen betrifft, weil gerade das, was den Experten ausmacht – besonderes Wissen und besondere Fähigkeiten – stark zwischen Personen variiert. Wir halten es deshalb für erforderlich, dass man sich vor jeder Untersuchung die Frage vorlegt, ob die unterschiedliche Qualität von Experten die Daten beeinflussen kann. Wenn das der Fall ist, dann bedarf es geeigneter Strategien der Auswahl von Experten, Experteninterviews und Datenanalyse, um mit dem Problem der Qualitätsunterschiede umzugehen.

In Abhängigkeit vom Untersuchungsziel kann die ‚Qualität' von Experten auch außerhalb des von uns eingangs skizzierten ‚Überlappungsbereichs' eine Rolle spielen, z.B. wenn die Frage gestellt wird, ob sich die biographischen Selbstrepräsentationen guter Ärzte von denen schlechter unterscheiden. Die Qualität ist dann jeweils Untersuchungsgegenstand. Als methodologisches Problem taucht sie dagegen nur in den Untersuchungen auf, in denen Experten als Informationsquelle dienen.

Obwohl sich die Techniken der Informationsbeschaffung je nach Forschungsproblem und Art der Experten voneinander unterscheiden werden, sind die von uns skizzierten Schritte im Umgang mit dem Qualitätsproblem vermutlich verallgemeinerbar. Es geht darum, sich vor dem Interview zumindest einen Eindruck zu verschaffen, ob Qualität ein Problem sein könnte und ob die Interviewstrategie angepasst werden muss. Es muss entschieden werden, ob Indikatoren der Qualität wie das Anspruchsniveau an die eigene Tätigkeit und an die Arbeitbedingungen im Interview erhoben werden sollen. In der Auswertung von Daten muss entschieden werden, ob die Qualität der Experten die von ihnen erhaltenen Informationen beeinflusst haben könnte. Wenn das der Fall ist, muss die Auswertungsstrategie entsprechend angepasst werden. Unsere Fragen zum Anspruchsniveau, Arbeitsumfang, Selbstbildern und Bewertungen sowie Rationalisierung scheinen uns über Wissenschaftler-Interviews hinaus anwendbar.

Wissenschaftler sind insofern ein interessantes ‚Demonstrationsobjekt', als Qualitätsunterschiede ein allgemein anerkannter und teilweise öffentlich verhandelter Fakt und qualitätsrelevante Informationen öffentlich zugänglich sind. In anderen auf Experteninterviews beruhenden Untersuchungen kann es ungleich schwerer oder sogar unmöglich sein, ‚objektive' (vom Urteil des Interviewers unabhängige) Informationen über die ‚Qualität' seiner Experten zu bekommen. Wie bei all solchen methodischen Problemen der Sozialforschung ist der erste notwendige Schritt, sich das Problem zu verdeutlichen und seine Relevanz für die Untersuchung zu akzeptieren. Diesen Schritt wollen wir initiieren.

## Literatur


Becker, Horward S. und Blanche Geer (1970), Participant Observation and Interviewing: A Rejoinder, in: William Filstead (Hg.), Qualitative Methodology: Firsthand involvement with the social world, Chicago, S.

Bernard, H. Russel (2002), Research Methods in Anthropology: Qualitative and Quantitative Approaches, Walnut Creek.

Bernard, H. Russell, Peter Killworth, David Kronenfeld und Lee Sailer (1984), The Problem of Informant Accuracy: The Validity of Retrospective Data, Annual Review of Anthropology, Jg. 13, S. 495-517.

Cole, Jonathan R. und Stephen Cole (1972), The Ortega Hypothesis, Science, Jg. 178, S. 368-375.

Cole, Stephen (1970), Professional Standing and the Reception of Scientific Discoveries, American Journal of Sociology, Jg. 76, S. 286-306.

Cole, Stephen und Jonathan R. Cole (1967), Scientific Output and Recognition, a Study in the Operation of the Reward System in Science, American Sociological Review, Jg. 32, S. 377-390.

Crane, Diana (1972), Invisible Colleges: Diffusion of Knowledge in Scientific communities, Chicago.

Dean, John P. und William Foote Whyte (1958), How Do You Know If the Informant is Telling the Truth, Human Organization, Jg. 17, S. 34-39.
Gläser, Jochen und Grit Laudel (2006), Experteninterviews und qualitative Inhaltsanalyse als Instrumente rekonstruierender Untersuchungen, 2. Auflage. Wiesbaden.
Gläser, Jochen, and Grit Laudel (2007a), Evaluation without Evaluators: The impact of funding formulae on Australian University Research. Richard Whitley and Jochen Gläser (eds.), The Changing Governance of the Sciences: The Advent of Research Evaluation Systems. Dordrecht: Springer, S. 127-151.
Gläser, Jochen, and Grit Laudel (2007b), The social construction of bibliometric methods. Richard Whitley and Jochen Gläser (eds.), The Changing Governance of the Sciences: The Advent of Research Evaluation Systems. Dordrecht: Springer, S. 101-123.
Hagstrom, Warren O. (1965), The Scientific Community, Carbondale.
Hopf, Christel (1993 [1979]), Soziologie und qualitative Sozialforschung. In Hopf, Christel/Elmar Weingarten (Hrsg.), Qualitative Sozialforschung. Stuttgart: Klett-Kotta.
Jackson, Douglas N. und J. Philippe Rushton (Hrsg.), 1987. Scientific Excellence. Origins and Assessment. Newbury Park: SAGE.
Knorr-Cetina, Karin (1984), Die Fabrikation von Erkenntnis, Frankfurt a. M.
Latour, Bruno und Steve Woolgar (1986 [1979]), Laboratory Life: The Construction of Scientific Facts, Princeton.
Laudel, Grit (2005), Is external funding a valid indicator for research performance?, Research Evaluation, Jg. 14, S. 27-34.
Laudel, Grit (2006a), The art of getting funded: How Scientists adapt to their funding conditions, Science and Public Policy, Jg. 33, S. 489-504.
Laudel, Grit (2006b), The 'quality myth': Promoting and hindering conditions for acquiring research funds, Higher Education, Jg. 52, S. 375-403.
Lynch, Michael (1985), Art and Artifact in Laboratory Science: A Study of Shop Work and Shop Talk in a Research Laboratory, London.
Pelz, Donald C. und Frank M. Andrews (1966), Scientists in organizations. Productive Climates for Research and Development, New York.
Richards, David (1996), Doing Politics: Elite Interviewing: Approaches and Pitfalls, Politics, Jg. 16, S. 199-204.
Zuckerman, H. und J.R. Cole (1994), Research Strategies in Science: A Preliminary Inquiry, Creativity Research Journal, Jg. 7, S. 391-405.
Zuckerman, Harriet (1977), Scientific Elite: Nobel Laureates in the United States, New York.
Zuckerman, Harriet A. (1972), Interviewing an Ultra-Elite, Public Opinion Quarterly, Jg. 36, S. 159-175.

# ExpertInnen-Interviews in der Politikwissenschaft

## Eine sekundäranalytische Reflexion über geschlechter-theoretische und politikfeldanalytische Effekte

*Gabriele Abels und Maria Behrens*

### 1. Einleitung

Die deutschsprachige Politikwissenschaft ist zweifelsohne eine „methodenpluarale" Disziplin. Sie ist insgesamt weniger geprägt von der „Vorrangstellung quantitativer, an den Naturwissenschaften orientierter Forschungsmethodologien und -methoden" (Dackweiler 2004: 53) als etwa die US-amerikanische Politikwissenschaft. Gleichwohl zeichnete sie sich lange Zeit – und auch dies grenzt sie von der US-Wissenschaft ab – durch eine relative Abstinenz hinsichtlich methodischer Reflexion aus. Patzelt (1991: 53) bemängelte vor mehr als fünfzehn Jahren in seiner Bestandsaufnahme qualitativer Verfahren, dass zwar die Praxis empirischer Politikforschung von der „Popularitätswelle qualitativer Forschung" erfasst worden sei, insgesamt aber „vordergründig Neigungen, die Methodenreflexion als irrelevant zu erachten bzw. der Soziologie zuzuschieben" zu konstatieren seien.

Auch die politikwissenschaftliche Geschlechterforschung bildet hier keine Ausnahme. Dies zeigt sich daran, dass in den einschlägigen Einführungs-, Lehr- und Handbüchern Methodenkapitel eine Ausnahme sind (vgl. Dackweiler 2004; Ebbecke-Nohlen/Nohlen 1994).

Zweifelsohne ist seit Mitte der 1990er Jahre eine stärkere Methodenreflexion festzustellen, die sich zum einen in einschlägigen Publikationen (vgl. z.B. von Alemann 1995, Kriz u.a. 1994, Behrens 2003, Behnke et al. 2006a, Behnke et al. 2006b, Behrens/Hennig 2007) dokumentiert, zum anderen in der fachverbandlichen Verankerung.[1] Gleichwohl steht eine grundlegende Methodendebatte und hinreichende Entwicklung von Verfahren, die der Spezifik des disziplinären Gegenstandes gerecht werden, noch aus.

Dabei kann es nicht darum gehen, eine Standardmethodenlehre für Politikwissenschaft zu proklamieren, die sich genuin von den sozialwissenschaftlichen Nachbardisziplinen unterscheidet. Zugleich werden in der Politikwissenschaft jedoch bestimmte methodische Herangehensweisen und Ver-

1 Im Jahr 2003 wurde eine ad hoc-Gruppe „Empirische Methoden der Politikwissenschaft" in der Deutschen Vereinigung für Politische Wissenschaft (DVPW) gegründet, die seit 2006 den Status eines ständigen Arbeitskreises hat. Des Weiteren finden in den thematischen Sektionen und Arbeitskreisen Methodendebatten statt.

fahren der Datenerhebung sowie -auswertung – insbesondere „entpersonalisierte“ Zugänge zum Forschungsgegenstand – präferiert, die einer methodologischen und methodischen Reflexion bedürfen. Hierzu gehört auch das ExpertInnen-Interview. Es wird zur Erforschung politischen Handelns (Meuser/Nagel 1991) sowie zur Exploration und Evaluation der lebensweltlichen Seite und der Alltagspraxis von Politik (Patzelt 1994: 398) verwendet. Eine zentrale Bedeutung kommt ihm ferner in der Policy-Forschung, hier v.a. in der Implementationsforschung (Voelzkow 1995: 55), und der Evaluationsforschung zu (vgl. den Beitrag von Leitner/Wroblewski in diesem Band).

## 2. Was ist ein ExpertInnen-Interview?

In dem methodologischen Klassiker von 1970 spricht Dexter (2006) von „elite and spezicialized interviewing“, wobei er unter Eliten unterschiedliche Gruppen fasst. Meuser und Nagel definieren ExpertInnen-Interviews als eine spezifische Form qualitativer Interviews, die sich von anderen Befragungsmethoden hinsichtlich der Gesprächsführung und Auswertung sowie hinsichtlich des *Erkenntnisinteresses* und der *Befragtengruppen* (Meuser/Nagel 1997: 482, vgl. auch Helfferich 2004) unterscheiden. Dies schließt teils an die Bestimmung bei Dexter an, der folgende Merkmale ausführt: (1) der/die Befragte definiert die Interviewsituation, (2) er/sie strukturiert den Bedeutungsrahmen und (3) entscheidet im Verlauf des Interviews, was bedeutsam und wichtig ist. Allerdings können diese Kriterien ebenso für narrative und biographische Interviews gelten.

Bei von Alemann and Forndran (1990: 169) findet sich der Terminus *Informations*gespräche. Dies gibt präziser das Erkenntnisinteresse an, den dieses Verfahren für die Forscherin bzw. den Forscher hat, nämlich Informations-„gewinnung“[2], benennt jedoch keinen Adressaten. Der Begriff ExpertInnen-Interviews hingegen rückt das Gegenüber in den Mittelpunkt und akzentuiert, dass es sich hierbei um Personen handelt, die über eine spezifische Form von professionellem Wissen verfügen, welches sich von Laien-Wissen unterscheidet. Damit scheint uns dieser Begriff präziser als alternative Begrifflichkeiten.

Wem der Status als Experte oder Expertin zugesprochen wird, ist stets ein soziales und methodisches Konstrukt (Deeke 1995: 9). Es kann im Einzelnen nur in Relation zum Forschungsgegenstand und Erkenntnisinteresse beantwortet werden (Meuser/Nagel 2005: 73). Allgemein sind ExpertInnen „FunktionsträgerInnen innerhalb eines organisatorischen oder institutionellen Kontextes“, die „Problemlösungen und Entscheidungsstrukturen (re)präsen-

2 Die englischen Termini „data-making“ oder „data-creation procedures“ verweisen u.E. präzise darauf, dass Methoden erst Daten produzieren.

tieren" (ebd.: 74). ExpertInnen müssen nicht – wie in den Untersuchungen von Meuser und Nagel – zwangsläufig der (Funktions-)Elite[3] einer Organisation angehören, sondern befinden sich oftmals gerade auf den unteren und mittleren Ebenen von Organisationen. In der Regel handelt es sich um gut ausgebildete und statusbewusste Personen, die es gewohnt sind, sich darzustellen, mit Fragesituationen umzugehen und komplexe Zusammenhänge darzulegen.

Während bei Interviews mit Eliten, z.B. ParlamentarierInnen, die persönlichen Einstellungen der Befragten von Interesse sein können (zu Eliteinterviews vgl. van Schendelen 1984, Aberbach u.a. 1975, Semmel 1975), ist dies bei ExpertInnen-Interviews *nicht* der Fall. Der Experte bzw. die Expertin interessiert nicht als Person, denn der „Kontext ... ist ein organisatorischer oder institutioneller Zusammenhang, der mit dem Lebenszusammenhang der darin agierenden Personen gerade nicht identisch ist und in dem sie nur einen ‚Faktor' darstellen" (Meuser/Nagel 2005: 72f.).

Im ExpertInnen-Interview der Politikwissenschaft sind die Befragten in einer dreifachen Rolle präsent – als *Personen,* als *Repräsentanten* und als *Strategen*: Es wird eine einzelne Person interviewt, die ferner eine Institution oder Organisation repräsentiert und schließlich als kollektiver, strategischer Akteur (z.B. Partei, Verband, Ministerium) in der politischen Öffentlichkeit agiert. Daraus ergeben sich spezifische Probleme für die Interviewsituation und Gesprächsführung, was es wiederum systematisch im Hinblick auf methodologische Gütekriterien wie Validität, Reliabilität und Generalisierbarkeit zu reflektieren gilt. Denn die Informationen, die eine Forscherin erhält, können die persönliche Meinung der Interviewten widerspiegeln, die offizielle Position der Organisation darstellen oder aber instrumentellen Charakter besitzen, in dem gezielt Informationen gegeben werden, die den öffentlichen Diskurs prägen sollen, nicht aber die strategischen Interessen offenbaren. Hier besteht für die Forscherin die Gefahr, von einem kollektiven Akteur für die eigene nach außen gerichtete Organisationspolitik instrumentalisiert zu werden (Behrens 2003: 229).

Jedes Interview ist ein „Beziehungsraum" (Tietel 2000); dabei werden „grundsätzlich in jeder dialogischen Interviewsituation Vorstellungen von Beziehungen realisiert und Interaktionsmuster inszeniert" (Heinzel 1997: 100). Somit ist eine ExpertIn im Interview immer auch als Person präsent. Mehr noch: Wenn der Subjektstatus der Befragten geleugnet wird, dann stellt dies psychodynamisch eine narzisstische Kränkung dar. Hierdurch kann das erforderliche temporäre Vertrauensverhältnis in der Interviewsituation empfindlich gestört werden und der Erfolg des Interviews zur Disposition ste-

3 Der Begriff meint Personen, die „Teil des Handlungsfeldes [sind], dessen Probleme gelöst werden sollen". In diesem Sinne würden auch unsere Interviewten zur Funktionselite gehören. Der Begriff der Elite und Verfahren zu ihrer Identifizierung sind allerdings umstritten, vgl. Meuser/Nagel 1994: 181-184.

hen.[4] Bereits Dexter hat darauf verwiesen, dass es das Interview selbst ist, welches den Effekt hat „making the elite feel more special and willing to give information that they might not give under different circumstances“; denn zur eigenen Identität als Experte gehört der Glaube an den eigenen Status als Experte (Ware/Sánchez-Jankowski 2006: 5). Dieser Glaube ist damit Teil einer kollektiven Identität und verlangt nach Bestätigung in der Interviewsituation.

Doch ebenso wenig ist die Forscherin ein fragendes Neutrum. *Alle* InterviewteilnehmerInnen sind immer auch als Subjekte, und nicht nur als RepräsentantInnen für die jeweilige Organisation bzw. „die Wissenschaft“ in der Interviewsituation präsent. Interessen, Vertrauen, Macht, Kontrolle und Hierarchie beeinflussen auch diese spezifische Form sozialer Interaktion. Dies bedeutet weiterhin vor dem Hintergrund sozialwissenschaftlicher Geschlechterforschung, dass die den Beziehungsraum Interview konstituierenden Subjekte immer als geschlechtliche Subjekte interagieren. Dies wirft die Frage nach dem Verhalten der InterviewerIn in der Forschungssituation auf.

Im interpretativen Paradigma der qualitativen Sozialforschung wird Kommunikation und Interaktion als konstitutiver Bestandteil des Forschungsprozesses gesehen. Als Schlüsselprinzip gilt, „dass der Forscher den Zugang zu bedeutungsstrukturierten Daten im allgemeinen nur gewinnt, wenn er eine Kommunikationsbeziehung mit dem Forschungssubjekt eingeht und dabei das kommunikative Regelsystem des Forschungssubjekts in Geltung läßt“ (Hoffmann-Riem 1980: 346f.). Zugleich wird den InterviewerInnen auch im offenen, leitfadenorientierten ExpertInnen-Interview zumeist ein Gestus interessierter Zurückhaltung empfohlen. Sie sollen als „anteilnehmende“ und dabei „anregend-passive“ Personen lediglich zum Erzählen auffordern, damit das Interviewprotokoll als monologischer Text angesehen und interpretiert werden kann (Lamnek 1989: 67, 69, 179). Dabei soll sich die Interviewsituation den „kommunikativen Regeln des alltagsweltlichen Handelns annähern“ (Lamnek 1988: 24). Dieser Zugang zur befragenden Person bezieht sich auf das Subjekt und seine Umwelt. In der Politikwissenschaft kann jedoch davon ausgegangen werden, dass je professioneller der/die Befragte den kollektiven, strategischen Akteur repräsentiert, subjektive und alltagsweltliche Codierungen in den Hintergrund treten.

Die Probleme, die sich daraus für die politikwissenschaftliche Forschungspraxis ergeben, liegen auf der Hand. Einerseits erfordert die Gesprächssituation Offenheit, Exploration und Flexibilität. Andererseits kann der Befragte Gegenfragen stellen, strategische Kommentare abgeben oder die Position des Interviewers zu einem Problem abfragen. Der Forscher muss

4 In Umkehrung einer von Becker-Schmidt (1985: 95) für die feministische Debatte formulierten Zuspitzung kann für ExpertInnen-Interviews gefragt werden, ob die Objekthaftigkeit des Experten im Forschungsprozess gerade durch die Leugnung seiner Subjektivität verfehlt wird.

reagieren, und im Hinblick auf den Informationsgewinn ist eine abweisende Haltung nicht gerade zweckdienlich. Schmid (1995: 285) empfiehlt z.B. bei politischen Äußerungen „wohlwollendes Interesse“ zu zeigen; ein „detektivischer Spürsinn“ – auch unter Nutzung von Suggestivfragen – wird bei kritischen Themen als unausweichlich angesehen. Weiterhin sollten auch „Kommentare, Gesten und Handlungen“ kontrolliert werden (ebd.: 311).

Deutlich wird, dass der Forscher zwar eine möglichst neutrale Haltung einnehmen sollte, sich aber in einer Interviewsituation nicht unbedingt neutral verhält bzw. verhalten kann, sondern versuchen muss, dem Gesprächspartner Informationen zu „entlocken“. Viele sozialstrukturelle und situative Faktoren entziehen sich dem Zugriff der Forscherin; sie werden verbal und nonverbal kommuniziert und können bestenfalls teils kontrolliert, teils bewusst genutzt werden. Wichtige sozialstrukturelle und individuelle Faktoren sind: Geschlecht, Alter, professioneller Status/Titel, Erfahrungshintergrund, Idiosynkrasien/Einstellungen und Organisationszugehörigkeit. Sie wirken in der konkreten Interviewsituation nicht unabhängig voneinander, sondern es kommt vielmehr zu Verknüpfungen, gegenseitigen Verstärkungs- oder auch Abmilderungseffekten. So verweisen auch Bryant und Hoon (2006) auf das Problem komplexer Wirkungszusammenhänge zwischen sozialen Faktoren wie Klasse, Geschlecht und Ethnizität, deren jeweilige Gewichtung nur schwer empirisch zu erfassen ist. Es erscheint uns nicht möglich, diese Faktoren als „Verzerrungen“ und „Störungen“ zu begreifen, die um der Validität willen möglichst minimiert werden können und sollten. Ganz im Gegenteil: Sie sind in allen sozialen Interaktionen und damit auch in der Forschungssituation immer und unausweichlich präsent. Dem Faktor Geschlecht räumen wir dabei als sozialer Strukturkategorie eine herausragende Rolle im Interview ein. Im Sinne des Ansatzes des „doing gender“ ist mit Littig (in diesem Band) festzuhalten, „dass die Geschlechtsunterscheidung im Interview interaktiv hergestellt wird und während der gesamten Interviewsituation präsent ist“.

In Anbetracht dessen ist es bemerkenswert, dass v.a. das Geschlecht in der Literatur weitgehend ignoriert wird. Meuser und Nagel (2005: 79) verweisen nur kurz darauf, dass mit „Sicherheit ... Geschlechtsunterschiede der Beteiligten auf die Definition der Situation“ einwirken. Warren (1988: 44) stellt fest, dass es nahezu eine Binsenwahrheit der Interviewforschung sei, dass Frauen in den meisten Fällen mehr Rückmeldung erhalten, weil sie weniger bedrohlich wirken und über eine bessere kommunikative Kompetenz verfügen. Van Schendelen (1984: 307) erwähnt, dass der Zugang zu ParlamentarierInnen in verschiedenen Studien für Frauen leichter gewesen sei, und deshalb das Geschlecht als Rekrutierungsmerkmal bei der Zusammenstellung seines Interviewteams berücksichtigt wurde – ohne dass er hieraus weitere Schlüsse für die Datenerhebung und -auswertung zieht. Padfield und Procter (1996) plädieren hingegen dafür, dass Geschlechtereffekte möglichst minimiert werden sollten. Diese generellen Aussagen zu Geschlechtereffekten sind dahingehend einzuschränken, dass hier – abgesehen von der Gefahr der Reifizierung von Geschlechterstereotypen – zum einen der Forschungsgegenstand selber und zum anderen Veränderungen in den sozialen Geschlechterverhältnissen (z.B. der langsame Aufstieg von Frauen in Führungspositionen, ihr Vordringen in traditionelle Männerdomänen) zu bedenken sind, insofern hier Veränderungen in der Geschlechterhierarchie stattfinden.

Für die Geschlechterforschung ist, wie schon angedeutet, die Einsicht nicht neu, dass das Geschlecht in der Forschungssituation „mitläuft". Aus dieser Perspektive liegen erste empiriegeleitete methodische Reflexionen über geschlechtsspezifische Effekte in narrativen Interviews vor (McKee/O'Brian 1983, Padfield/Procter 1996, Williams/Heikes 1993, Littig in diesem Band). Jedoch ist hier zumeist der Untersuchungsgegenstand geschlechtsspezifisch konturiert (Abtreibung, alleinerziehende Väter, Krankenpflege); die Geschlechterverhältnisse, Gegenstand und biographische Fragestellung haben vermutlich das Interviewsetting stark geprägt. Gurney (1985) hingegen reflektiert ihre Forschungserfahrungen in einer Männerdomäne, die stark von Problemen des Feldzugangs aufgrund sexistischen Verhaltens geprägt sind. Solche Reflexionen sind bislang jedoch eher ein „Nebenprodukt", denn es mangelt noch immer „an grundlegenden (Meta-)Untersuchungen über die Bedeutung der Geschlechterkategorie im ExpertInneninterview" (Littig in diesem Band).

## 3. Interaktionseffekte in Interviews – ein Werkstattbericht

Im Folgenden werden wir auf Erfahrungen mit leitfadengestützten ExpertInnen-Interviews zurückgreifen, die wir im Zusammenhang mit zwei empirischen Projekten im Bereich staatlicher Politik zur Biotechnologieentwicklung Mitte der 1990er Jahre gesammelt haben.[5] Bei den Interviews kam zum

5 Aus Platzgründen sollen hier nur die wichtigsten Informationen zu den Projekten genannt werden, für eine ausführlichere Darstellung s. Abels/Behrens 2002. Bei dem einen Projekt ging es um die Rekonstruktion des Politikprozesses zum EG-Humangenomprogramm (Abels 2000). Hierzu wurden Interviews mit zahlreichen Akteuren der Programmentwicklung aus Wissenschaft und Forschungsadministration geführt. Das andere Projekt (Behrens u.a. 1996) setzte sich vergleichend zwischen den Niederlanden und der Bundesrepublik Deutschland mit der Umsetzung von Forschungsprogrammen im Bereich der Biotechnologie auseinander und untersuchte den Prozess der gesellschaftlichen Kontextualisierung von gentechnischen Verfahren zur Nahrungsmittelherstellung (Behrens u.a. 1997, 2001). Neben ExpertInnen aus der Politik wurden hier Unternehmensvertreter befragt. Der Großteil der Gespräche wurde aufgezeichnet, in Einzelfällen war dies nicht möglich bzw. stimmten die Befragten dem nicht zu. Insgesamt wurden 127 Interviews geführt (darunter ein Gruppeninterview). Die Mehrzahl der befragten 107 Männer war zwischen 50-60 Jahre, die 22 be-

Tragen, dass zwischen den Interviewten und den Forscherinnen neben dem Geschlecht hinsichtlich des Alters, der Qualifikation und der formalen beruflichen Position ein zumeist großer Unterschied bestand. Zum anderen sind die Gespräche davon mitgeprägt, dass es sich bei der Biotechnologiepolitik um ein gesellschaftlich sehr umstrittenes Politik- und Technikfeld handelt.[6] Die Reflexion unserer Erfahrungen haben wir erstmals in Form eines Werkstattberichts 1998 in der Österreichischen Zeitschrift für Politikwissenschaft (Abels/Behrens 1998) und in überarbeiteter Fassung in Bogner u.a. (2002) zur Diskussion gestellt.

Ein zentrales Ergebnis unserer methodischen Reflexion auf der Basis einer konversationsanalytischen Kategorienbildung war die Identifikation von spezifischen Interaktionseffekten oder -mustern in der Interviewsituation, die in besonderem Maße durch die Strukturkategorie Geschlecht geprägt werden. Basierend auf den Vorschlägen von Vogel (1995) identifizierten wir einen Paternalismus-, Katharsis-, Eisberg- und Rückkopplungseffekt und fügten diesen einen Profilierungseffekt hinzu. Diese Ergebnisse, insbesondere unsere geschlechtertheoretischen Interpretationen, wollen wir in diesem Beitrag mittels einer Sekundäranalyse überprüfen.

## 4. Sekundäranalyse von Daten qualitativer ExpertInnen-Interviews

Die Sekundäranalyse qualitativer Daten ist ein Verfahren, das in der Politikwissenschaft bisher kaum angewendet wird. Unter Sekundäranalyse wird ein Verfahren verstanden, in dem Primärdaten einer anderen Forschungsgruppe zur Verfügung gestellt werden (vgl. ausführlich Dale et al. 1988, Corti 2000, Corti/Thompson 2004, van den Berg 2005). Dies dient der Überprüfung der Validität sowie Reliabilität. Bei qualitativen ExpertInnen-Interviews werden die Interviewprotokolle und Interviewnotizen von der originären Forschergruppe in Archiven aufbewahrt. Bei Interviewprotokollen handelt es sich in der Regel um transkribierte Gesprächsverläufe, unter Interviewnotizen werden Aufzeichnungen der Forscherin verstanden, die ihre persönlichen Eindrücke sowie Informationen über die nicht-verbale Interviewsituation (z.B. räumliche Situation, Sitzanordnung, Gesten des Befragten) enthalten.

---

fragten Frauen zumeist 35-45 Jahre alt. Fast alle Befragten hatten einen akademischen Abschluss; viele waren promoviert, einige habilitiert. Die meisten waren Naturwissenschaftler, gefolgt von Juristen und Wirtschaftswissenschaftlern. Zumeist wurden Akteure auf unteren und mittleren Hierarchieebenen befragt, die an der Entscheidungsvorbereitung und -durchsetzung beteiligt waren (z.B. Fachreferenten) und insofern über detaillierte Kenntnisse verfügten, nur in wenigen Fällen Führungseliten. Die Autorinnen/Interviewerinnen sind Politologinnen und waren zum Zeitpunkt der Gespräche Anfang/Mitte 30 und Doktorandinnen.

6 Zu Problemen von Interviews in einem konflikthaften Kontext s. Kacen/Chaitin 2006.

Es lassen sich zwei Arten von Sekundäranalysen unterscheiden: In einer synchronen Sekundäranalyse werden Primärdaten ausgetauscht, um Interpretationen zu überprüfen und mit eigenen Ergebnissen zu vergleichen. Eine diachrone Sekundäranalyse erlaubt es, mit Hilfe von Primärdaten aus früheren Projekten die Bedeutung subjektiver Eigenschaftsmerkmale des Interviewers wie der Befragten (Klassen oder ethnische Zugehörigkeit, Alter, Geschlecht) in der Interpretation von Informationen aus Interviews zu rekonstruieren. So haben Goodwin und O'Connor in ihrer Sekundäranalyse von Interviewnotizen aus einem Forschungsprojekt, das zwischen 1962 und 1964 zur Entwicklung von Jugendlichen stattfand, folgendes aufdecken können. „Alongside the lens of class, there was also some evidence that gender and gender-based prejudices influenced the interview process. [...] For example, the interview notes reveal some evidence that male researchers made assumptions that the girls would give up paid employment for marriage and motherhood at the first opportunity. Likewise, assumptions were also made about the need for male respondents to secure higher paid jobs in order that they could ‚provide' for their future families." (Goodwin/O'Connor 2006: 390) Wir halten solche Sekundäranalysen für die Weiterentwicklung qualitativer Methoden für ein sehr geeignetes Verfahren.

Wir haben nun eine diachrone Sekundäranalyse der von damals zu jedem Gespräch angefertigten Interviewnotizen durchgeführt. Diese Notizen geben die subjektiven Eindrücke wieder und haben zumindest teilweise quasi den Charakter eines Forschungstagebuchs, wie es insbesondere in der ethnomethodologischen Forschung üblich ist. Sie können damit als Material selber analysiert werden, um Aufschlüsse über die Befindlichkeit der Forscherin in der Forschungssituation und ihre Projektionen auf die Forschungsobjekte zu geben. Alternativ dazu wären systematische Supervisionen begleitend zum Forschungsprozess selber möglich gewesen. Doch in beiden Dissertationsprojekten war aus finanziellen Gründen keine Möglichkeit einer unabhängigen Supervision gegeben; auch eine Datenauswertung im Team war nicht möglich. Dies ist in der sozialwissenschaftlichen Forschung – und nicht nur bei Qualifikationsprojekten – durchaus eine Standardsituation. Es wird dabei unterstellt, dass die Forschenden selber über eine hinreichend professionelle Distanz und gebührend reflexive Fähigkeiten verfügen. Genau diese Annahme gilt es durch die Sekundäranalyse zu überprüfen.

## 5. Interaktionseffekte in ExpertInnen-Interviews

Interaktionseffekte im Interview werden in der Literatur unterschiedlich bewertet. Vielfach gelten sie als Misslingen des Diskursverlaufs im Interview, gegen die der Forscher wenig ausrichten kann, da sie den Rahmen der Situation sprengen (vgl. Meuser/Nagel 2005: 78f.). Der Informationsgehalt solcher Gespräche sei gering, und für die Auswertung stellten diese Interviews nur Beiwerk dar. Solche Diskursverläufe können jedoch, wie die folgenden Beispiele zeigen werden, sehr wohl positive Elemente haben. Wir nehmen ferner an, dass das Geschlecht ein konstitutiver Faktor in der Interviewsituation ist. Geschlechtsspezifische Verhaltensweisen und resultierende Interaktionseffekte oder typische Muster waren nicht bloß störend oder verzerrend, sondern konnten z.T. durchaus *positiv* für die Informationsgewinnung genutzt werden.[7]

Wir beziehen uns im Folgenden auf die von Vogel (1995) beschriebenen vier Effekt-Typen: Paternalismus-, Katharsis-, Eisberg- und Rückkopplungseffekt. Wir werden diese aus einer Geschlechterperspektive darlegen und um den Profilierungseffekt ergänzen. Allerdings lassen sich einzelne Gespräche nur selten idealtypisch einem Typus zuordnen, denn ExpertInnen-Interviews sind dynamische soziale Interaktionen. Wenngleich ein Effekt-Typus im gesamten Interview dominieren mag, so kann sich je nach Interviewphase aufgrund von Anpassungen der Beteiligten an und Reaktionen auf die Gesprächssituation das Grundmuster ändern, also z.B. dem Eisberg- ein Katharsiseffekt folgen (vgl. ebd.: 81). Ferner spielen auch Lernprozesse der Forscherin im Verlaufe des Forschungsprojekts und im Umgang mit Interviews eine Rolle. In einem ersten Schritt werden wir im Folgenden die Ergebnisse der Primäranalyse vorstellen und in einem zweiten Schritt anhand der Ergebnisse der Sekundäranalyse überprüfen.

### *5.1 Paternalismuseffekt*

Das Charakteristische des Paternalismuseffekts ist „eine demonstrative Gutmütigkeit des Befragten gegenüber dem vorgetragenen Forschungsanliegen" (Vogel 1995: 80). Dieses war eine typische Gesprächssituation mit Männern, die uns als Frauen in der Männerdomäne oftmals väterlich begegneten. Hier vermischten sich Geschlecht, Alter, professioneller Status und Wissenshierarchie: Der Paternalismus, der sich uns als „jungen" Frauen gegenüber einstellte, wurde durch ein faktisches Informationsgefälle gespeist, wie es in ExpertInnen-Gesprächen allerdings immer besteht (Hucke/Wollmann 1980: 222). Behnke und Meuser (1999: 78) konstatieren, dass „(j)unge Forscherinnen, die sich in einem männerdominierten Feld bewegen, (...) in besonderem

7 Durch das bewusste Ausnutzen geschlechtsspezifischer Vorurteile zur Informationsgewinnung können allerdings bestehende Geschlechterstereotypen verfestigt werden. Ein solches Ausnutzen von Vorurteilen der Experten seitens der ForscherInnen ist nicht nur bei geschlechtsspezifischen Fragen, sondern z.B. auch in Hinblick auf parteipolitische Einstellungen, die mit Hilfe der Auswahl bestimmter Kleidung zum Ausdruck gebracht wird, durchaus üblich (Schmid 1995). Ob der Zweck die Mittel heiligt, muss hier allgemeinen forschungsethischen Reflexionen überlassen bleiben.

Maße davon betroffen (sind), daß in der Wahrnehmung der Erforschten der Geschlechtsstatus den professionellen Status dominiert. Die Forscherin gilt in diesem Fall als in akzeptabler Weise inkompetent."

Ein zusätzliches geschlechtsspezifisches Vorurteil kommt uns gegenüber zum Ausdruck, weil wir uns als Frauen für Fragen der Förderung von Forschung und Technologie in der Biotechnologie und für politische Prozesse in diesem Feld interessieren, die als Männerdomänen wahrgenommen werden. Auf die von den Befragten vermuteten geringen Kenntnisse der politischen und wissenschaftlich-technischen Materie konnten wir auf zweierlei Weise reagieren: Zum einen standen wir zum Teil unter dem Druck, unsere Kompetenzen, d.h. unseren eigenen im Laufe der Zeit erworbenen Expertenstatus in der Sache zu präsentieren. Dann aber nicht ernst genommen zu werden, führt zu einer Kränkung bei der Forscherin.

Zum anderen ergab sich oft die Möglichkeit, gerade den an sich diskriminierenden Paternalismus in einer produktiven Weise für die Datenerhebung strategisch zu wenden. Wir behaupten, dass wir in vielen Gesprächen mit Experten gerade deshalb wichtige Informationen erhielten, weil *mann* glaubte, uns Dinge gründlich erklären zu müssen oder Fakten auszusprechen, die *mann* uns als Frauen mit einem interaktiv zugewiesenen niedrigerem Status nicht zutraute, richtig einschätzen zu können.[8] Diese Projektionen auf uns und die damit einhergehende Offenheit über den Sachverhalt ließen sich noch durch Fragen verstärken, die dem Experten als naiv und unbeholfen erscheinen mussten und an seine Bereitschaft appellierten, hier Aufklärung zu betreiben.

In der *Sekundäranalyse* werden die geschlechtsspezifischen Besonderheiten beim Paternalismuseffekt weitgehend bestätigt. So findet sich in einer Interviewnotiz: „xy hat sich im Gespräch als väterliche Autorität inszeniert." Interessant sind hier die Lerneffekte, die sich im zeitlichen Verlauf der Interviews feststellen lassen. Während bei den ersten Interviews ein Hang bestand, der unterstellten Unkenntnis etwas entgegenzusetzen, haben wir in späteren Interviews das nicht seltene quasi „Vater-Tochter-Verhältnis" weitgehend akzeptiert, um es für den eigenen Forschungszweck, nämlich Informationsgewinn, einzusetzen, da wir merkten, dadurch einfacher an Informationen gelangen zu können. Hier vermischen sich folglich die Faktoren Geschlecht und Alter. In einer handschriftlichen Interviewnotiz aus einem frühen Gespräch, in der sich die Interviewerin „Luft machen" musste, ist beispielsweise der Vermerk „alter Macker" zu finden. Neben der Verknüpfung der Faktoren Geschlecht und Alter kommt hier noch die Empörung, wie ein dummes Mädchen behandelt worden zu sein, zum Ausdruck. So heißt es in einer anderen Interviewnotiz: „Ansonsten war xy aber eher beleidigend, in seiner Überheblichkeit als Naturwissenschaftler, … als er sagte, daß es schwie-

8 Es gibt auch Formen kulturellen und ebenso sicherlich auch ethnischen Paternalismus; so heißt es in einer Interviewnotiz: „xy war sehr skeptisch (typisch britisch!) gegenüber EU-Programmen".

rig sei, bestimmte Dinge jemandem zu erzählen, der (sprich ich) noch nie selbst geforscht hätte und Anträge hätte stellen müssen." In späteren Interviewnotizen sind solche oder ähnliche Äußerungen kaum noch zu finden. Es wird deutlich, wie schwierig es ist, den Faktor Geschlecht in seinen Wechselbeziehungen zu den anderen sozialen Faktoren wie Alter und Qualifikation zu gewichten.

## *5.2 Katharsiseffekt*

Katharsiseffekt meint, dass Befragte das Interview zur Kompensation nutzen, um ihrer beruflichen Unzufriedenheit Luft zu machen (Vogel 1995: 81). Für die Forscherin kann das Problem auftreten, dass der Befragte nicht beim Thema bleibt, sondern abschweift und der Ertrag an Informationen gering ist. So heißt es in einer Interviewnotiz: „xy hat gerne über die Ethik und die kulturellen Probleme der Deutschen mit Genomforschung geredet". Zugleich besteht die Chance, detaillierte Aussagen zum Untersuchungsgegenstand zu erhalten. Da uns als Frauen, so unsere Interpretation, ein niedrigerer Status zugeschrieben wurde, wurden wir von den Befragten als weniger bedrohlich empfunden. Daher trat der Katharsiseffekt relativ häufig auf – allerdings nicht nur in dieser Variation.

Unter Katharsiseffekt kann in Erweiterung der Definition von Vogel der Wechsel des Befragten von seiner Rolle als Experte zur Privatperson verstanden werden (vgl. Meuser/Nagel 2005: 79, McKee/O'Brien 1983). Es wurden Erlebnisse in der Familie berichtet, der Zustand des Gartens beschrieben oder über die Tauglichkeit des neuen Wagens debattiert. In solchen Situationen steht die Forscherin vor dem Problem, das Interview entweder abzubrechen und damit zu riskieren, benötigte Informationen nicht zu erhalten, oder aber geduldig den Befragten immer wieder zum eigentlichen Thema zu lenken.

Diese Variante tritt bei Forscherinnen eventuell eher ein. Der Rollenwechsel zur Privatperson basiert vermutlich darauf, dass Frauen der Sphäre des Privaten zugerechnet werden. Für die Forscherin ist es schwierig, das Gespräch wieder auf den Untersuchungsgegenstand zu lenken, da dies z.T. als Desinteresse an der Person gewertet und somit die stets prekäre Vertrauenssituation gefährdet wird. Eine mögliche Folge ist, dass der Befragte dann im weiteren Gespräch blockiert (Eisbergeffekt).

Die *Sekundäranalyse* bestätigt, dass sich der Wechsel von der Privatperson wieder zum Experten als besonders schwierig erweist. Es scheint eine Festschreibung der Zuordnung der Frau zum Privatbereich zu erfolgen, die ihre Professionalität geradezu ignoriert. Gelingt ein Wechsel wieder zur Rolle des Experten, ist häufig festzustellen, dass nur noch „gelangweilt" Informationen gegeben werden. Haben wir bei den ersten Interviews private Berichte noch positiv als ein aufgebautes „Vertrauensverhältnis" bewertet, ist im Projektverlauf eine zunehmende Ungeduld im Umgang mit der vom Thema abschweifenden Variante des Katharsiseffekts festzustellen, was in der Folge zu Spannungen in einigen Gesprächen führte. Wir vermuten, dass männliche Forscher nicht in demselben Ausmaß mit dieser spezifischen Variante des Katharsiseffekts eines Wechselns in die Rolle der Privatperson konfrontiert sind.

### *5.3 Eisbergeffekt*

Eisbergeffekt meint Desinteresse und zögerliche Auskunftsbereitschaft des Befragten (Vogel 1995: 79). Hierfür können unterschiedliche Gründe vorliegen. Möglicherweise handelt es sich beim Befragten hinsichtlich der Forschungsfrage nicht um einen „echten" Experten, und er oder sie kennt sich in der Thematik nicht bzw. nicht (mehr) ausreichend aus. Dies kann aber auch an der Skepsis gerade bei interviewten Naturwissenschaftlern oder Unternehmensvertretern gegenüber politikwissenschaftlichen Fragestellungen zur Biotechnologie liegen. So findet sich in einer Interviewnotiz die Bemerkung: „er ist durch und durch Wissenschaftler und hat mit pol. Entscheidungsprozessen nicht viel am Hut", insgesamt war das Gespräch „zäh und anstrengend, xy zum reden zu bringen". Meuser und Nagel empfehlen, solche Gespräche abzubrechen. Dem ist im Prinzip zuzustimmen. Gleichwohl sollte dies nicht zu früh erfolgen, denn eine weitere Ursache für diesen Effekt kann ein „Abklopfen" der Interviewerin durch den Befragten sein. Der Experte will zuerst einordnen, ob die Interviewerin über Fachkompetenz verfügt, welche (politische) Haltung sie zum Untersuchungsgegenstand einnimmt, ob sie vertrauenswürdig erscheint etc. Bei „Gefallen" wird die blockierende Haltung aufgegeben, und es können dann sehr gewinnbringende Gespräche entstehen. Bis zu einem gewissen Grad ist dies am Anfang eines jeden Interviews ein normaler Effekt, da eine Vertrauenssituation erst aufgebaut werden muss. Dies zeigt auch die folgende Notiz zu einem Gespräch mit einem Unternehmensvertreter: „xy war ansonsten erst einmal sehr mißtrauisch, was ich überhaupt … wissen will und den Verwendungskontext; xy wollte erst keine Bandaufnahme, hat dem aber schließlich doch zugestimmt".

Der Eisbergeffekt war in unseren ExpertInnen-Interviews in seiner hartnäckigen Ausprägung eher selten und konnte in relativ kurzer Zeit durchbrochen werden. Bei männlichen Interviewern hingegen ist anzunehmen, dass sie mit diesem Effekt stärker konfrontiert sein könnten, weil hier z.B. Status- und Kompetenzkonflikte eher mit im Spiel sein können. Dies beschreibt etwa Erhard Tietel (2000) sehr anschaulich anhand einer Gesprächssituation. Interessant ist an diesem Fallgespräch, dass es von einem Forscherteam durchgeführt wurde. Neben dem Interviewer war auch eine Interviewerin beteiligt, die aber während des Gesprächs vollständig von den Männern „verdrängt" wurde: „die anwesende Frau kam kaum zu Wort, blieb aus der Rivalität der Männer ausgeschlossen" (Tietel 2000: 8).

Das seltene Auftreten dieses Typus in unseren Interviews führen wir darauf zurück, dass uns als Frauen mit weniger Misstrauen begegnet wird und die Erwartungshaltung niedriger ist. Liegt Unkenntnis über den Untersuchungsgegenstand seitens des Befragten vor, zeigte sich dieser Umstand in unseren Gesprächen meistens nicht in einer blockierenden Haltung.[9] Im Gegenteil versuchte der Befragte zumeist durch andere Informationen oder allgemeine Bemerkungen fehlende Kenntnis zu kaschieren und sein Gesicht zu wahren (vgl. Profilierungseffekt).

Die *Sekundäranalyse* ergibt, dass wir ein klassisch weibliches Rollenverhalten – bewusst oder unbewusst – in einigen Interviews angenommen haben, um den Eisbergeffekt zu brechen. So ist in einer Interviewnotiz vermerkt, dass „mit bewundernden Formulierungen seiner Bedeutung für die Entwicklung der Gentechnik in Deutschland" der Eisberg geschmolzen werden konnte. Hier wird zum einen deutlich, dass uns als Frauen Interviewtaktiken zur Verfügung stehen, auf die ein männlicher Forscher nicht in dieser Form zurückgreifen kann. Zum anderen aber zeigt sich auch, dass nicht nur das Verhalten der Befragten zu reflektieren ist, sondern auch dasjenige der Forscherinnen. Es ist durchaus denkbar, dass wir selbst in einigen Fällen den Wechsel vom Eisbergeffekt zum Profilierungseffekt provoziert haben.

### *5.4 Rückkoppelungseffekt*

Rückkoppelungseffekt meint solche Gesprächssituationen, in denen der Befragte versucht, die Frage-Antwort-Situation umzukehren (Vogel 1995: 80). Der Befragte versucht, die Forscherin zu einer Ko-Expertin zu machen. Er will sich hier bei der Forscherin erkundigen, wie sein Handeln vom gesellschaftlichen Umfeld wahrgenommen wird, beziehungsweise sein Handeln darin einordnen. Der Rückkoppelungseffekt kann die Forscherin in die missliche Lage versetzen, bei Abblocken von Fragen einerseits unhöflich zu erscheinen, bei Tolerierung andererseits Informationen nicht zu erhalten oder Hinweise auf sozial erwünschte Antworten zu geben. In beiden Fällen kann somit das Interview scheitern. Dieser Effekt ist z.T. gegenstandsabhängig, insofern ein konfliktbehaftetes Thema wie die Biotechnologie insbesondere zu potenziell kritischen Meinungsbekundungen herausfordert und SozialwissenschaftlerInnen tendenziell als kritisch eingeschätzt werden. Zum anderen hängt der Rückkoppelungseffekt mit der Spezifik der Befragtengruppe zusammen, denn Experten versuchen sich, wie schon Dexter bemerkte (vgl. Ware/Sánchez-Jankowski 2006: 10), oft als „gatekeeper to information".

Der Rückkoppelungseffekt war in unseren ExpertInnen-Interviews eher selten und erst nach mehreren Interviews aufgetreten. Im Verlauf der Untersuchung wird die Forscherin selbst zu einer Expertin. Durch gezieltes Fragen

9 Nur in zwei Fällen wurde das Gespräch vorzeitig beendet.

wird dem Befragten nach zumeist kurzer Zeit klar, dass die Forscherin über Fachkompetenz verfügt, was zu Gegenfragen verlockt. Vor allem in Interviews mit Unternehmensvertretern versuchten die Befragten, von der Forscherin Informationen über Positionen und Strategien der Konkurrenz bzw. von umwelt- und verbraucherpolitischen Verbänden zu erhalten. Neben den erhofften Informationen über die Konkurrenz hat die Umkehr der Frage-Antwort-Richtung für die Unternehmensvertreter den Vorteil, selbst kaum Informationen preisgeben zu müssen. Hier hilft in der Regel nur ein „Informationshandel". Aber auch in dem anderen Projekt trat dieser Effekt auf: Es wurde versucht, Informationen über die Haltung anderer Befragter zu ermitteln, Einstellungen der Interviewerin zu erfragen, herauszubekommen, wer noch interviewt wurde, oder auch sich das Verhalten anderer Akteure erklären zu lassen. Im Einzelfall kann hieraus eine interessante Diskussion entstehen, bei der wichtige Informationen ans Licht kommen. Allerdings stellt sich das Problem, dass Antworten verzerrt werden.

Das seltene Auftreten dieses Typs von Interaktionseffekten liegt u.E. daran, dass wir als Frauen in dem Politikfeld zumeist nicht *prima facie* als ExpertInnen wahrgenommen wurden, und in den Gesprächen nicht so stark dem Druck ausgesetzt waren, uns als kompetente Interviewpartnerinnen (oder Konkurrentinnen) ausweisen zu müssen.

Die *sekundäranalytische* Aufbereitung der Interviewnotizen verdeutlicht, dass der Rückkoppelungseffekt primär, aber nicht ausschließlich bei Experten aus Unternehmen und Unternehmensverbänden auftrat. Auch Differenzen, die aus unterschiedlichen Wissenschaftskulturen resultieren, können hierfür mitverantwortlich sein. Neben dem Geschlecht können somit organisationsspezifische Faktoren für das seltene Auftreten des Rückkoppelungseffekts eine Erklärung liefern. Weiterhin zeigt sich, dass bei den „Profis" aus den Unternehmen das Organisationsinteresse und strategische Informationen wesentlich stärker zum Tragen kamen als persönliche Einstellungen. Der Faktor Geschlecht scheint hier stärker in den Hintergrund zu treten.

### *5.5 Profilierungseffekt*

Dem Profilierungseffekt sind wir recht häufig begegnet. Der Befragte will seine Kompetenz beweisen und ist im Allgemeinen sehr auskunftsfreudig. So heißt es in einer Interviewnotiz knapp: „Wissenschaftkarrierist ", der „die eingefahrene Strukturen der alten Herren (beklagt) und da … mal ‚frischen Wind' reinbringen will".

Wir vermuten, dass der Profilierungseffekt häufiger bei Interviews auftritt, die von Frauen mit Männern geführt werden und dies insofern ein geschlechtsspezifischer Effekt sein könnte.[10] Für die Forscherin besteht die

10 Weitergehend ist zu vermuten, dass auch in Gesprächen unter Männern ein Profilierungseffekt im Zusammenhang mit Status- und Kompetenzkonflikten zum Tragen kommt. Auch

Möglichkeit, durch Provokation nach dem Motto: „... aber darüber werden Sie sicherlich keine genaueren Kenntnisse besitzen“ Informationen zu erhalten bzw. durch die Bekundung von Bewunderung hinsichtlich seiner Kompetenz weitere Informationen aus dem Befragten „herauszulocken“. In einigen Interviews rühmten sich die Befragten gar mit strafrechtlich belangbaren Handlungen.

Die Gesprächssituation entspricht hier der klassischen geschlechtsspezifischen Rollenverteilung: Der Mann ist kompetent und welterfahren – die Frau blickt zu ihm auf und bewundert ihn. Bis zu einem gewissen Grad kann sich die Forscherin auf diese Rollenverteilung einlassen. Es besteht jedoch die erhebliche Gefahr, dass der Befragte das Interview als Privatperson dominiert.

Darüber hinaus trat auch der Fall ein, dass die Befragten sich nicht unbedingt mit Kenntnissen in Bezug auf den Untersuchungsgegenstand profilieren wollten, sondern „Nebenschauplätze“ wählten: Ein Befragter legte beispielsweise einen telefonischen Interviewtermin mit einem Reporter eines Fernsehsenders so, dass die Autorin anwesend war und mithören musste. Offenbar wollte er dadurch demonstrieren, wie gefragt er ist. Oder ein Interviewter arbeitete zwischendurch immer mal kurz am PC, um seine Unabkömmlichkeit und damit seine Großzügigkeit, einem Gespräch zuzustimmen, zu signalisieren. Einer solchen Situation kann frau nur mit offensichtlichem Desinteresse begegnen und ihm somit signalisieren, dass die erhoffte Bewunderung ausbleiben wird. Oder das Gespräch endet mit einer Führung durch das Labor, in dem voller Stolz die neuen Sequenzierautomaten vorgeführt werden, was die Forscherin nur zum Teil zu würdigen weiß, denn sie fühlt sich bei den Sequenziermaschinen an „Kirmes-Spielautomaten“ erinnert.

Die *Sekundäranalyse* zeigt, dass auch die Interviews mit Frauen nicht frei von solchen Effekten sind. So heißt es in einer Notiz zu einem Gespräch mit einer weiblichen Interviewten: „xy hat viel darüber erzählt, daß sie sich auf vielen öffentlichen Diskussionen mit den Gegnern und irrationalen Ängsten gegenüber der GT herumschlagen würde; sie macht dafür vor allem die tendenziöse Presse verantwortlich“. Die Analyse zeigt ferner, dass wir uns beim Auftreten des Profilierungseffekts in der Gesprächssituation nicht selten als überlegen empfanden. Wir konnten entscheiden, wann wir dem Befragten applaudierten, zustimmten oder aber durch Desinteresse „abstraften“. In einer Interviewnotiz wird z.B. ein „kindliches Verhalten“ vermerkt, weil der Befragte mit seinen angeblich vielen wichtigen Kontakten zu Eliten aus Politik und Wirtschaft Eindruck schinden wollte, was auf das Gefühl der Überlegenheit der Interviewerin verweist. In einer anderen Interviewnotiz

dieser ist insofern geschlechtsspezifisch, als dabei Männlichkeit inszeniert wird. Die Inszenierung von Geschlecht findet sich beim Paternalismuseffekt in der Figur des väterlichen Typs.

findet sich der Hinweis, dass die Profilierung mehrfach „angeschürt“ wurde. Der Informationsgewinn aus solchen Gesprächen ist kritisch zu betrachten, denn ein zentrales Problem liegt hier in der Unterscheidung zwischen „echten“ Informationen und Übertreibungen oder gar verfälschten Informationen. Durch ein gemischtes Projektteam können solche geschlechtsspezifischen Interaktionsfallen zwar eher vermieden werden, der Nachteil ist allerdings, dass dadurch auch die positiven Effekte weniger genutzt werden können.

## 6. Schlussfolgerungen

Die dargestellten Erfahrungen mit ExpertInnen-Interviews erlauben keine generalisierenden Aussagen, sondern lediglich die Formulierung von Hypothesen, die einer systematischen Überprüfung unterzogen werden müssten. Der Blick für die Bedeutung von Interaktionseffekten kann geschärft werden: Neben Alter, professionellem Status, Erfahrungshintergrund und kulturellen Faktoren ist das Geschlecht ein maßgeblicher Faktor sozialer Interaktion auch in der Interviewsituation. Die Erfahrungsberichte über geschlechtsspezifische Interaktionseffekte machen deutlich, dass es sich zumeist nicht um partnerschaftlich diskursive Gespräche unter Gleichen gehandelt hat. Trotz verschiedener Forschungsfelder, unterschiedlicher Befragungsstile und einer Vielfalt unterschiedlicher Experten entdeckten wir die geschilderten Gemeinsamkeiten in der Gesprächssituation. Diese beziehen sich sowohl auf das Verhalten der (zumeist männlichen) Befragten uns (als Frauen) gegenüber als auch, wie vor allem in der Sekundäranalyse herausgearbeitet wurde, auf die Art und Weise, wie wir als Forscherin selber Geschlecht in der Interviewsituation herstellten und auf das Verhalten unseres Gegenübers reagierten. Zugleich zeigt die Sekundäranalyse, dass es teils in den Gesprächen mit weiblichen Befragten zu einer, wie es in verschiedenen Interviewnotizen heißt, „Verschwesterung“ oder „Verständigung über die ‚Frauenschiene‘ “ bezogen auf die „Männerklüngel“ im Wissenschaftssystem kam. Auch hier wird Geschlecht konstruiert.

Geschlechtsspezifische Vorurteile, seien sie positiver oder diskriminierender Art, prägen die Interaktionsbeziehung. Sie können für die Forscherin durchaus vorteilhaft genutzt werden. Abwehrmechanismen (Eisbergeffekt) treten seltener auf; andere Effekte wie paternalistisches oder sich profilierendes Verhalten seitens des Befragten können informationsgewinnend genutzt werden. Als nachteilig für den Gesprächsverlauf erwies sich allerdings das relativ häufige Auftreten des Katharsiseffektes, wenn der Befragte dabei in die Rolle der Privatperson wechselte.

Die diachrone Sekundäranalyse verdeutlicht, wie schwierig sich eine Gewichtung der verschiedenen in komplexen Wirkungszusammenhängen stehenden sozialen Faktoren gestaltet. Hier besteht noch ein beträchtlicher Bedarf an methodischer Weiterentwicklung. Bei offenen ExpertInnen-Interviews, wie wir sie durchgeführt haben, stellt sich darüber hinaus das generelle Problem, dass wir als Politikwissenschaftlerinnen an der Aufdeckung realer Handlungsabläufe interessiert sind, während die befragten Experten genau die Vertuschung von Tatsachen und die Bildung politischer Mythen zum Ziel haben können, denn auch „Organisationen haben ein Eigeninteresse an möglichst positiver und widerspruchsfreier Tätigkeitsdarstellung“ (Hucke/Wollmann 1980: 224). Es ist davon auszugehen, dass sich „political desirability“ auf jegliche Methode der Datenerhebung – auf diesem ebenso wie auf anderen politisch kontroversen Politikfeldern – auswirkt.

Methodologisch ziehen wir daraus die Schlussfolgerung, entschieden für eine Methodentriangulation zu plädieren. Gleichwohl rechtfertigt die Feststellung methodischer Fallen u.E. nicht, das Untersuchungsinstrument als solches abzulehnen. Denn es bietet zweifelsohne entscheidende Vorteile, gerade in einem erst noch zu explorierenden Feld. Standardisierte Methoden sind für die Ermittlung von Expertenwissen (z.B. Delphi-Befragung, vgl. den Beitrag von Aichholzer in diesem Band) oftmals ungeeignet, da die erforderliche Reduktion von Realität den Erfahrungen von Experten zuwiderläuft.

Nach Meuser und Nagel (1991: 133f.) ist der Erkenntnisgewinn von ExpertInnen-Interviews als eigenständiges Verfahren ein im weitesten Sinne wissenssoziologischer, d.h., er liegt auf der „Ebene von Deutungsmustern, Orientierungsmustern, Normalitätsmustern“; im Hinblick auf politisches Handeln zielen sie auf „Relevanzstrukturen und Wissensmuster im politischen System“ ab. Darüber hinaus können politische „Realakte“ als „Gegenstände eigener Qualität“ (Hucke/Wollmann 1980: 220) und die Erfassung politischer Alltagspraxis nur über Interviews mit AkteurInnen oftmals überhaupt erst im Detail rekonstruiert werden, weshalb „iterative Experteninterviews“ gerade in der Policy-Forschung und dort speziell für qualitative Netzwerkanalysen weit verbreitet sind (Voelzkow 1995: 55). Dokumente wie z.B. Gesetzesvorlagen, Pressemitteilungen, Stellungnahmen oder Protokolle hingegen sind – je nach Art – in der Regel nur „Markierungspunkte“, wenn auch bedeutende; die empirische Komplexität politischen Handelns spiegeln sie aber nur zum Teil wieder.

Einen einfachen Ausweg daraus, dass ExpertInnen immer auch problematische Informanten (Dean/Whyte 2006) sind und diese Art offener Interviews eine Vielzahl von Fallstricken mit sich bringt, kann es nicht geben. Möglichkeiten, dem zu begegnen, sind u.E. die vielfach praktizierte Kombination von ExpertInnen-Interviews mit anderen Methoden der Datenerhebung, die Durchführung einer größeren Zahl von Interviews bzw. mit ExpertInnen unterschiedlicher organisationaler und institutioneller Zugehörigkeit, um so über einen thematischen Vergleich Daten gegeneinander validieren zu können. Für die Validität und Reliabilität von Daten wäre es sicherlich sinnvoll, wenn diese möglichst von einem Team durchgeführt, zumindest aber ausgewertet würden. Weiterhin sollte durch eine Supervision die Möglichkeit gegeben werden, über den konkreten „Beziehungsraum Interview" zu reflektieren und dessen Relevanz für die Datengewinnung wie -auswertung zu analysieren.

Im Hinblick auf Geschlechtereffekte sehen wir erheblichen Bedarf an und Möglichkeiten für Methodenforschung: Durch Textanalysen von Transkripten und Interviewnotizen könnten *ex post* geschlechtsspezifische Faktoren in Sekundäranalysen rekonstruiert werden. Im Interesse einer Steigerung der methodologischen Selbstreflexion sollten Sekundäranalyse von Forscherinnen und Forschern durchgeführt werden, die nicht zum Projektteam gehörten. Allerdings tritt hier das Dilemma im Umgang mit vertraulichen Informationen auf (vgl. van den Berg 2005). Darüber hinaus könnten Vergleiche mit den Erfahrungen männlicher Kollegen, aber auch die Einbeziehung von ExpertInnen-Interviews mit weiblichen Befragten aufschlussreich sein. Allerdings scheitert dies vielfach daran, dass gerade in politischen Handlungsfeldern immer noch eine Dominanz männlicher Akteure festzustellen ist und sich hieraus geschlechtsspezifische Aspekte bereits beim Sampling ergeben. Besonders gemischtgeschlechtliche Forschungsgruppen bieten die Möglichkeit eines systematischen Vergleichs, da sowohl der Untersuchungsgegenstand als auch der Expertenkreis übereinstimmen. Leider scheitern diese Vorschläge jedoch – neben forschungsökonomischen Gründen – nicht zuletzt ebenso an der „Rezeptionssperre" (Dackweiler 2004: 51) der Politikwissenschaft gegenüber geschlechtertheoretischen Ansätzen wie an einer konsequenten Öffnung gegenüber methodologischen Fragestellungen. Diese Widerstände gilt es im Sinne einer methodischen Sorgfaltspflicht zu überwinden.

## Literatur


Abels, Gabriele (2000): Strategische Forschung in den Biowissenschaften. Der Politikprozeß zum europäischen Humangenomprogramm. Berlin

Abels, Gabriele/Behrens, Maria (1998): ExpertInnen-Interviews in der Politikwissenschaft. Das Beispiel Biotechnologie. In: Österreichische Zeitschrift für Politikwissenschaft, Jg. 27, H. 1, 79-92.

Aberbach, Joel D./Chesney, James D./Rockmann, Bert A. (1975): Exploring elite political attitudes: some methodological lessons. In: Political Methodology, Jg. 2, H. 1, S. 1-27

Alemann, Ulrich von (Hg.) (1995): Politikwissenschaftliche Methoden. Grundriß für Studium und Forschung. Opladen

Alemann, Ulrich von/Forndran, Erhard (1990): Methodik der Politikwissenschaft. Stuttgart

Althoff, Martina/Bereswill, Mechthild/Riegraf, Birgit (2001): Feministische Methodologien und Methoden. Traditionen, Konzepte, Erörterungen. Opladen

Becker-Schmidt, Regina (1985): Probleme einer feministischen Theorie und Empirie in den Sozialwissenschaften. In: Feministische Studien, Jg. 4, H. 2, S. 93-104

Behnke, Joachim/Baur, Nina/Behnke, Nathalie (2006a): Empirische Methoden der Politikwissenschaft. Stuttgart
Behnke, Cornelia/Meuser, Michael (1999): Geschlechterforschung und qualitative Methoden. Opladen
Behnke, Joachim/Gschwend, Thomas/Schindler, Delia/Schnapp, Kai-Uwe (2006b): Methoden der Politikwissenschaft. Neuere qualitative und quantitative Analyseverfahren. Baden-Baden
Behrens, Maria (2003): Quantitative und qualitative Methoden in der Politikfeldanalyse. In: Schubert, Klaus/Bandelow, Nils C. (Hg.): Lehrbuch der Politikfeldanalyse. München, Wien, S. 205-238
Behrens, Maria/Hennig, Eike (2007): Qualitative Methoden der Internationalen Politik. In: Wilhelm, Andreas/Masala, Carlo (Hg.): Handbuch der Internationalen Politik. Wiesbaden (i.E.)
Behrens, Maria (2001): Staaten im Innovationskonflikt. Vergleichende Analyse staatlicher Handlungsspielräume im gentechnischen Innovationsprozeß Deutschlands und den Niederlanden. Frankfurt/M.
Behrens, Maria/Meyer-Stumborg, Sylvia/Simonis, Georg (1996): Gentechnik und die Nahrungsmittelindustrie. Opladen
Behrens, Maria/Meyer-Stumborg, Sylvia/Simonis, Georg (1997): GenFood: Einführung und Verbreitung, Konflikte und Gestaltungsmöglichkeiten. Berlin
Berg, Harry van den (2005): Reanalyzing Qualitative Interviews from Different Angles: The Risk of Decontextualization and Other Problems of Sharing Qualitative Data. In: Forum Qualitative Sozialforschung/Forum: Qualitative Social Research, Jg. 6, H. 1, Art. 30. http://www.qualitative-research.net/fqs-texte/1-05/05-1-30-e.htm [Zugriff am 16.5.2007]
Bogner, Alexander/Littig, Beate/Menz, Wolfgang (Hg.): Das Experteninterview: Theorie, Methode, Anwendung. Opladen: Leske + Budrich 2002 (2. durchgesehene und überarbeitete Auflage 2005).
Brosi, Walter H./Hembach, Klaus/Peters, Gerd (1981): Expertengespräche. Vorgehensweise und Fallstricke. Arbeitspapier des Forschungsprojekts Berufliche Bildung und regionale Entwicklung. Trier
Bryant, Lia/Hoon, Elizabeth (2006): How can the intersections between gender, class, and sexuality be translated to an empirical agenda? In: International Journal of Qualitative Methods, Jg. 5, H. 1, http://www.ualberta.ca/~iiqm/backissues/5_1/pdf/bryant.pdf [Zugriff am 14.5.2007]
Corti, Louise (2000): Progress and Problems of Preserving and Providing Access to Qualitative Data for Social Research – The International Picture of an Emerging Culture. In: Forum Qualitative Sozialforschung/Forum: Qualitative Social Research, Jg. 1, H. 3, http://qualitativeresearch.net/fqs/fqs-eng.htm [Zugriff am 14.5.2007]
Corti, Louise/Thompson, Paul (2004): Secondary analysis of archive data. In: Seale, Clive/Gobo, Giampietr/Gubrium, Jaber F./Silverman, David (Hrsg.), Qualitative research practice. London, S. 327-343
Dackweiler, Regina-Maria (2004): Wissenschaftskritik – Methodologie – Methoden. In: Rosenberger, Sieglinde K./Sauer, Birgit (Hg.): Politikwissenschaft und Geschlecht. Wien, S. 45-63
Dale, Angela/Arber, Sara/Proctor, Michael (1988): Doing secondary analysis. London.
Dean, John P./Foote Whyte, William (2006): How do you know if the informant is telling the truth? In: Dexter, Lewis Anthony: Elite and specialized interviewing. Colchester, S. 100-107
Deeke, Axel (1995): Experteninterviews – ein methodologisches und forschungspraktisches Problem. In: Brinkmann, Christian/Deeke, Axel/Völkel, Brigitte (Hg.): Exper-

teninterviews in der Arbeitsmarktforschung. Diskussionsbeiträge zu methodischen Fragen und praktischen Erfahrungen. Beiträge zur Arbeitsmarkt- und Berufsforschung Nr. 191. Nürnberg, S. 7-22

Dexter, Lewis Anthony (2006): Elite and specialized interviewing. (1. Aufl. 1970) Colchester.

Ebbecke-Nohlen, Andrea/Nohlen, Dieter (1994): Feministische Ansätze. In: Nohlen, Dieter (Hg.): Lexikon der Politik, Bd. 2: Politikwissenschaftliche Methoden, 130-137

Goodwin, John/O'Connor, Henrietta (2006): Contextualising the Research Process: Using Interviewer Notes in the Secondary Analysis of Qualitative Data. In: The Qualitative Report, Jg. 11, H. 2, S. 374-392

Gurney, Joan Neff (1985): Not one of the guys: The female researcher in a male-dominated setting. In: Qualitative Sociology, Jg. 8, H. 1, S. 42-62

Heinzel, Friederike (1997): Biographische Methode und wiederholte Gesprächsinteraktion. Ein Verfahren zur Erforschung weiblicher Politisierungsprozesse. In: femina politica: Zeitschrift für feministische Politik-Wissenschaft, Jg. 6, H. 1, S. 96-104

Helfferich, Cornelia (2004): Die Qualität qualitativer Daten. Manual für die Durchführung qualitativer Interviews. Wiesbaden

Hoffmann-Riem, Christa (1980): Der Datengewinn. In: Kölner Zeitschrift für Soziologie und Sozialpsychologie, Jg. 32, S. 339-372

Hucke, Jochen/Wollmann, Hellmut (1980): Methodenprobleme der Implementationsforschung. In: Mayntz, Renate (Hg.): Implementation politischer Programme: empirische Forschungsberichte. Königstein/Ts., S. 216-235

Kacen, Lea/Chaitin, Julia (2006): „The Times They are a Changing": Undertaking Qualitative Research in Ambiguous, Conflictual, and Changing Contexts. In: The Qualitative Report, Jg. 11, H. 2, S. 209-228.

Kriz, Jürgen/Nohlen, Dieter/Schultze, Rainer-Olaf (Hg.) (1994): Lexikon der Politik. Bd. 2: Politikwissenschaftliche Methoden. München

Lamnek, Siegfried (1988/1989): Qualitative Sozialforschung. 2 Bde. München

McKee, Lorna/O'Brien, Margaret (1983): Interviewing men: taking gender seriously. In: Gamarnikow, Eva/Morgan, David H.H./Purvis, June/Taylerson, Daphne (Hg.): The public and the private. London, S. 147-161

Meulemann, Heiner (1993): Befragung und Interview. Über soziale und soziologische Situationen der Informationssuche. In: Soziale Welt, Jg. 44, H. 1, S. 98-119

Meuser, Michael/Nagel, Ulrike (1991): Experteninterviews als Instrument zur Erforschung politischen Handelns. In: Bering, H./Hitzler, R./Neckel, S. (Hg.): Politisches Handeln/Experteninterviews. Dok. Nr. 1 des AK Soziologie politischen Handeln. Bamberg, S. 133-140

Meuser, Michael/Nagel, Ulrike (1994): Expertenwissen und Experteninterview. In: Hitzler, Ronald/Honer, Anne/Maeder, Christoph (Hg.): Expertenwissen. Die institutionalisierte Kompetenz zur Konstruktion von Wirklichkeit. Opladen, S. 180-192

Meuser, Michael/Nagel, Ulrike (1997): Das ExpertInneninterview – Wissenssoziologische Voraussetzungen und methodische Durchführung. In: Friebertshäuser, Barbara/Prengel, Annedore (Hg.): Handbuch Qualitative Forschungsmethoden in der Erziehungswissenschaft. Weinheim, S. 481-491

Meuser, Michael/Nagel, Ulrike (2005): ExpertInneninterviews – vielfach erprobt, wenig bedacht. Ein Beitrag zur qualitativen Methodendiskussion. In: Bogner, Alexander/Littig, Beate/Menz, Wolfgang (Hg.): Das Experteninterview – Theorie, Methode, Anwendung. Wiesbaden: VS, S. 71-93

Padfield, Maureen/Procter, Jan (1996): The effect of interviewer's gender on the interviewing process: a comparative enquiry. In: Sociology, Jg. 30, H. 2, S. 355-366

Patzelt, Werner (1991): Politikwissenschaft. In: Flick, Uwe/von Kardorff, Ernst/Keupp, Heiner/von Rosenstiel, Lutz/Wolff, Stephan (Hg.): Handbuch Qualitative Sozialforschung. München, S. 53-55

Patzelt, Werner (1994): Qualitative Politikforschung. In: Kriz, Jürgen/Nohlen, Dieter/Schultze, Rainer-Olaf (Hg.): Lexikon der Politik. Bd. 2: Politikwissenschaftliche Methoden. München, S. 395-398

Schendelen, M.P.C.M. van (1984): Interviewing members of parliament. In: Political Methodology, Jg. 10, H. 3, S. 301-321

Schmid, Josef (1995): Expertenbefragung und Informationsgespräch in der Parteienforschung: Wie föderalistisch ist die CDU? In: Alemann, Ulrich von (Hg.): Politikwissenschaftliche Methoden. Grundriß für Studium und Forschung. Opladen, S. 293-326

Semmel, Andrew K. (1975): Deriving perceptual data from foreign policy elites: a methodological narrative. In: Political Methodology, Jg. 2, H. 1, S. 29-49

Tietel, Erhard (2000): Das Interview als Beziehungsraum. Forum Qualitative Sozialforschung/Forum: Qualitative Social Research [Online Journal], Jg. 1, H. 2, http://qualitative-research.net/fqs/fqs-d/2-00inhalt.htm [Zugriff am 13.05.2007]

Voelzkow, Helmut (1995): „Iterative Experteninterviews“: Forschungspraktische Erfahrungen mit einem Erhebungsinstrument. In: Brinkmann, Christian/Deeke, Axel/Völkel, Brigitte (Hg.): Experteninterviews in der Arbeitsmarktforschung. Diskussionsbeiträge zu methodischen Fragen und praktischen Erfahrungen. Beiträge zur Arbeitsmarkt- und Berufsforschung Nr. 191. Nürnberg, S. 51-57

Vogel, Berthold (1995): „Wenn der Eisberg zu schmelzen beginnt ...“ – Einige Reflexionen über den Stellenwert und die Probleme des Experteninterviews in der Praxis der empirischen Sozialforschung. In: Brinkmann, Christian/Deeke, Axel/Völkel, Brigitte (Hg.): Experteninterviews in der Arbeitsmarktforschung. Diskussionsbeiträge zu methodischen Fragen und praktischen Erfahrungen. Beiträge zur Arbeitsmarkt- und Berufsforschung Nr. 191. Nürnberg, S. 73-83

Ware, Alan/Sánchez-Jankowski, Martín (2006): New Introduction. In: Dexter, Lewis Anthony: Elite and Specialized Interviewing. Colchester.

Warren, Carol A.B. (1988): Gender issues in field research. London

Williams, Christine L./Heikes, E. Joel (1993): The importance of researcher's gender in the in-depth interview. In: Gender & Society, Jg. 7, H. 2, S. 280-291

# Interviews mit Experten und Expertinnen

## Überlegungen aus geschlechtertheoretischer Sicht

*Beate Littig*

### 1. Einleitung

Die Frage, welche Rolle die Geschlechterverhältnisse bei der Durchführung von ExpertInnen-Interviews spielen, wird selten gestellt (eine Ausnahme davon sind Abels und Behrens 2009 im diesem Band). Dies ist erstaunlich, ist doch die Frauenforschung schon lange und neuerdings auch die Geschlechterforschung darum bemüht, soziale Interaktionen und soziale Strukturen als „vergeschlechtlicht", als beeinflusst von Geschlechterverhältnissen, zu analysieren. Konsequenterweise ist deshalb auch die Frage zu stellen, ob sozialwissenschaftliche Methoden, im vorliegenden Fall ExpertInneninterviews, geschlechterneutral sind oder ob und inwiefern die Kategorie Geschlecht bei der Verwendung dieser Methode eine Rolle spielt (Behnke/Meuser 1999). Will man diesen Fragen nachgehen, ist zunächst zu überlegen wie sich die Kategorie Geschlecht im ExpertInneninterview manifestiert und anhand welcher Indikatoren die Vergeschlechtlichung des ExpertInneninterviews beschrieben werden kann. Oder noch grundsätzlicher gefragt: Woran lässt sich erkennen, dass die Kategorie Geschlecht beim ExpertInneninterview bedeutsam ist? Was folgt daraus methodisch und methodologisch für das ExpertInneninterview?

Ich schlage vor, zur Beantwortung dieser Fragen die drei Phasen des ExpertInneninterviews: die Auswahl der InterviewpartnerInnen, die Durchführung des Interviews und die Auswertung aus geschlechtertheoretischer Sicht näher zu betrachten. Für die vorgeschlagene Betrachtung des ExpertInneninterviews beziehe ich mich auf zwei Forschungsansätze: zum einen auf den in der konstruktivistischen Geschlechterforschung prominenten Doing-Gender-Ansatz und zum zweiten auf einige wichtige Erkenntnisse der feministischen Organisations- und Arbeitsforschung. Vor dem Hintergrund dieser Forschungsansätze bzw. Forschungsergebnisse möchte ich unter anderem auf folgende Fragen eingehen: Welche Bedeutung hat der geringe Anteil von Frauen auf höheren Hierachieebenen als wichtige Rekrutierungsebene von InterviewpartnerInnen für die Datengenerierung? Wie funktioniert das Doing Gender, die Konstruktion und Reproduktion von Geschlecht im ExpertInnengespräch? Betrachtet man schließlich die Auswertung der Daten unter

Geschlechteraspekten, geht es um die Frage, welche Bedeutung die Geschlechterkategorie für die Interpretation der Daten hat.

## 2. Die Bedeutung der Kategorie Geschlecht bei der Auswahl der ExpertInnen

Dass die Bestimmung des Expertenbegriffs alles andere als einfach ist, wird in vielen Beiträgen des vorliegenden Buches thematisiert. Zu seiner Bestimmung werden – je nach Perspektive (wissenssoziologisch, organisationssoziologisch, professionssoziologisch usw.) – unterschiedliche Kriterien herangezogen. Aus meiner Sicht sind folgende Annahmen sowohl methodologisch wie forschungspraktisch für die Bestimmung des Expertenbegriffs zentral: Experten oder Expertinnen sind Angehörige der organisatorischen Funktionseliten, die über ein privilegiertes Wissen verfügen und die innerhalb ihres Verantwortungsbereichs gewisse Freiheiten und Kontrollmöglichkeiten für dessen Gestaltung haben (vgl. Meuser/Nagel 2002 und 2009 in diesem Band; Bogner/Menz in diesem Band). In den meisten Fällen handelt es sich bei Experten und Expertinnen also um Personen, die auf den unteren, mittleren oder höheren organisatorischen Ebenen und Führungspositionen von privaten Unternehmen, Non-Profitorganisationen, in wissenschaftlichen Institutionen, in der öffentlichen Verwaltung usw. anzusiedeln sind.[1] Die geschlechterpolitische Betrachtung dieser Arbeitszusammenhänge steht seit vielen Jahren im Zentrum der feministischen Frauenforschung. Es gehört zu den Leistungen der Frauenforschung nachgewiesen zu haben, dass Arbeit, Arbeitsmarkt und Arbeitsstrukturen geschlechtlich geprägt sind: „Geschlechtsspezifische Arbeitsmarktstrukturen und betriebliche Personaleinsatzformen sind demnach nicht einfach Ausdruck ökonomisch zweckrationaler Verteilungen von Personen auf verschiedene Berufe und Tätigkeiten, sondern müssen im Kontext des „kulturellen Systems der Zweigeschlechtlichkeit“ (Hagemann-White 1984) als Resultat komplexer Definitions- und geschlechtsspezifischer Zuweisungsprozesse von Arbeit und Qualifikation durch die beteiligten Akteure gesehen werden, wobei in der Regel geschlechtshierarchische Strukturen (re-) produziert werden.“ (Gottschall 1998: 63).[2] Zahlreiche feministische For-

---

1 Die von Meuser und Nagel (2009) in diesem Band vorgelegte Ausdehnung des Expertenbegriffs auf aktive TeilnehmerInnen am öffentlichen Leben (unabhängig von ihrem sozialen/beruflichen Status) stellt gegenüber einem früheren Verständnis (Meuser/Nagel 2002) eine wichtige Erweiterung dar. Diese berücksichtigt neue Formen der Wissensproduktion und der politischen Aushandlungsprozesse (Governance und BürgerInnenbeteiligungsverfahren).

2 Entsprechende Untersuchungen liegen auch für den Non-Profitbereich, z.B. Umweltorganisationen (Littig 2001) und andere ehrenamtliche Organisationen (Notz 1999, 2004) vor. Als generelle Regel scheint hier zu gelten, dass Frauen insbesondere in der arbeitsintensiven

schungsarbeiten über die geschlechtliche Segregation von Arbeitsmärkten sowie Einkommens- und Lohndifferenzen (im Überblick Abbott/Wallace 1997; Kommission 2007), die Entwicklung von Berufen und Professionen (Gildemeister/Wetterer 1992) und die Analyse betrieblicher Organisationsstrukturen (Kanter 1977; Acker 1992) belegen die geschlechtliche Verfasstheit der Arbeitswelt. Ein für den vorliegenden Zusammenhang wichtiges Ergebnis dieser Forschungsarbeiten ist die Unterrepräsentanz von Frauen auf den höheren und höchsten Führungsebenen. Hierzu liegen zahlreiche Fallstudien aus unterschiedlichen Branchen vor (z.B. Quack 1997). Anzumerken ist allerdings, dass trotz der üblichen Unterteilung in höheres, mittleres und unteres Management die Managementanalysen nach wie vor eher pauschal und die Daten über den Frauenanteil auf den verschiedenen Hierachieebenen wenig differenziert sind. Dementsprechend gibt es auch kaum international vergleichende Statistiken über diese Sachverhalte, was noch durch die Tatsache erschwert wird, dass die Einteilung nach verschiedenen Hierachieebenen zwischen verschiedenen Ländern variieren (Quack 1997: 6). Dennoch zeigt die nachfolgende aggregierte Tabelle über den Frauenanteil an den Führungskräften aus Gesetzgebung, Verwaltung und Wirtschaft in verschiedenen EU-Ländern einen deutlichen Trend, nämlich die vergleichsweise geringere Repräsentanz von Frauen in den Führungsetagen in verschiedenen EU-Ländern – trotz leichter Steigerung der Prozentwerte in den letzten Jahren.[3] Wenn es stimmt, dass ExpertInneninterviews vorwiegend mit den Funktionseliten von Organisationen, also vielfach mit Führungskräften oder Personen in Schlüsselpositionen, durchgeführt werden, ist damit zu rechnen, dass es sich dabei in den meisten Fällen um männliche Führungskräfte handeln wird. Ausnahmen davon sind vermutlich solche Branchen, Arbeitsfelder oder Professionen, die von Frauen dominiert werden (z.B. Pflegebereich, bestimmte Lehrämter, Frauenbeauftragte u.a.).[4]

und nicht oder wenig bezahlten Aufbauphase dieser Organisationen tätig sind, sobald die Formalisierung und Monetarisierung aber voranschreitet und sich die Organisationsstrukturen ausdifferenzieren, Frauen vielfach in den unteren ehrenamtlichen oder schlechter bezahlten niedrigeren Hierarchieebenen verbleiben.

3 Ob sich durch die Gender-Mainstreaming-Strategie der EU die ungleichen beruflichen Chancen von Männern und Frauen in absehbarer Zeit verändern werden, bleibt abzuwarten. Vgl. für eine aktuelle Bestandsaufnahme Behning/Pascual (Hg.) 2001; Leitner 2007.

4 Abels und Behrens (2002) haben kritisch gegenüber Meuser und Nagel (2002) geäußert, dass Experten und Expertinnen oftmals auf den unteren und mittleren Ebenen von Organisationen zu finden sein werden und nicht – was Meuser und Nagel mit dem Begriff der Funktionselite nahe legen – auf den oberen Hierarchieebenen. Ich schließe mich dieser Einschätzung an, vermute aber, dass es auch hier Männer in der Überzahl sein werden, auch wenn auf den unteren Ebenen der Frauenanteil oftmals höher ist. Dies zeigt sich bei den von Abels und Behrens erwähnten eigenen empirischen Beispielen: der Frauenanteil an den Interviewten beträgt maximal 20%.

*Tabelle 1:* Distribution of managers by sex in EU Member States – 2000 and 2005

| | 2000 | | 2005 | |
|---|---|---|---|---|
| | **Women** | **Men** | **Women** | **Men** |
| EU (25 countries) | 30,6 | 69,4 | 32,2 | 67,8 |
| Belgium | 32,2 | 67,8 | 32,9 | 67,1 |
| Czech Republic | 24,1 | 75,9 | 30,3 | 69,7 |
| Denmark | 24,0 | 76,0 | 23,0 | 77,0 |
| Germany | 27,1 | 72,9 | 26,3 | 73,7 |
| Estonia | 39,8 | 60,2 | 37,5 | 62,5 |
| Greece | 25,1 | 74,9 | 25,8 | 74,2 |
| Spain | 31,7 | 68,3 | 32,2 | 67,7 |
| France | 35,0 | 65,0 | 38,0 | 62,0 |
| Ireland | 26,1 | 73,9 | 30,2 | 69,8 |
| Italy | 17,3 | 82,7 | 31,9 | 68,1 |
| Cyprus | 15,0 | 85,0 | 13,6 | 86,4 |
| Latvia | 37,3 | 62,7 | 44,3 | 55,7 |
| Lithuania | 43,1 | 56,9 | 42,7 | 57,3 |
| Luxembourg | 27,1 | 72,9 | 23,8 | 76,2 |
| Hungary | 33,1 | 66,9 | 34,3 | 65,7 |
| Malta | 17,7 | 82,3 | 14,5 | 85,5 |
| Netherlands | 25,3 | 74,7 | 25,6 | 74,4 |
| Austria | 30,3 | 69,7 | 27,0 | 73,0 |
| Poland | 32,7 | 67,3 | 32,5 | 67,5 |
| Portugal | 31,3 | 68,7 | 34,2 | 65,8 |
| Slovenia | 29,1 | 70,9 | 32,8 | 67,2 |
| Slovakia | 30,8 | 69,2 | 31,2 | 68,8 |
| Finland | 25,9 | 74,1 | 29,7 | 70,3 |
| Sweden | 30,1 | 69,9 | 29,8 | 70,2 |
| United Kingdom | 34,1 | 65,9 | 34,5 | 65,5 |
| Bulgaria | 30,0 | 70,0 | 34,4 | 65,7 |
| Romania | : | : | 30,7 | 69,3 |

Quelle: Kommission der europäischen Gemeinschaften: Bericht der Kommission an den Rat, das europäische Parlament, den europäischen Wirtschafts- und Sozialausschuss und den Ausschuss der Regionen zur Gleichstellung von Frauen und Männern – 2007, S. 28. http://ec.europa.eu/employment_social/gender_equality/docs/2007/com_2007_49_de.pdf (Zugriff: Juni 2008)

Was folgt daraus nun für das Experteninterview? Zunächst einmal bedeutet es, dass sich mit großer Wahrscheinlichkeit die beschriebenen strukturellen Geschlechterdifferenzen auch in der Auswahl der GesprächspartnerInnen für das ExpertInneninterview – einer hohen Anzahl männlicher Befragter – zeigen werden. Im ExpertInneninterview werden sich also die gesellschaftlichen Geschlechterverhältnisse zunächst in der Weise manifestieren, dass das Sampling mit großer Wahrscheinlichkeit die strukturelle Geschlechtsspezifik und Geschlechterhierarchie von beruflichen oder semi-professionellen Organisationsformen widerspiegeln wird. Generelle methodische Schlussfolgerungen für die Auswahl von ExpertInnen, etwa eine gezielte Quotierung des Samples, scheinen mir an diesem Punkt nicht angebracht, zumal sich in einigen Bereichen kaum Expertinnen werden finden lassen. Dennoch halte ich die Geschlechterverteilung des Samples für bedeutsam, weil sie die Frage der Objektivität und Validität der Daten aufwirft; also die Frage, ob sie geschlechtsspezifische Deutungs- und Handlungsmuster wiedergeben und entsprechend interpretiert werden muss. Darauf wird noch zurückzukommen sein.

## 3. Das Konzept des Doing Gender und das ExpertInneninterview

Abels und Behrens (2009 in diesem Band) schildern verschiedene typische auch aus Geschlechterperspektive interessante Interaktionseffekte in den ExpertInneninterviews: den Paternalismus-, Katharsis-, Eisberg-, Rückkopplungs- und Profilierungseffekt. Diese Effekte zeigen sich etwa in väterlichen Gesten einiger Interviewter den Interviewerinnen gegenüber, in ihrer Degradierung zu verständnisvollen Zuhörerinnen für private Sorgen oder durch die provokative Demonstration des Status und der Bedeutsamkeit des Interviewten. Aus einer Geschlechterperspektive interpretieren die Autorinnen diese Verhaltensweisen der Interviewten als Ausdruck klassischer Rollenstereotypen und Vorstellungen über die Geschlechterverhältnisse. Zum Teil überlagern sich die Geschlechtereffekte mit anderen Kategorien wie Alter, professionellem Status u.ä., die dann stärker zum Tragen kommen und männliche Interviewer vermutlich in ähnlicher Weise betreffen können. In einigen Fällen, z.B. bei paternalistischem Verhalten, setzen die Autorinnen ihre vermeintliche Inkompetenz geradezu strategisch zur Informationsgewinnung ein. In anderen Fällen, etwa bei demonstrativen Profilierungsversuchen seitens der Befragten, raten sie dazu, derartige Anstrengungen des Interviewpartners zu ignorieren, um sein Imponiergehabe zu unterminieren. Diese strategischen Schlussfolgerungen sind leicht nachvollziehbar und einsichtig. Widersprechen möchte ich allerdings der Interpretation bestimmter Interaktionen als Effekte von Geschlechterverhältnissen. Aus der Perspektive des Doing-Gender-Konzepts handelt es sich bei den beschriebenen geschlechtertypischen Verhaltensweisen nicht um Interaktionseffekte, sondern um Interaktionen, in denen Geschlechterzugehörigkeiten überhaupt erst hergestellt werden. Der Begriff Interaktions*effekte* legt nahe, dass es etwas der Interaktion Vorgängiges, gleichsam Natürliches gibt, das sich dann in einer bestimmten Situation auswirkt (wie etwa das Geschlecht, Ethnie, Alter u.a.). Eine konsequent konstruktivistische Sichtweise von Geschlecht und Geschlechterverhältnissen dagegen sieht die Vergeschlechtlichung als bestimmte Handlungsformen an: zum einen als interaktives alltägliches Handeln von Akteuren und zum anderen als (dauerhaftere) soziale Institutionalisierung von (Zwei-)Geschlechtlichkeit.

Zum besseren Verständnis dieser Einschätzung soll das Konzept des Doing Gender in einem kurzen Exkurs über die neueren Tendenzen der Geschlechterforschung skizziert werden.

*Exkurs: Das Konzept des Doing Gender*

Innerhalb der Frauen- und Geschlechterforschung[5] gibt es grob eingeteilt zwei verschiedene Zugänge zur Untersuchung der Kategorie Geschlecht: 1. die differenztheoretischen Ansätze, die das biologische Frau-Sein (oder Mann-Sein) als gegeben annehmen und versuchen, mit Hilfe der Frauenforschung aus dem Frau-Sein eine positive frauenspezifische Perspektive abzuleiten (im Überblick Maihofer 1998) und 2. die konstruktivistischen Ansätze der Geschlechterforschung, die Geschlecht in Abgrenzung zu ersten nicht substantiell-wesensmäßig begreifen, sondern die soziale Konstruiertheit von Geschlecht und von Geschlechterverhältnissen betonen (im Überblick Gildemeister 2000: 214).[6] Auch wenn diese Ansätze nicht homogen sind, so geht es ihnen weniger darum „Forschungen zu Frauen oder (zunehmend) auch zu Männern (im Überblick: Meuser 1998) lediglich additiv zu einer ansonsten unverändert geschlechtsblinden Wissenschaft hinzuzufügen. An die Stelle einer naiven Setzung der naturhaft gegebenen (Zwei-)Geschlechtlichkeit tritt vielmehr eine durch (sozial-)wissenschaftliche Theorien geleitete wissenschaftliche Konstitution des Forschungsgegenstandes: Geschlecht als grundlegende Kategorie sozialer Ordnung." (Gildemeister 2000: 216)

Das Verständnis von Geschlecht als sozialer Strukturkategorie liegt den eingangs dargelegten (arbeitssoziologischen) Forschungsarbeiten zugrunde, die die soziale Konstruktion von Geschlecht und Geschlechterverhältnissen handlungstheoretisch begründen und deren strukturelle Konsequenzen durch

---

5 Frauenforschung und Geschlechterforschung lassen sich nicht klar voneinander trennen, weshalb auch zumeist von Frauen- und Geschlechterforschung gesprochen wird (Gildemeister 2000: 214, Becker-Schmidt/Knapp 2000: 34ff.). Letztere hat sich parallel aber mit einem Verständnis von Geschlecht als sozialer Strukturkategorie in deutlicher Abgrenzung von der tendenziell essentialisierenden und positivierenden Frauenforschung entwickelt.

6 Seit Beginn der zweiten Frauenbewegung versuchten feministische Gegenpositionen mit der Unterscheidung zwischen biologischem Geschlecht (biological sex) und sozialem Geschlecht (socially based gender) die scheinbar natürlich begründete Ungleichheit zwischen Männern und Frauen sowie die gesellschaftliche Unterordnung und Diskriminierung von Frauen zu entkräften. Viele Arbeiten der 70er Jahre entlarvten die weiblichen Rollenzuschreibungen (gender) als soziales Konstrukt und als Ideologie zur Legitimation männlicher Vormachtstellungen und weiblicher Unterordnung. Das biologische Geschlecht als Unterscheidungsmerkmal zwischen genau zwei Geschlechtern wurde aber als gegeben angenommen. Seit einigen Jahren wird zunehmend Kritik an diesen feministischen Differenz-Konzepten geübt, dahingehend, dass die Kategorien sex und gender nicht deutlich voneinander abzugrenzen seien und die biologische Verankerung von sex dazu tendiere, gesellschaftliche Geschlechterdifferenzen zu essentialisieren und zu reifizieren (Gildemeister/Wetterer 1992; Becker-Schmidt/Knapp 2000).

entsprechende empirische Daten belegen. Sie fokussieren also auf die sozialstrukturellen Auswirkungen der sozial konstruierten Zweigeschlechtlichkeit: sozial ungleiche und hierarchische Geschlechterverhältnisse.

Neuere, stärker mikrosoziologisch ansetzende Arbeiten über die soziale Konstruktion von Geschlecht konzentrieren sich dagegen mehr auf die Frage, wie überhaupt die scheinbar selbstverständliche Unterscheidung zwischen Mann/Männlichkeit und Frau/Weiblichkeit zustande kommt, die sich dann erst im Ergebnis als Geschlechterdifferenz darstellt (Hirschauer 1994; Gildemeister 2000, 2004). Theoretisch und methodologisch beziehen sich diese Forschungsansätze auf verschiedene Konzepte der interpretativen Soziologie (insbesondere auf den symbolischen Interaktionismus, die Ethnomethodologie und die Wissenssoziologie). Im Kern geht es bei dieser Perspektive um die symbolische Konstruktion von Geschlecht in Interaktionsprozessen und der erkenntniskritischen Rekonstruktion der sozialen Konstruktionslogiken und -regeln. Geschlechterkonstruktion wird aus dieser Perspektive zum ständigen Doing Gender, zur Herstellung von Geschlecht und Geschlechterdifferenz in der konkreten Interaktion (z.B. Gildemeister/Wetterer 1992; Gildemeister 2004; Hirschauer 1994; West/Zimmerman 1987).[7] Geschlechterunterscheidung ist aus dieser Sicht ein interaktiver Prozess – Doing Gender (Geschlecht herstellen/machen) – der durch die soziale Institutionalisierung von Zweigeschlechtlichkeit katalysiert wird. Geschlecht wird in dieser Sichtweise entindividualisiert, ist nicht mehr Merkmal einer Person, sondern soziale Praxis. Zugleich ist die Geschlechterunterscheidung eine Form der Organisation sozialer Ungleichheit. Die situative Geschlechtskonstruktion (das Doing Gender) kann auf eine soziale Infrastruktur, die sexualisiert ist, zurückgreifen. Doing Gender bestätigt das Wissen um die Zweigeschlechtlichkeit und kann zugleich zur Legitimation der sozialen Arrangements der Zweigeschlechtlichkeit (Arbeitsteilung, soziale Organisation der Fortpflanzung, Paarbildung usw.) genutzt werden (Gildemeister/Wetterer 1992; Gildemeister 2004). Wenn Soziologie die Zweigeschlechtlichkeit nicht als fraglos gegebenes Faktum (als unabhängige Variable) hinnehmen will, sondern als Form sozialer Organisation (wie Ethnie, Alter usw.) muss sich der Blick auf das Tun der Geschlechterunterscheidung richten. Geschlechterunterschiede (i.S. von Geschlechterzuschreibung) stellen sich im Alltag als konstant, naturhaft gegeben und dichotom dar. Diese Annahmen sind die Basis der ständigen Wahrnehmung von zwei Sorten Geschlecht. Im Alltag wird aber Geschlechterzugehörigkeit nicht erfragt, sondern dargestellt (Lindemann

7 Das Doing Gender ist inzwischen mehrfach in der Transsexuellen-Forschung untersucht worden, wobei auf einschlägige Arbeiten von Garfinkel (1967) und Goffman (1977) zurückgegriffen wurde (z.B. Hirschauer 1994; Lindemann 1993, West/Zimmerman 1987 u.a.). Die Geschlechtsumwandlung und geschlechtliche Inszenierung von Transsexuellen sowie ihre Wahrnehmung durch andere Personen dient dabei des Nachweises der sozialen Konstruiertheit, des ständigen sozialen Herstellens von Geschlecht.

1993). In diesem Sinne hat man nicht ein Geschlecht, das sich in bestimmten Verhaltensweisen oder kulturellen Objekten ausdrückt, sondern umgekehrt: man hat ein Geschlecht aufgrund dieser (Hirschauer 1994).[8] Geschlecht drückt sich demnach in Verhaltenweisen, Gesten, Tätigkeiten und in sexualisierten Objekten (Körperteilen, Kleidung usw.) aber auch in Berufsdefinitionen (Gildemeister/Wetterer 1992) u.a. aus.[9]

Aber nicht nur die interaktionelle Herstellung von Geschlechterdifferenz kennzeichnet den Ansatz des Doing Gender, sondern auch die Annahme, dass mit der symbolischen Herstellung von Geschlecht zugleich die Hierarchie zwischen den Geschlechtern (re-)produziert wird. Die Geschlechterrelationen, die sich in der Interaktion symbolisch ausdrückt, ist in der Regel die Dominanz des Männlichen und die Unterordnung des Weiblichen. Vor dem Hintergrund dieser Darlegungen ist also das „Doing Gender while doing Interviews" genauer zu betrachten.

## 4. „Doing Gender while doing Interviews": Ein Fallbeispiel

Was die Überlegungen zum Doing Gender für das ExpertInneninterview bedeuten können, möchte ich am Beispiel ausgewählter Stellen aus einem Interview illustrieren. Das Interview entstammt aus dem österreichischen Teil eines internationalen Forschungsprojekts, bei dem es um die Analyse der Aus- und Weiterbildung im Bausanierungsgewerbe unter ökologischen Gesichtspunkten ging. Das Interviews wurde von zwei weiblichen Interviewerinnen mit einem Baumeister durchgeführt. Dieser galt als (einer von mehreren) Experte(n) aufgrund seiner professionellen Ausbildung, seines hohen Status in der Firma (Chef) und seiner langjährigen Berufserfahrung. In dem Interview ging es explizit und vorrangig um die Situation, Rahmenbedingungen, Probleme und Verbesserungsmöglichkeiten der Lehrlingsausbildung im Baubereich. Von dem Interview liegen Transkripte der Audio-Aufzeichnung vor; leider keine visuellen Daten, so dass Mimik, Gestik, Haltung u.a. unter dem Gesichtspunkt des

8 Bei der sozialen Konstruktion von Geschlecht unterscheiden West und Zimmerman aufgrund ihrer Forschungsarbeiten über Transsexuelle (1987) drei Handlungsebenen 1. die Zuweisung von Geschlecht bei der Geburt aufgrund biologischer Merkmale (sex = birth classification), 2. die Geschlechtszuschreibung zu einer bestimmten sozialen Gruppe (sex category = social membership) und 3. die alltägliche interaktive Herstellung von Geschlechtszugehörigkeit (gender = processual validation of that membership). Diese drei Ebenen müssen nicht immer konsistent sein und sind auch nicht dauerhaft gegeben, sondern sie werden immer wieder situationsspezifisch aktiviert und modifiziert.

9 Allerdings ist das Konzept des Doing gender inzwischen auch kritisch hinterfragt worden, mit der Frage, ob es nicht auch spezifische Kontexte geben mag, in denen das Geschlecht „vergessen" wird (z.B. Hirschauer 2001), also ob ein „undoing gender" möglich sei (Hirschauer 1994). Betont wird dabei, dass „Geschlecht relevant *gemacht* werden muss." (Gildemeister 2004: 139), d.h. dass die kontextuelle Kontigenz bedeutsam ist.

Doing Gender hier nicht betrachtet werden können. Ich beschränke mich im Folgenden also auf die sprachlichen Äußerungen der InterviewpartnerInnen und möchte drei verschiedene Elemente des Doing Gender unterscheiden:

1. Explizite Vergeschlechtlichung durch direkte Ansprache
2. Vergeschlechtlichung der Gesprächsinhalte:
   a) durch direkte Thematisierung (von Frauen oder Männern)
   b) durch implizite Thematisierung (vermittelt über Rollenstereotype).

Die explizite Vergeschlechtlichung durch direkte Ansprache erfolgt zum Beispiel durch die Begrüßung zu Beginn des Interviews durch die Anrede als Herr A. oder Frau B. Diese gängige Anredeform gehört zu den institutionalisierten Formen des Doing Gender (vgl. Hirschauer 1994). Sie expliziert und bestätigt das Wissen um die Zweigeschlechtlichkeit und um die geschlechtliche Zuordnung des Gegenübers.

Eine andere Form der expliziten geschlechtsspezifischen Ansprache, nämlich „gnädige Frau", enthält die folgende Interviewsequenz aus einem der Interviews:

Interviewerinnenfrage: „Können Sie etwas zu Ihrer Ausbildungsphilosophie sagen (..) in ihrer Firma?"

Antwort des Baumeisters: „Von meiner Firma, schauen Sie, das ist ganz einfach, gnädige Frau, ich habe übernommen mit 7 Leute, wir haben heute 100 Leute und die Familie ist eigentlich ein Familienbetrieb geblieben. Meine Philosophie ist das, dass ich zu jedem Mitarbeiter einen persönlichen Kontakt habe. Das beginnt schon, dass ich zu jedem Geburtstag eine Kleinigkeit habe, das geht zu Weihnachten so, das geht, wenn einer seine Frau im Spital hat, dass die einen Blumenstrauß kriegt, das ist, wenn einer in Pension geht, dass ein ordentliches Betriebsklima herrscht. Mein Wahlspruch: wenn es meinem Mitarbeiter gut geht, dann geht es auch mir gut. So einfach ist das. Der sagt alles. Ich kann mit meiner Firma mich gegen die Großen nur behaupten, wenn ich Qualität, Pünktlichkeit, Ehrlichkeit, die Termine werden eingehalten. ..."

Befragt nach der „Ausbildungsphilosophie", antwortet der Befragte, zunächst mit „von meiner Firma", als Bestätigung, dass er die Frage verstanden hat. Danach kommt: „schauen Sie" und darauf „gnädige Frau"; beide sind Ausdrücke, die im Österreichischen bestimmte Konnotationen haben. Die Aufforderung „schauen Sie" leitet zumeist eine eher belehrende Erklärung ein, bei der das adressierte Gegenüber darauf hingewiesen werden soll, dass die Sache etwas anders liegt, als dieses meinen könnte. In der Sequenz folgt dann: „das ist ganz einfach". Im Kontext kann dies gedeutet werden als ‚es ist längst nicht so kompliziert wie der (von der Interviewerin verwendete) Begriff Philosophie vielleicht suggerieren könnte', es ist also einfacher als die Interviewerin vielleicht meinen könnte. Und es ist vielleicht auch fraglich, ob die Vokabel Philosophie dem Sachverhalt überhaupt angemessen ist. Die Sequenz kann aber auch eine implizite Thematisierung der unterschiedlichen beruflichen Milieus und evtl. die Statusdifferenz der Beteiligten sein, der akademisch gebildeten Interviewerin, die ein entsprechendes Vokabular benutzt auf der einen Seite und dem Handwerksmeister, der kaum Fremdworte benutzt, auf der anderen.

„Das ist ganz einfach, gnädige Frau" kann aber auch heißen: ‚das ist so einfach, dass auch Sie es verstehen können, gnädige Frau." „Gnädige Frau" ist im Österreichischen eine Höflichkeitsfloskel, die häufig im Alltag gebraucht wird (z.B. im Verkaufsgespräch in höher preisigen oder traditionsbewussten Geschäften, bei der der/die VerkäuferIn die Kundin fragt: ‚Was kann ich für Sie tun, gnädige Frau?'). Diese Anredeform beinhaltet (vermutlich aufgrund ihrer standesgesellschaftlichen Tradition) eine höfliche, statusbewusste soziale Unterordnung der/s Sprechenden unter die adressierte Person. Zugleich kann (muss aber nicht) ‚gnädige Frau' einen ironischen Unterton beinhalten, der die Titulierte als etwas verschroben oder begriffsstutzig (wie einst der dekadente Adel) erscheinen lässt.[10] Im vorliegenden Fall ist nicht deutlich zu erkennen, ob die Anrede eine ironische Note enthält oder ob sie bloß eine Höflichkeitsbezeugung ist. Jedenfalls wird mit dieser Anrede die Interviewerin explizit als Frau angesprochen. Dies ist besonders bemerkenswert im Zusammenhang mit den darauf folgenden Ausführungen, nämlich der Entfaltung einer Familienmetapher für den Betrieb und die Betriebsführung des Befragten. (Die ursprünglich gestellte Frage nach der „Ausbildungsphilosophie" wird dabei nicht mehr berücksichtigt.) Das Bemerkenswerte daran ist, dass die Familienmetapher gegenüber zwei weiblichen Interviewerinnen dargelegt wird – ob dies gegenüber männlichen Interviewern ebenso erfolgt wäre, muss bloße Spekulation bleiben. Aufgrund der herrschenden Rollenstereotypen, die primär Frauen die Familie als Verantwortungsbereich zuschreibt, halte ich diese Thematisierung seitens des Befragten allerdings nicht für zufällig. Ich würde sie vielmehr doppelt deuten: Zum einen knüpft sie gemäß der weiblichen Rollenstereotype an den seitens des Interviewten vermuteten Erfahrungsbereich der Interviewerinnen an. Zum zweiten stellt sie einen Betrieb (der männlich dominierten Baubranche) als Familie dar, als einen Bereich also, der durchaus auch von einer Frau geführt werden kann. Dies scheint mir bedeutsam im Zusammenhang mit einer nachfolgenden Interviewpassage. Etwas später im Interview erzählt der Befragte nämlich, dass seine Tochter den Betrieb übernehmen wird:

> Befragter: „Ich hoffe, dass meine Tochter – die auch für den Betrieb den Weg gegangen ist, ich meine nicht so, sie hat maturiert und hat die HAK gemacht, sie hat den Bauingenieur im Abendkolleg gemacht und ist eine der ersten Baumeisterinnen. Die sitzt zwei Zimmer weiter, (...) sie wird den Betrieb weiterführen. Das war auch nicht leicht. Das hat auch bei ihr Schwierigkeiten gegeben. Aber sie hat dann zu meinem 60er zu mir gesagt, ‚Was hätt' ich denn sollen anderes lernen?' Angeblich auch in den Flegeljahren haben wir zu etwas gezwungen und heute hat sie eine Freude. Wir haben eine gute Truppe aufgebaut, dass sie sich auf die Leute um sie herum verlassen kann."

Den Ausbildungsweg, den seine Tochter gegangen ist, ist allerdings keine Lehre, sondern eine schulische Ausbildung zum Bauingenieur (!) über den zweiten

---

10 Abwertend ist im Österreichischen die Anrede „Gnädigste".

Bildungsweg. Sie hat also keine Lehre am Bau gemacht. Möglicherweise erscheint dies dem Befragten auch nicht unbedingt angemessen für Frauen. Jedenfalls weist er etwas später darauf hin, dass es keine Damentoiletten an den Ausbildungs- und Einsatzorten für die Auszubildenden gäbe.[11] Dies ist für ihn die Erklärung, warum es wenige weibliche Lehrlinge im Baubereich gibt.

In diesen zitierten Interviewpassagen fließen die explizite Thematisierung von Geschlecht („gnädige Frau“) und die direkte sowie implizite Vergeschlechtlichung der Gesprächsinhalte ineinander. Die Anrede „gnädige Frau“ bildet quasi die Einleitung zu einer Gesprächssequenz, die sich primär um geschlechterrelevante Themen dreht (Betriebsnachfolge und Frauen in Männerberufen). Im vorliegenden Fall präsentiert der Interviewte eine eher ungewöhnliche Lösung des Nachfolgeproblems: Der Betrieb wird nicht wie in einer Männerdomäne üblich vom Sohn, sondern von der Tochter übernommen. Allerdings bedarf diese unkonventionelle Übernahme eines Arrangements, das in der Vorstellungswelt des Befragten in gewisser Weise doch mit der stereotypen Familienorientierung von Frauen konform geht (Betrieb als Familie/Familienbetrieb). Die Innovation bedarf scheinbar einer gewissen Legitimation und ist nicht ganz selbstverständlich. Dies wird auch in einer früheren Interviewpassage deutlich, in der der Befragte Frauen als die kooperativeren, engagierteren, innovativeren Schuldirektorinnen darstellt, was ihn aber zu wundern scheint. So als müsste er sich selbst erst von der Richtigkeit dieser positiven Einschätzung überzeugen, korrigiert er seine erste verwunderte Einschätzung („komischerweise“) im Nachsatz („wichtiger Weise“):

> Befragter: „Wir haben jetzt schon guten Kontakt zu den Schulen zu den Direktoren und Direktorinnen (...) Komischerweise, nicht komischerweise, sondern wichtiger Weise sind dort Frauen am Werk, die uns helfen, nicht die Männer. Das sind die Sturen. Die Frauen engagieren sich, kommen zu uns, machen Betriebsbesuche mit den Abgängen und Schnupperlehre gibt's und sprechen mit den Leuten, die sollen doch, wenn einer will. Es gibt ja 200 Berufe. Solang man keinen Beruf hat, ist man irgendwer.“

Für das Doing Gender im ExpertInneninterview soll aufgrund dieses Beispiels festgehalten werden, dass die Geschlechterunterscheidung im Interview interaktiv hergestellt wird und während der gesamten Interviewsituation präsent ist.[12] Deshalb ist es müßig, die Vergeschlechtlichung des Exper-

---

11 Zur Institutionalisierung der Zweigeschlechtlichkeit durch die Anlage von Damen- und Herrentoiletten vgl. Goffman 1977.

12 Interessante Beispiele für vergeschlechtlichte Gesprächsinhalte lassen sich auch in einem anderen Interview mit dem Leiter eines sog. Lehrbauhofs und ehemaligen Berufsschuldirektor finden. Bemerkenswerterweise berichtet auch dieser interviewte Baumeister über die Berufswahl seiner Tochter und die Nachfolgefrage. Allerdings ist in diesem Fall die Tochter nicht gleichsam in die Fußstapfen des Vaters getreten, sondern hat einen anderen Beruf gewählt. Im Gegensatz zu dem zuerst zitierten Baumeister beschreibt dieser Interviewte die Bauwelt, insbesondere den Lehrbauhof, als männliche Welt, in der kaum Frauen vorkommen: Die Rede ist immer nur von den „Buam“ (Buben), die dort ausgebildet werden. Einmal gibt es allerdings einen Einschub, in dem der Interviewte eine Aussage über die

tenInneninterviews als störend oder als informationshemmend zu beurteilen und in der Folge vermeiden zu wollen; denn die Geschlechterklassifikation im Interview ist ein unhintergehbares Faktum, gleichsam eine soziale Tatsache (s.a. Behnke/Meuser 1999, S. 77ff.). Während jedoch das Alltagsverständnis von der natürlichen Gegebenheit und Konstanz der Zweigeschlechtlichkeit ausgeht, muss sich – folgt man Stefan Hirschauer (1994) – der soziologische Blick auf das Tun der Geschlechterunterscheidung (im Sinne der Geschlechterzuschreibung) richten und nicht (nur) auf deren Resultat, die Geschlechterunterschiede. Interviews mit Experten und Expertinnen werden in der Regel von Experten und Expertinnen durchgeführt; die Planung, Organisation, Durchführung und Auswertung von Interviews ist Teil des professionellen Handelns von WissenschaftlerInnen. Mit der Durchführung von (ExpertInnen-)Interviews (oder anderer Formen der Datenerhebung) werden WissenschaftlerInnen zum Teil des Feldes, das sie untersuchen (vgl. auch Froschauer und Lueger in diesem Band). Sie sind Teil der Interaktion, die im Interview stattfindet. Nun wird aus konstruktivistischer Warte durch soziale Interaktion Wirklichkeit konstruiert und institutionalisiert (Berger/Luckmann 1980). Diese situative Wirklichkeitskonstruktion – so die These des Doing Gender Konzepts – ist immer vergeschlechtlicht: Wir nehmen uns immer als Männer oder Frauen wahr und interagieren auch immer als Männer und Frauen. (Fälle, bei denen diese Unterscheidung nicht eindeutig sind, führen zu Irritationen oder werden als außergewöhnlich wahrgenommen.) Die Kategorie Geschlecht ist somit konstitutiv für die Hervorbringung von Interviewinhalten. Für die Durchführung von Expertinneninterviews folgt daraus aus meiner Sicht, dass sich die Forschenden dessen bewusst sein sollten, dass es nicht beliebig ist, ob das Interview in einem geschlechtshomogenen oder -heterogenen Setting stattfindet. Egal in welcher geschlechtlichen Konstellation das ExpertInneninterview durchgeführt wird, Doing Gender findet immer statt. Das Interviewsetting sollte deshalb auch unter Geschlechtergesichtspunkten bewusst gestaltet werden, damit tatsächlich ein strategischer Einsatz geschlechtertypischer Interaktion (etwa im Sinne von Abels und Behrens in diesem Band) erfolgen kann. Diese Überlegungen sollten auch in die Schulung oder Vorbereitung von Interviewern und Interviewerinnen einfließen. Konkret kann dies heißen, gezielte Übungen zu verschiedenen Gesprächstatiken (z.B. sich naiv stellen, ggf. widersprechen, gezieltes Dirigieren, die Herstellung von Vertrauen bei heiklen Themen etc.) durchzuführen.

Sofern es die forschungspraktischen Rahmenbedingungen zulassen, sollten Interviews mit Experten und Expertinnen in unterschiedlichen geschlechtlichen Zusammensetzungen durchgeführt werden. Dadurch können vielfältigere Daten

„Buam“ durch die kurze Aussage ergänzt, dass sie leider nur wenige Mädchen ihrem Bereich hätten. Vielleicht ist es der Interviewte als Ausbildungsleiter gewöhnt, dass ihm Fragen nach dem Anteil von weiblichen Lehrlingen im Baubereich gestellt werden; möglicherweise erwartet er dieses auch von den Interviewerinnen.

generiert werden, was insbesondere bei bestimmten, geschlechtersensiblen Fragestellungen (z.B. der Analyse von Gleichstellungspolitiken oder Reproduktionstechnologien) von Vorteil sein dürfte. Sporadische Hinweise auf Unterschiede in der Gesprächsführung und in den Gesprächsinhalten von ExpertInneninterviews – je nach dem, ob eine weibliche Interviewerin einen Experten oder ein männlicher Interviewer eine Expertin befragt – lassen sich wie bereits dargestellt bei Abels/Behrens (2009 in diesem Band; vgl. auch Abels 1997) finden. Auch Padfield und Procter (1996) sprechen in ihrem Artikel „The Effect of Interviewer's Gender on the Interviewing Process: (...)", von Geschlechtereffekten. Sie stellten in Interviews mit jungen Frauen ein unterschiedliches Antwortverhalten fest und zwar in bezug auf die Mitteilungsbereitschaft von persönlichen Erfahrungen bei einer Abtreibung: Im Fall des männlichen Interviewers (Ian Procter) waren die Frauen zurückhaltender in der Mitteilung persönlicher Erfahrungen. Systematische Untersuchungen zur Frage geschlechtertypischen Frage- und Antwortverhaltens im Interview gibt es allerdings kaum.

## 5. Abschließende Überlegungen zur Auswertung von ExpertInneninterviews aus Geschlechterperspektive

Doing Gender kann (wie oben ausgeführt) sowohl im Rückgriff auf standardisierte/institutionalisierte vergeschlechtlichte sprachliche Formen (z.B. Anrede) oder durch die explizite wie implizite Vergeschlechtlichung der Gesprächsinhalte erfolgen.[13] Die genannten Formen des Doing Gender sind nun keine Spezifika des ExpertInneninterviews. Sie können prinzipiell in jeder kommunikativen Situation zur Anwendung kommen. Aber sie gelten eben auch für das Interviewen von ExpertInnen. Die Vergeschlechtlichung der Gesprächsinhalte und die (Re-)Produktion von Geschlechterstereotypen wird sich – so die These – auch in den Gesprächsinhalten niederschlagen, die gewonnenen Daten also geschlechtertypische Deutungs- und Handlungsmuster wiedergeben. Das Experteninterview wird (wie eingangs dargelegt) in vielen Fällen Sichtweisen von männlichen Experten (und seltener von weiblichen) dokumentieren. Die Sichtweisen von Angehörigen des männlichen Geschlechts nicht als objektive Abbildung von Realität anzuerkennen, ist das Ziel der feministischen Kritik an einem objektivistischen Wissenschaftsverständnis. „It's a man's world" – ließe sich vermutlich für viele Fälle von ExpertInneninterviews aus einer feministischen Differenzperspektive kommentieren. Vertreterinnen des Differenzfeminismus versuchen nachzuweisen, dass Frauen (trotz vielfältiger Heterogenitäten) anders und anderes kommu-

13 Darüber hinaus gibt es noch vielfältige weitere Praktiken der Geschlechterinszenierung (nicht nur) im ExpertInneninterview. Spannend wäre aber nicht nur die Untersuchung von Mimik und Gestik, sondern auch das gesamte Outfit (Kleidung, Accessoires usw.) der Beteiligten.

nizieren als Männer; dass sie z.B. kooperativer im Gespräch sind, weniger dominant und aggressiv sind usw. (z.B. diverse Beiträge in Kotthoff/Wodak 1997; Becker-Schmidt/Knapp 2000). Doch es gibt eine Reihe von kritischen Einwänden gegen diese Sichtweise, nicht zuletzt den, dass die Kategorie Geschlecht von anderen wie Klasse, Ethnie, Alter usw. überlagert wird, was auch zu Differenzen zwischen Frauen führt und dass deshalb primär geschlechtstypische Unterschiede schwer nachweisbar sind (vgl. im Überblick Gibbon 1999; Klinger/Knapp 2005; Rommelspacher 2008). Dies gemahnt zur vorsichtigen Interpretation von geschlechtertypischer Interaktionen.

Was das ExpertInneninterview angeht, sind die erwähnten Befunde nur bedingt aussagekräftig oder übertragbar. Die vorliegenden Reflexionen über die Bedeutung der Geschlechterkategorie sind eher ein Nebenprodukt der Auswertung von ExpertInneninterviews, die in der Regel einen anderen thematischen Fokus hatten. Letztlich mangelt es an grundlegenden (Meta-)Untersuchungen über die Bedeutung der Geschlechterkategorie im ExpertInneninterview. Die Behandlung dieser Thematik erfordert allerdings nicht nur eingehende Primär- oder Sekundäranalysen von Datenmaterial, sondern auch ausgefeilte Forschungsdesigns, die verschiedene Settings von ExpertInneninterviews unter Gesichtspunkten der Geschlechterforschung miteinander vergleichen. Das Hauptproblem besteht darin, die spezifischen Geschlechterkomponenten der Interaktion dingfest zu machen, diese also von anderen Einflussfaktoren etwa dem beruflichen Status, dem Alter u.a. abzugrenzen. Aufwendig für die Untersuchung dieser Fragen ist nicht nur das Forschungsdesign, sondern auch die Auswertung selbst, die sorgfältiger hermeneutischer sozialwissenschaftlicher Verfahren bedarf (z.B. Soeffner 2000; Behnke/ Meuser 1999).

Trotz des Mangels an systematischen Metaanalysen über die Bedeutung der Geschlechterkategorie und der Geschlechterverhältnisse für das ExpertInneninterview scheint mir diese nicht von der Hand zu weisen zu sein. Dies sollte auch durch die kurze Analyse des Fallbeispiels verdeutlicht werden (s.o.). Wie eingehend die geschlechtertypische Interaktion im ExpertInneninterview analysiert wird, hängt letztlich vom Forschungsinteresse und den Rahmenbedingungen (Zeit, Budget usw.) ab. Eine völlige Vernachlässigung der Geschlechterkategorie bei der Analyse des Datenmaterials erscheint mir allerdings aufgrund der Omnipräsenz der Kategorie Geschlecht in der Interaktion fahrlässig. Die Rekonstruktion des Doing Gender im Interview sowie möglicher geschlechtertypischer Interaktionsformen wird vermutlich leichter in einer Auswertungsgruppe als alleine geleistet werden können.[14] Möglicherweise erhöht ein geschlechtsheterogenes Auswertungsteam (nicht nur im Fall des ExpertInneninterviews) die Sensibilität für diese Fragestellungen.

14 Aus methodologischer Sicht wird m.E. gerade bei der Geschlechterkategorie die Idee der Konstruktion zweiter Ordnung (Soeffner 2000) seitens der SozialforscherInnen evident, erscheint doch die Zweigeschlechtlichkeit in der alltäglichen Interaktion als selbstverständlich gegeben.

# Literatur

Abels, Gabriele (1997): Hat der Experte ein Geschlecht? Reflexionen zur sozialen Interaktion im ExpertInnen-Interview. In: femina politica, Jg. 6, S. 79-88

Abels, Gabriele/Behrens, Maria (2009): Eine sekundäranalytische Reflexion über geschlechtertheoretische und politikfeldanalytische Effekte (in diesem Band)

Abbott, Pamela/Wallace, Claire (1997): An Introduction to Sociology. Feminist Perspectives. London und New York

Acker, Joan (1992): Gendering Organizational Theory. In: Mills, Albert J. (Hg.): Gendering Organizational Analysis. London, S. 248-263

Behnke, Cornelia/Meuser, Michael (1999): Geschlechterforschung und qualitative Methoden. Opladen

Becker-Schmidt, Regina/Knapp, Gudrun-Axeli (1995): Das Geschlechterverhältnis als Gegenstand der Sozialwissenschaften. Frankfurt/M.

Becker-Schmidt, Regina/Knapp, Gudrun-Axeli (2000): Feministische Theorien zur Einführung. Hamburg

Behning, Ute/Pascual, Amparo S. (Hg. 2001): Gender Mainstreaming in the European Employment Strategy. Brüssel

Berger, Peter L./Luckmann, Thomas (1980): Die gesellschaftliche Konstruktion der Wirklichkeit. Eine Theorie der Wissenssoziologie. Frankfurt/M.

Bogner, Alexander/Menz, Wolfgang (2009): Das theoriegenerierende Experteninterview. Erkentnisinteresse, Wissensformen, Interaktion (in diesem Band)

Bryant, Lia & Hoon, Elizabeth (2006): How can the intersections between gender, class, and sexuality be translated to an empirical agenda? In: International Journal of Qualitative Methods, Jg. 5, H. 1, http://www.ualberta.ca/~iiqm/backissues/5_1/pdf bryant.pdf [Zugriff im Mai 2008]

Garfinkel, Harold (1967): Studies in Ethnomethodology. New York

Gibbon, Margaret (1999): Feminist Perspectives on Language. London und New York

Gildemeister, Regine (2000): Geschlechterforschung (Gender Studies). In: Flick, Uwe/Kardorff, Ernst v./Steinke, Ines (Hg.): Qualitative Forschung. Ein Handbuch. Reinbek, S. 213-223

Gildemeister, Regine (2004): Doing Gender. Soziale Praktiken der Geschlechterunterscheidung. In: Becker, Ruth & Kortendiek, Beate (Hg.): Handbuch Frauen- und Geschlechterforschung. Theorie, Methoden, Empirie. Wiesbaden, S. 132-140

Gildemeister, Regine/Wetterer, Angelika (1992): Wie Geschlechter gemacht werden. In: Knapp, Gudrun-Axeli/Wetterer, Angelika (Hg.): TraditionenBrüche. Freiburg, S. 201-254

Goffman, Erving (1977): The Arrangement Between the Sexes. In: Theory and Society, Jg. 4, S. 301-331 (deutsch 1994: Das Arrangement der Geschlechter. In: ders.: Geschlecht und Interaktion. Frankfurt/M., S. 105-158)

Gottschall, Karin (1998): Doing Gender While Doing Work? Erkenntnispotentiale konstruktivistischer Perspektiven für eine Analyse des Zusammenhangs von Arbeitsmarkt, Beruf und Geschlecht. In: Geissler, Birgit/Maier, Friederike/Pfau-Effinger, Birgit (Hg): FrauenArbeitsMarkt: Beiträge der Frauenforschung zur sozioökonomischen Theorieentwicklung. Berlin, S. 63-94

Hagemann-White, Carol (1984): Sozialisation männlich-weiblich? Alltag und Biographie von Mädchen, Bd. 1. Opladen

Hirschauer, Stefan (1994): Die soziale Fortpflanzung der Zweigeschlechtlichkeit. In: Kölner Zeitschrift für Soziologie und Sozialpsychologie, Jg. 46, S. 668-692

Hirschauer, Stefan (2001): Das Vergessen des Geschlechts. Zur Praxeologie einer Kategorie sozialer Ordnung. In: Heintz, Bettina (Hg.): Geschlechtersoziologie. Opladen, S. 208-235

Hitzler, Ronald/Honer, Anne (Hg. 1997): Sozialwissenschaftliche Hermeneutik. Opladen
Kanter, Rosabeth Moss (1977): Men and Women of the Corporation. New York
Klinger, Cornelia & Knapp, Gudrun-Axeli (2005): Achsen der Ungleichheit – Achsen der Differenz. Verhältnisbestimmungen von Klasse, Geschlecht und „Rasse"/Ethnizität. In: Transit, Nr 29, S. 21-29
Kommission der europäischen Gemeinschaften (2007): Bericht der Kommission an den Rat, das europäische Parlament, den europäischen Wirtschafts- und Sozialausschuss und den Ausschuss der regioinen zur Gleichstellung von Frauen und Männern – 2007, http://ec.europa.eu/employment_social/gender_equality/docs/2007/com_2007_49_de.pdf [Zugriff im Juni 2008]
Kotthoff, Helga/Wodak, Ruth (Hg. 1997): Communicating Gender in Context. Amsterdam und Philadelphia
Leitner, Andrea (2007): Frauenförderung im Wandel. Gender Mainstreaming in der österreichischen Arbeitsmarktpolitik. Frankfurt & New York
Lindemann, Gesa (1993): Das paradoxe Geschlecht – Transsexualität im Spannungsfeld von Körper, Leib und Gefühl. Frankfurt/M.
Littig, Beate (2001): Feminist Perspectives on Environment and Society. Harlow et al.
Maihofer, Andrea (1998): Gleichheit und/oder Differenz. Zum Verlauf einer Debatte. In: Kreisky, Eva/Sauer, Birgit (Hg): Geschlechterverhältnisse im Kontext politischer Transformation. Opladen, S. 155-176
Meuser, Michael (1998): Geschlecht und Männlichkeit. Soziologische Theorie und kulturelle Deutungsmuster. Opladen
Meuser, Michael/Nagel, Ulrike (1994): Expertenwissen und Experteninterview. In: Hitzler, Ronald/Honer, Anne/Maeder, Christoph (Hg.): Expertenwissen. Die institutionalisierte Kompetenz zur Konstruktion von Wirklichkeit. Opladen, S. 180-192
Meuser, Michael/Nagel, Ulrike (2002): ExpertInneninterviews – vielfach erprobt, wenig bedacht. Ein Beitrag zur qualitativen Methodendiskussion. In: Alexander Bogner, Beate Littig & Wolfgang Menz (Hg.): Das Experteninterview – Theorie, Methode, Anwendung. Wiesbaden, S. 71-93
Meuser, Michael/Nagel, Ulrike (2009): Experteninterview und der Wandel der Wissensproduktion (in diesem Band)
Notz, Gisela (1999): Die neuen Freiwilligen – das Ehrenamt – eine Antwort auf die Krise? Neu-Ulm
Notz, Gisela (2004): Arbeit: Hausarbeit, Ehrenamt, Erwerbsarbeit. In: Becker, Ruth & Kortendiek, Beate (Hg.): Handbuch Frauen- und Geschlechterforschung. Theorie, Methoden, Empirie. Wiesbaden, S. 420-428
Padfield, Maureen/Procter, Ian (1996): The Effect of Interviewer's Gender on the Interviewing Process: A Comparative Enquiry. In: Sociology, Jg. 30, S. 355-366
Quack, Sigrid (1997): Karrieren im Glaspalast. Weibliche Führungskräfte in europäischen Banken. Discussion Paper Nr. FS I 97-104 hg. vom Wissenschaftszentrum Berlin
Rommelspacher, Birgit (2008): Hegemonial Feminity. In: Gržinic, Marina & Reitsamer, Rosa (Hg.): New feminism: worlds of feminism, queer and networking. Wien, S. 192-200
Soeffner, Hans-Georg (2000): Sozialwissenschaftliche Hermeneutik. In: Flick, Uwe/Kardorff, Ernst v./Steinke, Ines (Hg.): Qualitative Forschung. Ein Handbuch. Reinbek, S. 164-175
West, Candace/Zimmerman, Don (1987): Doing Gender. In: Gender and Society, Jg. 1, S. 125-151

# Telefonische Experteninterviews – ein schwieriges Unterfangen

*Gabriela B. Christmann*

## 1. Einleitung: Anlass und methodischer Kontext der Studie

Gegenstand des Beitrags ist das methodische Vorgehen eines Teilprojekts, das im Rahmen einer größeren Studie zu „Hochschulen im demografischen Wandel“ mit dem Schwerpunkt Sachsen durchgeführt wurde.[1] Das Teilprojekt bediente sich qualitativer Experteninterviews, wobei ein Teil der Interviews telefonisch erfolgte. Qualitative telefonische (Experten-)Interviews wurden in der Literatur bislang selten diskutiert. Im Beitrag sollen die wenigen Hinweise der Literatur und die eigenen methodischen Erfahrungen reflektiert werden.

Wie bereits angedeutet, war das Teilprojekt in ein – fünf Teilstudien umfassendes, multi-methodisch angelegtes – Großprojekt im Bereich der Hochschulforschung integriert (vgl. Abbildung 1, S. 199). Ausgangspunkt des übergreifenden Projekts war die Frage, welche Auswirkungen der demografische Wandel auf das Hochschulsystem und den Akademiker-Arbeitsmarkt speziell in Sachsen haben wird. Im ersten Teilprojekt ging es auf der Basis vorliegender Statistiken darum, Prognosen für die künftigen Studienanfängerzahlen in Sachsen vorzulegen und das Angebot an akademischen Absolventen bis 2020 vorauszuschätzen. Im zweiten wurden die Bedarfszahlen an akademisch qualifizierten Arbeitskräften auf dem sächsischen Arbeitsmarkt bis zum Jahr 2020 prognostiziert. Um die Prognosen und Schätzungen zu fundieren, wurde im dritten Teilprojekt eine quantitative Expertenbefragung mittels der Delphi-Methode durchgeführt. Experten aus Sachsen und dem übrigen Bundesgebiet wurden anhand vorgegebener Items gebeten, ihre Einschätzungen für die zu erwartenden Trends am Arbeitsmarkt, im Hochschulwesen und in der Bildungspolitik zu geben. Die Experten stammten entsprechend aus den Bereichen ‚Wirtschaft‘, ‚Bildungs-/Hochschulsystem‘ und ‚Politik‘. Da davon auszugehen war, dass Maßnahmen von Entscheidungsträgern in Hochschulen und Landespolitik die Studiennachfrage erheblich beeinflussen können, wurden im vierten und fünften Teilprojekt vertiefende Untersuchungen mittels qualitativer Exper-

1 Auftraggeber war das Sächsische Staatsministerium für Wissenschaft und Kunst, durchführende Institution das ‚Zentrum demografischer Wandel‘ der Technischen Universität Dresden, Projektleiter waren Karl Lenz und Winfried Killisch.

teninterviews mit Entscheidungsträgern[2] durchgeführt. Dabei standen die Fragen im Vordergrund, welche konkreten Strategien in Hochschulen entwickelt werden, um in Zukunft wettbewerbsfähig zu sein (Teilprojekt IV), und welche Maßnahmen politische Akteure planen, um das Hochschulsystem zu gestalten (Teilprojekt V). In beiden Teilprojekten sollten Anregungen aus anderen Bundesländern aufgenommen werden, weshalb Entscheidungsträger der gesamten Bundesrepublik Deutschland berücksichtigt wurden. Das Ziel des Gesamtprojekts war somit ein anwendungsbezogenes: Es sollten Grundlagen für das weitere hochschulplanerische und bildungspolitische Handeln – vor allem in Sachsen – bereit gestellt werden.

In diesem Beitrag steht das methodische Vorgehen des Teilprojekts im Vordergrund, das sich mit den Strategien im Handlungsfeld der Hochschulen befasste (vgl. die hervorgehobene Spalte in Abbildung 1, S. 199).
Ziel des Teilprojekts war es zu untersuchen, ob und – wenn ja – wie Hochschulen ihre Institution (in Zeiten des demografischen Wandels) für künftige Studierende attraktiv machen. Es sollten ‚best practice'-Beispiele für eine demografiegerechte Hochschulplanung identifiziert und beschrieben werden. Die Ergebnisse dienten zum einen dazu, Annahmen des Prognosemodells in Teilprojekt I speziell für Sachsen zu fundieren, und zum anderen dazu, bundesweit Informationen für weitere hochschulplanerische Strategien zur Verfügung zu stellen.

Im ersten Schritt wurde eine schriftliche Befragung der Hochschulen mittels eines Kurzfragebogens durchgeführt. Der Fragebogen richtete sich an die Hochschulleitungen.[3] Er fragte zentrale Themenkomplexe der Hochschulplanung mit standardisierten und offenen Fragen ab. Die Fragenkomplexe wurden aus der Fachliteratur zur Hochschulforschung und aus dem öffentlichen Diskurs über die Hochschulentwicklung in Deutschland abgeleitet. Insgesamt erhielten 268 akademische Bildungseinrichtungen den Fragebogen. Nach einer ‚Erinnerungsaktion' konnte insgesamt ein Rücklauf von 41% erzielt werden.

---

2 Wir verstehen mit Meuser/Nagel (1994: 180) unter einem Experten vor allem eine Persönlichkeit, die „Entscheidungen und Problemlösungen beeinflusst jenseits von Routinen der Entscheidungsfindung" (vgl. auch Bogner/Menz 2009a, in diesem Band, Pfadenhauer 2009, in diesem Band, und Köhler 1992: 319f.). Den Reiz von Experteninterviews sehen Meuser/Nagel (1994: 181) darin, „dass sie Aufschluss geben über diejenigen Handlungskonzepte und Wissensbestände, die die Prozesse des sozialen Wandels und der Modernisierung der Gesellschaft steuern, vorantreiben und retardieren." (Siehe ferner Meuser/Nagel 2002b) Vgl. auch den bislang umfangreichsten Band zu „Expertise and Expert Performance" von Ericsson/Charness/Feltovich/Hoffman (2006) und den Band "Eliten am Telefon" von Martens/Ritter (2008).

3 Es wurden alle staatlichen und kirchlichen Universitäten und Fachhochschulen, einschließlich der Kunst- und Musikhochschulen, sowie alle Berufsakademien in der Bundesrepublik Deutschland angeschrieben.

*Abbildung 1:* Das Forschungsdesign im Kontext des Großprojekts

| **Projekt „Hochschulen im demografischen Wandel. Die Lage in Sachsen"** Frage nach Auswirkungen des demografischen Wandels auf das Hochschulsystem und den Akademiker-Arbeitsmarkt | | | | |
|---|---|---|---|---|
| **Teilprojekt I** | **Teilprojekt II** | **Teilprojekt III** | **Teilprojekt IV** | **Teilprojekt V** |
| Prognose der Studienanfängerzahlen und des Angebots an akademischen Absolventen | Prognose des Bedarfs an akademischen Arbeitskräften | Fundierung der Prognosen von TP I und II durch Trendeinschätzungen von Experten (Delphi-Befragung) | Fundierung der Prognosen von TP I sowie Beschreibung konkreter Strategien im Handlungsfeld ‚Hochschule' (qualitative Experteninterviews) | Fundierung der Prognosen von TP I sowie Beschreibung konkreter Konzepte im Handlungsfeld ‚Politik' (qualitative Experteninterviews) |
| | | | 1. Schritt: Bundesweite schriftliche Befragung aller Hochschulen und Berufsakademien zur Hochschulplanung (Kurzfragebogen). 2. Schritt: Auswahl der Experten auf der Basis der antwortenden Hochschulen und auf der Basis von Homepage-Analysen der nicht antwortenden Hochschulen 3. Schritt: Qualitative Experteninterviews (teils face-to-face, teils telefonisch). | |

Auf dieser Basis wurden erste Informationen über grundlegende Strategien der Hochschulen gewonnen. Sie dienten dazu, im zweiten Schritt in fundierter Weise solche Hochschulen auszuwählen, die für die nachfolgende – nunmehr: qualitative – Expertenbefragungsrunde vielversprechend waren. Da die Hochschulen im Kurzfragebogen auch gebeten wurden, Ansprechpartner für ein potenzielles qualitatives Experteninterview zu benennen, war die Gewinnung konkreter Interviewpartner nicht mehr schwierig. Allerdings folgten wir den Vorschlägen nicht immer (vgl. Kapitel 2). Die Auswahl der Hochschulen, die in das Sample der qualitativen Expertenbefragung eingehen sollten, basierte jedoch nicht nur auf den Hochschulen, die sich an der schriftlichen Befragung beteiligten. Sie stützte sich zusätzlich auf Homepage-Analysen (von Studienangeboten, Leitbildern) jener Hochschulen, die im Rahmen der schriftlichen Befragung nicht antworteten. Insgesamt wurden solche Hochschulen ausgewählt, die sich gemäß unserer Analysen in der Strategieentwicklung besonders aktiv und innovativ zeigten. Im Nachhinein stellte sich heraus, dass ein Großteil der auf diese Weise ausgewählten Universitäten auch der Gruppe jener Universitäten angehörte, die im Rahmen der Exzellenzinitiative des Bundes und der Länder für eine Förderung ausgewählt wurden.

Im dritten Schritt wurden insgesamt 22 qualitative Experteninterviews durchgeführt.[4] Die Experteninterviews hatten – wie bereits angedeutet – zum Ziel, tiefer zu ergründen, wie sich die akademischen Bildungseinrichtungen für die Zukunft rüsten. Die Experten wurden gefragt, welche hochschulplanerischen Strategien ihre Hochschule konkret entwickelt hat und voraussichtlich noch entwickeln wird und welche Erfahrungen sie mit den bisherigen Maßnahmen gemacht hat.[5]

Es wurden vierzehn Face-to-face- und acht telefonische Experteninterviews geführt. Die Entscheidung für telefonische Experteninterviews war durch forschungsökonomische Gründe – im Hinblick auf die zeitlichen und finanziellen Ressourcen des Projekts – motiviert. Falls Telefoninterviews im Rahmen von qualitativen Untersuchungen überhaupt eine geeignete Form darstellen sollten, vermuteten wir, sei dies am ehesten in Projekten wie dem unseren der Fall, da die Interviewpartner akademisch gebildete Experten mit Funktionen in der Hochschulleitung/-verwaltung waren, die – wie man annehmen durfte – folgende Kernkompetenzen aufweisen: hohes Abstraktionsvermögen, starke Orientierung an Sachlichkeitskriterien, hohe (Selbst-)Darstellungskompetenz, Erfahrungen in der Außendarstellung[6] in Form von Interviews, auch per Telefon, vor allem gegenüber Journalisten, aber auch gegenüber anderen Wissenschaftlern. Zudem zielte unser Forschungsinteresse nicht auf die Rekonstruktion von lebensweltlichem oder implizitem Wissen, also auf eher ‚schwer erfragbares' Wissen, sondern vielmehr auf die Ermittlung von Einschätzungen, Erfahrungen, Empfehlungen und geplanten Handlungsweisen in einem praktischen Handlungsfeld und somit auf ein explizites, reflektiertes Wissen, das zu einem großen Teil durch hochschulinterne Aushandlungsprozesse und in gewissem Umfang durch öffentliche Diskurse zur Hochschulentwicklung geprägt ist. Angesichts dieser Zielgruppe und dieser Fragestellung gingen wir davon aus, dass telefonische Inter-

---

4 Zwölf Interviews wurden an Universitäten, neun an Fachhochschulen und eines an einer Berufsakademie geführt. Zehn Experten stammten aus Hochschulen der so genannten ‚alten' Bundesländer, zwölf aus den ‚neuen'. Es waren dreizehn Bundesländer vertreten, einige mehrfach, insbesondere Sachsen, da es den Schwerpunkt des Gesamtprojekts bildete.

5 Konkret wurden die Experten gefragt, welche Erfahrungen sie bislang mit Bachelor- und Masterstudiengängen gemacht haben und wie sie diese im Hinblick auf ihre Attraktivität für die Zukunft einschätzen. Zu den Fragen zählte auch, welche besonderen Studiengangformen in den Hochschulplanungen aus welchen Gründen von Bedeutung sind und sein werden und welche Zielgruppen die akademischen Bildungseinrichtungen für die Gewinnung von Studienanfängern im Auge haben. Eine Frage war es nicht zuletzt, welche Entwicklungen die Hochschulen und Berufsakademien für das Hochschulsystem in der Bundesrepublik Deutschland erwarten: ob sie von einer Entdifferenzierung des Hochschulsystems (im Hinblick auf die alten ‚Säulen' Universität, Fachhochschule, Berufsakademie) ausgehen, wie sie das künftige Konkurrenzverhalten unter den Hochschulen einschätzen und ob sie im Verhältnis zu den Hochschulen eher auf Konkurrenz oder eher auf Kooperationen setzen.

6 Auch Bogner/Menz (2009a, in diesem Band) sehen das so, wenn sie schreiben, dass der Experte „oftmals gewohnt ist, öffentlichkeitswirksam und -nah zu agieren."

views zur Erweiterung der durch Face-to-face-Interviews gewonnenen Daten geeignet sind und dass wir auf keine größeren methodischen Probleme stoßen werden.

Faktisch konnten wir die Untersuchung vermittels der Telefoninterviews, wie geplant, auf eine breitere Basis stellen. Auch die telefonisch befragten Experten gaben uns zahlreiche wertvolle Informationen über ihre konkreten Strategien der Hochschulplanung; selbst neue Aspekte konnten auf diese Weise eruiert werden. Allerdings verliefen die Interviews weniger reibungslos, als wir es erwartet hatten. Dies wird im Folgenden beschrieben werden (vgl. Kapitel 4). Zuvor wird jedoch reflektiert, welche Art von Interview durchgeführt wurde, bzw. welche Interaktionssituation kennzeichnend für die Datenerhebung war (vgl. Kapitel 2). Außerdem wird die Methodenliteratur zu telefonischen (Experten-)Interviews kritisch beleuchtet (vgl. Kapitel 3).

## 2. Explorativ-systematisierendes Experteninterview auf gleicher Augenhöhe

Es ist bereits erwähnt worden, dass die Experten (großenteils, aber nicht ausschließlich) über den schriftlichen Kurzfragbogen rekrutiert wurden. Dort hatten wir die Angabe von Ansprechpartnern für potenzielle mündliche Experteninterviews erbeten. Der Bitte kamen fast alle antwortenden Hochschulen nach. In der Regel gaben die Universitäten ihren Prorektor/Vizepräsidenten für Studium und Lehre als Ansprechpartner an, Fachhochschulen nannten zumeist ihren Rektor/Präsidenten, Berufsakademien grundsätzlich ihren Direktor. Teilweise empfahlen Universitäten wie auch Fachhochschulen den persönlichen Referenten des Rektors/Präsidenten, den Dezernenten für Planung und Entwicklung, den Dezernenten für Akademische Angelegenheiten oder einen der Studienberater. In den Fällen, in denen Studienberater als Ansprechpartner angegeben waren, folgten wir der Empfehlung meist nicht, da wir eher an Personen interessiert waren, die auf höherer Ebene in die Hochschulplanung eingebunden waren. Dabei gingen wir davon aus, dass die Experten nicht nur auf der unmittelbaren Entscheidungsebene (in Form von Mitgliedern der Hochschulleitung), sondern auch auf der Ebene der Entscheidungsvorbereitung (in Form von Referenten und Dezernenten) zu finden sind.[7]

Grundsätzlich erfolgte die erste Kontaktaufnahme per E-Mail, und zwar sowohl für die Face-to-face- als auch für die Telefoninterviews (vgl. dazu auch Gläser/Laudel 2006: 153-161, Mieg/Näf 2006: 25). Die potenziellen Interviewpartner wurden knapp über das Forschungsprojekt informiert. Vor

7 Zur Auswahl von Experten siehe auch Deeke (1995: 17) und Meuser/Nagel (2002a).

allem wurden sie angefragt, ob sie bereit sind, ein Interview zu geben, und ob sie mit einer Tonaufzeichnung einverstanden sind. Außerdem bekamen die Personen gleichzeitig den Gesprächsleitfaden zugesandt, nachdem die ersten Erfahrungen zeigten, dass die Experten (und zwar insbesondere die vorgesehenen Interviewpartner für die Telefoninterviews) ihre Zusage von einer genaueren Vorinformation über die konkreten Fragen abhängig machten (vgl. auch Kapitel 4). Nach einer Zustimmung erfolgte die Terminierung des Interviews telefonisch, teilweise vermittelt über die Sekretariate.

Bogner/Menz (2009b, in diesem Band) unterscheiden in ihrer Typologie zwischen dem explorativen, dem systematisierenden und dem theoriegenerierenden Experteninterview (vgl. auch Vogel 1995: 74). Man könnte unser Vorgehen zwar einerseits der Kategorie des systematisierenden Interviews zurechnen, weil es darum ging, „das aus der Praxis gewonnene, reflexiv verfügbare und spontan kommunizierbare Handlungs- und Erfahrungswissen" zu ergründen. Andererseits stand aber keine strikte „thematische Vergleichbarkeit der Daten im Vordergrund", weshalb diese Zuordnung nicht vollständig passt. Es wäre auch unangemessen, unsere Expertengespräche als rein explorative Interviews zu bezeichnen, zumal diese gemäß Bogner/Menz (2009b, in diesem Band) nur „zur Herstellung einer ersten Orientierung in einem thematisch neuen oder unübersichtlichen Feld dienen". Allerdings war eine Maxime explorativer Interviews durchaus leitend für uns: Die Interviews sollten möglichst offen geführt werden, und es sollten Handlungsschwerpunkte, genauer: Planungsschwerpunkte, der Hochschulen sondiert werden. Die von uns praktizierten Interviews sind somit in methodischer Hinsicht ein Mischtyp, sie sollen hier als explorativ-systematisierende Experteninterviews bezeichnet werden.

Grundlage des Interviews war ein Gesprächsleitfaden. Der Leitfaden bestand aus sehr offen angelegten vier Hauptfragen, die auf allgemeine hochschulinterne Strategien zielten und allen Interviewpartnern gestellt wurden. Es folgten Zusatzfragen, die insgesamt elf Themen ansprachen und zur besseren Übersicht in drei thematische Blöcke gegliedert waren. Da – wie unsere Kurzfragebogenanalyse zeigte – nicht jede Hochschule zu jedem Themenbereich Konzepte ausgearbeitet hat, war es nicht erforderlich, dass in jedem Interview alle Zusatzfragen ‚abgearbeitet' werden. Die Studie zielte – wie gesagt – nicht auf eine Vergleichbarkeit aller Interviews, sondern auf eine Eruierung bzw. Sondierung von ‚best practice'-Beispielen in bestimmten Bereichen. Da der Gesprächsleitfaden den Experten vorab per E-Mail zur Verfügung gestellt wurde, wurde diesen gleichzeitig auch mitgeteilt, dass nicht alle Aspekte der Zusatzfragen behandelt werden müssen, sondern die, die für ihre Hochschule relevant sind, bzw. die sie als bedeutsam ansehen. So war gewährleistet, dass die Experten einerseits unser Interessenspektrum wahrnahmen. Andererseits konnten sie aber ihre Schwerpunkte in jenen Bereichen setzen, in denen sie von Konzepten und Erfahrungen zu berichten hatten.

Dies war – wie Vogel (1995: 76) es formuliert – nicht zuletzt „aus atmosphärischen Gründen wichtig, denn der Befragte sollte sich auch als kompetenter Gesprächspartner (Status!) von seinem Gegenüber ernst genommen fühlen." Die Experten hatten also genügend Raum für jene Aspekte, die ihnen wichtig waren. In einem gewissen Rahmen konnten sie die Zeitverwendung im Hinblick auf die Fragenbeantwortungen selbst strukturieren. Freilich spielten noch die Nachfragen seitens der Interviewerin hinein. Diese Interviewstrategie erwies sich sowohl in den Face-to-face- als auch in den telefonischen Interviews als praktikabel.

Anders als Bogner/Menz (2009b, in diesem Band) es für den systematisierenden Interviewtyp als charakteristisch darstellen, war die Interviewerin in der Position, dass sie im Hinblick auf den zu erfragenden Themenkreis über Fachwissen verfügte. Sie war mit den hochschulübergreifenden Diskursen und der Forschungsliteratur zum Thema vertraut, die auf die internen Diskussionen der Hochschulen Einfluss hatten. Freilich war sie nicht selbst in die jeweiligen Hochschulplanungs- und Entscheidungskontexte der Experten eingebunden, sie verfügte aber über grundlegende Kenntnisse. So trat sie dem Experten nicht als ‚Laie', sondern in gewisser Weise als „Co-Expertin"[8] gegenüber. Das heißt nicht, dass die Experteninterviews den Charakter von Fachdiskussionen annahmen (vgl. Bogner/Menz 2009b, in diesem Band). Vielmehr wurde der Wissensvorsprung des Experten auf seinem speziellen Gebiet und in seinem besonderen Kontext ernst genommen. In jedem Fall konnten die Gespräche aber „auf Augenhöhe" (Pfadenhauer 2009, in diesem Band) geführt werden.

Als Fragestrategie für die Nachfragen wurde die von Walter (1994: 274) vorgeschlagene „Fragetechnik zwischen Vorwissen und Naivität" zugrunde gelegt. Walter hat darauf hingewiesen, dass es günstig sei, wenn Interviewer Vorwissen in das Gespräch einfließen lassen. Abgesehen davon, dass dies das Ansehen des Interviewers steigert, fordert es den Experten zu einer intensiveren, tiefer gehenden Auseinandersetzung heraus. Gleichzeitig ist es aber auch von Vorteil, wenn naive Fragen gestellt werden. Dies provoziert Antworten, „die sich nicht unbedingt den Erwartungen des Interviewers fügen, und es bringt Aspekte ins Spiel, die stärker die Sicht des Befragten ausdrükken." (Walter 1994: 274; vgl. dazu auch Gläser/Laudel 2006: 129f.)

Es bleibt zu erwähnen, dass sowohl die Face-to-face- als auch die telefonischen Interviews auf Tonträger aufgezeichnet wurden. Für die Durchführung und Aufzeichnung der telefonischen Interviews standen ein Headset und ein Telefonadapter für das Aufnahmegerät zur Verfügung. Die Daten wurden im Anschluss vollständig und wörtlich transkribiert. Die Analyse der Daten erfolgte angesichts der Zwecke des Projekts mittels des Verfahrens der

8 Der Status der Co-Expertin wurde insofern untermauert, als die Interviewerin als Privatdozentin dem Experten zumindest im Hinblick auf den akademischen Grad ‚nahe' kam.

zusammenfassenden Inhaltsanalyse nach Mayring (2000) unter Hinzuziehung der methodischen Anleitungen von Gläser/Laudel (2006).

## 3. Methodisches ‚Neuland': das qualitativ ausgerichtete telefonische Experteninterview

Breit angelegte Literaturrecherchen zu qualitativen Telefoninterviews im angloamerikanischen und deutschsprachigen Raum führen in verschiedener Hinsicht zu einem enttäuschenden Ergebnis: Man kann die Zahl der *methodisch-systematischen* Beiträge an einer Hand abzählen, zudem handelt es sich lediglich um Aufsätze mit geringem Seitenumfang (5 bis 8 Seiten), und inhaltlich vermisst man grundsätzliche Reflexionen über die Eignung der Interviewform im Bereich der qualitativen Sozialforschung.

Das heißt freilich nicht, dass keine qualitativen telefonischen (Experten-) Interviews durchgeführt werden. Nach Aussagen Opdenakkers (2006: Abstract) ist diese Interviewform gebräuchlich geworden:

> "Face-to-face interviews have long been the dominant interview technique in the field of qualitative research. In the last two decades, telephone interviewing became more and more common."

Die Aussage dürfte in dieser Form aber vor allem für den angloamerikanischen Sprachraum gelten. Dort werden qualitative Telefoninterviews inzwischen schon recht häufig und zudem sehr pragmatisch eingesetzt (vgl. z.B. die Studien von Brody/Geronemus/Farris 2003, Galster 2006, Mitchell/Zmud 1999, Williams 1993). Die Arbeiten sind stark gegenstandsbezogen und liefern nur wenige Informationen über das konkrete methodische Vorgehen. Problematisierungen im Hinblick auf die Methode fehlen völlig. Im deutschsprachigen Raum sind qualitative Telefoninterviews vergleichsweise weniger verbreitet. Allerdings weisen zahlreiche Einträge über laufende Forschungsprojekte im „Forschungsinformationssystem Sozialwissenschaften" (FORIS) darauf hin, dass der Einsatz von qualitativen Telefoninterviews zunimmt. Bei einigen Einträgen wird erkennbar, dass die Projekte qualitative telefonische Interviews mit Entscheidungsträgern und Personen mit Spezialwissen – also mit Experten – vorsehen. Gleichwohl werden die Interviews in diesen Projekten nicht als *Experten*interviews bezeichnet. Mithin zeigt sich, dass qualitativ ausgerichtete telefonische Experteninterviews durchaus eingesetzt werden, dass diese methodische Praxis jedoch nicht reflektiert wird.

Die wenigen Beiträge, die sich explizit als *Methoden*beiträge zu *qualitativen Telefoninterviews* verstehen (vgl. Burke/Miller 2001, Busse 2000), bieten nicht mehr, als praktisch-technische Anleitungen zum methodischen Vorgehen. Überlegungen darüber, für welche Art von Zielgruppe oder Fragestellung das Verfahren geeignet oder nicht geeignet ist, werden nicht (explizit) angestellt.

Bemerkenswert ist allerdings, dass Busse (2003: 28) das Telefoninterview zu Beginn seines Beitrags als ‚telefonisches Expertengespräch‘ bezeichnet. Dies tut er jedoch nur beiläufig. Implizit schränkt er damit den Anwendungsbereich des qualitativen Telefoninterviews auf Experteninterviews ein, ohne dies jedoch näher zu erläutern oder zu begründen. Stattdessen kommt Busse auf den Vorteil des telefonischen Interviews zu sprechen:

> „Das leitfadengestützte Telefoninterview, also das telefonische Expertengespräch mit Hilfe eines Fragenkataloges, stellt eine sehr effiziente und ökonomische Art der qualitativen Datenerhebung dar, da weder Wege noch (Reise-) Kosten entstehen, um ein Interview führen zu können.“

In den folgenden Abschnitten erläutert der Autor ausführlich, wie man einen Leitfaden konstruiert, Kontakt mit potenziellen Interviewpartnern aufnimmt und ein Telefoninterview praktisch durchführt. Anders als das in Beiträgen über qualitative Face-to-face-Interviews überwiegend der Fall ist, empfiehlt er einen stark strukturierten Leitfaden, der

> „einem standardisierten Fragenbogen ähnelt, mit dem Unterschied, dass er mehr so genannte ‚offene‘ Fragen enthält als dieser“ (Busse 2003: 30).

Hier wird – nebenbei gesagt – ein Phänomen erkennbar, das Bogner/Menz (2009b, in diesem Band) auch für Face-to-face-Experteninterviews konstatieren: Selbst wenn die Interviews als teilstrukturierte Interviews geführt werden, dürfen sie nicht als „genuine Repräsentanten des qualitativen Paradigmas“ angesehen werden.

Gemäß Busse sollte der Leitfaden auf ein maximal 45-minütiges Gespräch ausgelegt werden. Für die Kontaktaufnahme schlägt er ein dreistufiges Verfahren vor: Mit einem – gezielt an den potentiellen Interviewpartner gerichteten – Brief soll der Experte zunächst in knapper Form über die Ziele und das Anliegen des Projekts informiert werden. In diesem Brief soll auch ein erstes Telefongespräch angekündigt werden. Dieses Gespräch soll einige Tage später geführt werden und dem Experten vermitteln, was ihn zeitlich und inhaltlich erwartet, um dann seine Bereitschaft für das Interview abzuklären. Im dritten Schritt wird das eigentliche Telefoninterview durchgeführt.

Im Zusammenhang mit der Durchführung des eigentlichen Interviews betont Busse noch einmal die Vorteile, die seiner Auffassung nach ein möglichst gut ausformulierter und durchstrukturierter Gesprächsleitfaden mit sich bringt. Dieser wird als das beste Mittel gegen Verständigungsprobleme dargestellt, die sich gerade bei *telefonischen* Interviews einstellen können, da man „bei dem Gespräch auf den rein verbalen Anteil der Kommunikation beschränkt“ ist (Busse 2003: 31). Ausgesprochen wichtig sei es, so Busse (2003: 31), „die Fragen so klar und so präzise wie möglich zu formulieren“. Abschließend geht der Autor auf die Notwendigkeiten des Nachfragens bei Unklarheiten, der Tonaufzeichnung und des anschließenden Gesprächsprotokolls ein, wobei unklar ist, ob er mit diesem ‚Protokoll‘ ein vollständiges wörtliches Transkript meint.

Insgesamt wird bei Busse eine gewisse Sensibilität für die Besonderheit des telefonischen Interviews im Vergleich zum Face-to-face-Interview erkennbar. Schon zu Beginn seines Beitrags stellt er fest:

> „Ein Nachteil dieser Methode ist allerdings die Tatsache, dass im Gegensatz zum üblichen Interviewverfahren, bei dem man seinem Gesprächspartner von Angesicht zu Angesicht gegenübersitzt, ein nicht unwichtiger Bestandteil menschlicher Kommunikation (Körpersprache, Mimik) verlorengeht: Man ist auf die Stimme seines Gesprächspartners als Informationsquelle beschränkt, und er hört nur die Stimme des Interviewers." (Busse 2003: 28)

Wie wir bereits gesehen haben, schlägt der Autor jedoch eine starke Gesprächsstrukturierung als Lösungsansatz für potenzielle Interaktionsprobleme vor. Damit werden Vorteile verschenkt, die offen(er) angelegte qualitative Interviews versprechen, was von Busse jedoch nicht diskutiert wird.

Im Beitrag von Burke/Miller (2001) fehlen Problematisierungen im Hinblick auf die technisch vermittelte Interaktionsform des telefonischen Interviews völlig. Die Autorinnen verstehen ihre Ausführungen ausdrücklich als „practical recommendations", sie wenden sich vor allem an Novizen auf dem Gebiet qualitativer Interviews (Burke/Miller 2001: 3). Vor diesem Hintergrund beschäftigen sie sich in großer Ausführlichkeit mit Gegenständen wie zum Beispiel dem Pretest, den Aufzeichnungstechniken, der Kontaktaufnahme und der Terminplanung.

Burke/Miller (2001: 4) unterteilen den Interviewprozess in drei Phasen: die Phase vor, die während und die nach dem Interview. Im Rahmen der Vorbereitungsphase empfehlen die Autorinnen, den Interviewpartnern vorab einen Kontaktbrief zukommen zu lassen, der bereits über die konkreten Interviewfragen informiert. Implizit wird dabei deutlich, dass sie in Verbindung mit den von ihnen beschriebenen telefonischen Interviews eine bestimmte Art von Fragestellung und einen bestimmten Typus von Interviewpartnern im Auge haben müssen:

> "We found it useful to communicate our interview questions ahead of time to participants, along with a general introductory letter about our study. This would be especially relevant if you are researching a topic that is abstract, such as intuitive decision-making. Participants need time to reflect and think about their responses, and we found that this padding of time ultimately yielded more thick, rich descriptive data from participants." (Burke/Miller 2001: 7)

Faktisch leiteten die Autorinnen ihre methodischen Empfehlungen aus Interviews mit Managern ab, die auf deren Entscheidungsverhalten fokussiert waren. Das Forschungsinteresse galt somit dem professionellen Handeln von Personen, die als Experten gelten dürfen. Das bedeutet, dass der Methodenbeitrag Burkes und Millers – wie auch der Busses – eigentlich telefonische *Experten*interviews zum Gegenstand hat, ohne dass die Autorinnen dies explizit machen.

Wie schon angedeutet, behandeln Burke/Miller (2001: 5) im Zusammenhang mit der „pre-interview phase" vor allem Fragen der Kontaktaufnahme wie auch technische Möglichkeiten der Tonaufzeichnung ausführlich. In der Phase der Interviewdurchführung steht der Gesprächsstil des Interviewers im Vordergrund der Betrachtung. Die methodischen Empfehlungen ähneln den einschlägigen Anleitungen für qualitative Interviews. Ausführlich wird dargelegt, wie man Interviewpartner durch Rezipientensignale zum Weitersprechen motiviert. Überraschend ist in diesem Zusammenhang dann, dass Burke/Miller einen stark strukturierten Gesprächsleitfaden vorschlagen, der neben offenen auch geschlossene Fragen vorsieht. Den Antworten auf die offenen Fragen wird die Funktion des Erklärungshorizontes für das Antwortverhalten in den geschlossenen Fragen zugeschrieben:

> "Ensure you have a mix of open-ended and close-ended questions. It is helpful to have some questions where people respond, for example, in a specific Likert scale fashion (i.e., close-ended response options), so that you have some easy-to-score data. The open-ended questions will then provide you with the rich filler to elaborate upon such responses." (Burke/Miller 2001: 21)

Die Empfehlung der halbstandardisierten Vorgehensweise ähnelt der Busses, wobei Busse das Vorgehen – wie dargelegt – als eine Lösung für die schwierige Interaktionssituation des *telefonischen* Interviews anbietet, während Burke/Miller keine telefonspezifischen Begründungen für das Verfahren liefern.[9]

Hinsichtlich der Länge der Telefoninterviews berichten die Autorinnen von der Erfahrung, dass eine Interviewdauer von 15 bis 20 Minuten vielen Interviewpartnern im Pretest als zu lang erschien. Im Rahmen der eigentlichen Feldphase wurden daher mit den Interviewpartnern jeweils individuelle Zeitspannen für das Interview vereinbart. Gemäß dem verfügbaren Zeitbudget der Befragten und dem obersten Informationsbedarf der Studie wurde entsprechend auch der Gesprächsleitfaden individuell zusammengestellt.

Die Anregungen für die „post-interview phase" (Burke/Miller 2001: 25) fallen vergleichsweise kurz aus. Sie beschränken sich auf die Erwähnung von überwiegend inhaltsanalytischen bzw. kategorisierenden Verfahren.

Sowohl in Busses als auch in Burkes und Millers Beitrag fällt auf, dass keine systematischen Vergleiche zwischen telefonischen und Face-to-face-Interviews vorgenommen werden. Dies leistet Opdenakker (2006), der qualitative Face-to-face- und technisch vermittelte Interviews vergleicht, wobei er in der letzteren Kategorie telefonische, MSN Messenger- und E-Mail-Interviews berücksichtigt. Der Vergleich wird sehr grundsätzlich im Hinblick

9 Das halbstandardisierte Verfahren wird von den Autorinnen auch nicht mit ihrer einstigen Zielgruppe – den Managern – in Zusammenhang gebracht, die, wie Trinczek (2009, in diesem Band) deutlich machte, im Rahmen von Experteninterviews keine Entfaltungsmöglichkeiten für breite Erzählungen, sondern einen klar strukturierten Leitfaden und ein zügiges Frage-Antwort-Spiel erwarten. Eine solche Begründung wäre insofern plausibel gewesen, als der Kommunikationsprozess in einem Experteninterview möglichst „an den kulturellen Kontext des Befragten angepasst" werden sollte (Gläser/Laudel 2006: 110).

auf die zeitliche und räumliche (A-)Synchronizität der Interaktionssituation gezogen (vgl. Opdenakker 2006: 4). Danach hat das Telefoninterview mit dem MSN Messenger- wie auch mit dem Face-to-face-Interview gemeinsam, dass die Interaktion *zeitlich synchron* verläuft, im Unterschied zum zeitlich asynchronen E-Mail-Interview. In *räumlicher Hinsicht* ist das telefonische Interview dagegen durch eine *asynchrone* Interaktionssituation gekennzeichnet, die im Übrigen auch für das MSN Messenger- und das E-Mail-Interview gilt, im Unterschied zum räumlich synchronen Face-to-face-Interview. Opdenakker geht besonders auf den Vorteil ein, den die räumliche Synchronizität in methodischer Hinsicht mit sich bringt: Räumlich ko-präsente Interaktionspartner können soziale Signale („social cues") in Form von nonverbalen Elementen wahrnehmen. Der Autor geht davon aus, dass die Wichtigkeit von nonverbalen Elementen in Interviews nach der Art der Fragestellung und der Zielgruppe einer Untersuchung variiert:

> "Due to this synchronous communication, as no other interview method FtF [face-to-face; Anm. G.C.] interviews can take its advantage of social cues. Social cues, such as voice, intonation, body language etc. of the interviewee can give the interviewer a lot of extra information that can be added to the verbal answer of the interviewee on a question. Of course the value of social cues also depends on what the interviewer wants to know from the interviewee. If the interviewee is seen as a subject, and as an irreplaceable person, from whom the interviewer wants to know the attitude towards for example the labour union, then social cues are very important. When the interviewer interviews an expert about things or persons that have nothing to do with the expert as a subject, then social cues become less important." (Opdenakker 2006: 7)

Bemerkenswert ist, dass Opdenakker hier auch auf Experteninterviews Bezug nimmt, wobei er die Bedeutung von ‚social cues' bei der Zielgruppe der Experten als weniger wichtig einschätzt als bei anderen. Das würde bedeuten, dass die bloße ‚Voice-to-voice'-Kommunikation (Ball 1968: 61) in qualitativen telefonischen Interviews am ehesten dann als methodisch unproblematisch angesehen werden dürfte, wenn es sich um Experteninterviews handelt.

Möglicherweise unterschätzt Opdenakker jedoch, dass ‚social cues' allein schon für eine reibungslose Aufrechterhaltung der Gesprächssituation eine wichtige Bedeutung haben.[10] Konversationsanalytische Studien zu Telefongesprächen in privaten und institutionellen Kontexten, die sich bislang auf Gesprächseröffnungen und -beendigungen konzentrierten (vgl. dazu v. a. die ‚Klassiker': Schegloff/Sacks 1973, Schegloff 1977), zeigten, dass die telefoni-

10 Gemäß Reid (1977: 397) haben ‚social cues' folgende Funktionen in der Konversation: „1. Mutual attention and responsiveness (to provide evidence that the other person is attending). 2. Channel control (to indicate the way participants should take turns in speaking and listening). 3. Interpersonal attitudes (to indicate attitudes and intentions). 4. Illustrations (to accompany and illustrate what is being said – for example by gesture). 5. Feedback (to indicate whether the other person understands, believes, or disbelieves, is surprised, agrees or disagrees, is pleased or annoyed)."

sche Interaktion – aufgrund der fehlenden gegenseitigen visuellen Wahrnehmung – für die Interaktionspartner sogar dann einen deutlichen Koordinationsaufwand bedeutet, wenn es nur darum geht, sich anfangs gegenseitig zu identifizieren oder das Gespräch zu beenden.[11] Im letzteren Fall müssen sich die Gesprächspartner gegenseitig sorgfältig auf das Auflegen des Hörers vorbereiten. Eine zu abrupte Gesprächsbeendigung ist dispräferiert, würde sie doch gemäß den kulturellen Konventionen für soziale Beziehungspflege erhebliche Irritationen auslösen (vgl. auch Höflich 1989: 205f.). Es liegt die Vermutung nahe, dass der Wegfall nonverbaler Signale auch in der Phase *zwischen* der Gesprächseröffnung und der Gesprächsbeendigung einen erhöhten Koordinationsbedarf mit sich bringen und zu Störungen in der Gesprächsorganisation führen kann, zumal diese Phase weitaus weniger ritualisiert ist, als die Anfangs- und die Beendigungsphase dies sind.

Der Vermutung stehen Ergebnisse aus psychologischen Laborexperimenten gegenüber, die zeigen, dass telefonisch vermittelte Gespräche im Vergleich zu direkten Gesprächssituationen keine größere Störanfälligkeit in der Gesprächsorganisation aufweisen (vgl. z.B. Butterworth/Hine/Brady 1977, Cook/Lalljee 1972). Es muss jedoch sogleich hinzugefügt werden, dass in den Laboruntersuchungen Interaktionssituationen aus Alltags- und Arbeitskontexten simuliert wurden. In diesen Kontexten ist es weitgehend unproblematisch, wenn es zu – den weit verbreiteten – kurzfristigen Redezugüberlappungen und Aushandlungen für das Rederecht kommt. Wesentlich problematischer ist dies in wissenschaftlichen Interviewsituationen, insbesondere in qualitativen Forschungskontexten, wo eine andere Gesprächsführungskompetenz gefragt ist als im Alltag. Der Interviewer versucht, dem methodischen Imperativ des ‚minimalinvasiven' Vorgehens gerecht zu werden. Er ist gehalten, sein Gegenüber nicht zu unterbrechen. Vor allem sollte er vermeiden, die Gedankenführung des Interviewpartners in Denkpausen zu stören. Um eine Interaktionssituation richtig einschätzen zu können, ist der Interviewer folglich in hohem Maße auf nonverbale Signale angewiesen (vgl. dazu auch Kapitel 4 sowie Jordan/Marcus/Reeder 1980: 217). Daher gilt:

> „das gesamte nichtsprachliche Zeicheninventar von Gestik, Mimik, Körperhaltung ist nicht eine entbehrliche Begleiterscheinung des Sprechens, die ausgeblendet werden kann (…), sondern ist konstitutiv für die Herstellung von Eindeutigkeit für einen Sprechakt". (Bülow 1990: 307)

Bemerkenswert ist nun, dass Möglichkeiten und Grenzen telefonischer Interviews in der Methodenliteratur zu *standardisierten* Befragungen wesentlich kritischer, aber auch kontroverser diskutiert werden als in der Literatur zu

---

11 Vgl. auch die zahlreichen linguistischen Arbeiten zu Telefon und Sprache in alltäglichen Gesprächskontexten wie z.B. von Bülow (1990), Hahn (1990), Hess-Lüttich (1990), Wiegmann (1990).

qualitativen Interviews.[12] Man ist sich in hohem Maße bewusst, dass nonverbale Elemente eine nicht zu unterschätzende Bedeutung für die Gesprächssteuerung haben (vgl. für andere vor allem Friedrichs 1990).

Als erwiesen gilt es, dass telefonische Interviews nur für Befragungen mit einfach gehaltenen Fragemustern und Antwortvorgaben geeignet sind (vgl. Anders 1990, Friedrichs 1990, Hillmann 2007: 890, Hippler/Schwarz 1990, Schnell/Hill/Esser 1999: 345). Noelle-Neumann/Petersen (2000: 184) äußern vor diesem Hintergrund die Befürchtung, dass die weithin verbreiteten Telefonumfragen letztlich zu einer methodischen ‚Verarmung' führen werden. Widersprüchlich verläuft die Diskussion im Hinblick auf die Frage, inwiefern das standardisierte Telefoninterview niedrigere oder höhere Verweigerungsraten impliziert. Hillmann (2007: 890) geht davon aus, dass telefonische Interviews als anonymer und weniger persönlich bedrängend angesehen werden, woraus er geringere Verweigerungsraten ableitet. Noelle-Neumann/Petersen (2000: 193) weisen aber darauf hin, dass das Telefon- im Vergleich zum Face-to-face-Interview nachgewiesenermaßen „als weniger interessant und als eine größere Störung und Belastung empfunden wird". Damit erklären sie die zu ihrer Zeit nachweisbaren, höheren Verweigerungsraten telefonischer Interviews. Die Annahme, dass Telefoninterviews eher kurz gehalten werden sollten (vgl. z.B. Hillmann 2007: 890), ist ebenso umstritten. Frey/Kunz/Lüschen (1990: 22) machen darauf aufmerksam, dass längere Telefoninterviews durchaus erfolgreich verlaufen können (vgl. dazu auch Schnell/Hill/Esser 1999: 351, Cockerham/Kunz/Lüschen 1990: 405):

> „Es entsteht auf der Seite des Untersuchungsteilnehmers bei einem Kurzinterview zudem eher der Eindruck, dass das Projekt bei nur wenigen Fragen nicht seriös sein kann. Erfahrungen zeigen, dass bei entsprechender Vorbereitung, vorheriger Information und einem guten und interessanten Ablauf, der eng mit dem Thema eines Projekts zusammenhängt, 30-minütige und sogar längere Telefoninterviews möglich sind."

Interessant sind die Befunde, dass (standardisierte) telefonische Interviews von Befragten als „weniger interessant" und dass kurze Befragungen als „nicht seriös" wahrgenommen werden. Eine offene Frage ist, inwieweit diese Ergebnisse auf qualitativ ausgerichtete telefonische Experteninterviews

---

12 Vgl. dazu Noelle-Neumann/Petersen (2000: 183), die schreiben: „Der scheinbar unaufhaltsame Aufstieg der Telefonumfragen seit Ende der 70er Jahre wird begleitet von einer stetig wachsenden Zahl von Büchern und Artikeln in Fachzeitschriften, in denen die Vor- und Nachteile des Telefoninterviews mit denen der mündlich-persönlichen Interviews ‚von Angesicht zu Angesicht' verglichen werden." Siehe zum Beispiel die Arbeiten von Anders (1990), Brückner/Hormuth/Sagawe (1982), Buschmann (2001), Cockerham/Kunz/Lüschen (1990), Friedrichs (1990), Frey/Kunz/Lüschen (1990), Henkel (2001), McCormick/Workman-Daniels/Brooks-Gunn/Peckham 1993, Noack (2003), Noelle-Neumann/Petersen (2000), Schenk (1990), Schnell/Hill/Esser (1999), Waleczek (2003). In dem neuen Band zum Telefoninterview von Ritter und Martens (2008) behandeln die meisten Beiträge nur Techniken des Interviewens von Experten in der standardisierten Umfrageforschung. Es scheint, dass kritische Aspekte dabei völlig in den Hintergrund treten.

übertragen werden können. Zumindest ist nicht ganz von der Hand zu weisen, dass die Beobachtungen auch – und gerade – für Experten zutreffen könnten, zumal diese Zielgruppe (wie man annehmen darf) über ein besonders hohes Reflexionsvermögen verfügt.

## 4. Probleme vor und während der Durchführung telefonischer Experteninterviews

Bogner/Menz (2009a, in diesem Band) formulieren, dass man Experten in der Regel leichter für ein Interview gewinnen kann als Personen aus einer ‚ungefilterten Öffentlichkeit', weil bei ihnen eine professionelle Neugier am eigenen Handlungsfeld und eine grundsätzlich positive Einstellung gegenüber der Forschung vorliegt. Tatsächlich konnten wir in unserer Studie feststellen, dass die Gewinnung von Experten einfach ist, wenn es um ein Face-to-face-Interview, nicht aber, wenn es um ein telefonisches Interview geht. Während die Experten, die für ein Interview vor Ort vorgesehen waren, schnell zusagten und ebenso rasch Terminangebote für ein Gespräch machten, zögerten die potenziellen telefonischen Interviewpartner ihre Zusagen erheblich hinaus. Dies geschah unabhängig davon, welcher Hochschulart die Experten angehörten oder welche Funktion sie inne hatten. Es waren insgesamt zwölf Telefoninterviews geplant. Aufgrund der – über den Projektzeitrahmen hinausgehenden – Verzögerungen konnten jedoch nur acht realisiert werden.

Dies ist insofern erstaunlich, als das Face-to-face-Interview mit einem Zeitaufwand von 60 Minuten und das Telefoninterview mit einer Dauer von 20 bis 30 Minuten angekündigt worden war. Wir gingen davon aus, dass die unter permanenter Zeitknappheit leidenden Experten sehr viel bereitwilliger für Interviews zur Verfügung stehen, wenn diese relativ wenig Zeit in Anspruch nehmen. Dabei handelte es sich jedoch um eine Fehleinschätzung. Interessanterweise berichten auch Burke/Miller (2001: 11) von der Erfahrung, dass die Terminierung der telefonischen Interviews langwierig war, wobei die Probleme in ihrem Fall geringer waren, wenn die Termine telefonisch ausgemacht wurden:

> "We found participants more responsive to setting up interview appointments via the phone, compared to email. But this process can also become a scheduling quagmire that takes as much time as conducting the interviews themselves."

Wir kommen zu dem Schluss, dass eine kürzere Interviewdauer bei Experten nicht per se als günstiger Motivationsfaktor für die Zusage und Terminierung eines Interviews wirkt. Die Aufmerksamkeit, die ein Experte durch eine mehr oder weniger aufwändige Anreise des Interviewers (teilweise quer durch die gesamte Bundesrepublik Deutschland) und durch ein einstündiges Interview erfährt, darf in ihrer motivierenden Wirkung nicht unterschätzt werden. Die Bitte um ein relativ kurzes Telefoninterview sendet in dieser Hinsicht andere Signale aus.

Freilich dürfte auch der Umstand eine bedeutende Rolle spielen, dass die knappe Zeit von 20 bis 30 Minuten für die Beantwortung wichtiger Fragen der Hochschulplanung insofern einen geringen Anreiz für die Interviewbereitschaft des Experten schafft, als sie ihm nur wenig Raum für eine Entfaltung bietet, bzw. als sie ihn zu einer komprimierten Darstellung zwingt. Eine relativ kurze Interviewzeit stellt also nicht zwangsläufig eine Entlastung dar. Möglicherweise sehen sich Experten in dieser Situation gefordert, sich vorab (besser) vorzubereiten.

Für diese Überlegung spricht die Beobachtung, dass die meisten telefonischen Interviewpartner erst eine Aussage über ihre Zusage treffen wollten, wenn sie den von uns vorab zugesandten Gesprächsleitfaden gesichtet haben, was zeitlich nicht immer unmittelbar möglich war. Weitere Probleme ergaben sich dadurch, dass einige telefonische Interviewpartner die grundsätzliche terminliche Flexibilität des Telefongesprächs nutzten. Im Vergleich zum Face-to-face-Termin ist keine Anreise des Interviewers erforderlich, entsprechend kann es kurzfristig anberaumt oder geändert werden. Ein Experte schlug von vornherein eine spontane und sehr kurzfristige Terminierung – abhängig von einer unvorhergesehenen Terminlücke in seinem Terminplan – vor. Zwei Interviewpartner verschoben einen angesetzten Termin kurzfristig, als die Interviewerin zur vereinbarten Zeit anrief. Telefontermine haben somit auch einen geringeren Verbindlichkeitsgrad als Face-to-face-Termine, kann doch der telefonische Kontakt mühelos ein anderes Mal wieder aufgenommen werden. Die Flexibilität, die in diesem Zusammenhang vom Interviewer erwartet wird, dürfte für jedes Forschungsteam eine Herausforderung darstellen.

Doch stellte nicht nur die Terminierung der Gespräche eine Herausforderung dar. Auch die eigentliche Durchführung der Telefoninterviews entpuppte sich als ein schwieriges Unterfangen. Mitchell (1984: 249) macht zu Recht darauf aufmerksam, dass Interaktionspartner den Interaktionsprozess im Rahmen von Telefongesprächen aufgrund fehlender nonverbaler Elemente ausschließlich sprachlich-stimmlich bewerkstelligen müssen, weshalb telefonische Gespräche sehr viel mehr Aufmerksamkeit im Hinblick auf das sprachliche Geschehen abfordern als unmittelbar persönliche Interaktionen.

> "The voice must express all that there is to say. It must cover both the content of the message and the necessary nonverbal instructions on how to interpret that content. Thus, talking by telephone demands a good deal more attention to vocal nuance than face to face communication does."

Für wissenschaftlich motivierte Telefoninterviews hat diese Aussage in besonderem Maße Gültigkeit (vgl. auch Kapitel 3). Im Folgenden sollen am Beispiel von ausgewählten Transkriptsegmenten aus drei verschiedenen Telefoninterviews Interaktionsprobleme aufgezeigt werden, die mehrfach vorkamen, bzw. typisch waren. Das erste Phänomen war zwar nicht so häufig und in gleicher Regelmäßigkeit im Datenmaterial zu finden wie das nachfolgende, doch konnte es immerhin in vier Fällen beobachtet werden, weshalb es Beachtung verdient.

Transkriptsegment 1[13]

IP1 Also es war ja die Frage danach so wie sich so ((nennt die
Hochschule)) positioniert,
I Mhm,
IP1 ähm (--) gibt's denk ich schon: zu einem gewissen Antei:l, äh::
den Punkt, dass man sagt ähm 'hh äh (.) wir sind da nicht
vergleichbar,
I Mhm,
IP1 un:d was man nicht gut vergleichbar- vergleichen kann, das ist
auch schwierig miteinander in Wettbewerb zu bringen.
I Mhm,
IP1 Das hat ja auch (.) soweit erstmal eine gewisse Logik.
I Ja.
(--)
IP1 Ähm:: (2,25) ja. 'hh Ähm: (---) ansonsten, (--) hat die ähm (.)
((nennt Hochschule)) sich auch beteiligt an den Eliterun ┌den
I └Mhm,
IP1 äh zu bewerben, also in der ersten Runde und jetzt auch in
der nächsten Runde, ┌'hh und hat (--) 'hh sich insofern: also
I └Mhm,
IP1 erstmal von der Forschungsschiene her (--) sehr stark (-) damit
beschäftigt, wo sind 'hh unsere Kernfelder, gleich ob das dann
Forschungsschwerpunkt oder Forschungscluster heißen soll,
I Mhm,
IP1 eines von beiden äh:: gibt's da, hat das also für sich (--)
definiert, (1,5) un::d- (3.0) *was war noch die Frage?*
I Ähm
IP1 'hh ach ja (.) um- um:: sich auch in diese Richtung dann zu
bewe ┌gen.
I └Mhm, mhm,
IP1 Ähm (--) ich denke dass- (2,25) 'hh ähm:: (2,0) ansonsten war
die- ((nennt Hochschule)) die letzten zwei Jahre und sicherlich
auch das nächste halbe oder ganze Jahr (.) 'hh sehr stark damit
beschäftigt, diese Modularisierung der Studiengänge
voran ┌zutreiben.
I └Mhm,

---

13 Transkriptionskonventionen: **IP** = Interviewpartner; **I** = Interviewer; **[** = Beginn einer Überlappung bei gleichzeitigem Sprechen; **(.)** = kurzes Absetzen; **(-) (- -) (- – -)** = Pausen unter 1 sec. Dauer, wobei jedes '(-)' circa 0.25 sec. entspricht; **(1.5)** = Pausen von bzw. über 1 sec. Dauer; ***ja*** = leise gesprochen; **'hh** = hörbares Einatmen; die Interpunktionszeichen **,** und **?** stehen für eine schwach bzw. stark ansteigende Intonationskontur; die Interpunktionszeichen **;** und **.** stehen für eine schwach bzw. stark fallende Intonationskontur; **ja:::** = Dehnung; Anzahl der Doppelpunkte entspricht in etwa der Länge der Dehnung, wobei jedes ':' circa 0.25 sec. entspricht; **viellei-** = Abbruch der Äußerung; **((   ))** = Anmerkungen des/der Transkribierenden; **(...)** = Auslassung im Transkript.

In Segment 1 fallen zahlreiche syntaktische Unregelmäßigkeiten (Reformulierungen, Abbrüche) und längere Pausen auf (Z. 04-08; 14-17, 24-28, 30). Nun sind sprachliche Unregelmäßigkeiten für die gesprochene Sprache keineswegs ungewöhnlich, insbesondere wenn es sich um alltägliche Gesprächssituationen handelt. Sogar in sehr formellen Gesprächskontexten treten sie auf; allerdings geschieht dies in aller Regel in einem geringeren Maß. So konnten in unserem Fall die befragten Experten (einschließlich des hier zitierten) im überwiegenden Teil der Interviewdarstellungen einen eher ‚schriftsprachlichen' Stil realisieren. Im Vergleich zum übrigen Datenmaterial ist das obige Segment somit auffällig. In Zeile 25 kommt hinzu, dass der Interviewpartner nach eigenem Bekunden (kurzfristig) die Frage vergessen hat. Insgesamt wird deutlich, dass der Experte unkonzentriert ist.

Ähnliches zeigte sich – wie bereits gesagt – auch in drei weiteren telefonischen Interviews. Es stellt sich die Frage, ob die Interviewpartner durch eine dritte Person, etwa durch das Hinzukommen der Sekretärin, und/oder durch eine kurzfristige Nebentätigkeit (das Leisten einer Unterschrift, die Suche nach einer Information in den für das Interview bereit gelegten Unterlagen) abgelenkt waren. In der Methodenliteratur zu qualitativen Interviews ist man sich dessen bewusst, dass externe Störungen für das Interview inhaltliche Auswirkungen mit sich bringen können. Daher versucht man, störanfällige Situationen so weit wie möglich zu vermeiden. In Telefoninterviews kann die exklusive Zuwendung des Experten zum Interview jedoch nicht sicher gestellt werden. Interviewer haben in dieser Hinsicht keine Kontrolle über die Interviewsituation.

Noch gravierender ist aber der Umstand, dass externe Störungen nicht als solche identifiziert werden können, es sei denn der Gesprächspartner thematisiert sie. Das bedeutet, dass auffällige sprachliche Irritationen im Rahmen von Telefoninterviews nicht abschließend interpretiert werden können. Es kann nicht abgeschätzt werden, ob Irritationen durch externe Faktoren (wie oben dargelegt), aus inhaltlichen Gründen oder durch ein ‚bloßes' Konzentrationsdefizit verursacht wurden.

Ein inhaltlicher Grund für sprachliche Irritationen könnte in unserem Forschungskontext sein, dass die Interviewpartner einerseits kooperativ sein und dem Gegenüber brauchbare Informationen liefern möchten, dass sie sich aber andererseits aus Wettbewerbsgründen in gleichem Zuge genau überlegen müssen, wie viele Informationen sie preisgeben können, ohne ein ‚Betriebsgeheimnis' auszuplaudern. In einigen Interviews gab es explizite Hinweise darauf, dass man einen Gegenstand aus Wettbewerbsgründen nicht weiter ausführen möchte.

Wenn sprachliche Friktionen hingegen ‚nur' einem temporären Konzentrationsdefizit geschuldet sind, so stellt sich die Frage, inwieweit dieses auf die fehlende Unterstützung des Interviewpartners durch *nonverbale* Aufmerksamkeitssignale seitens des Interviewers zurückzuführen ist. In der Methodenliteratur zu qualitativen Face-to-face-Interviews wird nicht umsonst betont, dass eine zugewandte Körperhaltung, Blickkontakt und Kopfnicken – neben sprachlichen Rezeptionsignalen – von zentraler Bedeutung für den Interviewverlauf sind.

Nonverbale Aspekte, insbesondere in Form von Blickkontakt, sind außerdem auch für den Interviewer bedeutsam, und zwar dann, wenn ausgelotet werden muss, ob der Interviewpartner seine Antwort beendet hat, ob also ein Redezugwechsel erforderlich ist und die nächste Frage gestellt werden darf. Die Segmente 2 und 3 zeigen auf, welche Unsicherheiten entstehen, wenn diese nonverbalen Elemente wegfallen:

Transkriptsegment 2

01 IP2 Was ich sehr kritisch- oder was ich *m::h* gewisserweise
02 beklage, ist äh das Akkreditierungsgeschäft,
03 I Ja,
04 IP2 'hh
05 (--)
06 IP2 das ist natürlich ähm: (1,25) sehr auf┌wändig, und 'hhh (.)
07 I └Mhm,
08 IP2 äh: ich sag mal trotzdem nicht immer ähm (1.0) streng rational,
09 I Mhm, (.) mhm,
10 (1,25)
11 I Ja. (--) 'hh Ja; neben Bachelor und Masterstudiengängen (...)

Der Interviewpartner in Segment 2 antwortet auf die Frage, welche Erfahrungen man an seiner Hochschule mit den eingeführten Bachelor- und Masterstudiengängen gemacht hat. Er wurde gebeten, Vor- und/oder Nachteile der neuen Studiengangformen zu formulieren und ggf. Veränderungserfordernisse zu thematisieren. Entsprechend brachte er in den vorangegangenen Sequenzen diverse Aspekte vor, die er als positiv bzw. als negativ erachtet. So kommt er auf das mit den neuen Studiengängen verbundene Akkreditierungsverfahren zu sprechen. Nach Abschluss der Zeile 02 ist wahrscheinlich, dass die Erwähnung des ‚Akkreditierungsgeschäfts' noch eine Begründung nach sich ziehen wird, denn es ist eine Erläuterung dafür erwartbar, weshalb der Experte das Verfahren „kritisch" ansieht. In Zeile 03 reagiert die Interviewerin in einer Sprechpause des Experten zunächst mit einem Rezeptionssignal. Nach einem Atemholen und einer weiteren kurzen Pause (Z. 04/05) beginnt der Experte damit, seine Einschätzung zu begründen (Z. 06). Am Ende der Äußerung in Zeile 08 ist zwar einerseits eine gedankliche Einheit abgeschlossen worden, angesichts der schwach ansteigenden Intonationskontur könnte man aber andererseits vermuten, dass die Begründung noch fortgesetzt wird. Die Interviewerin muss die Frage klären, ob der Experte lediglich eine Denkpause zur weiteren Strukturierung seiner Rede einlegt oder ob er seinen Redebeitrag als beendet ansieht und auf die nächste Frage wartet. Erfahrungsgemäß hilft in Face-to-face-Situationen der Blickkontakt bei der Klärung derartiger Zweifelfälle. Im Telefoninterview ist das nicht möglich. Vorsichtig reagiert die Interviewerin mit einem zweimaligen ‚Mhm', wobei das erste Signal durch eine Mikropause vom zweiten abgesetzt wird (Z. 09). Dann entsteht eine Pause (Z. 10): Offensichtlich ist sich die Interviewerin noch immer im Unklaren darüber, welche Art von Situation vorliegt; jedenfalls wagt sie es nicht (möglicherweise verfrüht) einzugreifen. Doch es bleibt dabei: Es ist keine Reaktion des Interviewpartners zu erkennen. Zögernd äußert die Interviewerin zunächst noch ein ‚ja', gefolgt von einer kurzen Pause, erst dann setzt sie schließlich zur nächsten Frage an (Z. 11).

Eine ähnliche Situation zeigt sich in Segment 3 mit einem anderen Interviewpartner:

Transkriptsegment 3

```
01  IP3  Äh: das andere ist, dass wir äh: temporär Schwankungen hatten,
02        ┌es gab also (--) Einbrüche als wir auf Bachelor Master
03  I     └Mhm,
04  IP3  umgestellt haben,
05  I    Mhm,
06  IP3  äh:: die waren aber temporär, und haben sich jetzt ins
07       Gegenteil umgekehrt, ┌also 'hh äh (--) äh: ja das- äh das sind
08  I                         └Mhm,
09  IP3  eben auch statistische Pro ┌zesse; (--) n ┌e,
10  I                               └Ja, ja,      └mhm,
11  IP3  'h ┌h
12  I       └Mhm,
13  IP3  Gut.
14  I    Gut.
15       (1,0)
16  I    Sie wollten noch zur Internationalisier ┌ung etwas sagen?
17  IP3                                          └Ja. Inter- also
18  I
19  IP3  Internationali ┌sierung, (...)
20  I                   └Mhm,
```

Auch hier geht es um die Erfahrungen mit den Bachelor- und Masterstudiengängen. Der Interviewpartner berichtet von Einbrüchen in den Bewerberzahlen nach der Umstellung auf die neuen Studiengänge, betont aber, dass diese nur temporär waren und dass sich der Prozess inzwischen umgekehrt habe. In Zeile 09 wird die Thematisierung dieses Aspekts sowohl gedanklich als auch in der Intonation zu einem Abschluss gebracht. Es bleibt jedoch die Frage offen, ob der Experte plant, den Aspekt weiter auszuführen, oder ob er gedenkt, einen bzw. mehrere andere Aspekte anzuführen. Das hörbare Atemholen des Interviewpartners in Zeile 11 kann als ein Hinweis auf eine Fortsetzung der Rede gedeutet werden. Die Interviewerin zeigt in Zeile 12 mit dem Rezeptionssignal „Mhm" an, dass sie bereit ist, weiter zuzuhören. Allerdings hat sich der Experte mit dem Atemholen nicht für weitere Ausführungen gerüstet, sondern für die Formulierung des Wortes „Gut.", das durch die stark abfallende Intonation einen abschließenden Charakter hat (Z. 13). Dies deutet auf eine Redezugbeendigung hin. Vor diesem Hintergrund greift die Interviewerin das Wort „Gut." auf (Z. 14), womit sie die Redezugbeendigung des Experten ratifiziert. Mit einer anschließenden Pause hält sie aber ihrem telefonischen Gegenüber noch die Option offen, erneut das Wort zu ergreifen (Z. 15). Dann geht sie zu einem anderen Thema über (Z. 16). Sie erinnert den Experten an etwas, was er in seinen vorangegangenen Darstellungen als ein noch zu behandelndes Thema markiert hatte, und formuliert so eine gesprächsimmanente Erzählaufforderung.

Die vergleichende Analyse von Situationen des Redezugwechsels in Face-to-face-Interviews erbrachte, dass diese dort wesentlich rascher und problemloser bewältigt werden.

Insgesamt wurden die telefonischen Interviews, obwohl sie kürzer ausfielen als die Face-to-face-Interviews, von der Interviewerin subjektiv als wesentlich anstrengender empfunden als die unmittelbaren Gesprächssituationen vor Ort. Wenn auch der Grad der Aufmerksamkeit in Face-to-face-Interviews unbestritten hoch ist, so ist er doch bei telefonischen Interviews noch ungleich höher, müssen doch die fehlenden nonverbalen Signale durch eine sehr viel stärkere Interpretationsarbeit des Gesagten kompensiert werden, und zwar in inhaltlicher wie auch in formeller Hinsicht der Redestrukturierung. Gläser/Laudel (2006: 169) betonen zu Recht, dass man sich durch das zu frühe Eingreifen in die „vermeintliche Leere" einer Denkpause „um wichtige Informationen" bringt. Nahezu dauerhaft war die Interviewerin daher einer Situation der Unsicherheit ausgesetzt. Einerseits sah sie sich in der Gefahr, dass sie eine Pause nicht als redezuginterne Sprechpause ansehen, sondern als Zeichen für eine Redezugbeendigung deuten und vor diesem Hintergrund zu früh in die Gedankenführung des Interviewpartners eingreifen könnte. Andererseits sah sie sich aber auch unter dem Druck, die Pausen nicht zu lang werden zu lassen. Keinesfalls wollte sie dem Interviewpartner – im Falle, dass es sich doch um eine Redezugvakanz handelte – den Eindruck einer mangelnden Aufmerksamkeit vermitteln und ihn dadurch verunsichern. Es kommt hinzu, dass Schweigephasen am Telefon, wie Hess-Lüttich (1990: 286) gezeigt hat, noch aus einem anderen Grund brisant sind:

> „Am Telefon gemeinsam zu schweigen ist schwerer durchzuhalten als im direkten Gespräch, weil es von beiden Seiten als Gefährdung oder gar Unterbrechung des Kontakts interpretiert wird (‚Hallo', ‚Bist Du noch dran?') (…) Aktivitäten der Kontaktsicherung sind demnach für den Gesprächstyp des Telefonats eher spezifisch als etwa Aktivitäten der Verständnissicherung."

Freilich hat Hess-Lüttich alltägliche Telefongespräche im Blick. Der Gedanke ist aber auch – und gerade – für telefonische Interviews von Bedeutung, weil aus methodischen Gründen jegliche Verunsicherung von Interviewpartnern vermieden werden muss. So erklärt es sich wohl auch, dass die Interviewerin in den Telefoninterviews wesentlich häufiger Rezeptionssignale in

Form von ‚ja‘ und ‚mhm‘ produzierte, als das in den direkten Gesprächen der Fall war. Zum einen handelte es sich um die einzige Möglichkeit, Aufmerksamkeit zu signalisieren, zum anderen dienten die Signale auch dazu, dem Gegenüber zu vermitteln, dass die telefonisch-technische Verbindung noch steht. Umgekehrt waren im Übrigen auch auf der Seite der Experten Strategien zur Minderung von Gesprächspausen erkennbar, produzierten diese doch auffallend häufiger Pausenfüller mit Dehnungen und andere Silbendehnungen als ihre Kollegen in den Face-to-face-Interviews.

## 5. Fazit

Qualitative Telefoninterviews sind in methodischer Hinsicht ein sehr forderndes und daher schwieriges Unterfangen. Das heißt nicht, dass sie deshalb grundsätzlich unbrauchbar sind. Es dürfte von der Art der Fragestellung einer Untersuchung abhängen, ob Telefoninterviews von Nutzen sind. Im Rahmen der hier vorgestellten ‚explorativ-systematisierenden‘ Studie (vgl. Kapitel 2), in der es in erster Linie um die Eruierung von ‚best practice‘-Beispielen in der Hochschulplanung ging, konnten wir durch die telefonischen Experteninterviews ausgesprochen nützliche Informationen gewinnen. Je stärker Experteninterviews aber auf eine Theoriegenerierung ausgerichtet sind, desto problematischer dürfte das telefonische Verfahren sein. Aufgrund des Wegfalls nonverbaler Elemente sind mehr Störungen im Interaktionsprozess möglich als in Face-to-face-Interviews. Außerdem können potenzielle externe Störquellen (wie das Hinzutreten Dritter etc.) normalerweise nicht erkannt werden. Das bedeutet: Interviewer können nicht feststellen, ob eine exklusive Aufmerksamkeitsausrichtung des Interviewpartners auf das Interview gegeben ist. Somit generieren Telefoninterviews ein Datenmaterial, das im anschließenden Interpretationsprozess unter Umständen zahlreiche Fragen offen lässt. Dies kann eine Theoriegenerierung erheblich behindern.

Es müsste systematischer untersucht werden, ob qualitativ ausgerichtete telefonische Experteninterviews eher kurz gehalten werden – also 20 bis 30 Minuten nicht überschreiten – sollten oder ob sie auch deutlich länger ausfallen dürfen. Die Aussagen in der Methodenliteratur sind widersprüchlich. Auch unsere eigenen empirischen Erfahrungen lassen keine eindeutige Aussage zu: Einerseits gab es Hinweise darauf, dass kurze Telefoninterviews wegen der geringeren Entfaltungsmöglichkeiten und der größeren Komprimierungszwänge eher als unattraktiv und nicht per se als entlastend angesehen werden müssen. Dies würde für die Durchführung von längeren Telefoninterviews sprechen. Andererseits sind telefonische Interviewsituationen aber wahrscheinlich nicht nur für die Interviewer besonders ‚aufmerksamkeits-intensiv‘ und somit anstrengend. Dies könnte sich bei länger angelegten

Interviews verschärfen. So könnten unerwünschte Interviewerfehler wie auch Konzentrationsschwächen auf Seiten der Interviewpartner provoziert werden.

Was das Interaktionsproblem des Redezugwechsels in telefonischen Interviews betrifft, so kann dieses durch eine Interviewerstrategie eingedämmt werden. Im Rahmen der obigen Analysen konnte gezeigt werden, wie die Interviewerin (aus Furcht, den Interviewpartner durch die nächste Frageformulierung abzublocken) in potenziell redezugvakanten Sprechpausen zunächst vorsichtig mit Rezeptionssignalen und Pausen reagierte, womit es ihr gelang, dem Interviewpartner die nötige Freiheit für seine Fragenbeantwortung zu lassen. Dieses von der Interviewerin unbewusst ausgeführte Verhalten könnte zu einer Interviewerstrategie entwickelt werden, die lautet: Sprechpausen von Interviewpartnern *systematisch* mit Rezipientensignalen und kleinen Pausen begleiten und so weitere Reaktionen abwarten, bis die Situation geklärt ist.

## Literatur


Anders, Manfred (1990): Praxis der Telefonberatung. In: Forschungsgruppe Telefonkommunikation (Hg.), S. 426-436

Ball, Donald W. (1968): Toward a Sociology of Telephones and Telephoners. In: Truzzi, Marcello (Hg.): Sociology and Everyday Life. Englewood Cliffs, NJ: Prentice-Hall, S. 59-75

Bogner, Alexander/Menz, Wolfgang (2009a): Experteninterviews in der qualitativen Sozialforschung. Zur Einführung in eine sich intensivierende Methodendebatte. In diesem Band

Bogner, Alexander/Menz, Wolfgang (2009b): Das theoriegenerierende Experteninterview. Erkenntnisinteresse, Wissensformen, Interaktion. In diesem Band

Brinkmann, Christian/Deeke, Axel/Völkel, Brigitte (Hg. 1995): Experteninterviews in der Arbeitsmarktforschung. Diskussionsbeiträge zu methodischen Fragen und praktischen Erfahrungen (Beiträge zur Arbeitsmarkt- und Berufsforschung: BeitrAB 191). Nürnberg: Institut für Arbeitsmarkt- und Berufsforschung der Bundesanstalt für Arbeit

Brody, Harold J./Geronemus, Roy G./Farris, Patricia K. (2003): Beauty Versus Medicine: The Nonphysician Practice of Dermatologic Surgery. In: Dermatologic Surgery, Jg. 29, H. 4, S. 319-324.

Brückner, Erika/Hormuth, Stefan W./Sagawe, Helmuth (1982): Telefoninterviews – Ein alternatives Erhebungsverfahren? Ergebnisse einer Pilotstudie. In: ZUMA Nachrichten, H. 11, S. 9-36

Bülow, Edeltraud (1990): Sprechakt und Textsorte in der Telefonkommunikation. In: Forschungsgruppe Telefonkommunikation (Hg.), S. 300-312

Burke, Lisa A./Miller, Monica K. (2001): Phone Interviewing as a Means of Data Collection: Lessons Learned and Practical Recommendations. In: Forum Qualitative Sozialforschung/Forum: Qualitative Social Research, 2 (2), available at: http://217.160.35.246 /fqs-texte/2-01/2-01burkemiller-e.htm [Date of Access: 11.06.2007]

Buschmann, Nadine (2001): Auswirkungen von Befragungsmodi. Andere Antworten bei Telefoninterviews als bei Face-to-face-Umfragen und Fragebogenerhebungen. München: Grin-Verlag

Busse, Gerd (2003): Leitfadengestützte, qualitative Telefoninterviews. In: Katenkamp, Olaf/Kopp, Ralf/Schröder, Antonius (Hg.): Praxishandbuch Empirische Sozialforschung. Münster u.a.: LIT, 27-33

Butterworth, Brian/Hine, Robin R./Brady, Kathleen D. (1977): Speech and Interaction in Sound-Only Communication Channels. In: Semiotica, Jg. 20, H. 1/2, S. 81-99

Cockerham, William C./Kunz, Gerhard/Lüschen, Günther (1990): Sozialforschung per Telefon: BRD und USA im Vergleich. In: Forschungsgruppe Telefonkommunikation (Hg.), S. 400-412

Cook, Mark/Lalljee, Mansur G. (1972): Verbal Substitutes for Visual Signals in Interaction. In: Semiotica, Jg. 6, H. 3, S. 212-221

Deeke, Axel (1995): Experteninterviews – ein methodologisches und forschungspraktisches Problem. Einleitende Bemerkungen und Fragen zum Workshop. In: Brinkmann, Christian/Deeke, Axel/Völkel, Brigitte (Hg.), S. 7-22

Ericsson, K. Anders/Charness, Neil/Feltovich, Paul J./Hoffman, Robert R. (Hg.) (2006): The Cambridge Handbook of Expertise and Expert Performance. Cambridge: Cambridge University Press

Forschungsgruppe Telefonkommunikation (Hg.): Telefon und Gesellschaft. Band 2: Internationaler Vergleich – Sprache und Telefon – Telefonseelsorge und Beratungsdienste – Telefoninterviews. Berlin: Spiess

Frey, James H./Kunz, Gerhad/Lüschen, Günther (1990): Telefonumfragen in der Sozialforschung. Methoden, Techniken, Befragungspraxis. Opladen: Westdeutscher Verlag

Friedrichs, Jürgen (1990): Gesprächsführung im telefonischen Interview. In: Forschungsgruppe Telefonkommunikation (Hg.), S. 413-425

Galster, George C. (2006): What's the 'Hood Got to Do With It? Parental Perceptions about How Neighborhood Mechanisms Affect Their Children. In: Journal of Urban Affairs, Jg. 28, H. 3, S. 201-226

Gläser, Jochen/Laudel, Grit (2006): Experteninterviews und qualitative Inhaltsanalyse als Instrumente rekonstruierender Untersuchungen. Wiesbaden: VS

Hahn, Walter von (1990): Telefon und Sprache. Einleitende Zusammenfassung. In: Forschungsgruppe Telefonkommunikation (Hg.), S. 275-280

Henkel, Jan (2001): Das Telefoninterview. München: Grin-Verlag

Hess-Lüttich, Ernest W.B. (1990): Das Telefonat als Mediengesprächstyp. In: Forschungsgruppe Telefonkommunikation (Hg.), S. 281-299

Hillmann, Karl-Heinz (2007): Wörterbuch der Soziologie. Stuttgart: Kröner, S. 890

Hitzler, Ronald/Honer, Anne/Maeder, Christoph (Hg.): Expertenwissen. Die institutionalisierte Kompetenz zur Konstruktion von Wirklichkeit. Opladen: Westdeutscher Verlag

Höflich, Joachim R. (1989): Telefon und interpersonale Kommunikation – Vermittelte Kommunikation aus einer regelorientierten Perspektive. In: Forschungsgruppe Telefonkommunikation (Hg.): Telefon und Gesellschaft. Band 1: Beiträge zu einer Soziologie der Telefonkommunikation. Berlin: Spiess, S. 197-220

Jordan, Lawrence A./Marcus, Alfred C./Reeder, Leo G. (1980): Response Styles in Telephone and Household Interviewing: A Field Experiment. In: Public Opinion Quarterly, Jg. 44. H. 2, S. 210-222

Köhler, Gabriele (1992): Methodik und Problematik einer mehrstufigen Expertenbefragung. In: Hoffmeyer-Zlotnik, Jürgen H.P. (Hg.): Analyse verbaler Daten. Über den Umgang mit qualitativen Daten. Opladen: Westdeutscher Verlag, S. 318-332

Martens, Bernd/Ritter, Thomas (Hg. 2008) Eliten am Telefon. Neue Formen von Experteninterviews in der Praxis. Baden-Baden: Nomos

Mayring, Philipp (2000): Qualitative Inhaltsanalyse. Grundlagen und Techniken. Weinheim: Deutscher Studienverlag

McCormick, Marie C./Workman-Daniels, Kathryn/Brooks-Gunn, Jeanne/Peckham, George J. (1993): When You're Only a Phone Call Away. A Comparison of the Information in Telephone and Face-to-Face Interviews. In: Journal of Developmental and Behavioral Pediatrics, Jg. 14, H. 4, S. 250-255.
Meuser, Michael/Nagel, Ulrike (1994): Expertenwissen und Experteninterview. In: Hitzler, Ronald/Honer, Anne/Maeder, Christoph (Hg.), S. 180-192
Meuser, Michael/Nagel, Ulrike (2002a): ExpertInneninterviews – vielfach erprobt, wenig bedacht. Ein Beitrag zur qualitativen Methodendiskussion. In: Bogner, Alexander/Littig, Beate/Menz, Wolfgang (Hg.): Das Experteninterview. Theorie, Methode, Anwendung. Opladen: Leske + Budrich, S. 71-94
Meuser, Michael/Nagel, Ulrike (2002b): Vom Nutzen der Expertise. ExpertInneninterviews in der Sozialberichterstattung. In: Bogner, Alexander/Littig, Beate/Menz, Wolfgang (Hg.): Das Experteninterview. Theorie, Methode, Anwendung. Opladen: Leske + Budrich, S. 257-272
Mieg, Harald A./Näf, Matthias (2006): Experteninterviews in den Umwelt- und Planungswissenschaften. Eine Einführung und Anleitung. Lengerich u.a.: Pabst
Mitchell, Garry (1984): Some Aspects of Telephone Socialization. In: Thomas, Sari (Hg.): Studies in Communication. Norwood, NJ: Ablex, S. 249-252
Mitchell, Victoria L./Zmud, Robert W. (1999): The Effects of Coupling IT and Work Process Strategies in Redesign Projects. In: Organization Science, Jg. 10, H. 4, S. 424-438
Noack, Grit (2003): Online-Befragung und Telefoninterview. München: Grin-Verlag
Noelle-Neumann, Elisabeth/Petersen, Thomas (2000): Das halbe Instrument, die halbe Reaktion. Zum Vergleich von Telefon- und Face-to-face Umfragen. In: Hüfken, Volker (Hg.): Methoden in Telefonumfragen. Wiesbaden: Westdeutscher Verlag, S. 183-200
Opdenakker, Raymond (2006): Advantages and Disadvantages of Four Interview Techniques in Qualitative Research. In: Forum Qualitative Sozialforschung /Forum: Qualitative Social Research, 7 (4), available at: http://qualitative-research.net/fqs-texte/4-06-4-11-e.htm, [Date of Access: 14.03.2007]
Pfadenhauer, Michaela (2009): Auf gleicher Augenhöhe. Das Experteninterview – ein Gespräch zwischen Experte und Quasi-Experte. In diesem Band
Reid, A.A.L. (1977): Comparing Telephone with Face-to-Face Contact. In: de Sola Pool, Ithiel (Hg.): The Social Impact of the Telephone. Cambridge u.a.: The MIT Press, S. 386-414
Schegloff, Emanuel A. (1977): Identification and Recognition in Interactional Openings. In: Sola Pool, Ithiel de (Hg.): The Social Impact of the Telephone. Cambridge u.a.: The MIT Press, S. 415-450
Schegloff, Emanuel A./Sacks, Harvey (1973): Opening up Closings. In: Semiotica, Jg. 8, H. 4, S. 289-327
Schenk, Michael (1990): Das Telefon als Instrument der Sozialforschung. In: Forschungsgruppe Telefonkommunikation (Hg.), S. 379-385
Schnell, Rainer/Hill, Paul B./Esser, Elke (1999): Methoden der empirischen Sozialforschung. München/Wien: Oldenbourg
Trinczek, Rainer (2009): Wie befrage ich Manager? Methodische und methodologische Aspekte des Experteninterviews als qualitativer Methode empirischer Sozialforschung. In diesem Band
Vogel, Berthold (1995): „Wenn der Eisberg zu schmelzen beginnt…“ – Einige Reflexionen über den Stellenwert und die Probleme des Experteninterviews in der Praxis der empirischen Sozialforschung. In: Brinkmann, Christian/Deeke, Axel/Völkel, Brigitte (Hg.), S. 73-84
Waleczek, Torben (2003): Das Telefoninterview in der empirischen Sozialforschung. München: Grin-Verlag

Walter, Wolfgang (1994): Strategien der Politikberatung. Die Interpretation der Sachverständigen-Rolle im Lichte von Experteninterviews. In: Ronald Hitzler/Honer, Anne/Maeder, Christoph (Hg.), S. 268-284

Wiegmann, Hermann (1990): Zur Rhetorik telefonischer Kommunikation. In: Forschungsgruppe Telefonkommunikation (Hg.), S. 313-318

Williams, Mary L. (1993): Measuring Business Starts, Success and Survival. Some Database Considerations. In: Journal of Business Venturing, Jg. 8, H. 4, S. 295-300

# Teil 3: Anwendungsfelder

# Wie befrage ich Manager?

## Methodische und methodologische Aspekte des Experteninterviews als qualitativer Methode empirischer Sozialforschung[1]

*Rainer Trinczek*

### I.

Experteninterviews[2] wird in der Methodendiskussion von Puristen häufig vorgeworfen, sie seien ein ‚schmutziges' Verfahren. Unbeschadet von allzu tiefschürfender methodologischer Reflektion würde mit Experteninterviews gleichsam ‚im Niemandsland' zwischen qualitativem und quantitativem Paradigma operiert[3]: In der empirischen Forschung flexibel gehandhabt, je nach untersuchungsleitendem Interesse und konkreter Fragestellung mal mehr, mal weniger durch einen Leitfaden strukturiert, mehr oder weniger offen geführt und auf obskure Art und Weise nach handgestrickten Verfahren aufbereitet, ausgewertet und interpretiert, erfüllen Experteninterviews in den Augen der

1 Dieser Text hat eine längere Geschichte. Er basiert auf einem Vortrag im Rahmen eines Workshops des Instituts für Arbeitsmarkt- und Berufsforschung (IAB) über ‚Experteninterviews in der Arbeitsmarktforschung' und wurde in der damaligen Fassung in der entsprechenden Dokumentation auch veröffentlicht (Trinczek 1995). In der Zwischenzeit habe ich jedoch im Rahmen eines DFG-Projektes über ‚Lebensarrangements von Führungskräften im Kontext veränderter beruflicher und privater Herausforderungen', das wesentlich von Cornelia Behnke und Renate Liebold am Institut für Soziologie der Uni Erlangen durchgeführt wurde, hinzugelernt: Meine Position ist heute ein wenig differenzierter als noch Mitte der 90er Jahre. Daher lehnt sich der vorliegende Text zwar in weiten Teilen inhaltlich und textlich stark an den früheren an, es gibt jedoch in bestimmten Passagen auch erhebliche Unterschiede.

2 Das ‚Experteninterview' ist im Grunde lediglich durch Verweis auf die Qualität des Interviewpartners als ‚Experte' spezifiziert – und damit (streng genommen) kein besonderes Erhebungsverfahren, denn solche Experten können auf die unterschiedlichste Art und Weise befragt werden. Trotzdem herrscht eine Art ‚stillschweigender Konsens' unter den empirisch Forschenden darüber, dass unter einem Experteninterview ein ‚Leitfadeninterview' zu verstehen sei – und an diesen Konsens werde ich mich im Folgenden denn auch halten: Hier geht es um das leitfadengestützte Experteninterview (vgl. hierzu allgemeiner auch Liebold/Trinczek 2002).

3 Diese Unsicherheit bei der Verortung leitfadengestützter Interviews innerhalb des (in der Zwischenzeit zwar zu Recht häufig kritisierten, nichtsdestoweniger jedoch weiterhin die Diskussion strukturierenden) ‚qualitativ-quantitativ'-Spektrums wird besonders schön bei Lamnek (1989) deutlich. Lamnek schreibt dort in Bezug auf das ähnlich gelagerte fokussierte Interview: „Das fokussierte Interview – obgleich den qualitativen Befragungsformen zuordenbar – ist der quantitativen Methodologie doch näher als die anderen qualitativen Verfahren" (S. 80).

Methodenpäpste qualitativer wie quantitativer Provenienz weder die Gütekriterien des einen noch des anderen methodologisch-methodischen Paradigmas. Diese Erfahrung mussten im Fall der qualitativen Methodengemeinde auch die beiden SozialforscherInnen M. Meuser und U. Nagel machen:

> „Wenn das Wort Leitfadeninterview fällt, hat man beim harten Kern der Vertreter ‚weicher' Methoden einen schweren Stand. Auch Begriffe wie halboffenes oder focussiertes Interview helfen da nicht weiter, eher im Gegenteil" (1989: 8).

Dieses Unbehagen gegenüber leitfadenstrukturierten Experteninterviews schlägt sich nicht zuletzt auch in den einschlägigen Methodenbüchern nieder, in denen kaum jemals in breiterem Umfang auf dieses Verfahren eingegangen wird. Während sich ‚narratives Interview' und ‚objektive Hermeneutik' (als vermeintlich besonders reine, reflektierte und elaborierte Erhebungs- bzw. Auswertungsverfahren) vor Interesse kaum retten können, fristen Leitfadeninterviews – obwohl in der empirischen Sozialforschung als Instrument sehr viel breiter eingesetzt – eher ein Mauerblümchendasein.[4]

In diesem Beitrag soll der Versuch unternommen werden, eine Art ‚Ehrenrettung' des Experteninterviews als sinnvollem Erhebungsinstrument vorzunehmen; dies wird in Diskussion mit dem qualitativen Paradigma geschehen, denn üblicherweise und zurecht werden leitfadengestützte Experteninterviews in diesem Kontext verortet. Am Beispiel von Interviews mit Managern wird dabei insbesondere das Problem des optimalen Interviewsettings für die ungestörte Entfaltung subjektiver Relevanzstrukturen diskutiert – bekanntlich eine der zentralen Fragen, mit denen sich qualitative Methodenforschung auseinandersetzt.[5]

## II.

Die Kritik an standardisierten Verfahren der Interviewführung hat sich – unter Rückgriff auf symbolisch-interaktionistische wie phänomenologische An-

4 Diese Einschätzung ist bewusst etwas zugespitzt formuliert. Ohne Zweifel gibt es einige sehr reflektierte Beiträge zu verschiedenen Aspekten des Leitfadeninterviews, etwa von Christel Hopf (1978) oder die Beiträge von Meuser/Nagel (1989, 1994, 1997); sie stellen jedoch Ausnahmen im Mainstream dar. Und die angelsächsische Diskussion wird nach wie vor durch den nun fast schon weit über 50 Jahre alten Text von Merton/Kendall (1946; in dtsch. 1979) beherrscht (vgl. auch Merton u.a. 1956).

5 Den empirischen Hintergrund sowie die Materialbasis meiner Ausführungen stellen zahlreiche Interviews mit Managementvertretern – vorwiegend aus Industriebetrieben – dar, die wir in der Projektgruppe ‚Arbeits- und Industrieforschung' am Erlanger Institut für Soziologie sowie nun am Lehrstuhl für Soziologie der TU München in verschiedenen Projekten zu Arbeitszeitfragen, Problemen der Produktionsmodernisierung, zu diversen Aspekten innerbetrieblicher Austauschbeziehungen sowie zu Fragen der Work-Life-Balance durchgeführt haben.

sätze – nicht zuletzt an dem Vorwurf entzündet, dass diese Verfahren sich den Zugang zu dem, was die Befragten ‚wirklich' denken, systematisch versperren, da sie weder hinreichend auf den je spezifischen Kontext der Befragungssituation reflektieren, noch auf die konstitutiven Merkmale des Alltagslebens und der alltäglichen Kommunikation mit ihren Prozessen subjektiver Bedeutungszuweisung. Von diesen sei die Interviewsituation ja nicht ausgenommen: Befragte weisen den ihnen gestellten Fragen vor dem Hintergrund ihres Alltagswissen und ihrer Relevanzstrukturen bestimmte Bedeutungen zu und antworten auf Basis eben dieser ihrer subjektiven Sinngebungen. So streicht Cicourel denn auch in seinem klassischen Text ‚Method and Measurement in Sociology' (1970) heraus:

> „Wenn es richtig ist anzunehmen, dass Personen im Alltagsleben ihre Umwelt ordnen, Objekten Bedeutungen oder Relevanzen zuweisen, ihre sozialen Handlungen auf die Rationalitäten des Common-Sense basieren, dann kann man sich nicht in Feldforschung einlassen oder irgendeine andere Forschungsmethode in den Sozialwissenschaften benutzen, ohne das Prinzip subjektiver Interpretation in Betracht zu ziehen. (...) Diesen Punkt zu ignorieren hieße, sowohl die Fragen (oder Gespräche) als auch die erhaltenen Antworten zu problematischen und/oder bedeutungslosen zu machen" (94f.). „Standardisierte Fragen mit vorfixierten Auswahlantworten liefern eine Lösung für das Problem der Bedeutung, indem sie es einfach ignorieren" (S. 156).

Als ein entscheidender Vorteil qualitativer Interviewverfahren gegenüber standardisierten Verfahren gilt denn auch zurecht ihre höhere Kontextsensitivität – sowohl was den Kontext betrifft, in dem sich die Befragten in ihrem Alltagsleben mit ihren jeweiligen Relevanzstrukturen bewegen, als auch was den Kontext der Interviewsituation betrifft. Als eine unabdingbare methodologische Voraussetzung erfolgreicher Interviewführung wurde in diesem Zusammenhang herausgearbeitet, dass sich sozialwissenschaftliche Forschung systematisch „an die dem Forschungsprozess vorgängigen Regeln der alltagsweltlichen Kommunikation" anzupassen habe (Schütze u.a. 1981: 434). Mit ‚Offenheit' und ‚Kommunikation' wurden zwei Basisnormen für den Prozess der Datenerhebung benannt (Hoffmann-Riem 1980), die es einer interpretativen Soziologie erlauben sollten, dieses methodologische Postulat auf der Methodenebene erfolgreich einzulösen.

In der Fortführung der Methodendiskussion ist es dann allerdings zu einer eigentümlich einseitigen Spezifizierung dieser ‚vorgängigen Regeln alltagsweltlicher Kommunikation' gekommen. Der Aspekt der grundsätzlichen Offenheit qualitativer Interviewführung gegenüber ihrem Forschungsfeld mit dem entscheidenden Vorteil, dem/r ForscherIn ein flexibles Sich-Einlassen auf ganz unterschiedlich kommunikativ strukturierte soziale Kontexte zu ermöglichen, wurde zunehmend zugunsten von ‚best practice'-Anweisungen ‚guter' qualitativer Interviewführung in den Hintergrund gerückt.

Unter Verweis auf eine angeblich weitgehend narrative Grundstruktur alltagsweltlicher Kommunikation, an die sich der Forschungsprozess anzupassen habe, hat sich auf diese Weise hinsichtlich eines optimalen Interviewsettings eingebürgert, nahezu unhinterfragt davon auszugehen, dass Befragte ihre subjektiven Bedeutungszuschreibungen und Relevanzstrukturen am besten in einer Interviewsituation entfalten können, die durch weitgehende Nicht-Intervention durch den Interviewer gekennzeichnet ist. Mit der ausgeprägten Zurückhaltung des Interviewers werde – im Umkehrschluss durchaus logisch konsequent – lediglich auf die ‚im Feld vorgängigen Regeln alltagsweltlicher Kommunikation' Rücksicht genommen.[6]

Nicht zuletzt diese Argumentationskette ist es ja auch, auf der das Unbehagen der harten Vertreter qualitativer Methoden gegenüber dem leitfadengestützten Experteninterview basiert: Bei Anwendung dieses Verfahrens werde zu stark interveniert und strukturiert, der Interviewte könne seine subjektiven Relevanzstrukturen gar nicht mehr ungestört entfalten.

In der Gesellschaft existieren nun aber Wirklichkeitsbereiche, die überwiegend gänzlich anderen Regeln alltagsweltlicher Kommunikation folgen. Eine solche Alltagswelt stellt beispielsweise der Betrieb dar. Nimmt man nun auch mit Blick auf dieses Forschungsfeld die methodologischen Grundlagen qualitativer Sozialforschung ernst, muss man den Versuch unternehmen, sich an solche Formen der Interviewführung heranzutasten, die eben den in diesem Ausschnitt gesellschaftlicher Wirklichkeit dominierenden Modi alltäglicher Kommunikation folgen.

Ein solcher Versuch soll im Folgenden unter Bezugnahme auf zwei empirische Untersuchungen mit Managern unternommen werden, von denen eine auf ein rein betriebliches Thema konzentriert ist, während sich die andere an der Schnittstelle von Betrieb und privater Lebenswelt von Führungskräften bewegt: Es handelt sich dabei im ersten Fall um eine Studie über kollektive Orientierungsmuster von Managern hinsichtlich betrieblicher Mitbestimmung (Trinczek 1993), im zweiten um eine Untersuchung über Lebensarrangements von Führungskräften zwischen veränderten beruflichen und privaten Anforderungen (vgl. Ellguth u.a. 1998, Behnke/Liebold 2000, Liebold 2000). Der jeweilige Gegenstand beider Studien scheint für das hier verfolgte Argument auch insofern geeignet zu sein, als der Untersuchungsgegenstand in beiden Fällen hinreichend ‚weich' ist, um auch eingeschworenen Vertretern des qualitativen Paradigmas als adäquat für ‚ihre' Methoden erscheinen zu können.[7]

---

6 Diese m.E. verkürzte Wahrnehmung möglicher kommunikativer Alltagssituationen ist wohl nur dadurch zu erklären, dass alltagsweltliche Kommunikation sukzessive unter der Hand mit Kommunikation im lebensweltlichen Kontext privaten Zusammenlebens gleichgesetzt wurde. Die aus diesem spezifischen sozialen Kontext herausgearbeiteten Regeln haben im Diskurs der qualitativen Fachgemeinschaft unter der Hand insofern eine Generalisierung erfahren, als sie zu den kommunikativen Regeln alltäglicher Kommunikation schlechthin hypostasiert wurden.

7 Leitfadengestützte Experteninterviews werden häufig auch ‚nur' zum Zweck der Wissensabfrage geführt, weil man – etwa wegen der als problematisch eingeschätzten Thematik ei-

Der Vergleich zwischen dem methodischen Vorgehen beider Studien ist vor allem deswegen interessant, weil hieran verdeutlicht werden kann, dass sich aufgrund der Tatsache, dass sich Manager alltäglich in von ihren Kommunikationsmodi gänzlich unterschiedlich strukturierten Welten (Betrieb – private Lebenswelt) bewegen, je nach Fragestellung aus den Postulaten qualitativer Methodologie auch gänzlich unterschiedliche Erhebungstechniken als gegenstandsadäquat ergeben.

## III.

Völlig unabhängig vom konkreten Gegenstand des Forschungsvorhabens ist jedes Interview, das mit Managern in ihrer betrieblichen Umgebung geführt wird, in der Anfangssequenz zunächst einmal mit den im- und expliziten Erwartungen von Managern an ein solches Gespräch konfrontiert. Diese Erwartungen orientieren sich wesentlich an den im Betrieb vorgängigen Regeln alltagsweltlicher Kommunikation und sind entsprechend in der für den Erfolg eines Interviews entscheidenden Anfangssequenz dominant darauf gerichtet, vom Forschungsteam mit Fragen konfrontiert zu werden, die von ihnen beantwortet werden sollen. Diese Vorweg-Annahme einer klar definierten Rollenverteilung im Interview findet ihren typischen Ausdruck in den Anfangspassagen der Gespräche, die – nach den üblichen Begrüßungsritualen – von den ‚Hausherrn' häufig etwa folgendermaßen eingeleitet werden:

„So, jetzt schießen Sie mal los. Was wollen Sie von mir wissen; fragen Sie einfach."

Eine solche primäre Erwartungshaltung speist sich offensichtlich wesentlich aus den alltäglichen Arbeitserfahrungen der Befragten. Fragen von Vorgesetzten gestellt zu bekommen bzw. selbst die richtigen Fragen zu stellen, ist integraler Bestandteil managerialer Arbeitssituationen. Die in diesem Kontext verankerte Erwartungshaltung projizieren Manager in die Interviewsituation: Nun sind es die ForscherInnen, die die Fragen stellen, und sie als Befragte versuchen so zu antworten, wie sie es immer von ihren Untergebenen bzw. die Vorgesetzten von ihnen erwarten: Knapp und präzise, immer auf den Punkt kommend und wenig abschweifend. Dass es nur wenige Manager gibt, die diesem Wunschbild selbst in praxi entsprechen, ist bekannt. Während einer Erhebung stößt man denn auch immer wieder auf Interviewpartner, die es in ihrer ausschweifenden Art den ForscherInnen schwer machen, ein erfolgreiches Interview zustande zu bekommen. Trotzdem: Die Erwar-

nes Forschungsvorhabens – auf andere Art und Weise nicht an die gewünschten Informationen herankäme. In der reinen Wissensabfrage vermögen die meisten Vertreter qualitativer Methoden jedoch kein Anwendungsfeld ihrer Verfahren zu entdecken, in dem deren spezifische Stärken voll zur Geltung kommen könnten.

tungshaltung bleibt wirksam, teilweise wird die eigene Abweichung von diesem Ideal sogar reflektiert und im Interview thematisiert. So gestand beispielsweise ein Manager vor Beginn des Interviews ein, dass er einen gewissen Hang zur Ausführlichkeit habe, und forderte uns auf, ihn zu unterbrechen, falls er zu lange bei einem Thema verweilen sollte.

Der dominanten Erwartungshaltung von Managern in der Anfangssequenz des Interviews entspricht die Interviewsituation eines Leitfadeninterviews in einer eher geschlossenen Variante in nahezu idealer Weise – und stellt insofern ohne Zweifel in der Einstiegsphase ‚das' Interviewverfahren der Wahl dar. Die Einführung anderer Verfahren bedürfen des behutsamen Überwindens dieser dominanten Frage-Antwort-Orientierung von Managern, was erheblich Zeit in Anspruch nehmen kann und ein hohes Maß an sozialer Kompetenz erfordert. Ein Interview mit einer Führungskraft etwa relativ rasch mit der Bitte um eine möglichst lange Narration einzuleiten, birgt die Gefahr des Scheiterns des gesamten Interviews – eben weil eine solche Interviewsituation den alltäglichen Kommunikationsstrukturen in Betrieben nahezu diametral entgegensteht. In den Augen der Manager ist ‚Zeit' – und ihre ganz besonders – eine knappe und wertvolle Ressource. Das betriebliche Alltagshandeln ist in ihrer Wahrnehmung durch ständigen Termindruck und Zeitknappheit geprägt. Manager mit dieser Selbst-Wahrnehmung ihrer eigenen Arbeitssituation gleich zu Beginn des Gesprächs aufzufordern, sich Zeit für eine ausführliche Erzählung zu nehmen, müsste diesen wie eine Provokation erscheinen. Dabei würde sich eine erhebliche Lücke zu den im Feld vorgängigen Regeln alltagsweltlicher Kommunikation auftun, so wie sie sich in der managerialen Erwartungshaltung einer klaren Strukturierung des anfänglichen Gesprächsverlaufs durch das Forschungsteam widerspiegeln.

## IV.

Interviewsituationen sind nicht statisch, sie unterliegen in aller Regel einer eigenen Dynamik, in der sich auch die in der Anfangssequenz dominierenden Erwartungen der Gesprächspartner an das Interview ändern können. Ist die Interviewsituation erst einmal erfolgreich konstituiert und haben sich anfängliche Unsicherheiten gelegt, passiert es beispielsweise bei Management-Interviews regelmäßig, dass die Gesprächsatmosphäre zusehends entspannter wird. Sukzessiv realisieren die Befragten die Differenz zur Frage-Antwort-Situation, wie sie im betrieblichen Alltag immer wieder auftaucht: Im Unterschied zu dieser sozialen Situation steht im Interview niemand auf dem Prüfstand, keiner muss sich für etwaige Versäumnisse rechtfertigen, und daher kann auch der anfänglich noch spürbar strategische Umgang mit Informationen gelockert werden.

Dieser Wandel in der managerialen Wahrnehmung der sozialen Situation ‚Interview' findet nicht zuletzt auch darin seinen Ausdruck, dass die Befragten ihre ursprüngliche Erwartungshaltung an die Rollenverteilung in dieser Interaktionskonstellation relativieren. Ist das Interview in dieses Stadium eingetreten, dominieren also nicht mehr die typisierten Anfangserwartungen einer Frage-Antwort-Struktur die Gesprächssituation; dadurch kann sich die Form des Interviews ändern – ohne dass die Gefahr des Scheiterns virulent wäre. Genau in dieser Situation bewährt sich die ‚Offenheit' qualitativer Interviewführung, die einen situationsflexiblen Wandel des Interviewstils nicht nur zulässt, sondern nachgerade fordert.

Dies ist der Zeitpunkt, zu dem ‚andere' Erhebungsformen systematisch und erfolgversprechend in das Managementinterview eingeführt werden können. Allerdings steht dem Forscher auch in dieser Situation nicht das gesamte Spektrum mündlicher Erhebungsverfahren ‚frei' zur Verfügung. Es existieren vielmehr nach wie vor Grenzen des Machbaren, die ganz offensichtlich mit dem Gegenstand zu tun haben, dem man sich im Interview zu nähern trachtet. Diese Gegenstandsabhängigkeit der Art der Interviewführung während der ‚zweiten Phase' von Managementinterviews soll im Folgenden an den beiden oben bereits erwähnten Beispielen ‚Orientierungsmuster hinsichtlich betrieblicher Mitbestimmung' und ‚Lebensarrangements' exemplarisch belegt werden.

Die interviewtechnisch entscheidende Differenz zwischen den beiden Beispielen ist, dass der eine Gegenstand inhaltlich ausschließlich im betrieblichen Arbeitsalltag von Managern verankert ist und von daher bei seiner Thematisierung im Interviewgespräch üblicherweise auch nach wie vor die in dieser Situation typischen Regeln alltagsweltlicher Kommunikation die Erwartungshaltung der befragten Manager an das Interview dominieren – und entsprechend durch die Interviewführung tunlichst nicht zu verletzen sind. Das zweite Beispiel (‚Lebensarrangements') hingegen verweist auf die außerbetriebliche private Lebenswelt mit ihren anderen Modi alltagsweltlicher Kommunikation, so dass es in diesem Fall durchaus möglich ist, die zunächst existierende Erwartungshaltung von Managern an das Interview zu überwinden und zu stärker narrativen Formen der Erhebung überzugehen. In diesem Fall wird der betriebliche Kontext mit seinen typischerweise ‚nicht-erzählerischen' Kommunikationsmodi in der Interviewsituation mental vom Befragten ‚verlassen' oder (im besten Fall) gar ‚vergessen' – und dies, obwohl das Interview räumlich im eigenen Büro in der Firma stattfindet.

## V.

Ist der Gegenstand des Interviews ganz vorrangig im Kontext des betrieblichen Handelns von Managern verankert, ist das Interview auch in seiner zweiten Phase, in die das entspannter gewordene Interviewgespräch übergeht, typischerweise nicht durch eine narrative Grundstruktur geprägt. Versuche, die Befragten im Verlauf des Interviews immer wieder zu kleineren Erzählungen zu stimulieren, sind in der Praxis solcher Manager-Befragungen nur selten erfolgreich. Dies hat weniger mit dem Bedürfnis der Manager zu tun, keine wertvolle Zeit mit, wie sie es nennen, „Geschwafel" zu vergeuden; vielmehr hängt es damit zusammen, dass die Erwartungshaltung von Managern hinsichtlich des Interviewverlaufs – wenn sie sich ändert, was nicht immer, aber durchaus häufig der Fall ist – sich zumeist von der anfänglichen ‚alltagsgewohnten' Frage-Antwort-Struktur hin zu einer weiteren, im betrieblich-managerialen Kontext verankerten Struktur alltäglicher Kommunikation entwickelt: dem ‚Fachgespräch', so wie es Manager in seiner kommunikativen Grundstruktur vorrangig aus offenen Diskussionen in teamartigen Arbeitszusammenhängen kennen.

Zu beobachten ist also im Verlauf dieser ‚betriebszentrierten' Interviews ein Wechsel zwischen unterschiedlichen Gesprächsstrukturen, die jedoch beide innerhalb des Spektrums eingeübter betrieblicher Alltagssituationen verankert sind. In einem ‚guten' qualitativem Interview muss dieser Wechsel von einer Form betrieblicher Alltagskommunikation zu einer anderen vom Befrager ‚mitgegangen' werden.

Die neue Interviewsituation stellt eine lockere Diskussionssituation dar, die thematisch zwar durchaus weiterhin vom ‚kompetenten' Forschungsteam strukturiert wird, in die die Interviewpartner aber ihre inhaltlichen Positionen ‚ungeschützt' einbringen, sie in Frage stellen lassen und auf diese Weise kritisch reflektieren. Die handlungsentlastete Situation des Gesprächs, seine soziale Folgenlosigkeit, erlaubt den Managern dabei mitunter einen Grad an Freimütigkeit und offener Selbstreflexion, den sie sich im betrieblichen Alltag mit seinem überwiegend strategisch ausgerichteten Kommunikations- und Interaktionsstil so in aller Regel nicht zugestehen. Die Attraktivität dieser folgenentlasteten Gesprächssituation zeigt sich auch darin, dass die Befragten die Dauer der Interviews mitunter beträchtlich überziehen, auch wenn bei der Vereinbarung des Gesprächstermins noch um jede Viertelstunde gefeilscht worden war; nicht selten sind es dann eher die ForscherInnen als die Manager, die das Gespräch von sich aus beenden.

Kern u.a. (1988) haben in diesem Zusammenhang von einem regelrecht ‚kathartischen Effekt' von Management-Interviews gesprochen und dies ebenfalls wesentlich auf die einseitig erfolgte ‚Entmischung' von strategischen und kommunikativen Handlungsanteilen im betrieblichen Arbeitsalltag zurückgeführt.

„Wenn selbst der soziale Kontakt in der Befragungssituation eines Interviews als Kompensationsmöglichkeit erlebt wird, so muss dem ein *Nicht-Zulassen-Können an diskursiver Kommunikation im Alltag* zugrunde liegen. Die Ursache dafür ist unter Umständen darin zu suchen, dass die Beschränkung auf subjektiv ‚rein strategisches' Handeln dem Strategen selbst den Hals zuschnürt" (S. 93; Herv.i.Orig.).

In einer solchen betrieblichen Konstellation schaffe das „Beziehungsangebot der ‚verständigen Leute von draußen' (...) kurzfristig Entlastung" (S. 94), der „Kommunikationsstau" werde in der Interviewsituation verflüssigt. Dabei haben Kern u.a. offensichtlich die Erfahrung gemacht, dass die von ihnen befragten Manager häufig dazu neigten, das Interview zu einer Selbstinszenierung mit kathartischen Effekten zu nutzen und dabei die SoziologInnen zunehmend in die Rolle des Zuhörers bzw. Stichwortgebers zu rücken. Versuche, die managerialen Ansichten zu hinterfragen und zu problematisieren, seien regelmäßig gescheitert: „(...) dort, wo diskursive Infragestellung droht, (wird) die Verdrängung anderer berechtigter Weltsichten wiederholt" (S. 94). Solche pathogenen Kommunikationskonstellationen würden es mitunter kaum erlauben, ‚erfolgreiche' Interviews zu führen.

In diesem Punkt sind von mir – wie bereits angedeutet – primär andere Erfahrungen gemacht worden: Weniger ein geduldiges Publikum für ausufernde Selbstinszenierungen schienen die Manager zu suchen, als vielmehr vorrangig den Sozialforscher als Experten und Diskurspartner mit einer anderen analytisch-konzeptionellen Perspektive.[8] Dabei lässt sich durchaus ein breites Spektrum an unterschiedlichem managerialen Interviewverhalten beobachten: Einige wägen sehr offen und selbstreflexiv unterschiedliche Optionen und Positionen miteinander ab, begründen die eigenen Ansichten sorgfältig und reagieren mitunter auch nachdenklich auf Gegenargumente, fragen nach, welche Erfahrungen die InterviewerInnen denn in anderen Betrieben gemacht hätten. Andere neigen eher dazu, Gegenargumente vom Tisch zu wischen und die eigene Position als die letztlich einzig sinnvolle zu präsentieren. Aber auch solche Manager sind offensichtlich impliziten Diskursnormen verpflichtet: Inhaltlich begründete Interviewerinterventionen werden nicht primär als lästige Störungen im Prozess der Selbstinszenierung empfunden; es scheint mitunter eher so zu sein, dass die Befragten nachgerade auf Gegenargumente warten, um diese mit ihren Argumenten dann umso effektvoller als inadäquat, weltfremd oder betriebsblind zurückweisen zu können.

Wie immer sie sich konkret in den Interviews verhalten, auf jeden Fall erweckt die überwiegende Mehrheit der Manager den Eindruck, dass sie in

8 Möglicherweise sind die unterschiedlichen Erfahrungen von Kern u.a. und mir auch darauf zurückzuführen, dass es sich um Interviews mit Vertretern unterschiedlicher Hierarchiestufen gehandelt haben dürfte. Es wäre zu vermuten, dass ‚ganz oben' in der Unternehmenshierarchie Verhaltensweisen, wie sie Kern u.a. beobachtet haben, häufiger anzutreffen sind, als in den mittleren Managementetagen.

dem Gespräch eine Chance sehen, ihrer ‚Lust‘ am handlungsentlasteten intellektuellen Austausch, am Argumentieren und Diskutieren nachzugehen; und es scheint gerade die ‚Handlungsentlastetheit‘ der Interviewsituation zu sein, die diese ‚Lust‘ überhaupt erst ermöglichte. Diese Handlungsentlastetheit ist denn auch die wesentliche Differenz zu dem aus dem betrieblichen Alltag bekannten ‚Fachgespräch‘, an dessen Kommunikationsstruktur im Interview zwanglos angeschlossen werden kann. Nicht aber – und das gilt es herauszustreichen – differieren die kommunikativen Grundregeln des Fragens und Antwortens, des Argumentierens und Diskutierens.

Eine solcherart von den Befragten eingeklagte ‚diskursive‘ Interviewstruktur erfordert eine spezifische Form der Interviewführung, die nur begrenzt den in der Literatur immer wieder herausgestrichenen Standards ‚qualitativer‘ Sozialforschung entspricht. Hier wird bekanntlich mit Nachdruck betont, dass sich die Interviewperson im Gespräch neutral-unterstützend verhalten sollte, auf jeden Fall sich aber mit eigenen Interventionen zurückhalten sollte, um nicht Gefahr zu laufen, den Prozess der Entfaltung der subjektiven Relevanzstrukturen des Befragten zu beeinflussen. Ganz im Gegensatz hierzu muss ein Experteninterview mit Managern angesichts der oben skizzierten ‚vorgängigen Regeln der alltagsweltlichen Kommunikation‘ in diesem spezifischen Forschungsfeld zwangsläufig argumentativ-diskursiv angelegt sein.

Der Forscher räumt den Befragten zwar hinreichend Zeit und Freiraum ein, ihre Position in ihrer eigenen Gestalt zu entfalten, konfrontiert sie aber im Interviewverlauf immer wieder mit Gegenpositionen. Eine derartige ‚diskursiv-argumentative‘ Interviewführung bedeutet nicht, dass die Gespräche notwendigerweise ‚konfrontativ‘ verlaufen. Es obliegt der Kompetenz des Interviewers, jeweils das richtige Maß an ‚Gegenhalten‘ zu finden. Die vorgebrachten Gegenpositionen bzw. Einwände sollen ja nicht dazu dienen, dass der Befragte im Verlauf des Interview seine Position ändert, sie sollen lediglich dazu beitragen, dass der Interviewte seine subjektiven Relevanzstrukturen diskursiv entfaltet – also im Kontext einer Gesprächsstruktur, wie sie für den betrieblichen Alltag jenseits der ‚künstlichen‘ Interviewsituation ebenfalls typisch ist. Dieser Intention entsprechend sollte der Interviewer seine Interventionen explizit in der Rolle eines ‚actor diabolus‘ vornehmen, um die Gefahr zu mindern, dass der Befragte sein Antwortverhalten implizit an einer durch den Interviewer vermittelten, vermeintlichen ‚social desirability‘ orientiert.

Eine konstruktive diskursive Interviewsituation setzt freilich inhaltlich wie sozial in hohem Maße kompetente Interviewer/innen voraus. Damit sich ein Manager auf diese für das Forschungsvorhaben fruchtbare, diskursiv-argumentative Interviewsituation einlässt, muss ihm – das ist eine notwendige Voraussetzung – der Interviewer wenigstens halbwegs kompatibel und ‚gleichgewichtig‘ erscheinen. Dies hat, das sei hier nur am Rande erwähnt, häufig auch etwas mit Alter und Status der ForscherInnen zu tun: Je höher die eigene Qualifikation, der formale Status oder der Umfang des Verantwortungsbereiches ist, umso höher steigt auch die implizite Erwartung von Managern an die formelle Ausgewiesenheit des Gegenüber. Unpromovierte ‚Youngster' aus der Wissenschaft können da – völlig unabhängig von ihrer wahren Kompetenz – in den Augen von Management-Vertretern kaum bestehen. Wenigstens promoviert sollte der Sozialforscher sein, wenn die Universität schon keinen ‚richtigen Professor' geschickt hat.[9]

Abgesehen von solchen Statusfragen setzt ein funktionierendes diskursiv-argumentatives Experteninterview mit Managementvertretern in der Tat aber auch einen Expertenstatus der Interviewer voraus: Je mehr man im Verlauf des Interviews in der Lage ist, immer wieder kompetente Einschätzungen, Gründe und Gegenargumente einfließen zu lassen, umso eher sind Manager bereit, nun ihrerseits ihr Wissen und ihre Positionen auf den Tisch zu legen – und ihre subjektiven Relevanzstrukturen und Orientierungsmuster in nicht-strategischer Absicht offenzulegen.

## VI.

Während sich im gerade diskutierten Fall die Interviewtechnik sinnvollerweise im Spektrum betrieblich typischer (‚nicht-narrativer') Formen der Alltagskommunikation bewegte, ist es im Fall von Managementstudien mit einer eher lebensweltlichen Ausrichtung (wie etwa der Untersuchung über ‚Lebensarrangements von Führungskräften') durchaus möglich bzw. je nach konkretem Erkenntnisinteresse eventuell gar geboten, die Übergangsphase im Interview nach der Anfangssequenz dazu zu nutzen, in eine Narrationsphase überzuleiten und einen Erzählimpuls zu setzen, der den Befragten zu einer längeren Stehgreiferzählung animieren soll. Dies kann, muss aber nicht gelingen. So gab es in besagtem Projekt immer wieder (insgesamt aber wenige!) Fälle, die sich trotz der inhaltlichen Ausrichtung des Vorhabens auf die außerbetriebliche Lebenssphäre im Interview nicht so recht von ihrer Berufsrolle und den entsprechenden Kommunikationsformen lösen mochten. Das Projektteam hatte sie ja zunächst als Manager, also als betriebliche Funktionsträger, angesprochen – und es fiel ihnen auch nach Lockerung der Gesprächsatmosphäre außerordentlich schwer, sich von dieser Rolle im Interviewverlauf zu verabschieden. Die Tatsache, dass die Interviews im Betrieb stattfanden, mag es manchem zusätzlich erschwert haben, sich aus den

9 Ähnliches gilt für das askriptive Merkmal ‚Alter'. Einen Werkleiter in den Mitfünfzigern zu interviewen, wird einem ähnlich alten Sozialforscher leichter gemacht als seinem Kollegen Anfang 30; allerdings scheint es so zu sein, dass Alter in gewissen Grenzen über Titel und Status kompensiert werden kann.

betriebstypischen Kommunikationsmodi zu lösen. Die entsprechenden Interviews verblieben weitgehend im Frage-Antwort-Modus; auch die Möglichkeit des Umschaltens auf den ‚handlungsentlasteten Diskurs' war bei dieser Thematik an der Schnittstelle zwischen Betrieb und Privatleben nicht gegeben: Bei diesem Gegenstand gehört der entsprechende Kommunikationsmodus offensichtlich nicht zum Repertoire alltäglicher Gesprächsführung, an die man als Forscher im Interview weitgehend problemlos anschließen kann.

## VII.

Zusammenfassend bleibt festzuhalten: Es gibt kein einheitliches Idealrezept zur interviewtechnischen Durchführung von Befragungen von Managern, sondern auch hier gilt die allgemeine methodologische Regel der Gegenstandsadäquanz der genutzten Verfahren. Diese müssen sich wesentlich orientieren an dem gegenstandsspezifischen Spektrum von Kommunikationsformen, die in dem jeweiligen sozialen Praxisfeld der Befragten, auf das das Interview inhaltlich abstellt, vorgängig sind bzw. dort problemlos zu aktualisieren sind. Nur so bleibt die methodologische Forderung qualitativer Sozialforschung gewahrt, der Forschungsprozess müsse sich den im Feld vorfindlichen Strukturen der Alltagskommunikation fügen.

Die oben für die Anfangssequenz von Experteninterviews mit Managern als typisch herausgestellte Frage-Antwort-Struktur der Befragungssituation, wie auch die während der zweiten Phase des Interviews ‚argumentativ-diskursive' Gesprächsstruktur im einen bzw. die stärker narrative Interviewführung im anderen Fall erfüllen in den diskutierten Fällen dieses zentrale Gütekriterium qualitativer Sozialforschung: Zum einen verletzen sie jeweils nicht die Erwartungshaltung der Befragten an den Gesprächsverlauf; zum anderen sind sie jeweils anschlussfähig an die dem Forschungsprozess vorgängigen Strukturen der Alltagskommunikation, so dass der Prozess der Entfaltung der im Alltag wirksamen subjektiven Relevanzstrukturen als optimal unterstützt gelten kann.

Im Falle einer betriebszentrierten Thematik hängt der ‚Erfolg' einer frage-antwort-basierten bzw. ‚argumentativ-diskursiven' Gesprächsführung nicht zuletzt damit zusammen, dass es der betrieblichen Handlungssituation von Managern entspricht, ihre Positionen – etwa vom Betriebsrat oder ihren Vorgesetzten – in Frage gestellt zu sehen, dass sie also für ihre Positionen begründungspflichtig sind. Obwohl die Interviewsituation – verglichen mit der betrieblichen Alltagssituation – als ‚offener' gelten kann, bzw. grundsätzlich weniger durch die Notwendigkeit zu ‚taktischem' Verhalten geprägt ist, ist die ‚argumentativ-diskursive' Interviewführung in thematisch zentrierten Expertengesprächen in diesem Forschungskontext damit dem Gegenstand angemessen. Gleiches gilt für die eher narrative Grundstruktur lebensweltlicher Kommunikation und die entsprechend darauf eingehende Interviewführung im zweiten Fall einer Thematik, die eher auf außerbetriebliche Lebenszusammenhänge zielt.

Ausgangspunkt der Ausführungen war das ausgeprägte methodologische und methodische Desinteresse an Experteninterviews auch unter Vertretern des qualitativen Paradigmas, dem dieses Verfahren im Grunde zuzuordnen ist. Diese Geringschätzung des leitfadengestützten Interviews als ‚schmutzigem' Verfahren dürfte – so war unsere Ausgangsthese – nicht zuletzt auf die Fetischisierung einer möglichst schwach ausgeprägten Interviewer-Intervention im qualitativen Paradigma zurückzuführen sein. Dies basiert auf der – wie ich oben gezeigt habe – inhaltlich nicht haltbaren Verabsolutierung von Regeln alltäglicher Kommunikation aus ganz spezifischen sozialen Kontexten. Das hieraus resultierende prinzipielle Drängen auf ‚Selbst-Leugnung' oder doch zumindest ‚Zurücknahme' des Interviewers kann – wie gezeigt werden konnte – in spezifischen Forschungskontexten methodologischer und methodischer Unsinn sein. Gerade wenn man die Grundregeln qualitativer Sozialforschung ernst nimmt – also etwa die von Hoffmann-Riem als ‚Schlüsselprinzip' des interpretativen Paradigmas bezeichnete Regel,

> „dass der Forscher den Zugang zu bedeutungsstrukturierten Daten im allgemeinen nur gewinnt, wenn er eine Kommunikationsbeziehung mit dem Forschungssubjekt eingeht und dabei das kommunikative Regelsystem des Forschungssubjekts in Geltung lässt" (1980: 346f.),

ist es mitunter zwingend, zwar die Offenheit der Interviewsituation zu bewahren, gleichwohl aber strukturierend und argumentierend zu intervenieren. Nach wie vor gilt: Bei der Wahl des Interviewverfahrens gibt es keinen Königsweg, der sich abstrakt aus methodologischen Vorüberlegungen ableiten lässt, sondern lediglich ein angemessenes Kriterium: das der Gegenstandsadäquanz!

## Literatur


Behnke, Cornelia/Liebold, Renate (2000): Zwischen Fraglosigkeit und Gleichheitsrhetorik – Familie und Partnerschaft aus der Sicht beruflich erfolgreicher Männer. In: Feministische Studien, Jg. 18, S. 64-77

Cicourel, Aaron Victor (1970): Methode und Messung in der Soziologie. Frankfurt/M.

Ellguth, Peter/Liebold, Renate/Trinczek, Rainer (1998): ‚Double-Squeeze' – Manager zwischen veränderten beruflichen und privaten Herausforderungen. In: Kölner Zeitschrift für Soziologie und Sozialpsychologie, Jg. 50, S. 517-335

Hoffmann-Riem, Christel (1980): Die Sozialforschung einer interpretativen Soziologie. Der Datengewinn. In: Kölner Zeitschrift für Soziologie und Sozialpsychologie, Jg. 32, S. 339-372

Kern, Bärbel/Kern, Horst/Schumann, Michael (1988): Industriesoziologie als Katharsis. In: Soziale Welt, Jg. 39, S. 86-96

Lamnek, Siegfried (1989): Qualitative Sozialforschung, Bd.2: Methoden und Techniken. München

Liebold, Renate (2001): ‚Meine Frau managt das ganze Leben zu Hause...‘ Partnerschaft und Familie aus der Sicht männlicher Führungskräfte. Wiesbaden

Liebold, Renate/Trinczek, Rainer (2002): Experteninterview. In: Kühl, Stefan/Strodtholz, Petra (Hg.): Methoden der Organisationsforschung. Ein Handbuch. Reinbek S. 33-71

Merton, Robert K./Fiske, Majorie/Kendall, Patricia L. (1956): The focused interview: a manual of problems and procedures. Glencoe (Ill.)

Merton, Robert K./Kendall, Patricia L. (1946): The focused interview. In: American Journal of Sociology, Jg. 51, S. 541-557

Merton, Robert K./Kendall, Patricia L. (1979): Das fokussierte Interview. In: Hopf, Christel/Weingarten, Elmer (Hg.): Qualitative Sozialforschung. Stuttgart, S. 171-204

Meuser, Michael/Nagel, Ulrike (1989): Experteninterviews – vielfach erprobt, wenig bedacht. Ein Beitrag zur qualitativen Methodendiskussion. Arbeitspapier Nr. 6 des Sonderforschungsbereichs 186 der Uni Bremen ‚Statuspassagen und Risikolagen im Lebensverlauf‘. Bremen

Meuser, Michael/Nagel, Ulrike (1994): Expertenwissen und Experteninterview. In: Hitzler, Ronald/Honer, Anne/Maeder, Christoph (Hg.): Expertenwissen. Die institutionalisierte Kompetenz zur Konstruktion von Wirklichkeit. Opladen, S. 180-192

Meuser, Michael/Nagel, Ulrike (1997): Das Experteninterview. Wissenssoziologische Voraussetzungen und methodische Durchführung. In: Friebertshäuser, Barbara/Prengel, Annedore (Hg.): Handbuch Qualitative Forschungsmethoden in der Erziehungswissenschaft. Weinheim und Basel, S. 481-491

Schütze, Fritz (1977): Die Technik des narrativen Interviews in Interaktionsfeldstudien – dargestellt an einem Projekt zur Erforschung von kommunale Machtstrukturen. Ms. Bielefeld

Schütze, Fritz/Meinefeld, Werner/Springer, Werner/Weymann, Ansgar (1981): Grundlagentheoretische Voraussetzungen methodisch kontrollierten Fremdverstehens. In: Arbeitsgruppe Bielefelder Soziologen (Hg.): Alltagswissen, Interaktion und gesellschaftliche Wirklichkeit. Opladen, 5. Auflage, S. 433-529

Trinczek, Rainer (1993): Management und betriebliche Mitbestimmung. Eine Typologie kollektiver Orientierungsmuster. Habil-Schrift. Erlangen

Trinczek, Rainer (1995): Experteninterviews mit Managern: Methodische und methodologische Hintergründe. In: Brinkmann, Christian/Deeke, Axel/Völkel, Brigitte (Hg.): Experteninterviews in der Arbeitsmarktforschung. Diskussionsbeiträge zu methodischen Fragen und praktische Erfahrungen (=BeitrAB 191). Nürnberg, S. 59-67

# ExpertInnengespräche in der interpretativen Organisationsforschung

*Ulrike Froschauer und Manfred Lueger*

Seriöse und wissenschaftlich fundierte Strategien zur Erkundung eines Forschungsgegenstands operieren mit methodologischen Basisannahmen, welche die Besonderheiten des Untersuchungsbereiches in die Analyseprozeduren einschreiben. Auf diese Weise reguliert die zugrunde gelegte Methodologie von der Definition relevanter Forschungsfragen über die Charakteristik der selektiv gesammelten oder generierten Materialien bis hin zur interpretierenden Umarbeitung der Analyseergebnisse zu einem Bericht den Forschungsprozess. Der vorliegende Beitrag konzentriert sich dabei auf die Frage, wie aus der methodologischen Perspektive einer interpretativen Sozialforschung der Gegenstandsbereich „Organisation" betrachtet werden kann (erster Argumentationsschritt), um daraus Konsequenzen für die Bedeutung verschiedener Typen von Expertisen und verfahrenstechnische Spezifika für die Charakteristik und Anwendbarkeit von ExpertInnengesprächen abzuleiten (zweiter Argumentationsschritt). Im Zuge dessen werden drei verschiedene Typen von Expertisen mit jeweils spezifischen Funktionen im Forschungsprozess unterschieden. Anhand einer Fallstudie wird anschließend die systematische Einbindung von ExpertInnengesprächen in ein interpretatives Forschungsdesign thematisiert (dritter Argumentationsschritt).

## 1. Interpretative Organisationsforschung

Interpretative Organisationsforschung orientiert sich in groben Zügen an zwei Leitperspektiven: dem *Konstruktionismus*, der den Prozess der Wirklichkeitserkenntnis an Kommunikation und die Verankerung der Menschen in differenzierten Kollektiven bindet (z.B. Frindte 1998, Baecker u.a. 1992, Gergen 1994), und am generellen Verständnis von *gesellschaftlicher Wirklichkeit als soziale Konstruktion* (Berger/Luckmann 1980). Interpretative Organisationsforschung schließt dabei an methodologische Positionen an, die den gemeinsamen Aufbau von Wirklichkeit als Bedingung der Herstellung kollektiver Handlungsformen fokussieren (z.B. Berger/Luckmann 1980, Luckmann 2006, Gergen 2000, Lueger 2001). Demnach sind Organisationen zugleich Bedingung und Konsequenz der sozialen Welt: Zwar setzen sie die Rahmenbedingungen für den Aufbau sozialer Wirklichkeitsvorstellungen und strukturieren dadurch die Handlungsorientierung der AkteurInnen in Organisationen und deren relevantem Umfeld; aber umgekehrt konstituieren diese Handlungsweisen erst Realität als subjektunabhängiges Phänomen. Insofern wird auch die Umwelt nicht bloß von der Organisation beobachtet, was Weick (2003: 190ff.) mit dem Begriff „*enactment*" auf den Punkt bringt: Indem Organisationen in Hinblick auf die Umwelt handeln, bringen sie sowohl sich selbst als auch ihre Umwelt hervor und gestalten diese aktiv.

Die Entwicklung kollektiver Orientierungen und individueller Handlungsfähigkeit erfolgt dabei in der Auseinandersetzung mit der sozialen Umwelt und den Anforderungen an soziale Kooperation. Im Prozess sozialisatorischer Internalisierung in einem spezifischen organisationalen Umfeld entwickeln AkteurInnen sozial typisierte Interpretationsschemata (vgl. Fleck 1994), die den Sinnzusammenhang für eine kollektiv verbindliche Handlungskoordination herstellen. Die Interaktionspraxis, d.h. das Zusammenspiel der kommunikativen Handlungen in einem sozialen Feld, machen es möglich, Interaktionserfahrungen zu einem wechselseitig anschlussfähigen Weltbild zur gemeinsamen Bewältigung von Handlungsanforderungen zu formen. Kollektive Deutungsmuster sind daher keineswegs bloße Einstellungen, sondern Argumentationszusammenhänge, die funktional auf gemeinsam geteilte Handlungsprobleme bezogen sind (Knoblauch 2005: 178f.).

Die interindividuelle und interaktive Konstruktion der Wirklichkeit organisiert auf diese Weise den Aufbau subjektiver Sinn- und Wissensstrukturen als Teil einer gemeinsamen organisationalen Praxis. Weick (1995) spricht in diesem Zusammenhang konsequent vom Prozess der *Sinngenerierung* in Organisationen, der die Menschen handlungsfähig macht, indem er die Welt mit Kohärenz unterlegt und dadurch Ordnung bzw. Erwartbarkeit schafft. Über diese individuelle Sinngenerierung hinaus produziert das Kollektiv Interaktionsmuster, die sich als objektiv latente Sinnstrukturen dem individuellen Bewusstsein und dem intentionalen Zugriff Einzelner entziehen. Organisationstheoretisch wird in diesem Entwicklungsprozess der kollektive Aufbau von Wirklichkeit als Bedingung der Herstellung gemeinsamen Handelns fokussiert, aber gleichzeitig wird dieser Aufbau von Wirklichkeit als Ausdruck des Handlungskontextes interpretiert.

Interpretative Organisationsanalysen können sich daher nie auf eine gleichsam ‚objektiv' gegebene ‚Realität' der Organisation beziehen, sondern müssen auf die Bedingungen und die Konkretisierung des intersubjektiven Aufbaues der von „*Deutungskollektiven*" (vgl. Fleck 1994) geteilten Betrachtungsweisen von Organisation rekurrieren, die analytisch als Reaktionen auf objektive Problemlagen behandelt werden. In diesem Prozess sind weder Objekte noch Ereignisse oder Handlungsweisen an sich sinnvoll, sondern erhalten ihren Sinn und ihre Bedeutung erst aufgrund ihrer Einbettung in Handlungsanforderungen und verfügbare Deutungsrahmen. Da, worauf auch Goffman (1993) verweist, dieser Rahmen bestimmt, wie das Betrachtungsobjekt abgegrenzt wird und in welchen kontextuell definierten Sinnhorizont die Interpretation erfolgen kann, erweist sich der Prozess der kontextgebundenen Sinngenerierung als entscheidende Komponente interpretativer Organisationsanalysen. Die *Kommunikation* als sinngenerierender Prozess, der *Sinn* selbst als Ordnungsform des Erlebens und Handelns sowie die *Strukturierung* als Produktion von Ordnung bilden hierbei zentrale Elemente (Froschauer 2006: 194f.):

- *Kommunikation*: Sie vereinigt nach Luhmann (1984: 114ff.) drei Selektionsebenen, nämlich die Selektion einer Information, einer Mitteilung und eines Verstehens. Eine ausgewählte Information wird dabei nicht einfach übertragen, sondern sie muss erst aus der Mitteilung, mit deren Hilfe sie beobachtbar gemacht und in den Kommunikationsprozess eingeführt wird, rekonstruiert werden. Deshalb kann die aus der Mitteilung erschlossene Information eine andere als die ursprünglich intendierte sein. Will man daher verstehen, was in Organisationen passiert, reicht es nicht, die manifesten Bedeutungen des Redens oder Handelns ins Kalkül zu ziehen. Vielmehr ist aufgrund der Kontextgebundenheit von Sprachbedeutungen eine Analyse der sozialen Einbettung von Mitteilungen nötig.
- *Sinn*: Um Handeln aufeinander abstimmen zu können, bedarf es des Sinns als Ordnungsform menschlichen Erlebens (Luhmann 1982: 31), der als Bezugsgröße im Bewusstsein gestiftet wird (Schütz/Luckmann 1984:13). Allerdings bleibt der gemeinte Sinn einzelner Handelnder für die Forschung unerreichbar. Daher rücken andere Sinnformen in den Vordergrund interpretativer Analysen: (a) die Typisierung des subjektiven Sinns, den Handelnde als gedachten Typus für sich in Anspruch nehmen könnten (Weber 1980: 1); (b) der in die Phänomene als Strukturierungsprinzip eingelassene objektive Sinn (Schütz 1981: 42ff., 186ff.); und (c) der praktische Sinn (Bourdieu 1987), der durch die in einem konkreten sozialen Feld sozialisatorisch eingeübten Interpretations- und Handlungspraktiken zum Ausdruck kommt und eine Brücke zwischen dem Weltverständnis (subjektiver Sinn) und der Welt (objektiver Sinn) schlägt.
- *Strukturierung*: Handelnde stehen in sozialen Systemen grundsätzlich vor der widersprüchlichen Aufgabe, Komplexität gleichermaßen aufzubauen, um Wissen über die Umwelt und damit die Voraussetzung von Handlungsfähigkeit herzustellen, und zu reduzieren, um eine sinnhafte Ordnung zu erzeugen. Diese Ordnung beruht auf der Herstellung von Erwartungssicherheit (etwa in Folge der Generalisierbarkeit von Ver-

haltenserwartungen) und auf Regeln der Interpretation von Beobachtungen innerhalb eines Sinnhorizonts. Da Strukturen die Einbindung konkreter Subjekte oder Gegenstände in topologische und relationale Ordnungen definieren (vgl. Deleuze 1992: 15f.) jedoch als Ausdrucksmöglichkeiten von Phänomenen unsichtbar bleiben, lassen sich nur die ausdrucksmaterialen Träger beobachten. Diesen wiederum liegen objektiv-latente Sinnstrukturen als Produkt eines unbeobachtbaren, aber formal als Algorithmus zu verstehenden Regelsystems zugrunde, welches aus den materialen Ausdrucksgestalten als Regelanwendung erschließbar ist (Oevermann 1993: 114ff.).

Interpretative Organisationsanalysen operieren daher in einem methodologischen Rahmen, der ein angemessenes Verständnis von Organisationen an mehreren Überlegungen festmacht: die dialektische (Re-)Produktion von Realität und Wirklichkeit (als individuelle und kollektive Vorstellung), die auf kommunikativen Prozessen der Sinngenerierung aufbaut und deren latente Strukturierung sich in den Handlungs- und Sichtweisen der AkteurInnen manifestiert. Die methodologische Bestimmung von ExpertInnenwissen muss daher in diesem Zusammenhang die kommunikative Basis der Organisationsdynamik, die spezifische Form der Sinngenerierung und die spezifische Ordnung der strukturellen Integration von Organisationen in ihrer Differenziertheit berücksichtigen.

## 2. ExpertInnengespräche im Rahmen interpretativer Organisationsforschung

Vor dem Hintergrund interpretativer Sozialforschung wird klar, dass der Schlüssel zum Verständnis von Organisationen im Verständnis der Produktion von Ordnung und somit Sinn liegt. Im Zentrum stehen kommunikative Prozesse der Generierung von Informationen, die in einen lebensweltlichen und organisationalen Kontext eingebettet zu einem geordneten Ganzen als Wissen zusammengefügt werden. Die Durchführung von Organisationsanalysen gründet sich daher auf zwei Basiskomponenten: die Kenntnis des Prozesses der Wissenserzeugung und die Inhalte dieses dadurch generierten Wissens, das in irgendeiner Form stabilisiert und verfügbar gemacht werden muss. Im Forschungsprozess können ExpertInnen wertvolle Hinweise auf beide Komponenten geben. Dafür ist jedoch zu klären, worin relevante Expertisen im Rahmen interpretativer Organisationsanalysen bestehen können.

### *2.1 Verschiedene Typen von Expertisen*

Gängigen Vorstellungen über *ExpertInnen* zufolge verfügen diese über ein explizites Sonderwissen, das sie sich über eine spezifische Ausbildung angeeignet haben und sie in die Lage versetzt, ein thematisches Gebiet zu überblicken, bestimmte Fragestellungen einer Klärung zuzuführen oder Probleme zu lösen (vgl. Hitzler 1994 oder das Stufenmodell zur Erlangung einer Expertise von Dreyfus/Dreyfus 2005). Sie werden von ihrer Umwelt daher auch mit Erwartungen konfrontiert, die ihre Expertise legitimieren: Das Wissen muss sich vom Alltagswissen unterscheiden (sonst wäre es kein ExpertInnenwissen), es ist nicht allen zugänglich (sonst bräuchte man keine ExpertInnen), das Wissen erweist sich alltäglichem Wissen als überlegen (sonst könnte man sich auf das eigene Wissen verlassen), es bedient sich einer theoretischen Perspektive (sonst hätte es keinen Erklärungswert). Es ist also nicht nur der Inhalt des Wissens, sondern auch die spezifische Ordnung der Wissensrepräsentation, die ihre Expertise charakterisiert (vgl. de Sombre/Mieg 2005: 59f.). Die Funktion von ExpertInnen liegt nun darin, Deutungshilfen bei Unsicherheit zu geben (z.B. vor Gericht) oder komplexe Probleme lösbar zu machen (z.B. OrganisationsberaterInnen). Damit sie diese Funktion erfüllen können, muss der ExpertInnenstatus anerkannt sein, der auf verallgemeinerbare Weise durch einen besonderen Ausbildungsabschluss untermauert werden kann, aber in der jeweiligen Situation der glaubhaften Vermittlung bedarf (vgl. Honer 1994: 49ff.). Aber eine solche Expertise kann im Kontext einer interpretativen Organisationsanalyse nur bedingt zum Verständnis der Operationsweise einer Organisation und ihrer Mitglieder beitragen, weil es sich nur als Anwendung von Wissen auf den Untersuchungsgegenstand bezieht. Daher muss im vorliegenden Zusammenhang der Begriff der Expertise weiter gefasst werden:

Meuser und Nagel (1991: 442f.) nennen als eine Bedingung für Expertisen die Teilnahme am Handlungsfeld, wobei der ExpertInnenstatus von den ForscherInnen gemäß ihrem Forschungsinteresse zugestanden wird (relationaler ExpertInnenstatus). Als ExpertIn gilt demnach, „wer in irgendeiner Weise Verantwortung trägt für den Entwurf, die Implementierung oder die Kontrolle einer Problemlösung oder wer über einen privilegierten Zugang zu Informationen über Personengruppen oder Entscheidungsprozessen verfügt.“ (Meuser/Nagel 1991: 443) Damit ist der ExpertInnenstatus zweifach bestimmt: durch die *Zuschreibung der Expertise* durch ForscherInnen und die Annahme einer *ungleichen Verteilung von Wissen*, das als Sedimentierung, Einlagerung und Verfügbarkeit von privilegierter Erfahrung gesehen wird.

Darüber hinaus ist der lebensweltliche Wissensvorrat, wie Schütz und Luckmann (1979: 133ff.) meinen, an die Situiertheit biographischer Erfahrungen des Subjekts gebunden und dient der Bewältigung alltäglicher Situationen. Bourdieu geht noch weiter, indem er den Habitus ins Zentrum stellt, der als Wahrnehmungs-, Interpretations- und Handlungsmatrix fungiert und solcherart ein generatives Prinzip der Praxis bildet (Bourdieu 1979: 169f.; 1987: 103f.). Das Verhalten der Menschen kann sich dieser Vorstellung zufolge ohne direkte Kommunikation aufeinander abstimmen, indem sich die Habitusformen von Menschen aufgrund ähnlicher Lebensumstände und -bedingungen homogenisieren. Individuelles Handeln ist somit keineswegs rein subjektiv, es ist aber ebenso nicht ausschließlich an objektive Gegebenheiten gebunden, sondern folgt dem in der Lebenspraxis anhand der Erfahrungen gebildeten Alltagsverstand. Wissen ist in den Habitus als strukturiertes Prinzip inkorporiert und wirkt generativ als strukturierendes Prinzip. Dieses Wissen ist somit immer ein praktisches Wissen, welches nicht im Bewusstsein, sondern in den praktischen Tätigkeiten verankert ist.

Nimmt man diese Positionen ernst, so muss sich sozialwissenschaftliche Empirie vorrangig mit dem Wissen jener Menschen auseinandersetzen, die in Organisationen bzw. deren relevantem Umfeld involviert sind. Damit lassen sich im interpretativen Forschungsprozess primär die folgenden drei Typen von Expertisen unterscheiden, die durch eine zunehmend abstrahierende Distanzierung vom praktischen Handlungswissen im Untersuchungsfeld gekennzeichnet sind:

- Die *feldinterne Handlungsexpertise*: Das Wissen dieser Gruppe ist vorrangig Erfahrungswissen, das aus der Teilnahme an Aktivitäten im Untersuchungsfeld entstammt (etwa im Sinne der „Experten des Alltags", Hörning 2001). Es beruht in hohem Maße auf direkter Beobachtung erster Ordnung und ist in der Regel als implizites Wissen (Oevermann 2001, Polanyi 1985) in den Wahrnehmungs-, Denk- und Handlungsweisen eingelagert. In der Ausformung darauf aufbauender sozialer Praktiken zeigt sich die soziale Differenzierung in verschiedene Handlungsfelder und deren Zusammenspiel, weshalb diese Expertise für das tiefere Verständnis der Logik des Untersuchungsgegenstandes und zur Produktion neuer Erkenntnis unverzichtbar ist. Das Wissen der feldinternen ExpertInnen ist extrem heterogen, weil auf Subjektebene die Sedimentierung von Erfahrungen durch den lebensweltlichen Hintergrund und subjektive Relevanzstrukturen geleitet ist.
- Die *feldinterne Reflexionsexpertise*: Diese Expertise beruht auf Primär- und Sekundärerfahrungen, bezieht sich aber über das Handlungswissen hinaus auf größere Zusammenhänge. Dieses Wissen entwickelt sich in erster Linie dort, wo Handelnde strukturell auf Beobachtung zweiter Ordnung angewiesen sind (zu beobachten, wie andere beobachten) und in ihren Interaktionen systematisch feldinterne und feldexterne Grenzen überschreiten. Weil Personen mit Reflexionsexpertise an organisationalen Schnittstellen agieren, sind sie meist notgedrungen aufmerksame BeobachterInnen des organisationalen Kontextes, die verschiedene Teilperspektiven zu einem Ganzen zusammenfügen. Dieses Wissen ist

daher stärker relational geprägt, reflexiver und abstrakter als konkretes Handlungswissen. Explizierbar ist dieses Wissen vor allem, wenn die offizielle Sicht der Organisation angesprochen ist, unterliegt aber vielfach Thematisierungsschranken.

– Die *externe Expertise*: Diese Gruppe verfügt fundiertes theoretisches Wissen über den Gegenstandsbereich, den sie, gestützt auf Sekundärerfahrungen und Beobachtungen zweiter Ordnung, von verschiedenen Seiten und in verschiedensten (intra- und interdisziplinären) Facetten beleuchten kann. Die Aufgabe der Wissenschaft ist es, dieses Reflexions- und Sonderwissen in die Forschungsarbeit zu integrieren. Dazu kann es im Forschungsprozess zur Planung beitragen, Hinweise für die Ausarbeitung spezifischer Kontextannahmen bieten oder im Nachhinein als Hinweise zur Prüfung, Einordnung oder Kontrastierung der gewonnenen Ergebnisse dienen. Externen ExpertInnen mit wissenschaftlich abstrahiertem und systematisch produziertem Sonderwissen kann in interpretativen Organisationsanalysen nur eine randständige Bedeutung zukommen, weil ihnen praktisches Handlungs- bzw. Erfahrungswissen vielfach fehlt. Eine solche Expertise reproduziert das bereits verfügbare Wissen und entreißt der Forschung die Themenkontrolle.

Der Großteil des für interpretative Organisationsanalysen entscheidenden ExpertInnenwissens ist daher aus Elementen des gesellschaftlich verfügbaren Wissensbestandes abgeleitet, der über Beobachtung, Interaktion bzw. allgemein im Sozialisationsprozess vermittelt wird (Schütz/Luckmann 1979: 314ff.). Das in Organisationen gehandhabte Erfahrungswissen ist somit ein sozial angeeignetes Wissen, das die internen Differenzen zwischen jenen Personengruppen spiegelt, die aus jeweils intern vergleichbaren, aber nach außen verschiedenen Situationen heraus agieren. Die entsprechenden Sinnstrukturen sind zugleich Grund und Folge organisationsinterner Kooperationsbeziehungen und Grenzziehungen und repräsentieren die organisationsspezifische Wissensverteilung. Diesen *feldinternen ExpertInnen der Praxis* wird im Forschungszusammenhang deshalb kein Laienstatus zugewiesen, weil nicht deren Alltagswissen relevant ist, sondern ihr *Sonderwissen*, das für erfolgreiches Handeln in spezifischen Organisationsbereichen erforderlich ist.

Die Verteilung des wissenschaftlich ausgerichteten Wissens *externer ExpertInnen* folgt dagegen institutionalisierten Prozessen der Vermittlung von Kompetenzen (entlang inter- und intradisziplinären Grenzziehungen, thematischen Zentrierungen etc.), die im Ausbildungssystem ihre Entsprechung finden. Dabei gibt es einen Grundbestand an Kenntnissen, der als Lehrbuchwissen eine relativ homogene Basis an allgemein akzeptierten Einsichten repräsentiert. Das zugrundegelegte Deutungskollektiv ist die jeweils vertretene Disziplin oder Subdisziplin, in der auch die Anerkennungsregeln definiert werden, hat aber immer nur bedingt mit der jeweils gerade analysierten Organisation zu tun. Eine Spezialform wäre hier die *Forschungsexpertise:* Diese konzentriert sich auf die Methodik der Planung, Organisierung und Durchführung von Forschungsprozessen und bezieht sich auf den systematischen Prozess der Erlangung eines inhaltlichen Wissens über das Forschungsgebiet. Dafür widmet sie sich der sozialwissenschaftlichen (Re-)Konstruktion zweiter Ordnung, die auf der Rekonstruktion eines sozialen Feldes beruht, in dem es ExpertInnenwissen und ExpertInnen als alltagsweltliche Phänomene gibt („Experten für uns"; vgl. Amann 1994: 35). Dieser Typ bleibt jedoch in den weiteren Ausführungen ausgeklammert, weil er sich auf die methodische Vorgangsweise und nicht auf die inhaltliche Wissensgenerierung bezieht.

In allen drei Fällen ist es möglich als Subkategorie das *Spezialistentum* zu unterscheiden, dessen Schwerpunkt auf der Anwendung von Fachwissen zur Problemlösung liegt (vgl. Hitzler 1994: 22f.). Da sie über Spezialkompetenzen zur Lösung funktionalspezifischer Probleme verfügen, ist dieses Wissen für das Verständnis der Organisation nur von begrenzter Bedeutung: externe SpezialistInnen haben kaum den Überblick über das Gesamtfeld einer Thematik, weshalb dieses Wissen für einen Überblick und für die Kontrastierung der Ergebnisse nur beschränkt hilfreich ist; interne SpezialistInnen können zwar wichtige Hinweise über spezifische Fragestellungen geben, aber dies betrifft die Ebene manifester Inhalte und nicht die Ebene latenter Sinnstrukturierung, die jedoch für das Verständnis organisationaler Dynamik bedeutend wichtiger ist. Dennoch kann es für die ForscherInnen wichtig sein, SpezialistInnen (etwa für bestimmte Auswertungs- oder Interpretationsfragen) im Verlauf der Studie in das Team zu integrieren.

### *2.2 Verfahrenstechnische Konsequenzen für ExpertInnengespräche*

An die verschiedenen Typen von Expertisen knüpfen sich jeweils spezifische Anforderungen an Erhebungs- und Interpretationsverfahren. Aus diesem Grund soll kurz ihre Bedeutung für den Umgang mit verschiedenen Verfahren der Gesprächsführung und der -auswertung ausgelotet werden:

– Die *feldinterne Handlungsexpertise*: Diese bildet einen Schwerpunkt interpretativer Organisationsanalysen. Da dieses Wissen an Personen bzw. Kollektive gebunden ist, in spezifischen Situationen aktiviert wird und nur begrenzt explizierbar ist (Unbewusstheit), lässt es sich nicht mittels präzisen Fragens im Gespräch aktualisieren, sondern muss weitgehend aus der Form der Wissensrepräsentation erschlossen werden. Da in solchen Gesprächen nicht sosehr der manifeste Inhalt bedeutsam ist, sondern die Ausdrucksgestalt der Erzählung, in der organisationale Praktiken ihren Niederschlag finden, bieten sich für die Aktivierung dieser Expertise offene und erzählgenerierende Formen der Gesprächsführung an

(z.B. Schütze 1977, Froschauer/Lueger 2003, Küsters 2006, Glinka 1998, Holstein/Gubrium 2003). Eine solche Gesprächstechnik nötigt aufgrund des Freiraumes den jeweiligen GesprächspartnerInnen Strukturierungsleistungen ab, die als Ausdruck der Organisationsdynamik wichtige Hinweise für das Verständnis der Organisation geben. Darüber hinaus sind Mehrpersonengespräche sinnvoll, um die Dynamik von Gesprächen in Organisationen verstärkt zum Ausdruck zu bringen (Froschauer/Lueger 2003: 55ff.). Inhaltlich beziehen sich diese Gespräche primär auf die alltäglichen Situationen und Praktiken in Organisationen bzw. deren Umfeld. Auf der Interpretationsseite sind Verfahren angemessen, welche sich zur Analyse latenter Bedeutungsstrukturen eignen, wie dies etwa für die sozialwissenschaftliche Hermeneutik gilt (vgl. Hitzler/Honer 1997; insbesondere Varianten der objektiven Hermeneutik; vgl. Oevermann u.a. 1979, Oevermann 1984, Lueger 2000, Froschauer/Lueger 2003). Hier ist auch anzumerken, dass die Auswahl solcher ExpertInnen die soziale Differenziertheit der Organisation berücksichtigen muss, um nicht einseitige Perspektiven zu verabsolutieren.
- Die *feldinterne Reflexionsexpertise*: Hier lässt sich nahtlos an die Ausführungen zum obigen Punkt anschließen. Der einzige Unterschied besteht in einer verschobenen Schwerpunktsetzung, der über die unmittelbaren Arbeitsbezüge hinausgeht und in größerem Ausmaß die internen Beziehungen zwischen den Organisationseinheiten bzw. zwischen der Organisation und ihrer Umwelt berücksichtigt.
- Die *externe Expertise*: Im Gegensatz zum in der wissenschaftlichen Literatur verfügbaren Wissen können Gespräche mit dieser Gruppe auf die konkrete Untersuchung zentriert werden und damit ansonsten verstreute Hintergrundinformationen verfügbar machen. Dieser Typ stellt weder an die Gesprächsführung noch an die Interpretation hohe Anforderungen, weil im Zentrum des Interesses das formulierbare explizite Wissen steht. In solchen Fällen ist es sinnvoll, sich das ExpertInnenwissen im Gespräch möglichst frei ausarbeiten zu lassen, durch gezielte Fragen zur Vertiefung anzuregen und seine Grenzen auszuloten. In der Analyse werden dann die manifest angesprochenen Inhalte kondensiert, ausgearbeitet und in einen systematischen Zusammenhang gestellt. Für die Analyse bieten sich dementsprechend kondensierende Verfahren an (etwa die qualitative Inhaltsanalyse von Mayring 2002).

Um einen Zugriff auf latente Sinnstrukturierungen zu erhalten, ist für eine konsequente interpretative Organisationsanalyse die Berücksichtigung der organisationsinternen Differenzierung situierter Praktiken von Handlungskollektiven unverzichtbar. In dieser Frage kann man sich nicht auf externe ExpertInnen verlassen, weil diese ihr Wissen nach verallgemeinerbaren Prinzipien homogenisiert haben, sodass es dem Einzelfall nicht gerecht werden kann. Auch die formale Struktur einer Organisation gibt nur begrenzt Hinweise, weil sie nur die Oberfläche repräsentiert, unter der sich ganz andere Formen der Handlungsregulierung und der Kooperation etablieren können.

Um diese Differenzierung aus dem Fortgang der Organisationsanalyse zu ermitteln, bedarf es einer zyklischen Forschungsorganisierung und der Integration von Erhebungen und Interpretationen (Lueger 2001: 363ff., Froschauer/Lueger 2006: 254ff.). In diesem Sinne weisen die fortschreitenden Erkenntnisse den Weg zu weiteren Erhebungen. Die Basisstrategie einer solchen Vorgangsweise findet sich in zwei Prinzipien des *theoretischen Samplings* (Glaser/Strauss 1998: 53ff.): (a) Nach dem Prinzip der maximalen strukturellen Variation begibt man sich auf die Suche nach Extremfällen und möglichen Anomalien, um den Innenbereich zu umschließen und im Forschungsfeld allgemeine Charakteristika aufzuspüren (Reichweite der Schlussfolgerungen und deren Verallgemeinerbarkeit). (b) Nach dem Prinzip der Unterschiedsminimierung wiederum lassen sich bisherige Interpretationen anhand ähnlicher Fälle prüfen, um Unschärfen der Argumentation zu identifizieren. Nach dieser Samplingstrategie werden Erhebungen und Interpretationen erst beendet, wenn nicht mehr zu erwarten ist, dass die Untersuchung neuer Daten noch etwas zur Weiterentwicklung der Theorie beitragen kann („theoretische Sättigung“, Glaser/Strauss 1998, 68ff.).

Generell zeigt sich, dass solche ExpertInnengespräche hohe Flexibilität verlangen, um Strukturierungsleistungen zu provozieren, die sich auf mehrere Aspekte beziehen: auf die Auswahl zentraler Inhalte zur allgemeinen Thematik (z.B. bei externen ExpertInnen, um die Breite des Untersuchungsbereichs für das spezifische Erkenntnisinteresse zu explizieren); auf die Auswahl von GesprächspartnerInnen (z.B. bei feldinternen ExpertInnen, um Beziehungen im Arbeitsalltag zu erkunden); auf den Gesprächseinstieg (z.B. zentriert sich der Einstieg bei externen ExpertInnen auf eine Konkretisierung der Untersuchungsthematik; bei feldinternen ExpertInnen steht die Aktivierung organisationalen Wissens unter Anknüpfung an konkrete lebensweltliche Erfahrungen im Zentrum; im Fall von Mehrpersonengesprächen ist ein für alle TeilnehmerInnen gemeinsamer organisationaler Kontext die Anschlussstelle); auf eine möglichst offene Gesprächsführung bei Einzelgesprächen (gilt allgemein); auf eine sparsame Moderation von Mehrpersonengesprächen (besonders bei feldinternen HandlungsexpertInnen, um die Beziehungsdynamik sichtbar zu machen). Indem man im Zuge der Zusammensetzung von solchen ExpertInnengesprächen Interventionen setzt, zeigen Organisationen, wie sie solche „Störungen“ oder Anforderungen bewältigen und geben dadurch die internen Operationsweisen und deren Steuerungsprinzipien preis, die mit anderen Verfahren nur mühsam erschließbar sind.

Als offene Gespräche regen solche ExpertInnengespräche zur Kommentierung der organisationalen Lebenswelt gegenüber Außenstehenden (ForscherInnen) an. ForscherInnen definieren sich dabei als lernende Personen, weisen den GesprächspartnerInnen explizit die ExpertInnenrolle zu und orientieren sich in der Folge weitgehend an deren Ausführungen. Für die Analyse verkörpert der Gesprächsprozess Darstellungsstrategien in der Organisation, die sich jedoch nur einer intensiven Analyse der Interaktionsdynamik erschließen. In Mehrpersonengesprächen ist diese Dynamik erweitert, weil der Erwartungsdruck und eingespielte Verhaltensmuster an Relevanz gewinnen und die Gesprächsstrukturierung organisationale Beziehungen zumindest bruchstückhaft abbildet.

In allen Fällen ist es sinnvoll, in einer Nachfragephase jene Bereiche abzuklären, die im offenen Verlauf eines Gesprächs nicht thematisiert wurden, aber aufgrund der vermuteten Expertise eine Rolle spielen könnten. Um offene Forschungsfragen genauer zu explorieren, können in späteren Forschungsphasen die Gespräche stärker auf spezifische Teilaspekte einer Thematik gerichtet werden. Besonders im Fall von Gesprächen mit feldinternen HandlungsexpertInnen kann dies aber nicht bedeuten, einer Leitfadenorientierung den Vorzug zu geben und die inhaltliche Dimension in den Vordergrund zu rücken, weil deren Expertise gerade nicht im Reflexionswissen, sondern im nur unvollständig explizierten praktischen Handlungswissen liegt. Eine starke Leitfadenorientierung erhöht (vor allem in Kombination mit einer Auswertung der manifesten Inhalte) die Gefahr, vorrangig nachträgliche Rationalisierungen von organisationalen Phänomenen unabhängig vom Relevanzsystem der Befragten zu erfahren, die nur bedingt Aufschluss über die soziale Dynamik im Untersuchungsfeld geben.

Auch bezüglich der Interpretation lassen sich Differenzen festmachen: Während die Auswertung der Gespräche mit externen ExpertInnen primär auf deren manifeste Inhalte bezogen ist (weshalb bei der Gesprächsführung die Vielfalt der Bezüge und Einflussfaktoren möglichst umfassend abgedeckt werden sollten), steht bei den feldinternen ExpertInnen die Analyse latenter Sinngehalte im Zentrum. Besonders bei ExpertInnen der organisationalen Handlungspraxis wird ihre Expertise als Ausdrucksgestalt der Prozesse der Sinnstrukturierung im organisationalen Kontext betrachtet.

Da hermeneutische und rekonstruktive Interpretationsverfahren anfällig für subsumtionslogische Auslegungen sind, sind Strategien der *Qualitätssicherung* nötig, die sich sowohl auf die Rahmenbedingungen der Auslegung als auch auf die konkreten Interpretationsverfahren beziehen (vgl. Lueger 2001):

- *Auslegungsbedingungen*: Damit das Handlungswissen der gesprächsführenden ForscherInnen nicht einfließt, ist es sinnvoll, die Interpretation von der Erhebung zu trennen; um Argumentationsdruck zu erzeugen und die Fülle möglicher Lesarten zu erhöhen, bietet sich eine Interpretation im Team an; um extensive Sinnauslegungen zu ermöglichen und vorschnelle Fixierungen zu verhindern, sollte ohne Zeit- und Ergebnisdruck interpretiert werden.

– *Interpretationsverfahren*: Hier bieten sich die Dekonstruktion zur Verhinderung einer vorschnellen Anwendung verfügbaren Wissens, die sequentielle Analyse zur Explizierung der generativen Sinnstruktur, die komparative Sinnkonstituierung zur Kontrastierung alternativer Annahmen, die Betonung der analyseimmanenten Prüfung der Tragfähigkeit der Auslegung oder die sorgfältige Untersuchung von Anomalien an.

## 3. ExpertInnengespräche zur Organisationsanalyse: Eine Fallstudie

In diesem Abschnitt wird gezeigt, wie sich ExpertInnengespräche im Rahmen interpretativer Organisationsanalysen einsetzen lassen. Dafür wurde ein Projekt ausgewählt (siehe dazu Lueger 1997), das an der Schnittstelle zwischen autonomer Forschung und Auftragsforschung angesiedelt ist, um auch die Angemessenheit von Forschungsfragen für eine interpretative Organisationsforschung zu thematisieren. Die Darstellung erfolgt entlang der zentralen Forschungsphasen, welche die Anwendung von ExpertInnengesprächen betreffen.

### *3.1 Aushandlung der Forschungsorganisierung*

Den Ausgangspunkt der Studie bildeten zwei verschiedene Erkenntnisinteressen: Forschungsseitig griff die Studie eine grundlagentheoretische Fragestellung nach den Bedingungen und Möglichkeiten von sozialer Ordnung in Organisationen im Kontext alternativer Sicht- und Handlungsweisen auf. Die Analyse sollte sich daher mit der Analyse von Kommunikationsbeziehungen, den spezifischen sozialen Konstruktionsweisen von Wirklichkeit im Unternehmen und den kommunikativen Steuerungsmechanismen beschäftigen, die soziale Ordnung im Unternehmen erzeugen, erhalten oder verändern.

Im Verlauf der Suche nach einer geeigneten Organisation wurden Gespräche mit einem Vorstandsmitglied eines größeren Produktionsunternehmens geführt, der von sich aus ein spezifisches Interesse vorbrachte: Das Unternehmen laborierte – so die von den Vorstandsmitgliedern geteilte Sichtweise – an einem Kommunikationsproblem zwischen Vorstand und Belegschaft. Die Belegschaft traue den Vorstandsinformationen nicht mehr, was von massiven Verständigungsproblemen und Konflikten mit enormen Reibungsverlusten begleitet war. Versuche, die Information besser zu strukturieren und mehr Informationen zu geben, haben die Beziehung zwischen Vorstand und Belegschaft jedoch weiter verschlechtert. Die Idee war nun, eine Kommunikationsstrategie zu entwickeln, die von der Belegschaft akzeptiert wird und die es ermöglicht, Informationen im Unternehmen so zu verbreiten, dass diese Informationen als verlässlich und vollständig akzeptiert werden.

Damit ist ein Basisproblem interpretativer Organisationsforschung angesprochen: Die Akzeptanz der Sichtweise des Vorstandes würde bedeuten, dass man (a) die Problemdefinition des Vorstands übernimmt, (b) eine rein technische Natur des „Kommunikationsproblems" unterstellt, und (c) auch gleich die Lösung für das Problem (geschicktere Kommunikationsstrategie) billigt. Eine solche Vorgangsweise wäre sozialwissenschaftlich unergiebig, weil man in diesem Fall nur externe Expertisen zu bemühen braucht, aber nichts über die Bedeutung des „Kommunikationsproblems", die Sichtweisen der Belegschaft, den Prozess des Entstehens und des Erhaltens des „Problems" erfahren würde. Dies käme einer einseitigen Instrumentalisierung der Forschung durch den Vorstand als Auftraggeber gleich. Aber auch für das Unternehmen als Auftraggeber wäre eine solche Vorgangsweise nur begrenzt von Nutzen, weil sie weder zum Verständnis des vorweg identifizierten Problems noch zu dessen nachhaltiger Bewältigung beitragen kann.

Damit war klar, dass man zu einer gemeinsamen Definition des Auftrags gelangen musste, welche den Ansatzpunkt für das „Problem" umdefiniert und der Forschung einen entsprechenden Freiraum gewährt, das fokussierte Phänomen in seiner Vielfalt zu erfassen. Die in der Folge ausgehandelte gemeinsame Fragestellung redefinierte die Fragestellung, sodass sie sowohl dem Forschungsinteresse als auch dem Auftragsinteresse entgegen kam: Im Rahmen des Projekts wird untersucht, *welche Organisationsdynamik hinter den Spezifika organisationsinterner Kommunikation steht*. Damit wurde die Forschung aus einer politischen Funktion herausgehalten, nämlich die Lösung für ein definiertes Problem zu liefern und zu legitimieren. Die Forschung bot nur an, zu verstehen, warum und für wen das Problem überhaupt ein solches ist, was dahinter stecken könnte und wo daher Ansatzpunkte zu finden sind, um eine adäquate Bewältigung des wahrgenommenen Problems anzugehen.

Es war deshalb notwendig, die feldinternen Expertisen für die Studie fruchtbar zu machen. In diesem Sinne musste es möglich sein, mit allen MitarbeiterInnen (deren Einverständnis vorausgesetzt) Gespräche zu führen, ohne dass die Unternehmensführung in die Organisierung der Gespräche interveniert. Für die Forschung sind alle MitarbeiterInnen, egal ob Vorstand oder MitarbeiterInnen auf unterster hierarchischer Ebene, gleichberechtigte GesprächspartnerInnen, die sich nur durch ihre spezifische Expertise unterscheiden.

Interpretative Sozialforschung geht davon aus, dass die Ergebnisse der Forschung nicht nur vom analysierten Gegenstand, sondern auch vom Zugang der Forschung zum Gegenstandsbereich abhängen (vgl. Lueger 2001: 272ff.). Die Positionierung der Forschung im Unternehmen ist ein besonders sensibler Punkt, weil sie jene Zuschreibungen beeinflusst, mit denen ForscherInnen im Unternehmen belegt werden (z.B. Abgesandte des Vorstandes) und folglich nachhaltige Effekte auf die Forschungsarbeit haben können (z.B. Kooperationsbereitschaft, Gesprächsklima). Deshalb wurden für die hier thematisierte Studie vier Positionierungselemente berücksichtigt: (a) Es wurde ein Organisationsmitglied als Koordinationsstelle zwischen Forschung und Unternehmen gesucht. Diese Person sollte drei Anforderungen erfüllen: Aufgrund des Konfliktes zwischen Vorstand und Belegschaft sollte sie strukturell vom Vorstand distanziert sein (Abkoppelung der Forschung vom Vorstand als Auftraggeber); sie sollte das Unternehmen zumindest grob überblicken und relativ gute Kontakte zu möglichst vielen Unternehmensbereichen verfügen (feldinterne Reflexionsexpertise); und sie sollte nicht in aktuelle Konfliktlinien involviert sein (organisationsinterne Akzeptanz). Der ausgewählte *Koordinator* fungierte als zentrale Anlaufstelle für das Forschungsteam, verhandelte Forschungsentscheidungen und organisierte nach innen die Forschungsaktivitäten. (b) Aufgrund der Konfliktsituation wurde allen an der Untersuchung teilnehmenden Personen *Anonymität* zugesichert, wobei Analyseergebnisse ausschließlich auf Strukturen der Organisation bezogen wurden. Diese Anonymität wurde aufgrund der angespannten Situation auch dem Unternehmen zugesichert (Konkurrenzprobleme). (c) Um darüber hinaus Vertrauen zu gewinnen, wurde ausgehandelt, dass alle MitarbeiterInnen die Möglichkeit bekommen, über die Ergebnisse informiert zu werden (*Feedback*). Als vertrauensbildende Maßnahme sollte dies eine einseitige Verfügung über die Ergebnisse verhindern und unternehmensintern Transparenz über das Projekt schaffen.

### *3.2 Auswahl der ExpertInnen und Anregung von Strukturierungsprozessen*

Als *erste Informationsbasis* fungierten die *Aushandlungsgespräche über die Forschungsarbeit*, weil die Problemsicht und die Vorstellungen über mögliche Ergebnisse bzw. Problemlösungsstrategien wichtige Erkenntnisse über organisationsinterne Prozessen ermöglichen. Diese Gespräche fokussierten die Beziehungen zwischen verschiedenen (weltweit verstreut tätigen) Betrieben und internen Bereichen, wobei die Entwicklung des Gesamtunternehmens, die Geschäftsaktivitäten, die Unternehmensstrategien und die spezifische Problemlage im Unternehmen im Zentrum standen (feldinterne Reflexionsexpertise aus der Perspektive der Unternehmensleitung).

Als *Informationsbasis zur Projektdurchführung* fungierten Gespräche mit dem *Koordinator* als feldinterner Experte. Das erste Gespräch mit diesem erfüllte drei Funktionen: Erstens wurde das vorgesehene Projekt ausführlich besprochen; zweitens vermittelte dieses Gespräch eine Orientierung über die Struktur, die internen Differenzierungen und Besonderheiten der Organisation; und drittens erfolgte eine Absprache über die konkrete Durchführung (mögliche Ansprechpersonen). Thematisiert wurde hierbei, worauf man achten muss oder mit wem man sprechen muss, wenn man die Funktionsweise der Organisation verstehen will. Auch in den weiteren Gesprächen mit diesem Koordinator stand das feldinterne Reflexionswissen im Zentrum, allerdings nunmehr zentriert auf die Beziehungen zwischen den Organisationseinheiten. Die Analyse dieser Gespräche diente dem ersten Basisverständnis und bereitete die weiteren Gespräche vor.

Aus den Analyseergebnissen wurde mit dem Koordinator eine Vorgangsweise ausgehandelt, um entsprechend dem jeweiligen Analysestand nach bestimmten Kriterien *Gesprächsgruppen* zu organisieren, die feldinterne Handlungs- und Reflexionsexpertisen betrafen. Solche Kriterien waren auf Ebene der Handlungsexpertisen etwa Kontakte in einem spezifischen Handlungsfeld oder direkte Kooperationsbeziehungen. Zur Aktivierung feldinterner Reflexionsexpertisen wurden in Einzel- und Mehrpersonengesprächen Organisationsmitglieder einbezogen, die Schnittstellen zum unternehmensrelevanten Umfeld oder innerhalb der Organisation besetzten. Mit dieser Vorgangsweise sollten organisationsinterne Beziehungsstrukturen bereits in die Gesprächszusammenstellung eingehen. Konsequenterweise boten die Schilderungen, wie die TeilnehmerInnen zur Gesprächsrunde gestoßen sind, den Gesprächseinstieg, um auf diese Weise die Kommunikationsbeziehungen in der Organisation zu rekonstruieren.

Im Sinne des theoretischen Samplings (Glaser/Strauss 1998: 52ff.) wurde dem weiteren Analysefortschritt gemäß versucht, verschiedene, für das Verständnis der Organisationsdynamik jeweils sensible feldinterne Expertisen in den Gesprächen zu aktivieren: So wurden beispielsweise in einem ersten Forschungszyklus Gespräche mit MitarbeiterInnen von Betrieben geführt, die entweder gerade erst in den Unternehmensverband aufgenommen wurden (Außenseiter), oder mit MitarbeiterInnen alter Kernbereiche des Unternehmens (Unternehmenstradition), mit MitarbeiterInnen in ausführenden Tätigkeiten (Ausloten der Stimmung) oder besonders exponierten Führungskräften (Konfliktpositionen). Nach der ersten Phase der Gesprächsführung und Interpretation wurden entsprechend den Erkenntnissen aus der Reflexion des Forschungsstandes als Zwischenschritt in einem zweiten Forschungszyklus Gesprächsrunden zusammengestellt, die vorrangig der Ergänzung im Sinne der Differenzierung und der Überprüfung im Sinne der Verlässlichkeit der bis dahin erhobenen Perspektiven dienten. Da sich im Zuge der Interpretation die zentrale Bedeutung zweier konkurrierender Unternehmensphilosophien herauskristallisierte, wurden in diesem Zyklus Gesprächsrunden zusammengestellt, die sich jeweils aus RepräsentantInnen der beiden Unternehmensphilosophien rekrutierten. Dazu kamen MitarbeiterInnen in Arbeitsbereichen, die entweder im Zentrum des Konfliktes standen oder sich zu diesem in neutraler Distanz hielten. Aufgrund der unternehmensinternen Kommunikationsbarrieren zwischen manchen Bereichen verfügten die GesprächspartnerInnen in all diesen Fällen über ein hochspezialisiertes Handlungs- und Reflexionswissen.

Darüber hinaus wurden *externe Expertisen* in Anspruch genommen, weil sich aufgrund der Analyse zwei Kontextbereiche als besonders relevant für das Verständnis des Falles erwiesen: ein Gespräch mit einem Branchenexperten (Erkundung der Branchenentwicklung); ein Gespräch mit einem Experten für Finanzierungsfragen, weil diese in den Konflikten eine massive Rolle spielten.

## 4. Ergebnisse, die mit einer solchen Vorgangsweise produziert werden

Die bisherigen Ausführungen strichen jene Anforderungen heraus, die bei der Durchführung und Analyse von ExpertInnengesprächen in einem interpretativ orientierten Forschungsdesign zur Organisationsanalyse von zentraler Bedeutung sind:

- Nimmt man die Anforderungen an eine interpretative Sozialforschung ernst, so bieten externe Expertisen einen völlig unzureichenden Forschungszugang.
- Die Annahme einer ungleichen Verteilung von Wissen bildet den Ausgangspunkt für die Unterscheidung verschiedener Typen von Expertisen.
- Die Typen von Expertisen unterscheiden sich anhand der Wissensstruktur, die sie repräsentieren, wobei Praxiserfahrungen im Feld die Schlüsselbeiträge zur Forschung leisten.
- Die Aktualisierung der jeweiligen Expertise erfordert spezifische verfahrenstechnische Vorkehrungen der Erhebung und Interpretation.
- Die Leistungsfähigkeit solcher ExpertInnengespräche entfaltet sich erst im Kontext einer adäquaten Forschungsorganisierung.

Mit ExpertInnengesprächen lassen sich dabei zwei wichtige Erkenntnisbereiche abdecken: Vordergründig wird der kommunikative Zugang zum Feld gesucht, wobei Beschreibungen und Begründungen als Ausdrucksgestalt für die zugrundeliegenden Selektionsmechanismen der Organisation dienen. Darüber hinaus werden Mitglieder der Organisation als feldinterne ExpertInnen mit spezifischen Forschungssettings konfrontiert, in welchen sie selbst initiativ werden müssen. Indem sie zumindest partiell die Organisierung des Forschungsprozesses übernehmen, demonstrieren sie ihre spezifischen Handlungskompetenzen als Sonderform der Expertise. Im letzten Schritt bleibt jedoch zu klären, welche Erkenntnisse eine solche methodische Vorgangsweise ermöglicht. Diese Frage soll abschließend anhand des Fallbeispieles kurz auf drei Ebenen erläutert werden:

- Die Studie konnte nachweisen, dass das *ursprüngliche Interesse seitens des Unternehmens*, nämlich eine elaborierte Informationsstrategie zu entwickeln, an einem völlig falschen Punkt angesetzt hätte. Da im vorliegenden Fall das Vertrauen zwischen dem Vorstand und der Belegschaft zerstört war, wurden alle Initiativen in ein spezifisches Organisationsverständnis integriert, das alle Versuche des Vorstands zur Informationsverbesserung vor einem negativen Szenario interpretierte. Allerdings konnte die Studie zeigen, wie dieses Misstrauen als Problemhintergrund entstand und welche Ereignisse und Handlungsweisen es erhielten und stabilisierten (Ansatzpunkte für die Bewältigung).

- Auf *wissenschaftlicher Ebene* ergab sich eine Reihe wichtiger Ergebnisse: So zeigte die Analyse beispielsweise, wie die alltagspraktische Interpretation der Geschehnisse im Unternehmen eine Eigendynamik gewinnt, die sich der Kontrolle der AkteurInnen weitgehend entzieht. Die im Entwicklungsprozess ausgebildete Polarisierung zwischen zwei verschiedenen Sichtweisen des Unternehmens führte so weit, dass in manchen Bereichen eine Verständigung aufgrund der kontextuell ausdifferenzierten Bedeutungshorizonte kaum mehr möglich war. Damit ließ sich erklären, warum sich ganze Unternehmensbereiche wechselseitig nachhaltig in ihrer alltäglichen Arbeit blockierten, obwohl beide unter enormen Engagement zum künftigen Erfolg des Unternehmens beitragen wollten. Die Studie machte darüber hinaus deutlich, wie ein lang anhaltender Erfolg zu einem massiven Entwicklungshemmnis werden kann. In diesem Zusammenhang ergaben sich auch wichtige Erkenntnisse über Lernen in Organisationen, wobei diese einen blinden Fleck ähnlicher Untersuchungen beleuchteten, nämlich den Erwerb von Abwehrstrategien als wichtigen Schutzmechanismus der Belegschaft.
- Darüber hinaus konnten auch *methodische Erkenntnisse* zur Durchführung solcher Analysen gewonnen werden: In Konfliktfeldern, so zeigte beispielsweise die Dynamik des Forschungsprozesses, verändern sich mit dem Fortschreiten der Erhebung die Zugangsbedingungen zum Feld. So waren am Beginn die Rahmenbedingungen durch Abwehr geprägt, welche die unternehmensintern gängige Ausgrenzungsstrategie reproduzierte. Mit der Herstellung der ersten halbwegs vertrauensvollen Beziehung schlug dieses Misstrauen in große Offenheit um, wofür zwei Aspekte entscheidend waren: ForscherInnen agieren organisationsintern gleichsam grenzüberschreitend, wissen daher innerhalb kurzer Zeit mehr bzw. anderes über bestimmte (vorrangig „grenzüberschreitende“) Vorgänge im Unternehmen als die GesprächspartnerInnen selbst. Die Zustimmung zu einem Gespräch produzierte einen Druck auf Offenheit, weil die GesprächspartnerInnen nicht wissen konnten, was die ForscherInnen bereits wissen und was nicht, aber annehmen konnten, dass sie über eine Fülle an Informationen verfügten.

Generell ist ein entscheidendes Element einer Aufschlüsselung in verschiedene Expertisen die *Variation der Perspektiven*: Indem man verschiedene Sinnhorizonte organisationalen Wissens kontrastiert und daraus Normalitätsfolien für unterschiedliche Kollektive von AkteurInnen ermittelt, lässt sich das Zusammenspiel sehr verschiedener Handlungsstrategien erkennen. Die systematische Differenzierung in unterschiedliche feldinterne Handlungs- und Reflexionsexpertisen macht es möglich, die Dynamik wechselseitiger Koordination zu verstehen. Allerdings erfordert dies ein Abrücken von einer traditionellen Sichtweise der Expertise, welche kognitives Sonderwissen fokussiert, zugunsten einer stärkeren Zentrierung auf Wahrnehmungs- und Handlungskompetenzen in Form einer Expertise der Praxis. Das benötigt Erhebungs- und Interpretationsverfahren, die auf eine systematische Rekonstruktion latenter Sinnstrukturen angelegt sind.

## Literatur


Amann, Klaus (1994): „Guck mal, Du Experte". Wissenschaftliche Expertise unter ethnographischer Beobachtung und wissenssoziologischer Rekonstruktion. In: Hitzler/Honer/Maeder (Hg. 1994), S. 32-43

Baecker, Jochen/Borg-Laufs, Michael/Duda, Lothar/Matthies, Ellen (1992): Sozialer Konstruktivismus – eine neue Perspektive in der Psychologie. In: Schmidt, Siegfried J. (Hg.): Kognition und Gesellschaft. Der Diskurs des Radikalen Konstruktivismus 2. Frankfurt/M.: Suhrkamp, S. 116-145

Berger, Peter L./Luckmann, Thomas (1980): Die gesellschaftliche Konstruktion der Wirklichkeit. Eine Theorie der Wissenssoziologie. Frankfurt/M.: Fischer

Bourdieu, Pierre (1979): Entwurf einer Theorie der Praxis. Frankfurt/M.: Suhrkamp

Bourdieu, Pierre (1987): Sozialer Sinn. Kritik der theoretischen Vernunft. Frankfurt/M.: Suhrkamp

Deleuze, Gilles (1992): Woran erkennt man den Strukturalismus? Berlin: Merve

De Sombre, Steffen/Mieg, Harald (2005): Professionelles Handeln aus der Perspektive einer Kognitiven Professionssoziologie. In: Pfadenhauer. Michaela (Hg.): Professionelles Handeln. Wiesbaden: Verlag für Sozialwissenschaften, S. 55-66

Dreyfus, Hubert L./Dreyfus, Stuart E. (2005): Expertise in Real World Contexts. In: Organization Studies 26/5, S. 779-792

Fleck, Ludwik (1994): Entstehung einer wissenschaftlichen Tatsache. Einführung in die Lehre vom Denkstil und Denkkollektiv. Frankfurt/M.: Suhrkamp

Frindte, Wolfgang (1998): Soziale Konstruktionen. Sozialpsychologische Vorlesungen. Opladen: Westdeutscher Verlag

Froschauer, Ulrike (2006): Veränderungsdynamik in Organisationen. In: Tänzler, Dirk/Knoblauch, Hubert/Soeffner, Hans-Georg (Hg.): Zur Kritik der Wissensgesellschaft. Konstanz: UVK, S. 189-215

Froschauer, Ulrike/Lueger, Manfred (2003): Das qualitative Interview. Zur Praxis interpretativer Analyse sozialer Systeme. Wien: Wiener Universitätsverlag.

Froschauer, Ulrike/Lueger, Manfred (2006): Qualitative Organisationsdiagnose als Grundlage für Interventionen und als Intervention. In: Frank, Hermann (Hg.): Corporate Entrepreneurship. Wien: WUV, S. 233-287

Gergen, Kenneth J. (1994): Realities and Relationships. Soundings in Social Construction. Cambridge: Harvard University Press

Gergen, Kenneth J. (2000): An Invitation to Social Construction. London, Thousand Oaks, New Delhi: Sage

Glaser, Barney G./Strauss, Anselm L. (1998): Grounded Theory: Strategien qualitativer Forschung. Bern u.a.: Huber
Glinka, Hans-Jürgen (1998): Das narrative Interview. Eine Einführung für Sozialpädagogen. Weinheim und München: Juventa
Goffman, Erving (1993): Rahmen-Analyse. Ein Versuch über die Organisation von Alltagserfahrungen. Frankfurt/M.: Suhrkamp, 3.Auflage
Hitzler, Ronald (1994): Wissen und Wesen des Experten. Ein Annäherungsversuch – zur Einleitung. In: Hitzler/Honer/Maeder (Hg. 1994), S. 13-30
Hitzler, Ronald/Honer, Anne/Maeder, Christoph (Hg. 1994): Expertenwissen. Die institutionalisierte Kompetenz zur Konstruktion von Wirklichkeit. Opladen: Westdeutscher Verlag
Hitzler, Ronald/Honer, Anne (Hg. 1997): Sozialwissenschaftliche Hermeneutik. Opladen: Leske + Budrich
Holstein, James A., Gubrium, Jaber F. (2003): Active Interviewing. In: Holstein, James A., Gubrium, Jaber F. (eds.): Postmodern Interviewing. London, Thousand Oaks, New Delhi: Sage, S. 67-80
Honer, Anne (1994): Die Produktion von Geduld und Vertrauen. Zur audiovisuellen Selbstdarstellung des Fortpflanzungsexperten. In: Hitzler/Honer/Maeder (Hg. 1994), S. 44-61
Hörning, Karl H. (2001): Experten des Alltags. Die Wiederentdeckung des praktischen Wissens. Weilerswist: Velbrück
Knoblauch, Hubert (2005): Wissenssoziologie. Konstanz: UVK
Küsters, Ivonne (2006): Narrative Interviews. Grundlagen und Anwendungen. Wiesbaden: Verlag für Sozialwissenschaften
Luckmann, Thomas (2006): Die kommunikative Konstruktion der Wirklichkeit. In: Tänzler, Dirk/Knoblauch, Hubert/Soeffner, Hans-Georg (Hg.): Neue Perspektiven der Wissenssoziologie. Konstanz: UVK, S.15-26
Lueger, Manfred (1997): Unternehmenserfolg als Hindernis: Zur sozialen Logik von Entwicklungsbarrieren. In: Journal für Betriebswirtschaft, Jg. 47, H. 5, S. 248-265
Lueger, Manfred (2000): Grundlagen qualitativer Feldforschung: Methodologie – Organisierung – Methoden. Wien: Wiener Universitätsverlag
Lueger, Manfred (2001): Auf den Spuren der sozialen Welt. Methodologie und Organisierung interpretativer Sozialforschung. Frankfurt/M.: Peter Lang
Luhmann, Niklas (1982): Sinn als Grundbegriff der Soziologie. In: Habermas, Jürgen/ Luhmann, Niklas (Hg.): Theorie der Gesellschaft oder Sozialtechnologie. Was leistet die Systemforschung? Frankfurt/M.: Suhrkamp, S. 25-100
Luhmann, Niklas (1984): Soziale Systeme. Grundriß einer allgemeinen Theorie. Frankfurt/M.: Suhrkamp
Mayring, Philipp (2002): Qualitative Inhaltsanalyse. Weinheim: Deutscher Studienverlag, 8. Auflage
Meuser, Michael/Nagel, Ulrike (1991): ExpertInneninterviews – vielfach erprobt, wenig bedacht. Ein Beitrag zur qualitativen Methodendiskussion. In: Garz, Detlef/Kraimer, Klaus (Hg.): Qualitativ-empirische Sozialforschung. Konzepte, Methoden, Analysen. Opladen: Westdeutscher Verlag, S. 441-471
Oevermann, Ulrich (1984): Zur Sache. Die Bedeutung von Adornos methodologischem Selbstverständnis für die Begründung einer materialen soziologischen Strukturanalyse. In: Friedeburg, Ludwig von/Habermas, Jürgen (Hg.): Adorno-Konferenz 1983. Frankfurt/M.: Suhrkamp, S. 234-289
Oevermann, Ulrich (1993): Die objektive Hermeneutik als unverzichtbare Grundlage für die Analyse von Subjektivität. Zugleich eine Kritik der Tiefenhermeneutik. In: Jung, Thomas/Müller-Doohm, Stefan (Hg.): „Wirklichkeit" im Deutungsprozeß. Verstehen

und Methoden in den Kultur- und Sozialwissenschaften. Frankfurt/M.: Suhrkamp, S. 106-189

Oevermann, Ulrich (2001): Die Struktur sozialer Deutungsmuster. In: sozialersinn. Zeitschrift für hermeneutische Sozialforschung 2001/1, S. 35-81

Oevermann, Ulrich/Allert, Tilman/Konau, Elisabeth/Krambeck, Jürgen (1979): Die Methodologie einer „objektiven Hermeneutik" und ihre allgemeine forschungslogische Bedeutung in den Sozialwissenschaften. In: Soeffner, Hans-Georg (Hg.): Interpretative Verfahren in den Sozial- und Textwissenschaften. Stuttgart: Metzler, S. 352-434

Polanyi, Michael (1985): Implizites Wissen. Frankfurt/M.: Suhrkamp.

Schütz, Alfred (1981): Der sinnhafte Aufbau der sozialen Welt. Eine Einleitung in die verstehende Soziologie. Frankfurt/M.: Suhrkamp, 2. Auflage

Schütz, Alfred/Luckmann, Thomas (1979): Strukturen der Lebenswelt, Bd.1. Frankfurt/M.: Suhrkamp

Schütz, Alfred/Luckmann, Thomas (1984): Strukturen der Lebenswelt, Bd.2. Frankfurt/M.: Suhrkamp

Schütze, Fritz (1977): Die Technik des narrativen Interviews in Interaktionsfeldstudien – dargestellt an einem Projekt zur Erforschung kommunaler Machtstrukturen. Bielefeld: Ms. (unveröff.)

Weber, Max (1980): Wirtschaft und Gesellschaft. Tübingen: Mohr, 5.Auflage

Weick, Karl E. (1995): Sensemaking in Organizations. Newbury Park, London, New Delhi: Sage

Weick, Karl E. (2003): Enacting an Environment: The Infrastructure of Organizing. In: Westwood, Robert/Clegg, Steward (eds.): Debating Organization. Point-Counterpoint in Organization Studies. Malden, Oxford, Melbourne, Berlin: Blackwell, S. 184-194

# Zwischen Wissenschaftlichkeitsstandards und Effizienzansprüchen

## ExpertInneninterviews in der Praxis der Maßnahmenevaluation

*Andrea Wroblewski und Angela Leitner*

ExpertInneninterviews spielen in der Evaluation von Maßnahmen der Arbeitsmarkt- und Bildungspolitik eine wichtige Rolle bei der Informationsgenerierung und Hypothesenüberprüfung.[1] Dies ergibt sich aus mehreren Gründen: Erstens können bestimmte Fragestellungen mangels anderer Datenquellen oder aus Gründen der Effizienz nur durch die Einbeziehung von ExpertInnen beantwortet werden. Zweitens ermöglichen Interviews mit unterschiedlichen AkteurInnen die Berücksichtigung differierender Standpunkte, Perspektiven und das Aufdecken möglicher Konfliktfelder. Drittens wird der Zugang zu Informationen im Evaluationsprozess erleichtert und die Akzeptanz der Ergebnisse erhöht. Und viertens bieten ExpertInneninterviews eine Möglichkeit der Reflexion von Erfahrungen mit der Umsetzung und stellen somit einen Beitrag zur Weiterentwicklung der Maßnahmen dar. Auch wenn praktisch kaum eine Evaluation ohne ExpertInneninterviews auskommt, wird die Frage aufgeworfen, inwieweit es sich dabei um eine abgrenzbare Methode handelt, für die allgemein gültige Regeln zur Durchführung und Auswertung erstellt werden können (Flick 2006; Deeke 1995).

Diese Zweifel an einer „Methodik" der ExpertInneninterviews in der Praxis der Maßnahmenevaluation resultieren u.a. aus der Vielfalt unterschiedlicher Evaluationsansätze und -methoden, die sich durch den verstärkten Einsatz von Evaluationen im privaten wie auch öffentlichen Bereich entwickelt haben und innerhalb derer ExpertInneninterviews ein jeweils anderer Stellenwert zukommt. Es wäre daher verfehlt, einen bestimmten Ansatz oder ein begrenztes Spektrum von Ansätzen als den „Königsweg" in der Evaluationspraxis im Allgemeinen und damit für ExpertInneninterviews in der Evaluationsforschung darzustellen. Gleichwohl erscheint die Einhaltung be-

1 In unserem Beitrag zu früheren Auflagen dieses Bandes haben wir die Evaluation von arbeitsmarktpolitischen Maßnahmen in den Mittelpunkt gestellt. Aufgrund der Erfahrung im Bereich der Evaluation von bildungspolitischen Maßnahmen wird die begründete Hypothese aufgestellt, dass die vorliegenden Ausführungen für die Evaluation von sozialpolitischen Maßnahmen generell gelten. Zu einem ähnlichen Schluss kommt – ausgehend von der Evaluation umweltpolitischer Maßnahmen – auch Kuckartz (2006).

stimmter Standards der Informationsgewinnung essentiell, um Evaluationen, die meist im Nahbereich der Politikberatung angesiedelt sind, auf eine methodische Basis zu stellen, die die Wissenschaftspraxis intersubjektiv nachvollziehbar und damit besser kontrollierbar macht.

Trotz der Vielfalt an Evaluationsansätzen weisen ExpertInneninterviews bei Evaluationen Besonderheiten auf, die allen Evaluationsstrategien gemeinsam sind und denen in anderen Forschungskontexten weniger Bedeutung zukommt: Die ExpertInnen sind meist auch Beteiligte an der zu evaluierenden Intervention, so genannte *„stakeholder“*[2], und haben aus dieser Rolle heraus ein besonderes Interesse an den Ergebnissen der Untersuchung. Dadurch entsteht ein spezifischer Interaktionsprozess, in dem EvaluatorInnen oft als Kontrollorgane wahrgenommen werden. Dies kann nicht nur zu Verzerrungen im Antwortverhalten führen, in dem Aspekte positiver oder negativer dargestellt werden als sie tatsächlich sind, sondern kann vor allem die Auskunftsbereitschaft beeinträchtigen. Zum anderen sind Evaluationen überwiegend Auftragsprojekte, bei denen die AuftraggeberInnen nicht nur inhaltlich den Evaluationsgegenstand durch Formulierung der Fragestellungen und des Evaluationsziels (mit)bestimmen, sondern durch ihr Interesse an möglichst raschen Ergebnissen und die bereitgestellten Ressourcen auch die Methodenwahl beeinflussen.

Ausgehend von unseren Erfahrungen mit Evaluationsstudien im arbeitsmarkt- und bildungspolitischen Bereich[3] werden in diesem Beitrag Herausforderungen und Anwendungsmöglichkeiten von ExpertInneninterviews diskutiert, die sich aus der „Stakeholder“-Problematik und den Effizienzansprüchen ergeben. Im ersten Teil des vorliegenden Beitrags wird das Spektrum unterschiedlicher wissenschaftlicher Zugänge in der Evaluation aufgezeigt, in das der von uns verwendete Ansatz, der sich großteils am Modell der responsiven Evaluation orientiert, eingebettet ist. Anschließend wird gezeigt, welcher Stellenwert ExpertInneninterviews für bestimmte Evaluationsschritte und Fragestellungen zukommt. Im zweiten Teil des Beitrags werden praktische Erfahrungen und Vorgangsweisen zur Durchführung von ExpertInneninterviews bei der Evaluierung arbeitsmarktpolitischer Programme dargestellt.

2 „Stakeholder“ sind nach Weiss (1983) „those whose lives are affected by the program and its evaluation.“ (C. H. Weiss 1983: The stakeholder approach to evaluation, in: A. S. Bryk [Hrsg.]: Stakeholder-based evaluation, San Francisco; zitiert nach Shadish et al. 1991: 179ff.).

3 Z.B. Leitner (2007); Wroblewski et al. (2007a, b); Wroblewski/Vogtenhuber (2006); Lutz et al. (2005); Leitner/Wroblewski (2001); Lassnigg et al. (2000a); Lassnigg et al. (1999).

# 1. Methodenvielfalt in der Evaluationspraxis und Stellenwert von ExpertInneninterviews

## *1.1 Entwicklung der Evaluationsansätze*

Die Evaluationsforschung ist aus unterschiedlichen Disziplinen gewachsen (Rossi/Freeman 1987; Beywl 1988; Shadish et al. 1991), entwickelt sich ständig weiter, hat je nach Themenstellungen und organisatorischen Rahmenbedingungen mehr oder weniger uniforme und standardisierte Verfahren angenommen, ist aber von einer allgemein akzeptierten Methodologie und Begrifflichkeit noch weit entfernt (Stufflebeam et al. 2000; Lassnigg et al. 2000b). Dies hängt u.a. damit zusammen, dass sich die Evaluation als angewandte Forschungsrichtung aus verschiedenen Wissenschaftsbereichen heraus entwickelt hat, die jeweils „ihre" Methoden eingebracht haben. Williams (1989) versucht, diese theoretische Vielfalt der Konzeptionen auf Basis metatheoretischer Analysen der „Klassiker" der Evaluationsforschung zu reduzieren. Er unterscheidet letztendlich zwei Dimensionen:

- Die *methodische Dimension* variiert zwischen qualitativen und quantitativen Ansätzen mit den Extrempositionen interpretativ und deskriptiv versus skaliert und kausal.
- Die nutzungsbezogene *Dimension* variiert je nach Ausrichtung und Einbeziehung von NutzerInnen- oder AuftraggeberInneninteressen zwischen den Extrempositionen der Ausrichtung auf allgemeines Publikum versus spezifische EndnutzerInnen.

Anhand dieser beiden Dimensionen kann eine Art Landkarte der Evaluationspraxis gezeichnet werden, die auch die grundlegende Entwicklungstendenz der Evaluationsforschung sichtbar macht. Nach Lassnigg (1997) handelt es sich dabei keineswegs um eine lineare Entwicklung der Zugänge zur Evaluation. Vielmehr illustriert er die Vervielfachung und Diversifizierung mit dem Bild eines Ballons, in den hineingeblasen wurde, und der sich langsam ausbreitete, ohne dass die vorherigen Ansätze deshalb an Bedeutung verlieren würden. Als idealtypische Vorgangsweise der Wirkungsanalyse galt lange Zeit die stark quantitativ ausgerichtete experimentelle Methode, wobei der Ressourceneinsatz und die erzielten Outputs gegenübergestellt werden, die Abläufe in der Maßnahme in der „blackbox" verbleiben.[4] Im Zeitverlauf

4 Die Wurzeln der Evaluationsforschung sind in den 1960er Jahren in den USA zu verorten. Es sollten primär die Wirkungen staatlicher Programme erfasst werden, um die Interventionen bewerten und verbessern zu können. (Quasi)Experimentelle Methoden sind Vergleichsgruppenansätze, bei denen TeilnehmerInnen an einer Maßnahme einer möglichst identen Gruppe von Nicht-TeilnehmerInnen gegenübergestellt werden, um so die Effekte der Teilnahme herausfiltern zu können. Im Idealfall erfolgt die Zuweisung in die beiden Gruppen nach dem Zufallsprinzip (Shadish et al. 1991).

gewannen jedoch auch Fragen nach den zugrundeliegenden Wirkungsmechanismen und -bedingungen an Relevanz, was sich im verstärkten Einsatz qualitativer Methoden in der Evaluationsforschung niederschlug. Auch verbreitete sich zunehmend die Sichtweise von Evaluation als Instrument zur Weiterentwicklung von Maßnahmen, wodurch die Interessen der AuftraggeberInnen in den Vordergrund rückten und sich die Evaluation der Politikberatung annäherte.

Generell vermittelt der beschriebene „Ballon-Effekt" bei den (potenziellen) NutzerInnen von Evaluationen aber den Anschein von Beliebigkeit und Unüberschaubarkeit der Evaluationsmethoden. Es entsteht der Eindruck, man könne ohnehin „alles beweisen", Evaluation würde vor allem zur Legitimation von unangenehmen Entscheidungen oder als Ersatzhandlung zur Beruhigung von Unzufriedenen und zum Hinausschieben von Entscheidungen benutzt.[5] An diesem Punkt setzen jedoch die Bemühungen aus der Evaluationspraxis an, einheitliche und verbindliche Evaluationsstandards zu entwickeln. Am weitesten entwickelt sind die Standards des Joint Committee in den USA, die ausgehend von der Evaluation im Bildungsbereich Vorgaben für Programmevaluationen definiert (Sanders 1999) und auch die Entwicklung von Evaluationsstandards im deutschsprachigen Raum stark beeinflusst haben.[6] Diese Standards versuchen explizit, die konkurrierenden Anforderungen von Seiten der AuftraggeberInnen und der Wissenschaft an Evaluationen zu berücksichtigen. AuftraggeberInnen erwarten die Bereitstellung von bedarfsgerechten Evaluationsergebnissen in nützlicher Form, termingerecht und kostengünstig, während auf Seiten der Wissenschaft die Einhaltung wissenschaftlicher Gütekriterien und hohe methodische Standards im Vordergrund stehen. Das Hauptaugenmerk der Standards des Joint Committee liegt jedoch auf forschungspraktischen Aspekten (Verwertbarkeit und Aufbereitung der Ergebnisse, Durchführung der Evaluation und Korrektheit der Vorgangsweise), während methodische Fragen nur kurz angerissen werden und auf die in den unterschiedlichen Disziplinen vorherrschenden Standards verwiesen wird.[7]

---

5 Deutlich wurde dieses Problem von zwei sehr bekannten Evaluationsforschern ausgedrückt: „...if you advocate a particular policy reform or innovation, do not press to have it tested" (Burtless/Haveman [1984]: Policy Lessons From Three Labor Market Experiments, Ottawa; zitiert nach OECD 1991: 49), oder noch schärfer durch Wilensky's law: „the more evaluation, the less program development, the more demonstration projects, the less follow-through." (Wilensky 1985: 9).

6 Siehe dazu die Standards der Gesellschaft für Evaluation (DeGEval; www.degeval.de) oder jene der Schweizerischen Evaluationsgesellschaft (SEVAL; www.seval.ch).

7 Das Joint Committee (Sanders 1999) teilt die insgesamt 30 Standards in vier Gruppen ein (Utility, Feasibility, Propriety, Accuracy), die von Patton (1997: 15ff.) als „Standards of Excellence" bezeichnet werden. Nützlichkeitsstandards (Utility) sollen sicherstellen, dass sich eine Evaluation an den Informationsbedürfnissen der vorgesehenen Evaluationsnutzer ausrichtet. Durchführbarkeitsstandards (Feasibility) sollen sicherstellen, dass eine Evaluation realistisch, gut durchdacht, diplomatisch und kostenbewusst durchgeführt wird. Kor-

Ein Ansatz in der Evaluation, der explizit auf die NutzerInnen- bzw. AuftraggeberInneninteressen eingeht, klare Standards für die Evaluation setzt und durch einen verstärkten Einsatz qualitativer Methoden charakterisiert ist, ist das Modell der „responsiven Evaluation“ (Beywl 1988). Beywl definiert dabei einige zentrale Grundsätze responsiver Evaluation, die durchaus eine enge Affinität zu den allgemeinen Grundsätzen qualitativer Methodologie aufweisen (z.B. Lamnek 1995: 21ff.). Zunächst sollen die EvaluatorInnen flexibel auf die konkreten Vorgänge des Untersuchungsgegenstandes reagieren, d.h. Vorverständnis, Vorurteile und implizite Paradigmen soweit wie möglich auflösen (Grundsatz der Aufnahme von Reizen aus dem Untersuchungsfeld). Weder der Untersuchungsgegenstand selbst noch dessen Kontext sind von Beginn an als fixiert bzw. eingeschränkt zu betrachten. Beide Bereiche können sich im Laufe der Evaluation verändern, wobei die von den Beteiligten wahrgenommenen Probleme eine zentrale Rolle spielen (Grundsatz der Offenheit). Flexibilität und Offenheit wird auch hinsichtlich der verwendeten Methoden je nach vorgefundenen Gegebenheiten gefordert. Der Gegenstand soll von allen Seiten mit mehreren Methoden, im Idealfall von verschiedenen ForscherInnen und aus unterschiedlichen Perspektiven angegangen werden (Triangulation[8]). Dieser Grundsatz schließt selbst bei einer deutlichen Bevorzugung qualitativer Methoden die Verwendung quantitativer Methoden mit ein.

### *1.2 Relevanz von ExpertInneninterviews für bestimmte Evaluationsschritte und Fragestellungen*

Die Anwendung von ExpertInneninterviews ist nicht für alle Evaluationsschritte bzw. Fragestellungen gleichermaßen geeignet. Um den Stellenwert und die Funktion von ExpertInneninterviews für spezifische Fragestellungen darzustellen, werden zunächst anhand eines am Modell der responsiven Evaluation orientierten Evaluationsschemas, das zunächst für Maßnahmen der aktiven Arbeitsmarktpolitik entwickelt wurde (Lassnigg et al. 2000b), die einzelnen Evaluationsschritte und die dazu gehörigen Fragestellungen in groben Zügen beschrieben und jeweils die Relevanz von ExpertInneninterviews diskutiert.

---

rektheitsstandards (Propriety) sollen sicherstellen, dass eine Evaluation rechtlich und ethisch korrekt erfolgt und die Rechte der in der Evaluation einbezogenen bzw. von den Ergebnissen betroffenen Personen gewahrt bleiben. Genauigkeitsstandards (Accuracy) sollen sicherstellen, dass eine Evaluation über die Güte und/oder die Verwendbarkeit des evaluierten Programms fachlich angemessene Informationen hervorbringt und vermittelt.

8 Die Methodentriangulation wird von Vogel (1995: 74) als „cross-examination“ angeführt, wobei uns dieser Begriff zu eng erscheint, da es nicht nur darum geht, einzelne Erhebungen durch andere Verfahren zu überprüfen, sondern durchaus auch eine arbeitsteilige Erhebung unterschiedlicher Aspekte der Evaluation sinnvoll erscheint.

Im Modell der responsiven Evaluation spielen ExpertInneninterviews eine große Rolle, wobei unterschiedliche Möglichkeiten und Wege genutzt werden, um ExpertInnenmeinungen im Rahmen der Evaluation zu erfassen: klassische Einzelinterviews bzw. wiederholte Gespräche mit denselben ExpertInnen[9] oder Gruppendiskussionen (eventuell als Ergänzung zu Einzelinterviews). Darüber hinaus können auch schriftliche Verfahren Anwendung finden (z.B. Delphi-Methode) oder mündliche und schriftliche Befragungen kombiniert werden.

Prinzipiell werden vier Evaluationsschritte unterschieden: Policy-, Implementations-, Wirkungs- und Kosten-Nutzen-Analyse. Welche Schritte im Rahmen eines konkreten Evaluationsvorhabens tatsächlich durchgeführt werden, hängt von der jeweiligen Fragestellung und Zielsetzung ab. Wird eine umfassende Evaluation einer Maßnahme durchgeführt, so bauen die genannten Schritte aufeinander auf bzw. nehmen aufeinander Bezug.

Im Rahmen der *Policy-Evaluation* werden die Zielsetzung der Maßnahme, der arbeitsmarktpolitische Kontext und die Problemlage der Zielgruppe zueinander in Beziehung gesetzt. Konkret geht es darum, die Maßnahme in ihren wesentlichen Parametern zu erfassen und einer allgemeinen Überprüfung im Hinblick auf ihre innere Konsistenz und ihre Angemessenheit gegenüber dem Kontext (Wirtschaftsentwicklung, Arbeitsmarktlage) und der Problemlage zu unterziehen. Bei diesem Evaluationsschritt wird im Allgemeinen von einer Dokumentenanalyse (Konzept der Maßnahme, Förderanträge usw.) ausgegangen. Dieses Konzept wird vor dem Hintergrund der Situation am Arbeitsmarkt generell bzw. für die jeweilige Zielgruppe analysiert, wofür zumeist die Arbeitsmarktstatistik herangezogen wird. Die Beantwortung der zentralen Fragen der Policy-Evaluation, wie z.B. jene nach den der Maßnahme zugrunde liegenden Motivationen, Erwartungen und Wirkungsannahmen, kann nur auf Basis von Interviews mit EntscheidungsträgerInnen und den in die Maßnahmenentwicklung involvierten Personen erfolgen, da diese nur selten explizit in Konzepten oder Planungsdokumenten ausformuliert sind. Darüber hinaus spielen ExpertInnen dann eine Rolle, wenn eine Maßnahme, die für eine bestimmte Zielgruppe ausgerichtet ist, im Hinblick auf ihre Angemessenheit für deren Bedürfnisse bewertet werden soll; vor allem wenn es sich um Problemgruppen handelt, über deren Lebenssituation oder Bedürfnisse die EvaluatorInnen nicht ausreichend informiert sind (z.B. Behinderte, ehemalige Suchtkranke, Obdachlose oder MigrantInnen).

Bei der *Implementations-Evaluation* steht die Umsetzung und Durchführung der Maßnahme im Vordergrund, wobei organisatorische Aspekte ebenso berücksichtigt werden wie Inhalte und die Zusammensetzung der TeilnehmerInnen. Die Maßnahmendurchführung wird vor dem Hintergrund der je-

9 Vogel (1995: 77) spricht von ExpertInneninterviews „en passant“ oder ExpertInnen als „Gewährsleute“.

weiligen Zielsetzung analysiert, d.h. es erfolgt eine Rückkoppelung zur Konzeption der Maßnahme, um Problembereiche (z.B. Schwierigkeiten bei der Erreichung der Zielgruppe, Akzeptanzprobleme, Auftreten regionaler Disparitäten) aufzeigen und Verbesserungsvorschläge entwickeln zu können. Methodisch basiert die Analyse – soweit vorhanden – auf Monitoringdaten (Informationen zur Zahl und Struktur der TeilnehmerInnen, Dauer der Teilnahme, vorzeitige Abbrüche usw.). Je nach Fragestellung und vorhandenen Ressourcen können auch Primärerhebungen (wie z.B. eine Befragung von TeilnehmerInnen) durchgeführt werden. Bei komplexen Maßnahmen, wenn z.B. mehrere Institutionen an der Umsetzung beteiligt sind, stellt die Analyse der Schnittstellen zwischen den AkteurInnen bzw. Institutionen eine zentrale Fragestellung dar. Es geht dabei um die Ausgestaltung der Schnittstellen, die Art der Kooperation der Beteiligten, die Informationsflüsse und mögliche Problembereiche (z.B. unklare Kompetenzzuordnungen, Doppelgleisigkeiten oder differierende Vorstellungen über Zielsetzung und Umsetzung der Maßnahme). In diesem Zusammenhang sind persönliche Gespräche häufig die einzig praktikable Form der Informationsgewinnung, da die bestimmten Entwicklungen zugrunde liegenden Mechanismen anders kaum aufgedeckt werden können. Zeichnet sich beispielsweise im Rahmen der Implementations-Evaluation ab, dass die Zielgruppe nicht erreicht werden konnte bzw. bestimmte Subgruppen unter den TeilnehmerInnen unterrepräsentiert sind (wie z.B. ältere Frauen oder Personen mit nur Pflichtschulabschluss), so sollte eine Analyse der Zugangswege in die Maßnahme erfolgen. In den Selektionsprozess sind im Allgemeinen mehrere AkteurInnen einbezogen, wie z.B. die BeraterInnen der Geschäftsstellen des Arbeitsmarktservice (AMS), die den Arbeitslosen eine Maßnahme vorschlagen, die durchführenden Institutionen, die die konkreten TeilnehmerInnen auswählen, und schließlich die Arbeitslosen selbst, die für sich selbst entscheiden, ob sie eine Teilnahme in Erwägung ziehen. Jede/r dieser AkteurInnen verfügt über einen gewissen Entscheidungsspielraum und agiert entsprechend der persönlichen Werte, Normen und Motive, die letztendlich eine selektive Auswahl der TeilnehmerInnen bedingen können. Das Zusammenspiel dieser Faktoren kann nur durch ExpertInneninterviews aufgezeigt werden.

Durch die *Wirkungsanalyse* sollen möglichst alle durch die Maßnahme hervorgerufenen Effekte (intendierte wie nicht-intendierte) erfasst werden. Ziel der Analyse ist, jene Effekte herauszufiltern, die auf die Intervention zurückzuführen sind.[10] Für die Wirkungsanalyse werden primär quantitative Methoden gewählt, wobei hier in den letzten Jahren wesentliche Weiterentwicklungen erfolgt sind (z.B. Schmid et al. 1996; Shadish et al. 2001). Neben der Ermittlung der konkreten Wirkungen (Output) sollte jedoch auch die

10 Zur Beantwortung dieser Frage wird üblicherweise mit quasi-experimentellen Ansätzen (Vergleichsgruppendesigns) gearbeitet (Heckman/Smith 1996 oder Shadish et al. 2001).

Analyse der zugrundeliegenden Wirkungsmechanismen erfolgen. Diese sind im Allgemeinen nicht quantitativ zu fassen, sondern basieren beispielsweise auf der subjektiven Einschätzung von ExpertInnen bezüglich makroökonomischer oder gesamtgesellschaftlicher Veränderungen.

ExpertInnenmeinungen spielen auch im Rahmen der *Kosten-Nutzen-Analyse* eine Rolle, was auf den ersten Blick vielleicht verwundern mag, handelt es sich doch dabei um die monetäre Bewertung von Kosten und Nutzen einer Maßnahme. Allerdings ist die Quantifizierung von Nutzenkomponenten häufig mit Informationsproblemen verbunden, wenn beispielsweise auf der Nutzenseite Faktoren wie Einsparungen von Transferzahlungen oder Verwaltungskosten bzw. die Kosteneinsparungen aufgrund verringerten Alkohol- oder Drogenkonsums einbezogen werden sollen. Im Rahmen der Kosten-Nutzen-Analyse sind Annahmen über diese Faktoren zu treffen und explizit zu machen, wofür oft neben Erfahrungen aus anderen Studien auch ExpertInnenmeinungen berücksichtigt werden.

## 2. Praktische Aspekte bei der Vorbereitung, Durchführung und Auswertung von ExpertInneninterviews

Die zentrale Zielsetzung für ExpertInneninterviews im Rahmen von Evaluationen liegt darin, die durch Dokumente und Daten gewonnenen Informationen mit den unterschiedlichen Perspektiven von ExpertInnen auf eine effiziente Art und Weise zu ergänzen, um ein abgerundetes Bild der zu evaluierenden Maßnahme zu erhalten. Im Zentrum der folgenden Ausführungen steht das „klassische" Gespräch mit ExpertInnen, wobei wir insbesondere auf die sich aus der Evaluationssituation ergebenden Besonderheiten, v.a. die „Stakeholder-Problematik" und den damit verbundenen Interaktionsprozess eingehen.

Die „Stakeholder-Problematik" entsteht bereits mit der Auswahl der InterviewpartnerInnen, da sich die ExpertInnen primär aus jenen Institutionen rekrutieren, die maßgeblich in die Maßnahme involviert sind. Eine Evaluation wird von den „stakeholders" häufig mit Kontrollfunktionen in Verbindung gebracht, selbst wenn die Evaluation primär erkenntnisgenerierende Funktionen erfüllen soll und nicht unmittelbar Veränderungen oder Fragen über den weiteren Fortbestand von Maßnahmen und Programmen mit den Ergebnissen verknüpft sind. Die soziale Situation beim Interview kann damit als Prüfungsgespräch verstanden werden, indem gegenüber den EvaluatorInnen Rechtfertigungsargumentationen für das eigene Verhalten geliefert bzw. die wahren Probleme verschwiegen werden. Solche Strategien der Selbstdarstellung und Informationskontrolle kommen natürlich nicht nur in ExpertInneninterviews bei Evaluationen vor, sondern betreffen auch andere Erhebungsformen und generell soziale Interaktionen (Leitner 1994; Steinert 1984; Goffman 1967). Doch durch die berufliche Position der Interviewten ist davon auszugehen, dass sie sich öfter und vor unterschiedlichem Publikum mit diesem Thema darstellen und schon vor dem Interview gewisse Vorsichtsmaßnahmen oder Strategien überlegen, um in der „Prüfungssituation" möglichst gut auszusteigen. Stärker als beim klassischen Interview oder bei ExpertInneninterviews mit geringerem Ergebnisinteresse ist – aufgrund des Zusammentreffens dieser beiden Faktoren (Evaluationssituation und die spezifischen Kompetenzen der ExpertInnen) – mit Verzerrungseffekten wie Antwortverweigerung, Interviewereffekten, Positionseffekten, Anwesenheitseffekten oder Auftraggebereffekten zu rechnen.[11]

Im Folgenden wird eine mögliche Vorgangsweise bei ExpertInneninterviews beschrieben, die aus der Praxis und der Konfrontation mit Problemen entstanden ist und nach wie vor weiterentwickelt wird. Dabei werden der spezifische Interaktionsprozess bei Evaluationen explizit berücksichtigt und die Beteiligten sowohl bei der Formulierung der Fragestellungen und des Untersuchungsdesigns wie auch im weiteren Projektverlauf in Form von ExpertInneninterviews gezielt einbezogen, um Antwortverzerrungen zu verringern, die Akzeptanz der Evaluation zu erhöhen und damit die Qualität der Ergebnisse zu verbessern. Es werden einige zentrale Punkte im Zusammenhang mit der Vorbereitung, Durchführung und Analyse von ExpertInneninterviews in der Evaluationsforschung angesprochen.

### *2.1. Vorbereitung der Interviews*

Vor Durchführung der Interviews ist abzuklären, wer als ExpertIn einbezogen werden soll und welche Themenbereiche jeweils im Zentrum der ExpertInnengespräche stehen sollen. Bei der Auswahl der ExpertInnen ist darauf zu achten, dass möglichst alle Akteursebenen berücksichtigt werden. In der Praxis kann es bei der Auswahl der InterviewpartnerInnen schwierig sein, alle relevanten AkteurInnen zu erreichen (aus Mangel an Informationen, aber auch aus Gründen der Erreichbarkeit, wie z.B. Jobwechsel ehemaliger „Schlüsselpersonen", Terminprobleme) bzw. die maßgeblichen Personen zur Mitarbeit an der Evaluation zu bewegen. Es hat sich bewährt, anfangs nur eine vorläufige Auswahl zu treffen, da sich während des Projekts noch weitere zentrale Personen herauskristallisieren können, die beispielsweise in mehre-

---

11 Übersichten zu Verzerrungseffekten finden sich z.B. bei Steinert (1984) oder Reinecke (1991). Systematische Antwortverzerrungen, wie sozial gewünschtes Antwortverhalten oder Zustimmungstendenzen, die in den ExpertInneninterviews einen vergleichsweise geringeren Stellenwert aufweisen, wurden beispielsweise von Reinecke (1991) oder Esser (1986) analysiert.

ren Interviews erwähnt werden und die den EvaluatorInnen zu Beginn nicht bekannt waren.

Die ExpertInnen sind, wie gesagt, in unterschiedlicher Form oder Funktion an der Maßnahme beteiligt, sind in die Konzeption und Planung, die Umsetzung und Durchführung sowie in Veränderungen und Weiterentwicklungen der Maßnahme involviert. Darüber hinaus ist es oft hilfreich, deren Perspektive mit jener von NutzerInnen oder AkteurInnen aus dem Umfeld der Maßnahmen (ähnlicher oder komplementärer Maßnahmen) zu konfrontieren. Der ExpertInnenstatus basiert also auf deren Funktion und umfasst sowohl EntscheidungsträgerInnen als auch Durchführende ohne Entscheidungskompetenz. Die Auswahl der ExpertInnen mit Entscheidungskompetenz erfolgt zumeist aufgrund der hierarchischen Position innerhalb der an einer Maßnahme beteiligten Institutionen. Demgegenüber sind die EvaluatorInnen bei der Auswahl von ExpertInnen auf der Umsetzungsebene häufig auf zusätzliche Informationen angewiesen (die sie z.B. von anderen ExpertInnen erhalten oder Dokumenten entnehmen).

In einem weiteren Schritt werden auf Basis der Fragestellung der Evaluation die geplanten Themenbereiche der Interviews ermittelt. Handelt es sich beispielsweise um eine Implementations-Evaluation, die Aufschluss über die Umsetzung einer Maßnahme geben, Problembereiche und Ansatzpunkte für Veränderungen aufzeigen soll, so werden die zentralen Themenbereiche die praktischen Erfahrungen bei der Durchführung der Maßnahme, die Wahrnehmung von Problembereichen, Verbesserungsmöglichkeiten aus der Sicht der ExpertInnen, die Bewertung einzelner Aspekte der Maßnahme sowie die Einschätzung der Wirkungen sein.

Aus diesen Themenbereichen wird ein „grober Leitfaden“ (Themenkatalog) erstellt, der den Rahmen für die ExpertInneninterviews absteckt. Die Konstruktion des Leitfadens basiert auf theoretischen Annahmen über Einflussfaktoren, Problembereiche oder Wirkungen, die sich aus bereits vorliegenden Informationen zur Maßnahme (z.B. Dokumente, Medienberichterstattung, Vorgängerstudien) und Erfahrungen mit der Evaluation ähnlicher Maßnahmen ergeben. Ausgehend von diesem Themenkatalog unterscheidet sich jedoch der Fokus der einzelnen Gespräche je nach Position der ExpertInnen. So wird beispielsweise bei Gesprächen mit den TrainerInnen einer Maßnahme der unmittelbare Kontakt zu den TeilnehmerInnen im Vordergrund stehen, während bei VertreterInnen des Arbeitsmarktservice die Abwicklung, die Zusammenarbeit innerhalb der Institution und der Kontakt zu den Maßnahmenträgern zentral sind.

Es ist also für jedes Interview eine gesonderte Vorbereitung notwendig. Dabei werden die für die einzelnen Themen konkreten Fragen entwickelt, die sich jeweils an der Funktion bzw. der Position der ExpertInnen orientieren und den aktuellen Erkenntnisstand im Projekt berücksichtigen. Im Verlauf der Evaluation kommt es zu einer laufenden Überarbeitung des zugrunde liegenden Leitfadens, wenn sich einzelne Themenbereiche als nicht relevant herauskristallisieren bzw. sich für bestimmte Themen keine neuen Informationen mehr ergeben (d.h. das Thema als „gesättigt" gilt).[12] Die Vorbereitung für jedes einzelne ExpertInneninterview erfolgt unter Berücksichtigung der jeweiligen beruflichen Positionen des Experten/der Expertin, indem Hypothesen formuliert werden, die im Rahmen des Interviews den ExpertInnen vorgelegt werden. Dadurch können zwischen den unterschiedlichen Akteursgruppen divergierende Interessen oder sich daraus ergebende Rollenkonflikte thematisiert und diskutiert werden, ohne den ExpertInnenstatus der GesprächspartnerInnen in Frage zu stellen. Zugleich präsentieren die InterviewerInnen ihre Kenntnisse über Zusammenhänge und Wirkungsweisen, wodurch ihre Kompetenz und Position im Interview gestärkt werden.

In der Praxis hat sich bewährt, die Interviews nicht en bloc durchzuführen, sondern über die Projektlaufzeit zu verteilen. Zu Beginn der Evaluation erweisen sich Interviews mit den LeiterInnen der beteiligten Institutionen als hilfreich, da diese häufig einen guten Überblick über Ablauf, Organisation, Inhalt und eventuell bereits erfolgte Veränderungen der Maßnahme sowie die Besonderheiten im Vergleich zu anderen Maßnahmen haben und diese Informationen in Kombination mit der Analyse der Dokumente zur Maßnahme (z.B. Konzept, Jahresberichte) eine gute Basis für die weiteren Evaluationsschritte darstellen. Da häufig mehrere Personen aus den beteiligten Institutionen als ExpertInnen befragt werden (z.B. neben Führungskräften auch MitarbeiterInnen der Planungsabteilung), hat es sich als sinnvoll erwiesen, jeweils ein Interview in der Anfangsphase und eines eher gegen Ende der Projektlaufzeit durchzuführen, da während der Projektlaufzeit häufig noch zusätzliche Fragen auftauchen oder sich überraschende Ergebnisse (im positiven wie auch im negativen Sinne) zeigen, die mit den ExpertInnen diskutiert werden können. Aus diesem Grund sollten die ExpertInnengespräche auch parallel zu den anderen Erhebungsschritten, wie z.B. zur Analyse der administrativen Daten oder zur Durchführung einer TeilnehmerInnenbefragung, erfolgen, um auf die Ergebnisse der jeweiligen Arbeitsschritte flexibel reagieren zu können.

## *2.2 Durchführung der Interviews*

Durch den spezifischen Interaktionsprozess im ExpertInneninterview und die Evaluationssituation ist es in den Interviews oft nicht leicht, das Thema des Interviews durchzuhalten bzw. den Zugang zu ExpertInnen zu finden und bei der Auswertung solche Verzerrungen zu identifizieren. Vogel (1995: 78ff.) umschreibt die bei der Durchführung von ExpertInneninterviews auftreten-

12 Voelzkow (1995) bezeichnet Interviews, die auf einer ähnlichen Vorgangsweise basieren, als „iterative ExpertInneninterviews".

den Probleme durch den Eisberg-, Paternalismus-, Rückkoppelungs- und Katharsiseffekt. Mit „Eisbergeffekt“ wird eine Interviewsituation umschrieben, die von offensichtlichem Misstrauen oder Desinteresse der ExpertInnen geprägt ist. „Paternalisierungseffekte“ entstehen dann, wenn die ExpertInnen versuchen, die Gestaltung des Interviews in die Hand zu nehmen und die Kompetenz der InterviewerInnen in Frage stellen. Wenn die Befragten im Interview immer wieder versuchen, die Frage-Antwort-Situation umzudrehen und Informationen von den InterviewerInnen zu bekommen, wird von „Rückkoppelungseffekten“ gesprochen. Eine weitere Situation, in der das Thema des Interviews kaum durchgehalten werden kann, ist gegeben, wenn die ExpertInnen das Interview zum Anlass nehmen, sich den Frust und Ärger des Berufsalltags von der Seele zu reden oder primär sich selbst darzustellen („Katharsiseffekte“). Um solche Probleme zu verhindern ist es wichtig, das Interview als soziale Interaktion zu sehen, die durch die Rollen der GesprächspartnerInnen und die Erwartungen an diese Rollen sowie ein Stimulus-Response-Muster gekennzeichnet ist.

Als Einleitung des Interviews eignet sich eine kurze Beschreibung des Evaluationsdesigns (der zentralen Fragestellungen und der methodischen Vorgangsweise) und des aktuellen Projektstandes. Dabei wird auch der Status der InterviewerInnen geklärt, der Zusammenhang des jeweiligen ExpertInnengesprächs mit dem Gesamtprojekt hergestellt und abgesteckt, welche Themen und Fragenkomplexe mit den jeweiligen ExpertInnen vorrangig besprochen werden sollen. Durch diese Vorgangsweise können von vornherein mögliche Einwände der Befragten – sie hätten ja zur Maßnahme selbst nichts zu sagen oder wären ja schon lange nicht mehr in die Maßnahme involviert – ausgeräumt werden.[13] Zugleich wird auch die Rollenverteilung im Interview klar gemacht bzw. werden etwaige Vorstellungen darüber korrigiert. Von Beginn weg wird versucht, mögliche Eisbergeffekte zu vermeiden, indem der Kooperationscharakter des Interviews hervorgestrichen und die Bedeutung des ExpertInnenwissens für die Evaluation betont wird. In diesem Kontext sollte auch prinzipiell der Umgang mit den erhaltenen Informationen geklärt werden (z.B. Anonymität der Aussagen der InterviewpartnerInnen, Freigabe von Interviewtranskripten). Dies kann auch dazu beitragen, die Kooperationsbereitschaft zu steigern, da Ängste über unerwünschte Konsequenzen abgebaut werden.

In der Praxis erweist sich die Eingangsphase als wesentlich für das Gelingen des Interviews und den Arbeitaufwand bei der Verwertung. Dies betrifft nicht nur den Zugang zu den InterviewpartnerInnen, indem eine angenehme Gesprächssituation geschaffen wird, sondern auch die inhaltlichen Weichenstellungen. So ist es hier wichtig, den Kenntnisstand bzw. die Kom-

13 Diese Vorbehalte können entstehen, wenn unter Evaluation primär das Erfassen und die Analyse der Wirkungen einer Maßnahme verstanden wird, d.h. ein weit verbreiteter, aber nichtsdestotrotz zu enger Evaluationsbegriff verwendet wird.

petenzen der InterviewerInnen durch eingestreute Zitate zentraler Dokumente beispielsweise über offizielle Positionen der Institution zum Thema zu demonstrieren. Bei Themenstellungen wie z.B. Gender Mainstreaming, wozu es mittlerweile in fast allen Institutionen schriftliche Bekenntnisse gibt, die aber stark auf unhinterfragten Floskeln aufbauen, kann dies dazu beitragen, dass die Interviewzeit nicht für die Klärung von „offiziell" verwendeten Definitionen gebraucht wird, sondern dass man rasch zu den konkret interessierenden Inhalten kommt.

Die „Stakeholder-Problematik" zeigte sich auch in Gesprächen mit TrainerInnen von Fördermaßnahmen, da sie sich in einer Kontrollsituation befinden und Selbstdarstellung und Informationskontrolle einen Teil ihrer Lehrinhalte und Kompetenzen darstellen. So hat sich bei einer Maßnahme zur Förderung des Wiedereinstiegs von Frauen nach längeren Berufsunterbrechungen (WiederIn-Programm) gezeigt, dass sich die ausgewählten Teilnehmerinnen wesentlich von der Zielgruppe unterschieden und dieser „Creamingeffekt" (d.h. die Auswahl der Besten unter den Bewerberinnen) mit dem Verhalten der TrainerInnen des Programms in Verbindung stand, die an der Erreichung bestimmter Vorgaben (v.a. Vermittlungsquote) gemessen werden (Leitner/Wroblewski 2001). In den Interviews mit den Trainerinnen war es nahezu unmöglich, konkrete Informationen über die Problematik der Selektion der Teilnehmerinnen zu erheben, da die Interviewpartnerinnen, die Expertinnen in Sachen Rhetorik, Kommunikation und Eigenpräsentation sind, nicht bereit waren, dieses heikle Thema zu diskutieren. In den Interviews wurden daher Hypothesen über die Auswahl der Teilnehmerinnen eingebracht, anhand derer die Auswirkungen der Kriterien, an denen die beteiligten Institutionen gemessen werden, angesprochen und deren Sinnhaftigkeit diskutiert wurden. Für die Analyse der Selektionsprozesse wurden darüber hinaus weitere Informationsquellen einbezogen (z.B. administrative Daten, Interviews mit anderen AkteurInnen).

Als eine wesentliche Unterstützung, um beim Thema zu bleiben und auf im Gesprächsverlauf offen gebliebene Fragen zurückzukommen, erweist sich die Kontrolle der beantworteten Fragen über den Leitfaden. Durch Kooperation von zwei InterviewerInnen kann leichter eine „Prüfungssituation" vermieden und eine „lockere" Gesprächsatmosphäre geschaffen werden. Dies deshalb, da dem „natürlichen" Gesprächsverlauf gefolgt werden kann, ohne laufend auf den Leitfaden zurückzukommen – der/die zweite InterviewerIn achtet auf noch offene Fragen und kann diese in Gesprächspausen einbringen. Durch den Einsatz von zwei InterviewerInnen erleichtert sich die Durchführung der Interviews, da sie sich gegenseitig unterstützen, „Durchhänger" im Gespräch vermeiden und auf unerwartete Informationen rascher reagieren können. Dafür ist jedoch eine „Rollenteilung" notwendig, in der ein/e InterviewerIn primär den „Fragepart" übernimmt, der/die andere für Nachfragen zuständig ist. Die Interviews werden – mit Zustimmung der InterviewpartnerInnen – auf Tonband aufgezeichnet. Wird eine solche Zustimmung verweigert bzw. ergeben sich die wichtigen Informationen erst nach Abschalten des Tonbandes, was beispielsweise bei der Evaluation einer problematischen (im Sinne von konfliktbehaftet oder in der Öffentlichkeit bzw. innerhalb der beteiligten Institutionen umstrittenen) Maßnahme der Fall sein kann, ist der/die zweite InterviewerIn ebenfalls für die Protokollierung zuständig.

Die Durchführung der Interviews wird weiters wesentlich erleichtert, wenn die einschlägige Fachterminologie verwendet wird. Zum einen akzeptieren die ExpertInnen die InterviewpartnerInnen eher als gleichberechtigte GesprächspartnerInnen, da diese über ein bestimmtes Vorwissen verfügen und daher erwartet wird, dass auch der jeweils relevante Kontext erfasst werden kann. Außerdem kürzen sich dadurch die Interviews teilweise stark ab, da deutlich weniger Nachfragen notwendig sind. Gleichzeitig ist – wie in anderen Forschungsbereichen auch – von Seiten der InterviewerInnen darauf zu achten, dass nicht bestimmte Annahmen, die sich in ähnlichen Kontexten als relevant herausgestellt haben, unhinterfragt übernommen werden.

Für den Abschluss des Interviews hat sich eine offene Frage nach möglicherweise nicht angesprochenen Punkten, die in den Augen des/der ExpertIn im Zusammenhang mit der Maßnahme wichtig sind, bewährt. Dadurch wird den InterviewpartnerInnen die Möglichkeit geboten, in einem eher informellen Rahmen (weil nach dem Ende des Interviews) ihnen wichtige Punkte einzubringen (oder aber auch Frust abzubauen; siehe oben „Karthasiseffekte").

## *2.3. Auswertung und Rückkoppelung der Ergebnisse*

Bei der Auswertung der ExpertInneninterviews ist die „Stakeholder-Problematik" explizit zu berücksichtigen und darüber hinaus wird hier das Spannungsverhältnis zwischen der geforderten Einhaltung wissenschaftlicher Gütekriterien und Effizienzkriterien am offensichtlichsten. Wie gelingt es, innerhalb des vorgegebenen Zeitaufwandes und bei knappen Ressourcen die von der Wissenschaft geforderten Standards einzuhalten? Dies wird umso mehr zur Herausforderung, als ExpertInneninterviews nicht selten durch subjektive Interpretation oder strategische Informationsweitergabe geprägt sind, aber aufgrund beschränkter Ressourcen genauere Textanalysen kaum erfolgen können. Unsere Vorgangsweise besteht darin – und dies sollte aus den vorangegangenen Kapiteln deutlich geworden sein –, die Vorarbeiten und Durchführung der Interviews sehr konkret im Hinblick auf die Auswertung zu planen. Durch die themenzentrierten Fragestellungen und den iterativen Prozess der Leitfadenerstellung und Informationsgewinnung, die auch andere Informationsquellen als die ExpertInneninterviews einschließt, wird der Auswertungsprozess teilweise bereits in den vorangegangenen Schritten vorweggenommen. Die intensive Vorbereitung und eingespielte Teamarbeit bei der Durchführung der Interviews erleichtert die Auswertung ganz erheblich und kann sich damit überwiegend auf themenzentrierte Auswertungen beschränken. Grundlage für die Analyse sind die Transkripte der Interviews, wobei aus Ressourcengründen häufig nur Schlüsselstellen wörtlich transkribiert werden. Die restlichen Phasen des Interviews werden paraphrasiert und gegebenenfalls zusammengefasst. In der Praxis kommt es auch vor, dass sich in einem späteren Projektstadium zusätzliche Teile des Interviews als zentral herausstellen, die dann im Nachhinein wörtlich transkribiert werden.

Im Vordergrund der Analyse steht die Erfassung der unterschiedlichen Meinungen und Positionen der InterviewpartnerInnen zu den im Leitfaden genannten Themen- oder Problembereichen, wobei die jeweiligen Interessen aufzuzeigen und einander gegenüberzustellen sind. Die Kontrastierung der unterschiedlichen Positionen und Interessen ermöglicht auch eine Plausibilitätsprüfung der Ergebnisse. Die Informationen sind so zusammenzufassen, zu kategorisieren und zu interpretieren, dass schlussendlich die Gesamtstruktur der Maßnahme greifbar wird, wobei die konfliktfreien Bereiche ebenso berücksichtigt werden sollen wie aktuelle oder potenzielle Problemfelder. So fiel bei der bereits erwähnten Evaluierung des WiederIn-Programms auf, dass kaum Konfliktbereiche innerhalb der Maßnahme von den Beteiligten wahrgenommen wurden. Dies ist jedoch unter anderem auch darauf zurückzuführen, dass die Maßnahme sehr erfolgreich durchgeführt wurde, d.h. unterschiedlichen Vorstellungen über Zielsetzungen und Zielgruppe der Maßnahme keine Relevanz zukam, nichtsdestotrotz handelte es sich dabei um potenzielle Konfliktfelder.

Der wesentlichste Analyseschritt besteht darin, sich von der Ebene der Interviews zu lösen und auf die Maßnahmenebene zu kommen. Dies erfolgt durch die Gegenüberstellung der einzelnen Interviews vor dem Hintergrund der weiteren Informationen über die Maßnahme und ihren Kontext. Auf diese Weise können divergierende Interessen, widersprüchliche Anforderungen an einzelne AkteurInnen, ineffiziente Abläufe aber auch „best practices“ aufgezeigt und in die Analyse einbezogen werden. Durch diese Vorgangsweise kommt den ExpertInneninterviews ein zentraler Stellenwert innerhalb des Evaluationsprojekts zu, da die genaue Kenntnis der Rahmenbedingungen sowie der Prozesse innerhalb der Maßnahme Voraussetzung für die Interpretation der Ergebnisse ist.

Die Ergebnisse der Evaluation werden entweder im Rahmen von Feedbackrunden, die integraler Bestandteil der responsiven Evaluation sind, oder aber durch die Endpräsentation und die Berichtlegung an die Beteiligten zurückgespiegelt. Bei der Berichterstellung wird besonderes Augenmerk auf mögliche Abweichungen der Umsetzung von der ursprünglichen Konzeption sowie auf Weiterentwicklungsmöglichkeiten der Maßnahme gelegt. Diese Aspekte finden im Allgemeinen höhere Akzeptanz, wenn die zentralen Stakeholder, die zumeist auch die AdressatInnen der Evaluationsergebnisse sind, zur Evaluation als ExpertInnen beigetragen haben. Durch diese Rückkoppelung der Ergebnisse ergibt sich für die ExpertInnen die Möglichkeit, ihre Situation im Kontext der Gesamtmaßnahme quasi „in neuem Licht" zu sehen, wodurch sich das Verständnis für die Situation der anderen AkteurInnen erhöht und die Kooperationsbasis verbessert wird. Damit wird nicht nur dem Grundsatz der Objektivität ein höherer Stellenwert eingeräumt. Es zeigt sich auch, dass ExpertInneninterviews, insbesondere Methoden, bei denen eine direkte Reaktion der unterschiedlichen AkteurInnen aufeinander gefordert wird, noch eine weitere Funktion aufweisen, nämlich die, die Selbstreflexion der AkteurInnen zu erhöhen und den Kommunikationsprozess zwischen den unterschiedlichen AkteurInnen zu beleben.

## 3. Schlussfolgerungen

Wie im vorliegenden Beitrag gezeigt wurde, sind ExpertInneninterviews ein wichtiges, aber methodisch wenig beachtetes Erhebungsinstrument in der Evaluationsforschung, das durch eine spezifische Form der sozialen Interaktion charakterisiert ist, die sich aus der „Stakeholder-Problematik" ergibt. Diese Spezifika erhöhen die Notwendigkeit methodischer Reflexion der Praxis und die Weiterentwicklung von Standards für den Einsatz von ExpertInneninterviews in der Evaluationsforschung.

Erforderlich erscheint jedoch nicht nur die methodische Weiterentwicklung, sondern auch die Aufwertung des Stellenwerts von ExpertInneninterviews gegenüber quantitativen Ansätzen. Es gilt die Ergebnisse quantitativer und qualitativer Ansätze gleichgewichtig nebeneinander zu stellen und diese als gegenseitige Ergänzung wahrzunehmen. Häufig stehen quantitative Ergebnisse, so genannte „hard facts", in den Evaluationen im Vordergrund, da sie sich leichter politisch bzw. öffentlichkeitswirksam verwerten lassen und den Vergleich mit anderen Maßnahmen ermöglichen. Aber auf Basis von quantitativen Ergebnissen alleine können die wirklich spannenden Fragen der Evaluation, wie z.B. „Wie kommen diese Ergebnisse zustande?" oder „Wie lassen sich unerwünschte Effekte vermeiden?", nicht beantwortet werden. Um Wirkungszusammenhänge oder Einflussfaktoren auf die Ergebnisse zu ermitteln, stellen ExpertInneninterviews eine wissenschaftlich adäquate Methode dar, die zudem auch den in der Auftragsforschung geforderten Effizienzansprüchen entspricht.

# Literatur


Beywl, Wolfgang (1988): Zur Weiterentwicklung der Evaluationsmethodologie. Grundlegung, Konzeption und Anwendung eines Modells der responsiven Evaluation. Frankfurt/M.

Brinkmann, Christian/Deeke, Axel/Völkel, Brigitte (Hg. 1995): ExpertInneninterviews in der Arbeitsmarktforschung. Beiträge zur Arbeitsmarkt- und Berufsforschung 191. Nürnberg

Deeke, Axel (1995): ExpertInneninterviews – ein methodologisches und forschungspraktisches Problem. In: Brinkmann, Christian/Deeke, Axel/Völkel, Brigitte (Hg.), S. 7-22

Esser, Hartmut (1986): Können Befragte lügen? Zum Konzept des „wahren Wertes" im Rahmen der handlungstheoretischen Erklärung von Situationseinflüssen bei der Befragung. In: Kölner Zeitschrift für Soziologie und Sozialpsychologie, Jg. 38, H. 2, S. 314-336

Flick, Uwe (2006): Interviews in der qualitativen Evaluationsforschung. In: Flick, Uwe (Hg.), S. 214-232

Flick, Uwe (Hg.) (2006): Qualitative Evaluationsforschung. Konzepte, Methoden, Umsetzungen. Reinbek bei Hamburg

Goffman, Erving (1967): Interaction Ritual. New York

Heckman, James J./Smith, Jeffrey A. (1996): Experimental and Nonexperimental Evaluation. In: Schmid, Günter/O'Reilly, Jaqueline/Schömann, Klaus (Hg.), S. 37-88

Kuckartz, Udo (2006): Quick and dirty? – Qualitative Methoden der drittmittelfinanzierten Evaluation in der Umweltforschung. In: Flick, Uwe (Hg.), S. 267-283

Lamnek, Siegfried (1995): Qualitative Sozialforschung, Bd. 1: Methodologie. Weinheim, 3. Auflage

Lassnigg, Lorenz (1997): Evaluation: Aufdecken, Zudecken, oder was sonst ... In: Zilian, Hans G./Flecker, Jörg (Hg.): Pathologien und Paradoxien der Arbeitswelt. Wien, S. 227-262

Lassnigg, Lorenz/Leitner, Andrea/Steiner, Peter/Wroblewski, Angela (1999): Unterstützung beim Wiedereinstieg, Möglichkeiten und Wirkungen frauenspezifischer Maßnahmen, AMS report 10, Wien

Lassnigg, Lorenz/Leitner, Andrea/Unger, Martin/Wroblewski, Angela (2000): Zukunftsmodell Qualifizierungsverbund – Evaluierung des Qualifizierungsverbundes Triestingtal, AMS report 13, Wien

Lassnigg, Lorenz/Leitner, Andrea/Wroblewski, Angela/Steiner, Mario/Steiner, Peter/Mayer, Kurt/Schmid, Günter/Schömann, Klaus (2000): Evaluationsschema für Maßnahmen der aktiven Arbeitsmarktpolitik in Wien. IHS-Projektbericht. Wien

Leitner, Andrea (1994): Rationalität im Alltagshandeln. Über den Erklärungswert der Rational Choice-Theorie für systematische Antwortverzerrungen im Interview. Reihe Soziologie No. 5, IHS. Wien

Leitner, Andrea (2007): Frauenförderung im Wandel. Gender Mainstreaming in der österreichischen Arbeitsmarktpolitik. Frankfurt/Main

Leitner, Andrea/Wroblewski, Angela (2001): Aktive Arbeitsmarktpolitik im Brennpunkt V: Chancen für Wiedereinsteigerinnen mit längeren Berufsunterbrechungen, AMS report 26, Wien

Lutz, Hedwig/Mahringer, Helmut/Pöschl, Andrea (Hg.) (2005): Evaluierung Europäischer Sozialfonds 2000-2006. Ziel 3. Österreich. WIFO-Projektbericht. Wien

OECD (1991): Evaluating Labour Market and Social Programmes. The State of a Complex Art. Paris

Patton, Michael Q. (1997): Utilization-Focused Evaluation. London, 3. Auflage

Reinecke, Johann (1991): Interviewer- und Befragtenverhalten: Theoretische Ansätze und methodische Konzepte. Opladen

Rossi, Peter H./Freeman, Howard E. (1987): Evaluation. A Systematic Approach. Beverly Hills, 3. Auflage

Sanders, James R. (Hg. 1999): Handbuch der Evaluationsstandards. Die Standards des „Joint Committee on Standards for Educational Evaluation“. Opladen

Schmid, Günter/O'Reilly, Jaqueline/Schömann, Klaus (Hg. 1996): International Handbook of Labour Market Policy and Evaluation. Cheltenham

Shadish, William R./Cook, Thomas D./Campbell, Donald T. (2001): Experimental and Quasi-Experimental Designs for Generalized Causal Interference, Boston/New York

Shadish, William R./Cook, Thomas D./Levition, Laura C. (1991): Foundations of Program Evaluation. Theories of Practice. London

Steinert, Heinz (1984): Das Interview als soziale Interaktion. In: Meulemann, Heiner/Reuband, Karl-Heinz (Hg.): Soziale Realität im Interview. Empirische Analysen methodischer Probleme. Frankfurt/M., S. 17-59

Stufflebeam, Daniel L./Madaus, George F./Kellaghan, Thomas (2000): Evaluation models. Viewpoints on Educational and Human Services Evaluation. Bosten, 2nd edition

Voelzkow, Helmut (1995): „Iterative ExpertInneninterviews“: Forschungspraktische Erfahrungen mit einem Erhebungsinstrument. In: Brinkmann, Christian/Deeke, Axel/ Völkel, Brigitte (Hg.), S. 51-58

Vogel, Bernhard (1995): „Wenn der Eisberg zu schmelzen beginnt ...“ – Einige Reflexionen über den Stellenwert und die Probleme des ExpertInneninterviews in der Praxis der empirischen Sozialforschung. In: Brinkmann, Christian/Deeke, Axel/Völkel, Brigitte (Hg.), S. 73-84

Wilensky, Harold L. (1985): Nothing Fails Like Success: the Evaluation-Research Industry and Labour Market Policy. In: Industrial Relations, Jg. 24, H. 1, S. 1-19

Williams, Jay (1989): A numerically developed taxonomy of evaluation theory and practice. In: Evaluation Review, Jg. 13, H. 1, S. 18-31

Wroblewski, Angela/Leitner, Andrea/Gindl, Michaela/Pellert, Ada/Woitech, Birgit (2007a): Wirkungsanalyse frauenfördernder Maßnahmen des bm:bwk, in: BMBWK (ed), Materialien zur Förderung von Frauen in der Wissenschaft, Band 21, Verlag Österreich, Wien

Wroblewski, Angela/Leitner, Andrea/Osterhaus, Ingrid (2007b): IBEA – Integrative Berufsorientierung: Evaluation der Maßnahmen und Ergebnisse des Moduls 3, Studie im Auftrag des Karl-Kummer-Instituts, Wien

Wroblewski, Angela/Vogtenhuber, Stefan (2006): Studienbedingungen an Wiener Universitäten, Studie im Auftrag der Kammer für Arbeiter und Angestellte, Wien

# Das ExpertInnen-Delphi: Methodische Grundlagen und Innovationen im Bereich ‚Technology Foresight'

*Georg Aichholzer*

Die Delphi-Methode ist im Kern ein relativ stark strukturierter Gruppenkommunikationsprozess, in dem Fachleute Sachverhalte beurteilen, über die naturgemäß unsicheres und unvollständiges Wissen vorhanden ist. Das ExpertInnen-Delphi hat inzwischen einen festen Platz im Rahmen von weltweit an Bedeutung gewinnenden Technology Foresight-Projekten. Der Beitrag legt methodische Grundlagen dar, skizziert spezifische Vorzüge sowie Kritikpunkte und illustriert die Ausdifferenzierung und Anwendung im Foresight-Kontext mit Beispielen auf internationaler Ebene. Designentscheidungen, innovative Elemente und Verwertungszusammenhang werden anhand des österreichischen Technologie-Delphi veranschaulicht – etwa der auf die Bedingungen des Landes maßgeschneiderte Ansatz, die Ausrichtung als „Entscheidungs-Delphi", die breitere ExpertInnen-Definition und die Orientierung an der „Total Design Methode". Anschließend werden neuere Methodenmodifikationen beleuchtet: die Kombination mit einer Cross-Impact-Analyse zur Zukunft europäischer Verkehrssysteme; ein finnischer Ansatz, der auf die Ausbalancierung von Konsens- und Diversitätszielen abstellt; sowie der Einsatz des ExpertInnen-Delphi mit Internetunterstützung.

## 1. Ziele und Methoden der Technologievorausschau

*„Technology Foresight"* bzw. *„Technologievorausschau"* hat sich weltweit zu einem wichtigen technologiepolitischen Instrument und bevorzugten Einsatzfeld der Delphi-Methode entwickelt[1], das etwa jüngst auch in China erprobt wurde (Rongping et al. 2008). Zur Quelle strategischer Intelligenz (Gagnin et al. 2008) und „strategic core competence" (Major et al. 2001) der Technologiepolitik aufgewertet, werden Foresight-Studien zur methodisch kontrollierten Abschätzung wissenschaftlich-technischer Entwicklungstrends unternommen, die möglichst hohen wirtschaftlichen und gesellschaftlichen Nutzen verheißen.

1 Überblicke bieten z.B. Georghiou et al. (2008) bzw. das International Journal of Technology Management (2001) Jg. 21, H. 7/8, Special Issue on Technology Foresight.

Eine gängige Definition charakterisiert Foresight als „systematic attempt to look into the long-term future of science, technology, economy and society" ..., mit dem Ziel, ... „to identify the areas of strategic research and the emergence of generic technologies likely to yield the greatest economic and social benefits" (Irvine/Martin 1984).

Es geht bei Foresight also um den Versuch, mit geeigneten Methoden das Wissen von ExpertInnen zur Reduktion von Ungewissheit zu nutzen und gewissermaßen „Zukunft zu rationalisieren", wenngleich spannungsbehaftet und mit bestimmten Einschränkungen (Rappert 1999). Zugleich wird Foresight-Projekten eine wichtige Funktion bei der Kommunikation und Vermittlung zwischen gesellschaftlichen Interessen zugeschrieben.[2] Martin und Johnston (1999) heben vor allem die Rolle der Vernetzung von Aktivitäten in unterschiedlichen gesellschaftlichen Teilsystemen hervor und sehen darin einen zentralen Beitrag zur Stärkung nationaler Innovationssysteme.

Seit den neunziger Jahren sind Foresight-Aktivitäten und nationale Foresight-Programme immens angewachsen (vgl. Grupp/Linstone 1999; Blind et al. 1999; Cagnin et al. 2008). Die neuere Generation von Technologievorausschau grenzt sich vom Begriff des Forecasting ab. Sie versteht sich also nicht als deterministische Prognose sondern betont den Wahrscheinlichkeitscharakter ihrer Aussagen, versucht die Interdependenz von technischen und sozialen Faktoren zu berücksichtigen und sieht die Funktion nicht allein auf die inhaltlichen *Ergebnisse* beschränkt. Als mindestens ebenso wichtig gilt der Foresight-*Prozess*, durch den die als zentrale Elemente hervorgehobenen *fünf Cs'* – „communication, concentration on the longer term, co-ordination, consensus and commitment" (Martin 1995: 144) – vor allem vernetzungs-, koordinations- und umsetzungsfördernde Wirkung entfalten. Damit treten die Kommunikationsprozesse, die konsultative Komponente und das Feedback zu technologiepolitischen Instanzen als Momente eines angestrebten selbstlernenden Systems in den Vordergrund.

Über die letzten 15 Jahre ist eine beträchtliche Ausdifferenzierung des Feldes in konzeptueller wie thematischer Hinsicht zu beobachten, die sich in vielfältigen Varianten wie „Adaptive Foresight" (Eriksson/Weber 2008), „Regulatory Foresight" (Blind 2008), oder „Sustainability Foresight" (Truffer et al. 2008) niederschlägt.

Alle Foresight-Aktivitäten sind auf Einschätzungen von ExpertInnen angewiesen. Angesichts der Definitionsoffenheit des Begriffs Experte/in werden meist verschiedene Grade von Sachkenntnis unterschieden, entsprechend abgestuft operationalisiert und empirisch erhoben. Die methodischen Ansätze zur Gewinnung tragfähiger Aussagen über längerfristige Technologietrends und da-

---

2 "Foresight is part of the ever-present need to establish a 'social contract' between researchers, government, and the public" (Rappert 1999: 544). Ähnlich Grupp/Linstone: "Foresight ... (brings in) elements to moderate or negotiate between the social interest groups. Foresight results provide the code to communicate between social actors in science, technology, and society" (1999: 89).

von erwartbare Chancen auf nationaler Ebene sind vielfältig. Zu den wichtigsten zählen Delphi-Umfragen, Szenario-Analysen, ExpertInnen-Ausschüsse, Trendanalysen, Relevanzbaumanalysen und morphologische Ansätze (Johnston 2001: 718). Hervorzuheben wären auch Listen kritischer Technologien und Workshops. Häufigen Einsatz erfahren zum einen meist breit angelegte Delphi-Umfragen unter ExpertInnen und zum anderen Analysen durch ExpertInnen-Ausschüsse. Neuere Studien kombinieren mitunter Elemente beider Ansätze miteinander bzw. setzen Delphi zusammen mit anderen Verfahren ein wie etwa Cross-Impact Analyse (Scapolo/Miles 2006) oder Technology Roadmapping (Kanama et al. 2008). In einem eher explorativen Stadium befinden sich Versuche, auch das Potenzial sozialer Online-Netzwerke für grundlegende Ziele von Foresight – die Erschließung von Kreativität, Expertise und kollektiver Intelligenz – zu nutzen (Cachia et al. 2007).

## 2. Einsatz der Delphi-Methode

### *2.1 Grundlagen*

Die Verwendung des Delphi-Verfahrens für Foresight-Projekte basiert auf gewissen Vorteilen, die sich aus seinen Grundcharakteristika herleiten, sowie auf seiner relativ guten Bewährung.

In der Regel wird die Delphi-Technik als eine in zwei, selten mehreren Runden durchgeführte anonyme Befragung einer Gruppe von Fachleuten angewendet, wobei mit dem Fragebogen zur zweiten Runde die Ergebnisse der ersten meist als Werte für Median bzw. arithmetisches Mittel und Streuungsparameter rückvermittelt werden. Als konstitutiv gelten vier Grundeigenschaften: Anonymität, Iteration, kontrolliertes Feedback und statistisches Aggregieren zu einer Gruppenantwort (Rowe/Wright 1999: 354). Anonymität und Ergebnis-Feedback sollen eine virtuelle Debatte ermöglichen, die von störenden Einflüssen (Status, Gruppenzwänge, Rhetorik etc.) unbeeinflusst eine Konsensannäherung erlaubt. In diesem Sinne gilt das Delphi-Verfahren als effizienter und effektiver Gruppenprozess, der viele der psychologischen Störfaktoren herkömmlicher Gruppendiskussionen auszuschalten erlaubt. Die von einer Monitorgruppe organisierte Nutzung des Erfahrungswissens von ExpertInnen führt letztlich zu zukunftsbezogenen Aussagen über Fragen, zu denen nur unsicheres bzw. unvollständiges Wissen vorhanden ist. Im Kern verspricht die Methode, „to obtain the most reliable consensus of opinion of a group of experts ... by a series of intensive questionnaires interspersed with controlled feedback" (Dalkey/Helmer 1963: 458).

Eine wesentliche Begründung für die Validität des Delphi-Verfahrens stammt aus der „Theorie der Fehler", aufgrund der erwartbar ist, dass die aggregierten Gruppenantworten eine Aussage repräsentieren, die der Mehrheit der einzelnen ExpertInnen überlegen ist (Parentè/Anderson-Parentè 1987: 140ff.). Für die Verwendung im Bereich des Technology Foresight spricht weiters die Möglichkeit, neue Entwicklungstendenzen und Trendbrüche grundsätzlich erfassen und den Kreis der Befragten nahezu beliebig groß ziehen zu können. Letzteres ist gerade für die angestrebten Anstöße zu längerfristigem Denken, Wissenstransfer und indirekter Koordination unter den Akteuren nationaler Innovationssysteme von Bedeutung.

Andererseits gelten einige an der Delphi-Methode grundsätzlich als problematisch angesehene Punkte auch bei ihrer Verwendung im Foresight-Kontext: z.B. Neigung zu Konformität statt echter Konsens, manipulationsgefährdetes Feedback, nachlässige Antworten aufgrund von Anonymität, Formulierung geeigneter Thesen, unklare Kriterien der Auswahl von Teilnehmern, geringe Antwortraten von Finalrunden, Reliabilitäts- und Validitätsnachweise (vgl. Grießler/Krajic 1998: 25f.; Keeney et al. 2001). Strategien zur Verbesserung der internen und externen Validität konzentrieren sich unter anderem auf die Berücksichtigung multipler Perspektiven im Forschungsprozess und versuchen die Glaubwürdigkeit und Anwendbarkeit der Ergebnisse durch Kombination der Delphi-Methode mit zusätzlichen Untersuchungen zu steigern (vgl. Engels/Powell Kennedy 2007).

### *2.2 Evaluationsergebnisse*

Die zum Teil kontroverse Diskussion hat mittlerweile zu einer Reihe von Bemühungen um Evaluierung des Delphi-Ansatzes geführt, wobei im Großen und Ganzen die positiven Aspekte überwiegen. Zur Beurteilung werden sehr unterschiedliche Kriterien verwendet. Im Vordergrund stehen allerdings meist Validität, Reliabilität, Genauigkeit der Vorhersage und Erhöhung von Konsens.

Eine von Rowe und Wright (1999) durchgeführte systematische Metaanalyse in Form der Auswertung von 27 Arbeiten zur Evaluierung der Delphi-Methode ergab folgendes: Insgesamt zeigt sich hinsichtlich Treffgenauigkeit eine Überlegenheit gegenüber statistischen Gruppen ebenso wie gegenüber normalen interagierenden Gruppen. Beim Vergleich mit anderen strukturierten Gruppenverfahren wie der Nominal Group Technique waren die Ergebnisse dagegen nicht konsistent besser. Das Phänomen der Konsenssteigerung ist praktisch durchgängig festzustellen, ungelöst ist die genaue Ursache. Als Resümee plädieren die Autoren für ein Übergehen von methodenvergleichenden Studien zu Prozess-Studien von Delphi bzw. zu verstärkter Auseinandersetzung mit dem Phänomen des Einschätzungswandels und der Rolle des Feedbacks.[3]

---

3 Vgl. auch die Kommentare von Ayton et al. (1999), die auf weitere Aspekte eingehen und u.a. die dringende Notwendigkeit der Einbeziehung von Einsichten der Sozialpsychologie und kognitiven Psychologie betonen.

In Deutschland haben insbesondere Michael und Sabine Häder weitere Analysen zu wesentlichen Designaspekten und zur Evaluierung der Delphi-Methode (Häder 1996) beigetragen. Ihr Schluss ist, ähnlich dem von Rowe und Wright, dass die „Möglichkeiten und Grenzen noch nicht befriedigend erforscht sind“ und eine wichtige Aufgabe darin bestünde, „die Voraussetzungen für einen erfolgreichen Einsatz der Methode genauer zu beschreiben“, wobei kognitionspsychologischen Beiträgen zur theoretischen Begründung der Leistungsfähigkeit von Delphi ein hoher Rang zukäme (Häder/Häder 2000: 27f.).

In einzelnen Anwendungsstudien im Bereich der Technikvorausschau erzielten Delphi-Verfahren bei der Einschätzung technologischer Entwicklungen bisher eine passable Trefferquote (Grupp 1995: 53; Ono/Wedemeyer 1994). Besonders prädestiniert ist Delphi offensichtlich vor allem durch den Umstand, dass die Vielfalt wichtiger Faktoren und entsprechender Wissenserfordernisse (technisch, wirtschaftlich, politisch, sozial, etc.) in diesem Bereich auf der Ebene einzelner ExpertInnen nur teilweise abgedeckt werden können und diese daher von der simulierten wechselseitigen Kommunikation profitieren. Das Anwendungsfeld Technology Foresight selbst ist im übrigen – ungeachtet der eingesetzten Methode und trotz der beobachtbaren Weiterentwicklung – nicht frei von Kritik: Vorgehalten werden u.a. eine Fixierung auf das Technologieangebot, das Fortwirken eines technologischen Determinismus und Ignorieren von Fortschritten der jüngeren sozialwissenschaftlichen Technikforschung (Knie 1997: 227). Andere Einwände betreffen die fragwürdige Übertragung von Anlage und Fragestellungen japanischer Technologievorausschau, die Dominanz zentral anstelle dezentral bestimmter Schwerpunktsetzung und dabei geübte technische „Expertokratie“ sowie die Vernachlässigung von Schritten zur Gewährleistung einer stärkeren Nachfrage- und Bedarfsorientierung (Tichy 1997: 198f.). Bemühungen um methodisch-konzeptuelle Anpassungen und Verbesserungen sind daher notwendig.

Mit dem im Folgenden dargestellten Anwendungsbeispiel eines ExpertInnen-Delphi, dem „Technologie-Delphi Austria” wurde versucht, eine innovative, eigenständige Variante zu entwickeln, die die Berücksichtigung von Theoriefortschritten und landesspezifischen Bedarfslagen mit Politikrelevanz zu verbinden trachtet.

## 3. Anwendungsbeispiel „Technologie-Delphi Austria”

### *3.1 Zielsetzung und Projektdesign*

Das Technologie-Delphi Austria war zentraler Teil des ersten auf nationaler Ebene durchgeführten Technology Foresight-Projekts in Österreich. Hauptziel war, die Relevanz und Chancenpotentiale weltweiter Technologietrends für Österreich zu erforschen und zukunftsträchtige Nischen zu bestimmen; d.h. Innovationschancen, durch die Österreich längerfristig Themenführerschaft erlangen, auf wirtschaftliche Nachfrage stoßen und auf gesellschaftlichen Problemlösungsbedarf reagieren könnte. Zugleich sollten die Akteure und Betroffenen des Innovationsgeschehens durch den Prozess angeregt werden, sich mit unterschiedlichen Zukunftsentwicklungen auseinander zu setzen, deren Realisierung durch ihre eigenen Entscheidungen wesentlich mitgestaltet wird. Dadurch sollte ein Beitrag zur Selbstorganisation des nationalen Innovationssystems geleistet werden. Es galt somit, einen auf die Situation Österreichs maßgeschneiderten Ansatz zu entwickeln, der sich unter Berücksichtigung von Nachfrageaspekten auf einige besonders wichtige Bereiche konzentrierte, eine parallele Erforschung sozialer Trends einschloss und einen dezidiert bottom-up generierten, umsetzungsrelevanten Input für eine längerfristig ausgerichtete Technologiepolitik bereitstellte.

Das mit dem Technologie-Delphi betraute Institut für Technikfolgen-Abschätzung (ITA) der Österreichischen Akademie der Wissenschaften entwickelte dazu ein Foresight-Design, dessen innovative Elemente vor allem in der dezidierten Problem-, Nachfrage- und Umsetzungsorientierung, der Konzeption als Entscheidungs-Delphi, der dezentralen Ausrichtung, sowie der Kombination mit einem Gesellschafts- und Kultur-Delphi lagen. Der multiinstrumentale Ansatz war als österreichisches Pilotprojekt bewusst auf ausgewählte Gebiete konzentriert und bestand im Kern aus einer Serie breit angelegter ExpertInnen-Delphis in insgesamt sieben Themenfeldern. Dabei kam die Delphi-Methode als ExpertInnenbefragung in einer Basisrunde und zwei Hauptrunden zum Einsatz: Die *Basisrunde* bestand pro Themenfeld aus einer maximal zwei Dutzend Personen umfassenden Expertinnen-Arbeitsgruppe, die beiden *Hauptrunden* dagegen aus einem beträchtlich erweiterten ExpertInnenkreis von bis zu rund 300 TeilnehmerInnen pro Themenfeld.[4] Die grundsätzliche Organisation des ExpertInnen-Delphi zeigt Abbildung 1.

Federführend war das damalige Bundesministerium für Wissenschaft und Verkehr mit der Vergabe von aufeinander abgestimmten Aufträgen an drei Forschungsteams, begleitet von einem im Ministerium eingerichteten Steuerungsausschuss. Die Entscheidung zugunsten breit angelegter Delphi-Umfragen als methodischem Kernstück fiel sehr früh, zumal es die Kooperation zwischen Unternehmen, Politik und Wissenschaft zu stärken galt und die mögliche Alternative reiner ExpertInnen-Ausschüsse wegen der Gefahr der Dominanz von Einzelpersonen weniger geeignet erschien (Tichy 1997: 201).

4 Details finden sich in einem dreibändigen Forschungsbericht über das Technologie Delphi (ITA 1998). Zur Gesamtanlage von Delphi Austria und zur Kombination mit einem Gesellschafts- und Kultur-Delphi als zweitem Teilprojekt siehe Aichholzer (2001).

*Abbildung 1:* Organisationsstruktur des österreichischen Technologie-Delphi

| Auftraggeber | Monitorgruppe | Expertengruppen |
|---|---|---|
| Ministerium BMWV: Auftragsvergabe Technology Foresight „Delphi Austria" | ITA-Team | ExpertInnen-Arbeitsgruppen in 7 Themenfeldern:<br>1. Umweltgerechtes Bauen und neue Wohnformen<br>2. Lebenslanges Lernen<br>3. Medizintechnik und Lebenshilfen für ältere Menschen<br>4. Umweltgerechte Produktion und Nachhaltigkeit<br>5. Biologische Nahrungsmittel und Rohstoffe<br>6. Physische Mobilität<br>7. Eigenschaftsdefinierte Werkstoffe |
| Einrichtung eines Steering Committee | Vorbereitung:<br>Projektkonzept, Vorstudien, Auswahl von sieben Untersuchungsfeldern, ExpertInnenauswahl für sieben feldspezifische Arbeitsgruppen, ExpertInnen-Briefing, Fragebogenkonzept | |
| | Organisation der ExpertInnen-Arbeitsgruppen für die Delphi-Basisrunde;<br>Fragebogenentwicklung, Pretest | Basisrunde: Thesenentwicklung in 7 ExpertInnen-Arbeitsgruppen |
| | Organisation der Delphi-Umfrage Runde 1 | Runde 1: Delphi-Umfrage in erweitertem ExpertInnenkreis (in jedem der 7 Themenfelder) |
| Regelmäßige Meetings, Zwischenberichte von ITA, Diskussion, Abstimmung mit Gesellschafts- und Kultur Delphi | Statistische Auswertung für Ergebnis-Feedback | |
| | Organisation der Delphi-Umfrage Runde 2 | Runde 2: Delphi-Umfrage in erweitertem ExpertInnenkreis (in jedem der 7 Themenfelder) |
| | Statistische Auswertung, Analyse, Rohbericht | |
| | | Gemeinsame Ergebnisdiskussion mit ITA, Kommentare (in jedem der 7 Themenfelder) |
| Entscheidungsgrundlage für (Technologie-)Politik<br><br>Umsetzungsmaßnahmen | ← Delphi-Resultate →<br>Endbericht mit Maßnahmenempfehlungen, öffentliche Präsentation, Publikations- und Diffusionsaktivitäten | z.T. eigene Folgeaktivitäten, Aufgreifen von Ergebnissen |

Quelle: Eigene Darstellung

Die Bestimmung der Untersuchungsbereiche erfolgte bewusst eher problem- als technologieorientiert und baute auf einer Reihe von Vorstudien auf (z.B.

Sekundäranalyse internationaler Studien zur Technologievorschau; Stärken/Schwächen-Analyse der österreichischen Wettbewerbsposition im Technologiebereich; explorative Expertenumfrage mit Co-nominierungsverfahren für das spätere ExpertInnen-Delphi; Bevölkerungsumfrage zu Technikeinstellungen). Aufgrund der Vorstudienergebnisse wurden schließlich anhand einer Liste von Kriterien sieben problemorientierte Untersuchungsfelder als vordringlich und damit als Gegenstand des Technologie-Delphi ausgewählt (ITA 1998: Bd.1, 30f.). Genaugenommen handelt es sich beim Technologie-Delphi also nicht um *ein* Delphi sondern um eine Serie von *sieben* in den einzelnen Untersuchungsfeldern parallel durchgeführten Delphi-Verfahren.

Der Zeitaufwand der einzelnen Etappen des Technologie-Delphi geht aus Abbildung 2 hervor.

*Abbildung 2:* Zeitlicher Ablauf des Technologie-Delphi

**Phase 1: Mai bis August 1996**

Erarbeitung eines Grobkonzepts durch Steering Committee und ITA-Experten
Erteilung des Auftrags

**Phase 2: September 1996 bis Jänner 1997**

Sekundäranalyse ausländischer Technologie-Delphi-Studien
Erstellung von Szenarien der internationalen Technologieentwicklung
Stärken-/Schwächenanalyse des österreichischen F&E-Systems
Erarbeitung des methodischen Grundkonzepts des Technologie-Delphi
ExpertInnenumfrage zwecks Co-nomination und Prioritätsbestimmung
Telefonumfrage unter 1000 BürgerInnen (Projektpartner ITK)
Media-Analyse (Projektpartner Rust)
Vorauswahl von 13 problemorientierten Technologiefeldern
Endauswahl der 7 Untersuchungsgebiete

**Phase 3: Februar bis Mai 1997**

Auswahl der ExpertInnen für die Arbeitsgruppen der Basisrunde
Erarbeitung des Informationsmaterials für die Arbeitsgruppen
Aufbau der Adressdatenbank für die Delphi-Umfragen
Entwicklung des Fragebogenkonzepts
Erarbeitung der Thesen durch die Arbeitsgruppen (März, April)
Entwicklung und graphische Gestaltung der Fragebögen
Fragebogen-Pretest und -Adaption
Druck der Fragebögen

**Phase 4: Juni 1997 bis März 1998**

Erste Runde der Befragung (Juni/Juli)
EDV-Auswertung und Zwischenbericht (August)
Zweite Runde der Befragung (September/Oktober)
Globalauswertung durch ITA (November/Dezember 1997)
Technologie-Delphi Band I: Globalauswertung
Technologie-Delphi Band II: Bereichsergebnisse
Technologie-Delphi Band III: Statistische Tabellen
Öffentliche Präsentation (Frühjahr 1998)

Quelle: Eigene Darstellung

### *3.2 Organisation als Entscheidungs-Delphi*

Die von Rauch (1979) eingeführten drei Idealtypen der Delphi-Methode – *classical, policy* und *decision Delphi* – legten nahe, das österreichische Technologie-Delphi als Entscheidungs-Delphi zu konzipieren (vgl. Tichy 2001). Das *klassische Delphi* ist ein Mittel zur Gewinnung einer Gruppenmeinung über anonyme, mehrstufige Gruppeninteraktion auf grundsätzlich faktischer Ebene. Voraussetzung für die nach dem Muster bedingter wissenschaftlicher Prognosen produzierten Aussagen ist, dass diesen im Wesentlichen eine regel- bzw. gesetzmäßige Entwicklung zugrunde liegt. Ein *Politik-Delphi* hingegen ist ein Werkzeug zur Klärung der Standpunkte von Lobbyisten über politische Fragen; es geht um Ideen und Konzepte, nicht um zukünftige Daten und Fakten, aber auch nicht um Entscheidungsmechanismen.

Ein *Entscheidungs-Delphi* schließlich ist ein Instrument, mit dem dort, wo die Entwicklung keiner wie immer gearteten Gesetzmäßigkeit folgt, sondern aus unzähligen kleinen, dezentralen und unkoordinierten Handlungen hervorgeht, Entscheidungen vorbereitet und gesellschaftliche Entwicklungen beeinflusst werden können: „In a decision Delphi reality is not predicted or described; it is made." ... „Decision Delphi, however, has to be seen as much more than a simple self-fulfilling prophecy. Its main social function could be to coordinate and structure the general lines of thinking in a diffuse and unexplored field of social relations, and to transfer the future development of such an area from mere accident to carefully considered decisions." ... „The Delphi feedback serves as a major source of information in this process. Some elements of brainstorming are in this way taken over by Delphi" (Rauch 1979: 163f.).

Dadurch erschien das Entscheidungs-Delphi für das österreichische Technologie-Delphi prädestiniert: Es ging schließlich um Entwicklungen, die von einer Vielzahl von Einzelentscheidungen der Akteure des Innovationssystems in unterschiedlichen gesellschaftlichen Subsystemen beeinflusst werden. Im Zentrum des Interesses stand der Vorausschau*prozess*, die Förderung der Abstimmung und Konsensfindung unter den Entscheidungsträgern.

Dies erfolgte einerseits durch Meinungsbildung unter den RespondentInnen der beiden Hauptrunden des ExpertInnen-Delphi (insgesamt 1638 in Runde 1 und 1127 in Runde 2), von denen viele selbst Entscheidungsträger waren. Andererseits geschah dies durch die (nur zum Teil anonyme[5]) Interaktion in den kleineren ExpertInnengruppen der Basisrunde (pro Feld zwischen 14 und 23 Personen, insgesamt 128), die sich in erheblichem Maße aus Entscheidungsträgern zusammensetzten und nicht bloß die Thesen formu-

5 In den vom ITA-Team moderierten Workshops wurden Thesenvorschläge zum Großteil ohne allgemein erkenntliche individuelle Zuordnung auf Kärtchen schriftlich eingebracht, zum Teil über individuelle elektronische Kommunikation ergänzt.

lierten, sondern nachfolgend auch die Ergebnisse kommentierten und in Empfehlungen umsetzten. Es wurde bewusst danach getrachtet, dass gerade diejenigen Entscheidungsträger, die letztlich hinter den unkoordinierten kleinen Entscheidungen stehen, in den ExpertInnengruppen des Technologie-Delphi die Thesen formulierten und dabei wechselseitig mit ihren unterschiedlichen Ansichten konfrontiert wurden; eine zweite Meinungsbildungs- und Koordinierungsfunktion liegt in der Konfrontation der erweiterten Gruppe der RespondentInnen mit der Meinung der übrigen in den zwei Hauptrunden, eine dritte in der späteren Konfrontation der Basisrundenmitglieder mit den Antworten (auf ihre Fragen) in der Auswertungsrunde. Dadurch erhält das Technologie-Delphi einen dynamischen Charakter im Sinne einer Rückkopplungsschleife auf die Entscheidungen der Arbeitsgruppenmitglieder und der RespondentInnen, mit dem teilweisen Effekt „to ‚create‘ the future in reality rather than just predicting it“ (Rauch 1979: 159).

### *3.3 ExpertInnenauswahl*

Die „richtigen“ ExpertInnen auszuwählen, gilt als ein methodisches Hauptproblem (Gläser/Laudel in diesem Band; Häder 2000: 18f.). Dabei dreht es sich vor allem um entsprechende Sachkenntnis, Motivation und Einfluss zur praktischen Umsetzung von Ergebnissen, sowie um Zusammensetzung und Gruppengröße. Beim Technologie-Delphi ging es also um eine zweifache Auswahl: einerseits um die ExpertInnen der Basisrunde, die die Inhalte für die in zwei weiteren Runden mit standardisierten Fragebögen durchgeführte Delphi-Umfrage entwickelten, andererseits um die wesentlich erweiterte Gruppe von ExpertInnen, die als RespondentInnen dieser beiden Hauptrunden einbezogen waren.

Es galt, ein hohes Maß an *Kompetenz* zur Beurteilung der Perspektiven bzw. Chancen und Folgen unterschiedlichster (technischer und organisatorischer) Innovationen zu gewährleisten sowie zugleich die Probleme interessengebundener und durch Spezialisierung verengter Sichtweisen möglichst auszuschalten. Die durch „Betriebsblindheit“ drohende Gefahr von Fehlprognosen wird seit langem diagnostiziert: „We find a curious ahistoricity in the outlook of most scientists and technologists, together with a tendency for inbreeding“ (Linstone 1978: 298). Belegt ist auch die Tendenz zu einem Optimismus-Bias von Fachleuten (Tichy 2004).

In das Technologie-Delphi wurden daher keineswegs nur wissenschaftlich-technische ExpertInnen einbezogen, sondern auch Fachleute aus Unternehmen, der staatlichen Verwaltung ebenso wie aus den Sozial- und Wirtschaftswissenschaften, aus Interessenverbänden, sozialen Bewegungen bzw. NGOs und NutzervertreterInnen im weitesten Sinn. Nicht zuletzt wurden auch Einschätzungen der Realisierungschancen und die soziale Erwünschtheit einzelner Innovationsprojekte erhoben und bei deren Gesamtbewertungen entsprechend berücksichtigt. Gerade die Zielsetzung des Delphi Austria, die Fachgebiete eher als Problemfelder denn als reine Technologiefelder zu fassen, legte die Berücksichtigung entsprechend breiter gefächerter Kompetenzen bei der Definition der ExpertInnengruppe nahe. Zusätzlich zur Expertise im technologischen Kernbereich galt es, das zur Einschätzung von Problemlösungskapazitäten, der Auslotung von Chancen auf Themenführerschaft und der institutionellen Voraussetzungen erforderliche Wissen einzubringen.

Der zu befragende ExpertInnenkreis erstreckt sich mit dieser Zielsetzung in jedem Fachgebiet auf eine ganze Reihe unterschiedlicher Kompetenzbereiche, die in den einzelnen Etappen des Innovationszyklus zur Geltung kommen – von der Vertrautheit mit bereichsspezifischen Problem- und Bedarfslagen über wissenschaftlich-technische Expertise bis zu marktseitigem und sozio-ökonomischem Know-how. Die Fragebögen waren auf die Heranziehung einer bewusst heterogenen Kompetenzbasis unter anderem dadurch abgestimmt, dass jede Frage je nach Grad der Sachkenntnis der einzelnen Person beantwortet oder ausgelassen werden konnte. Für die spätere Auswertung wurden nur Antworten mit mindestens mittlerer Sachkenntnis berücksichtigt.

Hauptsächliches *Auswahlprinzip* war daher eine gezielte Erfassung und Berücksichtigung der *Diversität* der für die Identifizierung, Entwicklung und Nutzung bzw. Verwertung technischer und organisatorischer Innovationen relevanten Kompetenzbereiche. Die operationelle Umsetzung dieses Prinzips erfolgte durch Festlegung von entsprechenden Zielbereichen bzw. institutionellen Kontexten als Basis für die ExpertInnenauswahl. Es sind dies die folgenden zu drei Grundkategorien zusammengefassten Bereiche:

– *Wissenschaftliche Forschung* (Hochschulen und außeruniversitäre Forschungseinrichtungen, unterschieden nach naturwissenschaftlich-technischen und sozialwissenschaftlichen Disziplinen);
– *Unternehmen* (unterschieden nach Industrie bzw. Produktion und Dienstleistung);
– *Verwaltung und Verbände* (öffentliche Verwaltung und Forschungsförderungsinstitutionen, Interessen-, Konsumenten- und Nutzervertretungen, Nicht-Regierungs-Organisationen).

Für die sieben Delphi-Felder wurden sachkundige Personen für die ExpertInnenumfrage jeweils so ausgewählt, dass eine möglichst ausgewogene Verteilung auf die drei Grundkategorien erreicht wurde. Dabei waren innerhalb der Gebiete die den allgemeinen Kategorien Technik/Naturwissenschaft, Sozialwissenschaft, Industrie, Dienstleistung, öffentliche Verwaltung, und Nutzervertretung jeweils zurechenbaren konkreten Kompetenzbereiche und Institutionen zu identifizieren: im Feld (Technologien für) „Lebenslanges

Lernen" beispielsweise waren dies in der Kategorie Unternehmen (Produzenten und Dienstleister) Weiterbildungs- und Fernstudieneinrichtungen, Personalberatungsfirmen, Fortbildungsverantwortliche in Großunternehmen, das Arbeitsmarktservice Österreich, Volkshochschulen, Verlage, Produzenten von Bildungssoftware, Post- und Telekomeinrichtungen, Netzwerkbetreiber und Anbieter von Internet-Diensten, Computerfirmen, ORF, Bildungsjournalisten und ähnliche Einheiten. Analog wurden jeweils die feldspezifischen Ausprägungen in den übrigen Kategorien festgestellt und der Auswahl zugrundegelegt.

Hinsichtlich der optimalen *Größe* von Delphi-Gruppen liegen recht unterschiedliche Empfehlungen vor (vgl. Häder/Häder 2000: 18f.). Nach Ansicht von Parentè/Anderson-Parentè (1987: 149f.) gibt es eigentlich keine fixe Obergrenze; als Untergrenze werden jedoch – nach Abzug möglicher Ausfälle – mindestens 10 empfohlen. Daher wurde für die Arbeitsgruppen der (weniger stark strukturierten) Basisrunde eine für Gruppendiskussionen angemessene Größe angestrebt. In Erwartung eines bis zu fünfzigprozentigen Ausfalls pro Feld wurden hierfür rund zwei Dutzend ExpertInnen eingeladen; die effektive Gruppengröße lag schließlich zwischen 14 und 23 pro Feld. Für den wesentlich erweiterten ExpertInnenkreis der beiden Delphi-Hauptrunden orientierte sich die angestrebte Größe eher an einer für statistische Analysen ausreichenden Fallzahl, der durchschnittlich erwartbaren Rücklaufrate und der u.a. vom Spezialisierungsgrad bzw. der Heterogenität des Gebiets abhängigen Ausfallsrate. Als operationelle Auswahlkriterien auf individueller Ebene fungierten verschiedene Indikatoren für möglichst hohe Sachkompetenz bzw. hohen fachlichen Ruf wie Nominierung durch Fachkollegen, einschlägige Leitungsfunktion bzw. Lehrstuhl, Mitgliedschaft in Spitzengremien, Zuerkennung von Fördermitteln und fachlichen Auszeichnungen. Die effektive Teilnahme an den beiden Hauptrunden des ExpertInnen-Delphi geht aus Tabelle 1 hervor:

*Tabelle 1:* Größe der beiden Hauptrunden des ExpertInnen-Delphi

| **Bereich** | **Runde 1** | | **Runde 2** | |
|---|---|---|---|---|
| | ExpertInnen | Rücklauf-quote % | ExpertInnen | Rücklauf-quote % |
| Umweltgerechtes Bauen | 219 | 43,2 | 142 | 66,7 |
| Lebenslanges Lernen | 309 | 52,2 | 219 | 73,0 |
| Medizintechnik/Lebenshilfen | 191 | 41,2 | 139 | 73,5 |
| Umweltgerechte Produktion | 313 | 41,6 | 211 | 70,6 |
| Biologische Nahrungsmittel | 183 | 43,0 | 126 | 71,6 |
| Physische Mobilität | 300 | 50,3 | 200 | 69,9 |
| Eigenschaftsdef. Werkstoffe | 123 | 50,0 | 90 | 75,0 |
| Insgesamt | 1638 | 45,7 | 1127 | 71,2 |

Quelle: ITA 1998 Bd.1: 72f.

### *3.4 Entwicklung der Thesen und Fragebögen*

Genauso wie die Auswahl der ExpertInnen zählt auch die Auswahl von sinnvollen und verständlichen Szenarien – im Foresight-Kontext spricht man auch von Thesen bzw. Statements – zu den Schlüsselfragen einer Delphi-Anwendung. Dabei ist sowohl Kreativität wie methodische Versiertheit gefragt. Nach Empfehlungen von Parentè/Anderson-Parentè (1987: 149f.) sollten Delphi-Statements nicht länger als 20 Worte umfassen, möglichst leicht verifizierbar bzw. konkret sein und für eine ExpertInnengruppe insgesamt rund 25 Statements nicht überschreiten.

Im Technologie-Delphi erfolgte die Entwicklung der Thesen in den ExpertInnen-Arbeitsgruppen der Basisrunde. Dies geschah für jedes der sieben Untersuchungsfelder in Form moderierter Workshops unter Leitung von jeweils zwei Mitgliedern des ITA-Teams und unterstützt durch Kommunikation über elektronische Post. Eingeleitet von einer Einführung in Zielsetzung und Methode wurden die Teilnehmer mit Informationsunterlagen und sekundäranalytischen Ergebnissen zu internationalen Technologietrends versorgt und mit ihrer *Aufgabe* vertraut gemacht: Sie bestand im wesentlichen darin, in jedem der sieben Gebiete die für das Ziel der Erlangung österreichischer Themenführerschaft chancenreichsten technischen und organisatorischen Innovationen der nächsten 15 Jahre zu identifizieren. Solche chancenreichen Innovationen waren als Beschreibung des in 15 Jahren erwarteten Entwicklungsstadiums in Form von *Thesen* zu formulieren, wobei das hypothetische Stadium in Abstufungen von Entwicklung bis zu allgemeiner Verbreitung zum Ausdruck kam. Ein *Beispiel* für eine solche Innovationsthese aus dem Bereich „Medizintechnik und Lebenshilfen für ältere Menschen" lautete etwa folgendermaßen:

„Biosensoren (Antikörper-Sensoren) werden entwickelt, die spezifische Allergene in der Umwelt (Luft, Wasser) erfassen und z.B. eine Asthma-Warnung ermöglichen".

Auf Grundlage der von den ExpertInnen-Arbeitsgruppen der Basisrunde entwickelten Thesen zu Innovationen und Maßnahmen wurde vom ITA-Team für jedes der sieben Felder ein eigener *Fragebogen* mit nachfolgend dargestelltem Grundgerüst konstruiert. Dieser wurde in den bereits erwähnten jeweils zwei Delphi-Hauptrunden pro Feld einem um ein vielfaches größeren ExpertInnenkreis postalisch zur Beurteilung zugesandt.

Zu jeder These wurden folgende *Fragen* gestellt:

- Sachkenntnis des/der Respondenten/in,
- Innovationsgrad,
- Wichtigkeit,
- Wahrscheinlichkeit der Verwirklichung in Österreich innerhalb der nächsten 15 Jahre,

– Chancen auf österreichische Themenführerschaft in bezug auf: a) F&E, b) organisatorisch-gesellschaftliche Umsetzung und c) wirtschaftliche Verwertung,
– Wünschbarkeit der jeweiligen Entwicklung.

Die Beurteilung der ersten vier Fragen erfolgte anhand einer fünfstufigen *Beurteilungsskala* in Anlehnung an das österreichische Schulnotensystem (1 = sehr hoch bzw. positiv, 5 = sehr gering bzw. negativ) bei den übrigen ging es um Zustimmung/Nichtzustimmung; bei den „Chancen" war Mehrfachnennung möglich.

Darüber hinaus wurde für eine Liste von *Maßnahmen,* die auch von den ExpertInnen der Basisrunde vorgeschlagen worden waren, deren Eignung zur Erhöhung der österreichischen Erfolgschancen aussichtsreicher Innovationen abgefragt. Dies erfolgte allerdings nicht für jede einzelne Innovationsthese sondern für entsprechend zusammengefasste Gruppen. Es handelte sich dabei um konkrete Einzelmaßnahmen in folgenden sieben Kategorien: forschungsbezogene, technologische, wirtschaftliche, regulatorische, kooperationsbezogene, aus- und weiterbildungsbezogene sowie gesellschaftsbezogene. Ein Maßnahmenvorschlag der technischen Kategorie im Bereich „Lebenslanges Lernen" lautete zum *Beispiel*:

„Information über Zertifizierungsfragen (Anforderungen, Zertifizierungsstellen, organisatorischer Ablauf) mittels I&K-Technik anbieten".

Darauf war ebenfalls die fünfstufige Bewertungsskala anzuwenden. Bei jeder These und Maßnahmenliste stand zusätzlich entsprechender Raum für Kommentare zur Verfügung. Die RespondentInnen wurden auch, da der von den ExpertInnen der Basisrunde ausgeschöpfte Möglichkeitsraum nicht als absolut vollständig zu betrachten war, in Form einer offenen Frage gebeten, allfällige weitere Innovationen und auch Maßnahmen vorzuschlagen, mit denen Österreich vielleicht noch bessere Chancen hätte.

In den Fragebögen zu allen Fachgebieten bildete schließlich eine Standardliste von 17 sogenannten „Megatrends" den Abschluss, mit der zum einen Grundtendenzen für das jeweilige Gebiet, zum anderen Trendeinschätzungen zu gesellschaftlichen, wirtschaftlichen, politischen und ökologischen Rahmenbedingungen erfragt wurden. Dies erlaubte, die in einzelnen Feldern thematisierten Innovationen und Entwicklungen in einen größeren Zusammenhang von Umwelteinflüssen zu stellen und zugleich das Spektrum von Deutungsmustern, Perspektiven und subjektiven Weltbildern unter den Delphi-ExpertInnen zu erkunden, wurde allerdings nur ein Mal, nämlich in der ersten Hauptrunde, erfragt (siehe dazu ausführlicher Aichholzer 2000: 81f.).

Insgesamt umfasste das Technologie-Delphi somit in jedem der sieben Untersuchungsfelder 30-42 zu beurteilende Innovationsthesen (insgesamt also 271), weiters pro Themenblock 10-24 Maßnahmenthesen sowie Fragen zu 17 Megatrends.

### *3.5 Förderung der Motivation zur Teilnahme*

Das Erreichen einer möglichst hohen Beteiligung über sämtliche Runden des Delphi-Prozesses und in jedem der thematischen Felder stellt bei einem nationalen Technologie-Delphi eine besondere Herausforderung dar. Um bei der Vielfalt an geforderter spezieller Expertise eine ausreichende Zahl von RespondentInnen mit hoher Sachkenntnis auch auf der Ebene der einzelnen Thesen (bzw. Innovationen) zu sichern, bedarf es vergleichsweise großer Delphi-Gruppen und besonderer Bemühungen zur Sicherung möglichst hoher Rücklaufraten. Letztlich geht es dabei um das Problem der *Motivation* zur Teilnahme von ExpertInnen am Delphi. Für den Foresight-Bereich lassen sich grundsätzlich eine Reihe von Incentives ausmachen, die je nach verwendeter Methode und Stakeholder-Kategorie unterschiedlich zum Tragen kommen (Salo 2001: 698f.): Einfluss ausüben, Lernmöglichkeiten nutzen, Kontakte entwickeln, Loyalität demonstrieren, Kompensation erfahren. Bei der Delphi-Methode werden die hauptsächlichen Anreize in Lern- und Einflussmöglichkeiten gesehen. Beides wurde bei der Einladung an die ExpertInnen entsprechend ins Treffen geführt, letzteres vor allem mit dem Betonen der Intention der technologiepolitischen Umsetzung auf höchster Ebene, nämlich der des Ministers.

Insgesamt orientierte sich das Technologie-Delphi bei der Motivationssicherung weitgehend an einer in der postalischen Umfrageforschung erfolgreich eingesetzten Vorgehensweise, der von Dillman (1978) eingeführten *Total-Design-Methode (TDM)*. Deren Grundidee ist es, jedes Element der Umfrage so anzulegen und die einzelnen Aspekte untereinander so abzustimmen, daß Qualität und Quantität der Antworten maximiert werden (Hippler 1988: 246). Zwei zur Umsetzung verfolgte *Grundprinzipien* sind dabei:

- die Kosten der Teilnahme bzw. Beantwortung der Fragebögen für die Befragten zu minimieren, gleichzeitig aber deren erkennbare Vorteile zu maximieren;
- ein Vertrauensverhältnis zwischen Forscher und Befragten zu schaffen.

Entsprechend galt es, jeden Schritt der Befragung so zu gestalten, dass er diesen Bedingungen möglichst weitgehend gerecht wurde:

Als wesentliche Maßnahme nahm die *Gestaltung der Fragebögen* auf eine Verkürzung des bei anderen Foresight-Studien oft äußerst großen Umfangs Bedacht. Waren zum Beispiel in der deutschen (Cuhls et al. 1998) und britischen Delphi-Studie (Loveridge et al. 1995) auf vielen Gebieten über 100 Thesen nach mehr als einem Dutzend Kriterien zu beurteilen, wurde der Umfang pro Feld des österreichischen Technologie-Delphi auf rund 30-40 Thesen begrenzt, die nach lediglich sechs Kriterien einzuschätzen waren (plus Maßnahmenlisten mit bis zu zwei Dutzend Items pro Liste, die aber nur nach einem Kriterium, dem Grad der Eignung, beurteilt wurden).

Die Art dieser Maßnahmenvorschläge stellt gegenüber den bisher in der Technikvorausschau vorzufindenden Formen übrigens ebenfalls eine Neuerung dar, die sich durch einen wesentlich höheren „*Finalisierungsgrad*", das heißt ein deutlich größeres Maß an *Konkretisierung* auszeichnet und sich ebenfalls positiv auf die Motivation auswirken sollte: Statt „wirtschaftspolitische Maßnahmen" lautete ein typischer Maßnahmenvorschlag im Bereich „Umweltgerechte Produktion und Nachhaltigkeit" zum Beispiel „Gewährung von speziellen Förderungen für Klein- und Mittelbetriebe".

Weitere spezielle TDM-Empfehlungen, die bei der Fragebogengestaltung umgesetzt wurden, betreffen die technisch einheitliche Gestaltung und Gliederung, leichtes Ausfüllen durch einheitliche Skalen (Orientierung am österreichischen Schulnotensystem), Vermeidung von Filtern und Antwortcodierungen, Einladung zu persönlichen Kommentaren, ansprechende graphische Gestaltung, Druck in Broschürenform und gute Papierqualität.

Die *Durchführung* der Befragung als zentraler Gestaltungspunkt des TDM-Konzepts erfolgte mit einer Reihe besonderer Vorkehrungen: persönliches Anschreiben der zu befragenden ExpertInnen durch den Direktor des Instituts für Technikfolgen-Abschätzung der Österreichischen Akademie der Wissenschaften (persönliche Anrede im Briefkopf; Begleittext mit Erklären der Wichtigkeit, des zu erwartenden Nutzens, Belohnung durch frühe Resultatübermittlung; persönliche Unterfertigung); offizielles Schreiben des Wissenschaftsministers mit Ersuchen um Mitarbeit an der Delphi-Umfrage; Vertrauenssicherung durch anonyme Rücksendemöglichkeit; beigelegtes Kuvert für portofreie Rücksendung; Versand zur Wochenmitte; höfliche Erinnerungskarte nach drei Wochen, telefonisches Nachfassen in der fünften Woche (in der zweiten Runde zwei Wellen telefonischen Nachfassens in der vierten und fünften Woche), bei Bedarf mit nochmaligem Versand eines Fragebogens; gemeinsame Dankesschreiben durch das durchführende Institut und das Wissenschaftsministerium.

Diese Vorgehensweise leistete einen wesentlichen Beitrag zur hohen Akzeptanz und Kooperationsbereitschaft unter den befragten ExpertInnen. Dafür können eine Reihe von Indikatoren auch als *Gütekriterien* insgesamt ins Treffen geführt werden:

– Der gute Response äußerte sich nicht nur in den erzielten und für den Bereich Technologie-Delphi als überdurchschnittlich anzusehenden Rücklaufraten von rund 46 Prozent in der ersten und 71 Prozent in der zweiten Runde.
– Auch das große Ausmaß an Kommentarbereitschaft und die Qualität der Kommentarinhalte zu einzelnen Innovationen und Maßnahmenvorschlägen (pro Feld jeweils in mehreren Dutzend Seiten an Kommentaren resultierend) sind ein Indiz dafür.
– Die Rate an Item-Non-response ist selbst bei Hinzurechnung der wegen zu geringer Sachkenntnis nicht berücksichtigten Antworten mit durch-

schnittlich weniger als 25 Prozent relativ gering (selbst im geringsten Fall, einer hochspezialisierten Innovation im Bereich Werkstoffe umfasst die Zahl gültiger Antworten noch 33 Fälle).

- Die Antwortraten über den Fragebogen hinweg sind in allen Feldern relativ konstant bzw. zeigen gehen das Ende zu kein deutliches Absinken.
- Explizite Verweigerungen machen schließlich nur einen marginalen Anteil an der Ausfallsrate aus.

### *3.6 Feedback und Auswertung*

Rechnet man die weniger strukturierte, face-to-face arbeitende und wesentlich kleinere, aber für die Generierung der Delphi-Inhalte zentrale Basisrunde mit ein (vgl. Rowe/Wright 1999: 354), so wurde das österreichische Technologie-Delphi in insgesamt drei Runden durchgeführt, wobei allerdings die als Basisrunde bezeichnete erste Etappe sich von den beiden folgenden Hauptrunden in Funktion und Form deutlich unterschied. Die eigentliche Delphi-Umfrage mit standardisierten Fragebögen erfolgte mit wesentlich größerer Teilnehmerzahl in den beiden Hauptrunden. Runde 1 wurde im Juni und Juli 1997 absolviert und im August erfolgte die statistische Zwischenauswertung für das *Feedback* zur zweiten Runde, die sich über September und Oktober erstreckte. Mit dem Fragebogen zur Runde 2 wurden die Mittelwerte (Arithmetisches Mittel) zu den einzelnen Fragen der ersten Runde rückgemeldet, sodass diese Gruppenantworten von den befragten ExpertInnen bei ihren neuerlichen Einschätzungen berücksichtigt werden konnten. Die Panelmortalität hielt sich mit einer durchschnittlichen Rücklaufquote von 71,2% und verbleibenden insgesamt 1127 TeilnehmerInnen in der zweiten und letzten Runde ziemlich in Grenzen. Die Beschränkung auf zwei Runden trug einerseits der Erfahrung Rechnung, dass sich wesentliche Änderungen der ExpertInnen-Urteile auf die ersten Runden reduzieren (Rowe/Wright 1999: 372), zum anderen der Erwartung, dass die Motivation mit jeder weiteren Runde erheblich sinken würde.

Die *Auswertung* der Endergebnisse vollzog sich in zwei Etappen: eine erste Globalauswertung resultierte in einem Technologie-Delphi Band I (Ziele, Untersuchungsansatz, Globalergebnisse). In einer zweiten Etappe erfolgte eine Detailauswertung der Ergebnisse nach den sieben Untersuchungsbereichen. Die in einem Rohbericht zusammengefassten Ergebnisse wurden in einem abschließenden Workshop mit den ExpertInnen der Basisrunde diskutiert und anschließend als Technologie-Delphi Band II abgefasst. Ein weiterer Technologie-Delphi Band III schließlich enthält die Tabellen mit den Gesamtergebnissen in Form von Häufigkeitsauszählungen zu allen Fragen.

Diese in drei Berichtsbänden zusammengefassten Resultate des Technologie-Delphi (ITA 1998) berücksichtigten die Variable „Sachkenntnis" in folgender Form: In die Auswertung gingen nur die Antworten von ExpertInnen ein, die zur betreffenden Frage „mittlere", „eher hohe" oder „sehr hohe" Sachkenntnis angaben. Das bedeutet umgekehrt, dass jene Antworten, bei denen RespondentInnen ihre Sachkenntnis nur als „eher gering" oder „sehr gering" eingestuft hatten, ausgeschalten blieben. Diese Vorgangsweise schien sinnvoll, da sich gezeigt hat, dass eine Beschränkung auf höchste Expertise nicht unbedingt zu valideren Ergebnissen führt (Parentè/Anderson-Parentè (1987: 137), andererseits aber ein Mindestmaß an Informiertheit über das betreffende Thema unabdingbar ist.

### *3.7 Ergebnisse und Umsetzung*

*Resultate* dieses Anwendungsbeispiels seien hier nur knapp in illustrativer Form angesprochen: Neben der Fülle konkreter Innovationschancen (z.B. Hightech-Stähle und Leichtwerkstoffe oder das Projekt Lärmarme Bahn) ließen sich eine Reihe übergreifender Einsichten hervorheben; etwa gute Chancen auf Themenführerschaft Österreichs insbesondere bei der Anwendung hoher – wenn auch nicht immer höchster – Technologie auf Feldern mittlerer Technologiedurchdringung und auf österreichischen Lead-Märkten (z.B. Umwelttechnik, biologische Lebensmittel). Andererseits zeigten sich Defizite wie z.B. ein zu kurzer Innovationshorizont und die ambivalente Einstellung zu organisatorischen Innovationen.

Das Ziel, umsetzungsrelevante Ergebnisse für die Technologiepolitik auf nationaler Ebene zu liefern, wurde erfüllt. Dies belegen etwa nach Abschluss des Technologie-Delphi beobachtbare *Umsetzungsmaßnahmen*, unter anderem gezielte Schwerpunkt- bzw. Impulsprogramme in der Förderpolitik, z.B. das „Impulsprogramm Nachhaltig Wirtschaften" mit den Programmlinien „Haus der Zukunft" und „Fabrik der Zukunft" sowie der Einsatz nachwachsender Rohstoffe.

Damit kann mit dem Einsatz der Delphi-Methode im österreichischen Technologie-Delphi dreierlei verbucht werden: die Erfahrung eines wertvollen, fokussierenden und Informationstransfer fördernden sozialen Prozesses, der zur Vernetzung des nationalen Innovationssystems beitrug, die Generierung relevanter Ergebnisse und die Entfaltung politisch-praktischer Wirksamkeit.

## 4. ExpertInnen-Delphi und Methodeninnovationen

Im Folgenden soll der erwähnte Einsatz des ExpertInnen-Delphi in Kombination mit anderen Methoden anhand zweier internationaler Beispiele illustriert und abschließend auf grundlegende Methodeninnovationen eingegangen werden, die auf Internet basieren.

Eine interessante, zugleich einen Methodenvergleich einschließende Kombination von *ExpertInnen-Delphi* und *Cross-Impact Analyse* (SMIC – ein französisches Akronym für Wechselwirkungssysteme und -matrizen) bietet eine von Scapolo und Miles (2006) analysierte Studie über zukünftige Verkehrssysteme bzw. die Rolle fortgeschrittener Verkehrstelematik in europäischen Städten. In diesem Projekt wurden beide Methoden als quantitative Ansätze zur Erschließung des Wissens der gleichen ExpertInnenbasis herangezogen, und zwar um die Validität der Delphi-Ergebnisse zu überprüfen und zu verbessern. Insbesondere sollte die SMIC-Methode durch Bestimmung von Wechselwirkungen eine Schwäche der Delphi-Technik kompensieren, nämlich die Möglichkeit sich wechselseitig verstärkender oder ausschließender Ereignisse bzw. die Erzeugung eines „künstlichen" Konsenses darüber. SMIC fungierte dabei nicht als Instrument zur Verfeinerung von Wahrscheinlichkeitseinschätzungen sondern zur Klärung komplexer Kausalbeziehungen, das letztlich eine grundsätzliche Abfolge möglicher Szenarien ergab und damit Entscheidungsträgern eine zusätzliche Information bei der Problemeinschätzung bot.

Eckpunkte des Studiendesigns waren folgende: Aus einem Pool von 300 internationalen ExpertInnen wurden drei Subgruppen mit dem Ziel gebildet, eine für das Zwei-Runden Delphi, eine für die SMIC-Methode und eine für die Beantwortung beider Instrumente heranzuziehen sowie nach Abschluss der Erhebungen je einen Evaluierungsfragebogen ausfüllen zu lassen. Die Beurteilungskriterien für die einzelnen Delphi-Statements fokussierten auf das Nutzungsausmaß von Verkehrstelematik in den nächsten 20 Jahren, deren Auswirkungen auf Verkehrsaufkommen und Umwelt sowie den Einfluss ökonomischer, sozialer, rechtlicher und politischer Faktoren. Die Anzahl an Einzelfragen wurde für die relativ flexible Delphi-Methode letztlich mit einer Liste von 19 Statements entschieden, während der SMIC-Ansatz generell auf maximal sechs Ereignisse limitiert ist. Ein typisches SMIC-Statement lautete:

> "51-70 % of European medium size cities use automated systems to monitor traffic in real-time which are able to provide real-time on-board journey information, as well as congestion level and incidents warnings".

War in einem ersten Schritt die Wahrscheinlichkeit eines Ereignisses einzeln zu beurteilen, so galt es in einem zweiten Schritt, diese in Matrixform jeweils paarweise zu betrachten und bedingte Wahrscheinlichkeiten einzuschätzen. Nähere Details der Operationalisierung des Delphi- ebenso wie des SMIC-Verfahrens sind im Artikel zusammen mit Reflexionen zu Designentscheidungen anschaulich zusammengefasst.

Als wesentliches Resultat der Methodenkombination und deren Evaluierung lässt sich festhalten: Was die Nützlichkeit betrifft, ist die Beurteilung insgesamt positiv, und die ExpertInnen betrachten den Prozess als wertvolles Kommunikationsmittel zum Meinungsaustausch, insbesondere die Delphi-Methode mit informativem Feedback der Gruppenmeinung. Allerdings schätzen nicht alle Befragten ein Charakteristikum des Delphi-Verfahrens, nämlich mehrere Befragungsrunden, und sehen darin einen Zwang zur Konvergenz von Meinungen. Auch die mangelnde Berücksichtigung möglicher Wechselbeziehungen zwischen einzelnen Statement-Inhalten wird als Mangel erfahren. Die SMIC-Methode wird insgesamt als schwieriger erlebt; ihr wesentlicher Vorzug, die Einschätzung von Wechselwirkungen, als komplex und zeitaufwändig. Dafür erscheint ihre Genauigkeit als wesentlicher Vorteil. Insgesamt werfen die beiden Methoden in der Umsetzung viele ähnliche Fragen auf, denen noch nicht genügend Aufmerksamkeit zuteil wurde und die den Bedarf an praktikablen methodischen Anleitungen unterstreichen.

Der Konsensdruck des Delphi-Verfahrens gab auch Anstoß zur Suche nach einer komplementären methodischen Stärkung des Gesichtspunkts der Diversität. Eine finnische Forschungsgruppe entwickelte eine Foresight-Methode, die konsensuale Elemente für Prioritätssetzung, Networking und Entwicklung von Visionen mit komplementären Elementen wie kontroversiellen Ideen zur Steigerung von Diversität und Förderung von Innovationen verbindet. Das *RPM Screening*[6] genannte Verfahren basiert auf der Einladung zur Generierung von Innovationsideen durch ExpertInnen und kam in einem Foresight-Projekt des Ministeriums für Handel und Industrie in Finnland zum Einsatz (Könnölä et al. 2007). Zu drei Themengebieten – Nutrigenomik, Gesundheitswesen und soziale Dienste, sowie Dienste für persönliche Erfahrungen – wurden in dem Pilotprojekt je etwa 50 ExpertInnen aus fünf Stakeholdergruppen (Industrie, Regierung, Forschung, Handel und NGOs, Technologieunternehmen und Investoren) zur gemeinsamen Generierung, Revision und Evaluierung von konkreten Innovationsideen eingeladen. Dies erfolgte über Internet-gestützte Instrumente basierend auf RPM Screening in Verbindung mit Workshop-Treffen. Zusätzlich wurden 60 postgraduierte Studierende in einem Kurs über Entscheidungsanalyse mit einbezogen. Die Auswahlentscheidung orientierte sich an der Gewährleistung von Diversität in drei Dimensionen: Vielfalt, Ausgewogenheit und Unterschiedlichkeit. Die Methode des RPM Screening bezieht sich vor allem auf die Analyse der gesammelten Innovationsideen, wobei deren Screening auf die systematische Verknüpfung und mathematische Modellierung eines konsensorientierten und eines dissensorientierten Ansatzes abstellt (nähere Details ebd.: 8ff.). Das Pilotprojekt produzierte 166 Innovationsideen, von denen ein Teil in den Delphi-Prozess eines regionalen Foresight-Projekts einfloss.

Erste Ansätze, die Delphi-Methode mit Computerunterstützung und vernetzter Kommunikation einzusetzen, lassen sich laut Gordon (2008: 160) bis ins Jahr 1970 zurückverfolgen, als Murray Turoff eine Computerkonferenz auf Basis des ARPA-Netzes organisierte und bereits von „*collaborative intelligence*“ in Verbindung mit Delphi-artigen Methoden die Rede war. Be-

6 Zurückgehend auf *Robust Portfolio Modeling*.

strebungen, die neuen Möglichkeiten des Internet für eine modifizierte und effizientere Delphi-Technik zu nutzen, mündeten schließlich in eine Form, die in gewisser Hinsicht als Methodeninnovation anzusehen ist, vor allem weil das Merkmal mehrerer Befragungsrunden entfällt.

Dieses Internet-gestützte, „rundenlose“ Verfahren nennt sich *Real Time bzw. RT Delphi* und wurde von Theodore Gordon und Adam Pease entwikkelt (Gordon/Pease 2006). „Real Time“ bezieht sich auf die nahezu in Echtzeit erfolgende Aktualisierung und Online-Einsehbarkeit des jeweiligen Antwortstandes zu Delphi-Fragen. Als besonders geeignet gilt das RT Delphi für synchrone Partizipation, eine kleine Anzahl von Teilnehmern und erforderliches rasches Ausfüllen; es ist prinzipiell aber auch bei asynchroner Partizipation einsetzbar, wenn die Teilnehmerzahl größer und mehr Zeit verfügbar ist. Wenn ein Teilnehmer in ein laufendes RT Delphi mit numerischen Antwortcodes einsteigt, erscheint am Bildschirm zu jeder Frage: der Durchschnitt oder Median der bisherigen Antworten der Gruppe plus allfällige Verteilungsparameter; die Anzahl bisheriger Antworten; ein Knopf, der ein Fenster mit Begründungen für Antworten anderer öffnet; ein weiterer Knopf, der ein Fenster für die Eingabe eigener Antwortbegründungen ermöglicht; und schließlich ein Raum für die eigenen Einschätzungen zu den einzelnen Fragen. Eine explizite zweite Runde gibt es bei dieser Variante nicht, vielmehr beschränkt sich der Prozess auf eine Runde. Der Organisator des Prozesses kann die zeitliche Befristung wählen und die Teilnehmer zu wiederholten Besuchen einladen. Ein Teilnehmer kann jederzeit zu seinen jeweils aktuellen Antworten zurückkehren und diese im Lichte der Information über die Antworten anderer verändern oder beibehalten. Anonymität und Feedback sind gewährleistet. Die Fragen können sich sowohl auf einzelne Merkmale zukünftiger Entwicklungen beziehen als auch auf matrixartige Fragenformate wie z.B. bei Nutzenmatrizen oder Cross-Impact Matrizen. Grundvarianten des RT Delphi sind einerseits Anwendungen unter gleichzeitig Anwesenden in einem Konferenzraum-Setting, andererseits eine über eine Internet-Plattform verbundene, räumlich beliebig verteilte Teilnehmerschaft. Die Autoren stellen auch eine Reihe verfügbarer Systeme für ein Online-Delphi kurz vor.

Prinzipielle Stärken des RT Delphi dürften seine Effizienz und Eignung für Standardfragenformate ebenso wie für Matrizenformate sein, die Hauptschwäche seine erst in Ansätzen erfolgte Erprobung und damit auch noch offene Fragen hinsichtlich der Qualitätssicherung. Der Einsatz eines RT Delphi über globale Energieszenarien (Gordon 2007) wird insofern als gelungen angesehen, als es ähnlich reichhaltige Antworten wie die konventionelle Variante ergab.

Ein ähnlicher Vergleich zwischen zwei Online-Varianten der Delphi-Technik (Zipfinger 2007), eine mit einer konventionellen Reihe von Runden und ein „einrundiges“ RT Delphi, bietet weitere Aufschlüsse. Es zeigte sich, dass die Panelmortalität im rundenbasierten Delphi geringer war, die Anzahl an Antworten und Kommentaren dagegen im RT Delphi höher. Weiters war die Neigung zur Abänderung der Antworten im rundenbasierten Delphi höher, andererseits zeigte sich ein höherer Grad an Konsens unter den Teilnehmern des RT Delphi. Ob die Autorin mit ihrer Einschätzung, dass sich das rundenbasierte Delphi als praktikabler erweisen dürfte, richtig liegt, wird erst die Zukunft zeigen.

## Literatur


Aichholzer, Georg (2000): Innovative Elemente des österreichischen Technologie-Delphi. In: Häder, Michael/Häder, Sabine (Hg.): Die Delphi-Technik in den Sozialwissenschaften. Methodische Forschungen und innovative Anwendungen. Wiesbaden: Westdeutscher Verlag, S. 67-93

Aichholzer, Georg (2001): The Austrian foresight program: organization and expert profile. In: International Journal of Technology Management, Jg. 21, Heft 7/8, S. 739-755

Ayton, Peter/Ferrell, William R./Stewart, Thomas R. (1999): Commentaries on "The Delphi technique as a forecasting tool: issues ad analysis" by Rowe and Wright. In: International Journal of Forecasting, Jg. 15, Heft 4, S. 377-381

Blind, Knut (2008): Regulatory foresight: Methodologies and selected applications. In: Technological Forecasting and Social Change, Jg. 75, Heft 4, S. 496-516

Blind, Knut/Cuhls, Kerstin/Grupp, Hariolf (1999): Current foresight activities in Central Europe. In: Technological Forecasting and Social Change, Jg. 60, Heft 1, S. 15-35

Cachia, Romina/Compañó, Ramón/Da Costa, Olivier (2007): Grasping the potential of online social networks for foresight. In: Technological Forecasting and Social Change, Jg. 74, Heft 8, S. 1179-1203

Cagnin, Cristiano/Keenan, Michael/Johnston, Ron/Scapolo, Fabiana/Barré, Rémi (Hg. 2008): Future-Oriented Technology Analysis: Strategic Intelligence for an Innovative Economy. Berlin und Heidelberg: Springer

Cuhls, Kerstin/Blind, Knut/Grupp, Hariolf (1998): Delphi '98 Umfrage. Studie zur globalen Entwicklung von Wissenschaft und Technik. Fraunhofer Institut für Systemtechnik und Innovationsforschung: Karlsruhe (unveröff.)

Dalkey, Norman C./Helmer, Olaf (1963): An experimental application of the Delphi method to the use of experts. In: Management Science, Jg. 9, Heft 3, S. 458-467

Dillman, Don A. (1978): Mail and telephone surveys. The total design method. New York: Wiley

Engels, Tim C.E./Powell Kennedy, Holly (2007): Enhancing a Delphi study on family-focused prevention. In: Technological Forecasting and Social Change, Jg. 74, Heft 4, S. 433-451

Eriksson, E. Anders/Weber, K. Matthias (2008): Adaptive Foresight: Navigating the complex landscape of policy strategies. In: Technological Forecasting and Social Change, Jg. 75, Heft 4, S. 462-482

Georghiou, Luke/Cassingena Harper, Jennifer/Keenan, Michael/Miles, Ian/Popper, Rafael (Hg. 2008): The Handbook of Technology Foresight. Concepts and Practice. Cheltenham, UK: Edward Elgar Publishing.

Gordon, Theodore J. (2007): Energy forecasts using a "Roundless" approach to running a Delphi study. In: Foresight, Jg. 9, Heft 2, S. 27-35

Gordon, Theodore (2008): Book Review: Sabine Zipfinger, Computer-aided Delphi: An experimental study of comparing round-based with real-time implementation of the method. Johannes Kepler University, Linz, Austria (2007). In: Technological Forecasting and Social Change, Jg. 75, Heft 1, S. 160-164

Gordon, Theodore/Pease, Adam (2006): RT Delphi: An efficient, "round-less" almost real time Delphi method. In: Technological Forecasting and Social Change, Jg. 73, Heft 4, S. 321-333

Grießler, Erich/Krajic, Karl (1998): Delphi-Verfahren, Konsenskonferenzen und direkte Bevölkerungsbeteiligung. Eine Expertise. Wien: Ludwig Boltzmann-Institut für Medizin- und Gesundheitssoziologie (unveröff.)

Grupp, Hariolf (1995): Der Delphi-Report – Innovationen für unsere Zukunft. Stuttgart: Deutsche Verlags-Anstalt.

Grupp, Hariolf/Linstone, Harold A. (1999): National technology foresight activities around the globe: resurrection and new paradigms. In: Technological Forecasting and Social Change, Jg. 60, Heft 1, S. 85-94

Häder, Michael (1996): Zur Evaluation der Delphi-Technik. Ein Ergebnisbericht. ZUMA-Arbeitsbericht 96/2 (unveröff.)

Häder, Michael/Häder, Sabine (2000): Die Delphi-Methode als Gegenstand methodischer Forschungen. In: Dies. (Hg.): Die Delphi-Technik in den Sozialwissenschaften. Methodische Forschungen und innovative Anwendungen. Wiesbaden: Westdeutscher Verlag, S. 11-31

Hippler, Hans-J. (1988): Methodische Aspekte schriftlicher Befragungen. Probleme und Forschungsperspektiven. In: planung und analyse, Jg. 6, S. 244-248

Irvine, John/Martin, Ben (1984): Foresight in Science: Picking the Winners. London: Pinter

ITA – Institut für Technikfolgen-Abschätzung (1998): Technologie Delphi (3 Bände). In: Bundesministerium für Wissenschaft und Verkehr (Hg.): Delphi Report Austria 1-3, Wien: Bundesministerium für Verkehr, Innovation und Technologie

Johnston, Ron (2001): Foresight – refining the process. In: International Journal of Technology Management, Jg. 21, Heft 7/8, S. 711-725

Kanama, Daisuke/Kondo, Akio/Yokoo, Yoshiko (2008): Development of technology foresight: integration of technology roadmapping and the Delphi method. In: International Journal of Technology Intelligence and Planning, Jg. 4, Heft 2, S. 184-200

Keeney, Sinead/Hasson, Felicity/McKenna, Hugh P. (2001): A critical review of the Delphi technique as a research methodology for nursing. In: International Journal of Nursing Studies, Jg. 38, Heft 2, S. 195-200

Knie, Andreas (1997): Technik als gesellschaftliche Konstruktion. Institutionen als soziale Maschinen. In: Dierkes, Meinolf (Hg.): Technikgenese. Berlin: edition sigma, S. 225-243

Könnölä, Totti/Brummer, Ville/Salo, Ahti (2007): Diversity in foresight: Insights from the fostering of innovation ideas. In: Technological Forecasting and Social Change, Jg. 74, Heft 5, S. 608-626

Linstone, Harold A. (1978): The Delphi Technique. In: Fowles, Jib (Hg.): Handbook of Futures Research. Westport: Greenwood Press

Loveridge, Denis/Georghiou, Luke/Nedeva, Maria (1995): United Kingdom Technology Foresight Programme. Delphi Survey, Manchester: Policy Research in Engineering, Science and Technology (PREST), The University of Manchester (unveröff.)

Major, Edward/Asch, David/Cordey-Hayes, Martyn (2001): Foresight as a core competence. In: Futures, Jg. 33, Heft 2, S. 91-107

Martin, Ben R. (1995): Foresight in Science and Technology. In: Technology Analysis & Strategic Management, Jg. 7, Heft 2, S. 139-168

Martin, Ben/Johnston, Ron (1999): Technology foresight for wiring up the national innovation system. In: Technological Forecasting and Social Change, Jg. 60, Heft 1, S. 37-54
Ono, Ryota/Wedemeyer, Dan J. (1994): Assessing the validity of the Delphi Technique. In: Futures, Jg. 26, Heft 3, S. 289-304
Parentè, Frederick J./Anderson-Parentè, Janet K. (1987): Delphi inquiry systems. In: Wright, George/Ayton, Peter (Hg.): Judgemental forecasting. Chichester: Wiley, S. 129-156
Rappert, Brian (1999): Rationalising the future? Foresight in science and technology policy co-ordination. In: Futures, Jg. 31, Heft 6, S. 527-545
Rauch, Wolf (1979): The Decision Delphi. In: Technological Forecasting and Social Change, Jg. 15, Heft 2, S. 159-169
Rongping, Mu/Zhongbao, Ren/Sida, Yuan/Yan, Qiao (2008): Technology foresight towards 2020 in China: the practice and its impacts. In: Technology Analysis & Strategic Management, Jg. 20, Heft 3, S. 287-307
Rowe, Gene/Wright, George (1999): The Delphi technique as a forecasting tool: issues and analysis. In: International Journal of Forecasting, Jg. 15, Heft 4, S. 353-375
Salo, Ahti A. (2001): Incentives in technology foresight. In: International Journal of Technology Management, Jg. 21, Heft 7/8, S. 694-710
Scapolo, Fabiana/Miles, Ian (2006): Eliciting experts' knowledge: A comparison of two methods. In: Technological Forecasting and Social Change, Jg. 73, Heft 6, S. 679-704
Tichy, Gunther (1997): Technologieprognosen und Technologiepolitik. In: Wirtschaft und Gesellschaft, Jg. 23, Heft 2, S. 193-209
Tichy, Gunther (2001): The decision Delphi as a tool of technology policy – the Austrian experience. In: International Journal of Technology Management, Jg. 21, Heft 7/8, S. 756-766
Tichy, Gunther (2004): The over-optimism among experts in assessment and foresight. In: Technological Forecasting and Social Change, Jg. 71, Heft 4, S. 341-363
Truffer, Bernhard/Voß, Jan-Peter P./Konrad, Kornelia (2008): Mapping expectations for system transformations: Lessons from Sustainability Foresight in German utility sectors. In: Technological Forecasting and Social Change, Jg. 75, Heft 9, S. 1360-1372
Zipfinger, Sabine (2007): Computer Aided-Delphi. An Experimental Study of Comparing Round-Based with Real-Time Implementation of the Method. Linz: Trauner

# Zu den Autorinnen und Autoren

*Gabriele Abels*, Prof. Dr. phil., Jg. 1964, Professorin für Innen- und EU-Politik an der Universität Tübingen. Arbeitsschwerpunkte: Europäische Integration, Biotechnologiepolitik, partizipative Technikfolgenabschätzung, Geschlechterforschung. Veröffentlichungen: Demokratische Technikbewertung, Bielefeld 2004 (zus. mit A. Bora); Feministische Perspektiven, in: H.-J. Bieling, M. Lerch (Hg.): Theorien der europäischen Integration: Einführung. Wiesbaden 2005; Experts, Citizens, and Eurocrats – Towards a Policy Shift in the Governance of Biopolitics in the EU. European Integration online Papers 6 (19) 2002.
*Adresse*: Universität Tübingen, Institut für Politikwissenschaft, Melanchthonstr. 36, D-72074 Tübingen;
*e-mail:* gabriele.abels@ uni-tuebingen.de

*Georg Aichholzer*, Mag. Dr. rer. soc. oec., Jg. 1951, wissenschaftlicher Mitarbeiter und Projektleiter am Institut für Technikfolgen-Abschätzung der Österreichischen Akademie der Wissenschaften und Lektor an der Wirtschaftsuniversität Wien. Arbeitsschwerpunkte: Technikfolgenabschätzung, Informationsgesellschaft, e-Governance. Veröffentlichungen: Public sector information in the digital age. Between markets, public management and citizens' rights, Cheltenham, UK 2004 (Hg. zus. mit H. Burkert); The Austrian foresight program: organization and expert profile, in: International Journal of Technology Management 21 (7/8), 2001.
*Adresse*: Institut für Technikfolgen-Abschätzung der Österreichischen Akademie der Wissenschaften (ITA), Strohgasse 45, A-1030 Wien;
*e-mail:* aich@oeaw.ac.at

*Maria Behrens,* Dr.in phil., Jg. 1963, Professorin für Politikwissenschaft an der Bergischen Universität Wuppertal. Arbeitsschwerpunkte: Internationale Politische Ökonomie, Außenhandelspolitik, Global Governance. Veröffentlichungen: Internationale Politische Ökonomie – eine Einführung. Studienbrief der FernUniversität in Hagen, Hagen 2005 (gem. mit H. Hummel, Chr.

Scherrer), Wiesbaden 2009 (i.E.); Modern US, Post-modern Europe? Strategies in Foreign Economic Policy, in: N. Wynn (Hrsg.): Conflict and consensus: transatlantic perspectives, Cambridge 2008; Global Governance, in: A. Benz, S. Lütz, U. Schimank, G. Simonis (Hg.): Handbuch Governance, Wiesbaden 2007, 311-324.
*Adresse:* Bergische Universität Wuppertal, Fachbereich A (Politikwissenschaft II), Gaußstr. 20, D-42119 Wuppertal;
*e-mail:* mbehrens@uni-wuppertal.de

*Alexander Bogner,* Dr., Jg. 1969, wiss. Mitarbeiter am Institut für Technikfolgen-Abschätzung der Österreichischen Akademie der Wissenschaften. Arbeitsschwerpunkte: Wissenschafts- und Technikforschung, Methoden empirischer Sozialforschung. Veröffentlichungen: Inter- und Transdisziplinarität revisited. Potenziale und Dilemmata gesellschaftsrelevanter Wissenschaft. Baden-Baden, 2009 (hg. m. K. Kastenhofer und H. Torgersen); Wissenschaftskriminalität. Der koreanische Klon-Skandal und die Bedeutung der Ethik. In: Leviathan. Zeitschrift für Sozialwissenschaft, 34. Jg., Heft 2, 2006, S. 270-290 (mit W. Menz); Grenzpolitik der Experten. Vom Umgang mit Ungewissheit und Nichtwissen in pränataler Diagnostik und Beratung, Weilerswist 2005.
*Adresse*: Institut für Technikfolgen-Abschätzung der Österreichischen Akademie der Wissenschaften, Strohgasse 45, A-1030 Wien;
*e-mail:* abogner@ oeaw.ac.at

*Gabriela B. Christmann*, Dr. rer. soc. et phil. habil., Jg. 1961, Leiterin der Forschungsabteilung 3 „Kommunikations- und Wissensdynamiken im Raum“ am Leibniz-Institut für Regionalentwicklung und Strukturplanung in Erkner (bei Berlin). Arbeitsschwerpunkte: sozialwissenschaftliche Raumforschung, Wissenssoziologie, Kommunikationsforschung, Hochschulforschung, Methoden interpretativer Sozialforschung. Veröffentlichungen: Robert E. Park (Reihe: Klassiker der Wissenssoziologie. Band 5), Konstanz: UVK, 2007; Dresdens Glanz, Stolz der Dresdner. Lokale Kommunikation, Stadtkultur und städtische Identität, Wiesbaden: Deutscher Universitäts-Verlag, 2004.
*Adresse*: Leibniz-Institut für Regionalentwicklung und Strukturplanung, Leitung der Forschungsabteilung 3, Flakenstraße 28-31, D-15537 Erkner
*e-mail*: christmann@irs-net.de

*Ulrike Froschauer,* Dr., Jg. 1957, Ass.-Prof. am Institut für Soziologie an der Universität Wien. Arbeitsgebiete: Organisationssoziologie, Methoden der interpretativen Sozialforschung, Sozialer Konstruktivismus, Evaluation. Veröffentlichungen: Veränderungsdynamik in Organisationen, in: D. Tänzler, H. Knoblauch, H.-G. Soeffner, (Hrsg.): Zur Kritik der Wissensgesellschaft,

Konstanz, UVK, 2006; Qualitative Organisationsdiagnose als Grundlage für Interventionen und als Intervention, in: H. Frank (Hrsg.): Corporate Entrepreneurship. Wien, WUV, 2006 (zus. mit M. Lueger)
*Adresse:* Institut für Soziologie, Universität Wien, Rooseveltplatz 2, A-1090 Wien;
*e-mail:* ulrike.froschauer@univie.ac.at

*Jochen Gläser*, Dr. habil, Jg. 1960, Privatdozent an der Freien Universität Berlin und wissenschaftlicher Mitarbeiter am ESRC Centre for Economic and Social Aspects of Genomics, Lancaster Universität. Arbeitsschwerpunkte: Wissenschaftssoziologie, Theorie sozialer Ordnung, Methodologie und Methoden der Soziologie. Veröffentlichungen: Experteninterviews und qualitative Inhaltsanalyse als Instrumente rekonstruierender Untersuchungen, Wiesbaden 2004 (zus. mit G. Laudel); Wissenschaftliche Produktionsgemeinschaften: Die soziale Ordnung der Forschung. Frankfurt 2006; The Changing Governance of the Sciences: The Advent of Research Evaluation Systems, Dordrecht 2007 (Hg. zus. mit R. Whitley).
*Adresse*: ESRC Centre for Economic and Social Aspects of Genomics (Cesagen), Institute for Advanced Studies, County South, Lancaster University , Lancaster LA1 4YD, UK;
*e-mail*: Jochen.Glaser@fu-berlin.de

*Grit Laudel*, Dr. soz., Jg. 1966, „senior researcher" am Rathenau Institut in Den Haag. Arbeitsschwerpunkte: institutionelle Einflüsse auf die Inhalte der Forschung, Methodologie und Methoden der Wissenschaftsforschung, Methodologie und Methoden der Soziologie. Veröffentlichungen: Experteninterviews und qualitative Inhaltsanalyse als Instrumente rekonstruierender Untersuchungen, Wiesbaden 2004 (zus. mit J. Gläser); Interviewing Scientists, in: Science, Technology & Innovation Studies 3, 2007 (zus. mit J. Gläser).
*Adresse*: Rathenau Instituut, Postbus 95366, 2509 CJ Den Haag, Niederlande;
*e-mail*: g.laudel@rathenau.nl

*Andrea Leitner*, Mag[a], Jg. 1964, wissenschaftliche Mitarbeiterin am Institut für Höhere Studien in Wien. Arbeitsschwerpunkte: Gender-, Arbeitsmarkt- und Evaluationsforschung. Veröffentlichungen: Frauenförderung im Wandel. Gender Mainstreaming in der österreichischen Arbeitsmarktpolitik, Campus, Frankfurt, 2007; Wirkungsanalyse frauenfördernder Maßnahmen des bm:bwk, Verlag Österreich, Wien, 2007 (zus. mit A. Wroblewski u.a.).
*Adresse:* Institut für Höhere Studien, Stumpergasse 56, A-1060 Wien;
*e-mail:* leitnera@ihs.ac.at

*Beate Littig*, Dr. PD, Jg. 1961, Abteilungsleiterin der Soziologie am Institut für Höhere Studien in Wien, Dozentin für Soziologie an der Universität

Wien. Arbeitsschwerpunkte: Umweltsoziologie, Gender Studies, Zukunft der Arbeit, qualitative Methoden der empirischen Sozialforschung. Veröffentlichungen: Concepts, Approaches and Problems of Work-Life-Balance, Sonderheft (Special Issue) der European Societies, Journal der European Sociological Association (ESA), Vol. 8, Nr 2, 2006 (Hg. zus. mit E. Hildebrandt); Selbstbestimmung in der genetischen Beratung: Argumentationsstrukur und Ergebnisse einer Serie Neo-Sokratischer Dialoge in Österreich und Deutschland. In: I. Hirschberg, A. Frewer, E. Grießler, H, Gronke, B. Littig (eds.): Ethische Fragen genetischer Beratung. Klinische Erfahrung, Forschungsstudien und Perspektiven. Im Erscheinen, Peter Lang Verlag (zus. mit E. Grießler, A. Pichelstorfer)
*Adresse:* Institut für Höhere Studien, Stumpergasse 56, A-1060 Wien;
*e-mail:* littig@ihs.ac.at

*Manfred Lueger,* Dr., Jg. 1956, ao. Univ.-Prof. am Institut Soziologie und Empirische Sozialforschung der Wirtschaftsuniversität Wien. Arbeitsschwerpunkte: Methodologie und Methoden interpretativer Sozialforschung, Organisationsanalyse, Gründungsforschung, Entrepreneurship Education. Veröffentlichungen: Grundlagen qualitativer Feldforschung. Methodologie – Organisierung – Materialanalyse, Wien 2000; Auf den Spuren der sozialen Welt, Frankfurt et al. 2001; Das qualitative Interview, Wien 2003 (gem. mit U. Froschauer).
*Adresse:* Institut für Soziologie und Empirische Sozialforschung, Wirtschaftsuniversität Wien, Augasse 2-6, A-1090 Wien;
*e-mail:* manfred.lueger@wu-wien.ac.at

*Wolfgang Menz,* Dipl.-Soz., Dr., Jg. 1971, Mitarbeiter am Institut für Sozialwissenschaftliche Forschung e.V., ISF München. Arbeitsschwerpunkte: Arbeits-, Industrie- und Organisationssoziologie, Technik- und Wissenschaftsforschung, Methoden der empirischen Sozialforschung. Veröffentlichungen: Rückkehr der Leistungsfrage. Leistung in Arbeit, Unternehmen und Gesellschaft. Berlin: Sigma (Hg. zus. mit K. Dröge und K. Marrs); Ethikexpertise in Wertkonflikten. Zur Produktion und politischen Verwendung von Kommissionsethik in Deutschland und Österreich, in: R. Mayntz, F. Neidhardt, P. Weingart, U. Wengenroth (Hg.): Wissensproduktion und Wissenstransfer. Wissen im Spannungsfeld von Wissenschaft, Politik und Öffentlichkeit. Bielefeld: Transcript, S. 243-268 (zus. mit A. Bogner und W. Schumm).
*Adresse:* Institut für Sozialwissenschaftliche Forschung e.V., ISF München, Jakob-Klar-Str. 9, D-80796 München
*e-mail:* wolfgang.menz@isf-muenchen.de

*Michael Meuser,* Dr. phil., Jg. 1952, Professor für Soziologie der Geschlechterverhältnisse an der Technischen Universität Dortmund. Arbeitsschwer-

punkte: Soziologie der Geschlechterverhältnisse, Methoden qualitativer Sozialforschung, Wissenssoziologie, Soziologie des Körpers, Politische Soziologie. Veröffentlichungen: Herausforderungen. Männlichkeit im Wandel der Geschlechterverhältnisse, Köln 2007; Hauptbegriffe qualitativer Sozialforschung, 2. Aufl. Opladen, 2006 (Hg. zus. mit R. Bohnsack, W. Marotzki).
*Anschrift*: TU Dortmund, Fakultät 12, Institut für Soziologie, D-44221 Dortmund
*e-mail:* michael.meuser@tu-dortmund.de

*Ulrike Nagel,* Priv.-Doz., Dr. phil., Jg. 1947, wissenschaftliche Mitarbeiterin am Institut für Soziologie der Otto-von-Guericke-Universität Magdeburg. Arbeitsschwerpunkte: Mikrosoziologie, Professionssoziologie, Qualitative Sozialforschung. Veröffentlichungen: Engagierte Rollendistanz. Professionalität in biographischer Perspektive, Opladen 1997; Die Macht der Verhältnisse und die Stärke des Subjekts. Eine Studie über ostdeutsche Manager vor und nach 1989. Zugleich eine biographietheoretische Erklärung für Stabilität und Instabilität der DDR (zus. mit Chr. Teipen, A. Velez). ZBBS 6. Jg., Heft 2/2005, S. 269-294.
*Anschrift:* Zschokkestr. 32, D-39104 Magdeburg
*e-mail:* ulrike.nagel@gse-w.uni-magdeburg.de

*Michaela Pfadenhauer*, Prof. Dr., Jg. 1968, Lehrstuhl für Soziologie – unter besonderer Berücksichtigung des Kompetenzerwerbs, Universität Karlsruhe. Arbeitsschwerpunkte: Kompetenzforschung, Soziologie professionellen Handelns, Materiale Kultursoziologie, Explorativ-interpretative Methoden, insbes. Ethnographie. Veröffentlichungen: Phänomenologie und Soziologie. Positionen, Problemfelder, Analysen. Wiesbaden: VS 2008 (zus. mit J. Raab, P. Stegmaier, J. Dreher, B. Schnettler); Organisieren. Eine Fallstudie zum Erhandeln von Events. Wiesbaden: VS 2008
*Adresse:* Lehrstuhl für Soziologie – unter besonderer Berücksichtigung des Kompetenzerwerbs, Universität Karlsruhe (TH), D-76128 Karlsruhe;
*e-mail:* pfadenhauer@soziologie.uka.de

*Rainer Trinczek,* Prof. Dr., Jg. 1958, Lehrstuhl für Soziologie der TU München. Arbeitsschwerpunkte: Industrial Relations, Arbeitszeitforschung, Managementforschung, Methodenfragen. Veröffentlichungen: Herausforderung Vertrauensarbeitszeit. Zur Kultur und Praxis eines neuen Arbeitszeitmodells. Berlin 2004 (zus. mit S. Böhm, Ch. Herrmann); Betriebe ohne Betriebsrat. Informelle Interessenvertretung in Unternehmen. Frankfurt/New York (Hg. zus. mit I. Artus, S. Böhm, S. Lücking)
*Adresse:* Lehrstuhl für Soziologie, TU München, Lothstr. 17, D-80335 München;
*e-mail:* Rainer.Trinczek@wi.tum.de

*Angela Wroblewski*, Dr.[in], Jg. 1969, wissenschaftliche Mitarbeiterin am Institut für Höhere Studien in Wien. Arbeitsschwerpunkte: Evaluations-, Arbeitsmarkt- und Bildungsforschung. Veröffentlichungen: Randomized Experiments and Quasi Experimental Designs in Education Research, in: C. Rayn, B. Cousins: International Handbook of Educational Evaluation, Sage, forthcoming (zus. mit P.M. Steiner, T.D. Cook); Wirkungsanalyse frauenfördernder Maßnahmen des bm:bwk, Verlag Österreich, Wien, 2007 (zus. mit A. Leitner u.a.).
*Adresse:* Institut für Höhere Studien, Stumpergasse 56, A-1060 Wien;
*e-mail:* wroblews@ihs.ac.at